近代日本报界的
政治动员

安平

著

1868
—
1945

GUANGXI NORMAL UNIVERSITY PRESS
广西师范大学出版社
·桂林·

图书在版编目（CIP）数据

近代日本报界的政治动员：1868—1945 / 安平著. ——
桂林：广西师范大学出版社，2022.2
　　ISBN 978-7-5598-4194-0

　　Ⅰ. ①近… Ⅱ. ①安… Ⅲ. ①报纸－新闻事业史－
日本－1868-1945 Ⅳ. ①G219.313.9

　　中国版本图书馆 CIP 数据核字（2021）第 172193 号

广西师范大学出版社出版发行

（ 广西桂林市五里店路 9 号　邮政编码：541004 ）
　网址：http://www.bbtpress.com
出版人：黄轩庄
全国新华书店经销
广西广大印务有限责任公司印刷
（桂林市临桂区秧塘工业园西城大道北侧广西师范大学出版社
集团有限公司创意产业园内　邮政编码：541199）
开本：880 mm ×1 240 mm　1/32
印张：16.625　　插页：2　　字数：350 千
2022 年 2 月第 1 版　　　2022 年 2 月第 1 次印刷
定价：88.00 元

如发现印装质量问题，影响阅读，请与出版社发行部门联系调换。

本书获 2020 年度国家社会科学基金重大招标项目"近代以来至二战结束期间日本涉华宣传史料的整理与研究"(项目批号:20&ZD237)支持出版

1931年9月19日,《东京朝日新闻·号外》发布《满洲中日士兵冲突交战,日军占领奉天城》

1932年1月3日,《大阪朝日新闻·号外》报道日军入锦州城

1932 年 1 月 3 日,《东京朝日新闻·号外》报道日军入锦州城

1932 年 1 月 4 日,《大阪朝日新闻·号外》报道日军占领锦州

1941 年 12 月 9 日,《朝日新闻》发布《大本营陆海军部发表——帝国陆海军在西太平洋地区与美英军队进入战争状态》

1943 年 4 月 15 日,《每日新闻》发布"大本营发表"的战报

1945 年 8 月 15 日,《每日新闻》发布《圣断大东亚战争终结》

1945 年 9 月 3 日,《朝日新闻》发布《战争终结诏书》

谨以本书献给我的母亲

希望有一天,我们能够生活在一起
让她随时都能看到我,看到我的孩子
让她不再孤独、再没有牵挂

序

　　1927 年，美国芝加哥大学政治系教师哈罗德·拉斯韦尔（1902—1978）出版了他的博士论文——《世界大战中的宣传技巧》，这位"早慧的天才人物"据称曾受到马克思和弗洛伊德的影响。在伦敦、巴黎和柏林等地进行实地调研后，他高度理性地分析了第一次世界大战中德国人、英国人、法国人和美国人的宣传策略和宣传效果，讶异地写道："国际战争宣传在上一次战争中扩大到了如此令人震惊的范围，是因为战争蔓延到了如此广阔的地区，它使得动员人民情绪成为必要。没有哪个政府奢望赢得战争，除非有团结一致的国家做后盾；没有哪个政府能够享有一个团结一致的后盾，除非它能控制国民的头脑。"[1]拉斯韦尔在他的研究中，以"宣传组织""战争罪行与战争目标""恶魔崇拜""胜利幻想""维系友谊""瓦解敌方斗志""宣传成果"等为小题目，揭示了交战各国的战时宣传方法和策略、谎言和欺骗，在当时的学界和公众中引起了一片恐慌，甚至有评论家称《世界大战中的宣传技巧》鼓吹阴谋和战争权术，是"一本马基雅维利式的教科书"，呼吁要将它"马上予以销毁"。

---

[1]　[美]哈罗德·拉斯韦尔：《世界大战中的宣传技巧》，田青、张洁译，展江校，北京：中国人民大学出版社，2003 年，第 22 页。

　　但是对于战争来说,宣传是如此之重要:"宣传最有效力的作用是动员社会成员仇恨敌人,维持与中立国及盟国之间的友好关系,促使中立国转而反对敌国,以及粉碎敌人坚不可摧的抵抗。简而言之,正是宣传在战争中对国际态度的重要影响使其具有了特殊的重要性。"①因为"当公众相信,是敌人发动的战争,并且是他们阻碍了永久的、有利的以及神圣的和平时,宣传家就已经实现了他的目的"②。1935 年,拉斯韦尔又出新作,与人合作完成了《宣传与专制》等一系列宣传方面的独家之作,用他的手段、方法分析和研究宣传功能及社会控制,探讨宣传的本质和规律。

　　这一时期,日本的宣传战理论家们也在加紧研究宣传的本质和策略。1935 年,日本忧国社出版了《为国际宣传战做准备!》,阐述了建立国际宣传研究所的目的,以及宣传的定义与宣传的重要性,列举了宣传在美国、中国、俄国等国家内产生的重要影响,以及宣传在军需品工业、经济贸易与战争中起到的重要作用,在媒体、统制、机关与组织三方面剖析宣传技术,并对日本宣传研究机构进行了建设展望。此后日本关于宣传战的理论研究和实战成果层出不穷。1936 年,帝国陆海军民社出版了《思想宣传战下大和民族的觉悟》;1937 年,内阁情报部编辑出版了《近代战和思想宣传战》,森田书房出版了小松孝彰的《威胁日本的宣传战》;1939 年,时代社出版了粟屋义纯的《战争与宣传》,东亚国势调查

---

① [美]哈罗德·拉斯韦尔:《世界大战中的宣传技巧》,田青、张洁译,展江校,北京:中国人民大学出版社,2003 年,第 22 页。

② [美]哈罗德·拉斯韦尔:《世界大战中的宣传技巧》,田青、张洁译,展江校,北京:中国人民大学出版社,2003 年,第 73 页。

所出版了若杉浪雄的《创建宣传部》;1941年,新民书房出版了水野正次的《总体战和宣传战:纳粹思想谋略的研究》,"阿鲁斯"出版社出版了深尾重正的《纳粹的广播战争》;1942年,霞关书房出版了水野正次的《大东亚战争的思想战略:思想战纲要》,大日本翼赞壮年团出版了奥村喜和男的《扫灭英美的思想战》;1943年,文进堂出版了松元末吉的《形而上战:无形的敌人》,敞文馆出版了寺田弥吉的《总体战·思想战·教育战》;等等。这些关于宣传战、思想战的研究,不仅聚焦于日本,更是涉及英国、美国、德国、法国、意大利和中国、苏联等国,成为日本在战前和战时发动宣传战的理论源泉和政策依据。

当然,《近代日本报界的政治动员(1868—1945)》并非宣传理论研究,也非仅仅关注战时宣传。以上只是表明,人力、物力等战争资源匮乏的日本,非常重视"没有硝烟的战争"——宣传战,所以在国内国外宣传战实践中,日本报界才与政治动员产生了必然的紧密联系。

近代日本报纸自诞生之日起,即与政治建立了紧密联系:幕末战争时期,各报纸各为其主,互相攻讦,在公共领域发起了"佐幕"与"勤王"之争;明治初期,更是以政党报纸之身份,摇旗呐喊,介入政府内部斗争;在自由民权运动、护宪运动和大正民主运动时期,为追求民主政治,报界不遗余力地宣传鼓动。1913年1月17日,在东京召开日本全国新闻记者联合大会上,400多名代表联合做出决议:督励议员清除阀族,弹劾"桂内阁",保障赞同并且实行以上主张的议员再次当选和惩处反对派议员,保障言论自由、修改报纸法。① 报界的联合行动在引发了愤怒群众攻击拥护政府的报社后,最终迫使"桂内阁"倒台。

日本早期的绝大部分报纸,并非政党报纸,也非隶属于军部,尽管受到政治的影响,但是也在尽力地影响着政治。在经历了自由民权运动、大正民主运动之后,报界已经成为日本社会生活中的一支重要力量。在 20 世纪 20 年代初期到 30 年代末期,《大阪朝日新闻》《大阪每日新闻》和《读卖新闻》等报纸的发行量已经突破了 100 万份。② 以植松考昭、三浦铁太郎、石桥湛山为代表的《东洋经济新报》,和以村山龙平、岛居素川等为代表的《大阪朝日新闻》,正在自觉地担负着宣传民本主义、推动代议政治的舆论工具职能。

"九一八事变"之后,仍然有少数媒体人如石桥湛山,坚持在《东洋经济新报》上批评日本国内政治和舆论:"有一部分人是依据法律受到了言论压迫。但我认为,今日我国失去言论自由的最大原因,是我国的学者、评论家、有识之士或是报纸以外的言论机关的经营者,没有人能像 650 年前的日莲一样,将自己相信的事物毫不隐藏地说出来,为国家尽自己最大努力。我认为现在的人连日莲勇气的百分之一都没有。不仅是这样,我看到有一些人竟然表面上迎合现在的社会舆论,说出一些根本就不是自己真心的言论。最近我国的非法运动面临着,如果走错一步,就会跌入万

---

① ［日］山本文雄编著:《日本大众传媒史(增补版)》,诸葛蔚东译,桂林:广西师范大学出版社,2007 年,第 96—97 页。

② ［日］佐藤卓己:《现代传媒史》,诸葛蔚东译,北京:北京大学出版社,2004 年,第 91 页。

劫不复的深渊这一危险境地。如果说存在力挽狂澜的方法的话，那就只可能是言论自由的力量。如果言论自由被压制，完全窒息了的话，国家一定不会有前途。"①

坚持批判军国主义的媒体人，还有在《福冈日日新闻》任副社长的菊竹六鼓，在1932年"五一五事件"之际，公开发表文章抨击军部，要求追究军部的责任。原《信浓每日新闻》主笔桐生悠悠也发表过《嗤笑关东防空大演习》等文章，反对军国主义，甚至引发了当地老百姓和军人针对报纸的"不买运动"。后来他在名古屋主持读书会的会志《他山之石》，继续发表反战言论，6年内接受过27次禁止发行或删除报道的处罚。只是这些媒体均为地方报刊和非主流报刊，《他山之石》的订户也只有区区300份，影响力极其有限。

但是以"九一八事变"为分水岭，除了极少数影响力微弱的媒体，其他绝大多数媒体均开始从事变前的"批判军部"转向为"历数中国的排日行为"，支持国策，主张"只有强行才是与中国交涉的基调"（《东京日日》1931年10月10日社论）。② 在政府一方，从1936年底开始合并报纸，1940年组建情报局，对内对外宣传实施一元化管理，报界沦为政治动员的工具，不遗余力地鼓动"万众一心"，充当战争帮凶，最终使国家步入了战争轨道，在整个社会层面完成了"总体战体制"。1944年《朝日新闻》主笔绪方竹虎进

---

① ［日］前坂俊之：《太平洋战争与朝日新闻》，晏英译，北京：新星出版社，2015年，第49页。

② ［日］山本文雄编著：《日本大众传媒史（增补版）》，诸葛蔚东译，桂林：广西师范大学出版社，2007年，第140页。

入小矶内阁任国务大臣兼情报局总裁、大政翼赞会副总裁，支持日本对外扩张，参与并亲自组织了两次对汪精卫的诱降工作，从传媒人转向为积极支持侵略扩张并亲力亲为的法西斯政治家。

近代日本报纸媒体记录了日本国家和民族兴衰跌宕的命运。在《近代日本报界的政治动员（1868—1945）》中，安平深入研究了在政治强力干预和控制下逐渐形成的近代日本报界"总体战体制"，也涉及了甲午战争、日俄战争和全面侵华战争中的日本报界宣传战实践，以及中江兆民、福泽谕吉和德富苏峰、石桥湛山等舆论领袖的思想传播，客观、公正地分析与评价，力图为近代日本报界的发生、发展勾勒出一幅既符合历史事实，又具清晰脉络的"贯战史"画卷：

在明治大正时期，即日本政治和社会走向近代化的过程中，报界与政府既相互扶持、共同促进，也相互斗争——展开控制与反控制，这种既对抗又联合的关系，正是在社会剧烈变动时期报界发展的必经阶段。报界曾经为追求民主政治而努力——作为争取自由民权的"民主之刀"，为反对军部独裁而大声疾呼，为争取宪政民主而不惜流血抗争。总体来说，明治大正时代的报界在推动日本政治和社会走向近代化的过程中发挥了政治动员的积极作用。

但是，当日本政府为推行侵略扩张国策，不断加强舆论控制后，报界无力对抗，转而放弃了做政党和民众维持宪政民主、"参与政争的有力武器"，服从"国益"，"转向"为政府对内控制舆论、鼓动"举国一致"发动侵略战争的帮凶。作为鼓吹侵略扩张国策的"专制之刀"——通过狂热的宣传行动、细致的战胜报道、虚假的欺骗宣传,甚至直接组织战争动员活动,最大限度地支持了侵略战争及其长期化。

日本报界在近代史上经历的自身发展、壮大直至毁灭、再生,与近代日本国家的发展"同向同行",对于近代日本历史上的侵略战争,日本报界负有不可推卸的战争责任;由于战后不彻底的民主化改造,战后报界也不同程度地继承了战前和战时的国家民族观念,鲜明地保留了"总体战特征"。时至今日,日本报界的"政治动员"仍未停止。

本书并不是一部完整的总体战体制下的日本媒体史,只是将切入点限定于总体战体制下日本报界政治动员机制的形成,通过还原近代日本报界发展史,阐述其发挥政治动员功能、参与宣传战之必然性,并论及日本报界的战争责任及历史问题。在"总体战"研究范式下,以"贯战史"的方法论探讨近代日本报界与政治动员的历史,得到的结论是"漫长的战后"仍将继续。

如今时代,新闻记者和传播学者们,正面对着日益复杂多变的传播环境和不断迭代更新的宣传工具,在对社会大众诉说政治变动或战争原因,争取国际声援或中立国转向,以及鼓动社会情绪时,近代日本宣传理论家们已经留下了大量值得汲取的经验和教训,这些经验和教训值得总结。

是为序。

周颂伦

2021 年 9 月

目 录

引　言

一

观察近代日本有不同的视角,近代日本报界是其中之一。

近代日本报纸从诞生之日起即与政治建立了密切关系,是政治动员的重要工具——其形成、壮大以及战后改造,均与日本政治、社会发展紧密相连。可以说,一部近代日本报界发展史,也是一部近代日本社会形成过程中的"政治动员史",只是这种"政治动员"——有时候积极推动了民主政治及社会的健康,有时候是在对内法西斯专制、对外疯狂扩张道路上"狂飙突进",最终给国家和民族带来深重灾难。

"动员"的本意与军事相关。19 世纪 50 年代,普鲁士军队中出现了专门用来"描述军队在临战阶段的集结、装备和展开"的词语,从而赋予"动员"以明确的军事内涵。19 世纪后半期,日本以德为师,陆军大将儿玉源太郎意译德文中的"Mobilmachung"为"动员"。中文"动员"一词最早见于 1903 年北洋陆军督练处编印的《军语》。①

---

① "动员"来自日语。《军语》有"动员"一条,"按平时预备规画聚齐人马器械备调赴战之总称也"。见李卫海《何谓规范意义上的"国防动员"》,《法学杂志》,2011 年第 8 期。

因此"动员"即战争动员,是国家从平时状态转入战时状态,采取紧急措施统一调动人力、物力、财力为战争服务,包括军事动员、经济动员、政治动员等方面。而政治动员即是国家从政治上、组织上、思想上对全体军民进行宣传教育和政治鼓动,发动民众和军队参加战争所采取的措施。拙作中的"报界的政治动员",不仅是指"为战争进行动员",更是包括两个方面:一方面是在国内事务中,报界为促进近代日本民主政治发展,与政治博弈,参与甚至是发动了针对"当前政治"的"另一种政治思想"的动员,如针对专制政府开展的民主政治、政党政治、立宪政治的政治动员;另一方面则是报界在日本对外侵略战争中成为战争帮凶、作为战争动员的政治动员,这一种政治动员具有更加深刻又持久的影响。

研究历史有不同的视角,以"新闻"研究历史是其中之一。新闻即历史,新闻与历史的关系有"今天的新闻,就是明天的历史"之说法。[①] 但是,从"新闻记录历史"的角度研究历史,即研究报

---

① 有学者充分肯定史学与新闻的密切联系,认为在史学与新闻之间至少有三个相同点:一是均指实际发生过和正在发生着的客观事实;二是均力图真实叙述已经发生过的事情;三是均力图从事实出发赋予事件某种意义,即"历史"与"新闻"均有二重性。在第一点上,"历史"既指发生过的事件,又指对事件的记述和研究。"新闻"既指发生着的事情,又指对事情的报道和描述。在第二点上,史学宣称坚持"客观""公正"原则,新闻也标榜"客观""公正"。在第三点上,史学通过"秉笔直书"昭示某种理想的道德价值或某种预设的历史目的、历史规律和历史必然性,新闻则通过"不偏不倚"来暗示某种普泛的理念立场或某种含蓄的抑或明确的政治倾向。所以,史学与新闻之间的"同要大于异"。参见雷戈《史学与新闻》,《文史哲》,2004年第6期;甘惜分:《再论新闻学与历史学》,《新闻界》,1996年第2期;谢贵安:《从历史与新闻的关系看史学的传播和普及》,《郑州大学学报》,2011年第1期。

纸媒体作为"社会守望者记录的历史",还要特别关注新闻具有的"政治属性"。亦即尽管新闻以追求"真实"为本分,但新闻并不是"镜子",不能还原"客观的真实"——报纸媒体既有自己的价值判断,也受到政治左右,而与政治结盟、为政治所用的报界在政治动员中往往具有极大的欺骗性,这便是政治动员的主要功能。

　　作为日本近代史上不可或缺的声音,日本报界经历了民主先声(明治初期的文明开化,政府对报界的支持)——与政府互动、依附并鼓吹专制——被政府弹压、支持并鼓动侵略战争——参与宣传战——战后民主化改造等几个阶段,其与政府之间的斗争以及政治动员贯穿了近代日本社会发展的全部过程。当然,日本报界与政治控制的斗争也极大地推动了社会发展和传媒进步,其拥有的强大影响力,可以监督政府行为,甚至可以左右政府官员的命运,①并以其高度的组织性、纪律性,利用"疾风暴雨式整齐划一的猛烈报道",在社会整体右倾化过程中也发挥了不可替代的作用。② 因此,报界的政治动员是一把双刃剑——既能够引导,也能

----

① 如 1974 年 10 月《文艺春秋》对田中角荣的财产来源和复杂人事关系的报道,迫使其辞职;1992 年 8 月《朝日新闻》对自民党总裁金丸信受贿 5 亿日元的报道,迫使其辞职;等等。

② 如 2002 年对"闯馆事件"的报道(5 月 8 日,5 名不明身份者闯入日本驻沈阳总领事馆,日本一些媒体大肆炒作和片面报道导致了事态的扩大和紧张局势的升级);2004 年对所谓"足球骚乱"的报道(8 月 7 日的亚洲杯足球赛,中国队输给了日本队,中国球迷为发泄愤怒与失望,向日本球员乘坐的巴士投掷饮料瓶、石块,焚烧日本国旗等。日本媒体齐声指责中国球迷的反日情绪,进而指责中国政府的爱国主义教育,以至怀疑北京承办奥运会的能力。8 月 12 日的《朝日新闻》更发表专栏作家船桥洋一的《足球——义和团之乱》,指责中国球

够误导;既能够整合社会舆论、趋向和谐统一,也能够推波助澜、引起社会动荡。报界一旦被控制、被歪曲、被利用,将威胁并破坏社会秩序,产生极端邪恶的力量。

报纸媒体具有无远弗届的强大力量,并以其特有的方式渗透到社会生活的方方面面,潜移默化地影响、改变着受众的思维方式、价值观念,甚至改变社会环境——依靠政治动员功能,通过引导舆论、建立和巩固信仰、社会暗示等对民众的思想和行为进行

(接上页)迷的所作所为如同"文化大革命"中的红卫兵,把球迷骚动称为"义和团情结"),日本媒体违背新闻报道客观、公正、全面、平衡的准则,如同战时新闻宣传一样的集中猛烈报道,对中日关系产生了极为恶劣的影响。

关于日本报纸报道的右倾化、对华负面报道等问题,参见陈飞《日本媒体在"闹馆事件"中的表现》(《中国记者》,2002 年第 6 期);马嘉:《从"天皇国旗国歌言论"的报道看日本媒体的生存之道》(《国际新闻界》,2005 年第 1 期);金赢:《浅析日本新闻媒体中的厌华情绪》(《日本学刊》,2005 年第 2 期);鲁义:《中日关系现状与两国媒体的作用》(《日本研究》,2006 年第 1 期);金赢:《日本右翼媒体:言论的"自由"与暴力》(《世界知识》,2006 年第 2 期);李新立、林晓光:《倾斜的新闻伦理与错位的职业操守——日本媒体涉华报道中的"群体失范"现象》(《当代传播》,2006 年第 6 期);郝建群:《日本对华政策中的媒体和舆论因素》(《国际资料信息》,2006 年第 7 期);[日]石川旺、张弦:《当今日本新闻业的实用主义》(《国际新闻界》,2007 年第 2 期);徐家驹:《日本大众媒体对中日关系的负面影响及其思考》(《国际关系学院学报》,2007 年第 2 期);李波、冯焕丽:《浅议日本媒体的"保守化"——以〈读卖新闻〉〈朝日新闻〉和〈每日新闻〉为例》(《河南机电高等专科学校学报》,2007 年第 3 期);赵刚:《战后日本的主要媒体及其政治影响》(《日本研究》,2008 年第 3 期);刘江永:《日本媒体与中日关系》(《对外传播》,2009 年第 3 期)。

有效控制,影响政治认知、政治情感和政治态度的形成、传播和趋同。① 尤其是报纸传媒作为"软实力"被纳入国家战略总体筹划、管控、动员的现代社会,已经是宣传战、心理战、政治动员的"软打击"利器。报纸虽然是"社会的守望者",但是一旦被控制、信息封闭,民众就不可避免地被蒙蔽、被欺骗,直至被宣传鼓动起来。②

① 早期传播活动基本以传者(传媒)为中心,因此早期传播学研究多从宣传角度出发,"大众传媒威力的评价达到历史最高点"。在大众传媒研究理论逐步形成的二战时期,"子弹论"是早期传播研究的第一个流行理论,该理论形成于第一次世界大战中各国的国内战争动员和针对敌对国家的心理宣传战,把受众看作是被动的信息接受者、解读者、参与者,即把民众比喻为靶子,认为媒介如同子弹一样,很容易就能击中并产生效果。关于大众传媒的控制力,德国社会学者伊丽莎白·诺埃勒-诺依曼在 1980 年提出了"沉默的螺旋理论",即人们在表达观点时,如果受赞同就会积极参与,反之则会保持沉默,而越是沉默则造成另一方意见越是强势,如此循环往复,便形成一方的声音越来越强大,另一方越来越沉默下去的螺旋发展过程。参见[美]沃纳·赛佛林、小詹姆斯·坦卡德著《传播理论:起源、方法与应用》,郭镇之、孟颖、赵丽芳、邓理峰、郑宇虹译,北京:华夏出版社,2000 年,第 13 页。[美]威尔伯·施拉姆、威廉·波特:《传播学概论》,何道宽译,北京:中国人民大学出版社,2010 年,第 189 页。
② 纵观近代日本历史,其报纸传媒的"子弹效应"和国民在报纸影响下的"沉默螺旋效应"尤其显著。在很长的一个时期内,日本的报纸媒体被政府立法、司法严格管制,甚至直接由情报委员会、情报局、情报部管辖,军方更把大众传媒的宣传视为军事斗争、政治动员的武器之一。在报纸传媒发展的早期阶段,处于特定时期和特定地点,对媒体素质(在面对不同媒体、各种信息时所表现出的信息选择能力、质疑能力、理解能力、评估能力、创造和生产能力以及思辨的反应能力)不高的受众群体实施强力传播,往往具有强大的影响力和控制力,取得神奇的效果。

在《现代传媒史》中，佐藤卓己①把近代传媒纳入"总体战"范式来考察其如何作用于"国民社会"的形成，即"从第一次世界大战以后的总体战体制——国民总动员体制的形成来描述现代社会中媒体的成立和建构"，尤其强调了传媒在现代社会中起到的"动员"和宣传作用：

> 如今的报道只是"以不同的手段来继续进行战斗"而已。在这里所形成的"宣传战"的交战时时都在进行，在和平时期如此，在战争时期也是如此。当社会运动概念的"宣传"变成国家政策的概念时，以社会和国家的分离为前提形成的市民的公共领域也就失去了其存在的基础。哈贝马斯所说的"公共领域的结构转型"，即从市民的批判性的公共领域变为大众操作的公共领域，就是在这时完成的。
> 为动员每一个拥有主体性的国民"自愿地参加"战争，审查变成隐蔽的形式并日常化，"心理战"的前线扩大到了个人的记忆之中。把宣传术作为中心的媒体学和大众心理学研究的真正展开是以这场战争为起点的。正如拉斯韦尔指出

---

① 佐藤卓己(1960—)，文学博士，京都大学研究生院副教授。曾经任东京大学新闻研究所、社会情报研究所助教和同志社大学文学部副教授、国际日本文化研究中心副教授，研究领域为媒体史和宣传学。主要著作和译作有《〈国王〉的时代——国民大众杂志的公共性》(获日本出版学会奖)，岩波书店，2000年;《媒体社会学与战后舆论》(编著)，柏书房，2003年;《大众的国民化》(合译)，柏书房，1994年;《敌人的面孔——憎恶与战争的心理学》(合译)，柏书房，1994年。参见[日]佐藤卓己著《现代传媒史》，诸葛蔚东译，北京:北京大学出版社，2004年，作者简介。

的那样,可以毫不夸张地说,世界大战让普通人和学者都"发现了宣传"。①

　　为此,佐藤卓己认为,极具"20 世纪"色彩的概念"宣传(propaganda)"在国际上正迅速地引起人们的关注。"20 世纪 20、30 年代所形成的'宣传热(propagandaboom)'将会再一次到来。"而在日本,从战争状态的"总体战体制",到"高度国防体制被建构起来之后,人们又被置于名为高度经济增长、高度信息化的'总体战'的状态之下。时至今日,"动员"还未解除。②

　　进而,在《日本战后史》中,中村正则③以"贯战史"方法论重新认识了"日本战后史"。中村正则认为:

　　　　战争会使国际关系发生极大的变化,也使国内的政治经济、社会构造发生激变,还会给人们的思想和心理带来巨大影响。虽然战争已结束了,但这个影响并没有消失。特别是

---

① ［日］佐藤卓己:《现代传媒史》,诸葛蔚东译,北京:北京大学出版社,2004 年,第 122 页。

② ［日］佐藤卓己:《现代传媒史》,诸葛蔚东译,北京:北京大学出版社,2004 年,《中文版序》第 1 页,《日文版序》第 3 页。

③ 中村正则(1935—),一桥大学经济学博士,美国哈佛大学东亚研究中心客座研究员。主要著作有《日本的历史 29　劳动者与农民》(1976)、《近代日本地主制研究——资本主义与地主制》(1979)、《昭和的历史 2　昭和的恐慌》(1982)、《战后史和象征天皇》(1992)、《战后改革与现代日本》(1997)、《明治维新与战后改革——近代史》(1999)、《结束了的和未结束的战后》(2007)、《战后史》(2005)等。

第二次世界大战,与第一次世界大战不同,它改变了战场以外的社会,其影响波及战后社会的存在方式和战后的精神。基于此,我想超越迄今为止的"是断绝还是连续"这个二选一的方法,而以上述观点(即"贯战史"的观点,引者加)来重新认识战后史。①

当然,从这个意义上说,"贯战史"的研究方法应属于"连续论",即日本战后史的源流或原型还是始于20世纪20年代,形成于战时动员体制中,所以应该强调战前与战后的连续性,即"不可过高评价由GHQ(盟军最高司令部)主导的战后改革"。② 从这个意义上说,"近代日本报界的政治动员"这一命题,很是适合"总体战体制"研究范式和"贯战史"研究方法论;而且"总体战体制"和"贯战史"更能说明"以战时为中间点"的日本报界的"战前与战后连续性"。

于是,从"政治动员"角度考察近代日本报界的战前与战后史,意义已经十分明了:从近代日本报纸的产生、发展乃至变异来观察它是沿着怎样一条脉络逐渐演变至今;从报界政治动员的角度去揭示其战前与战后的连续性,也有助于进一步认识其本质及发展趋势。

为此,拙作以"政治动员"为切入点,以民主政治追求——法

---

① [日]中村正则:《日本战后史》,张英莉译,张谷校,北京:中国人民大学出版社,2008年,第4页。
② [日]中村正则:《日本战后史》,张英莉译,张谷校,北京:中国人民大学出版社,2008年,第5页。

西斯化——民主化改造为基本线索,努力刻画、探明并力图展现给读者的,是一部不同于其他日本报史研究的,充满矛盾与斗争、血腥与残酷的"近代日本报界政治动员史"。

二

从传播学角度观察,从事信息传播活动的大众传播拥有环境监测、社会协调、社会遗产继承等社会功能,①受众眼中的世界就是经过大众传播媒介(大众传媒)重构的信息世界;②从政治学角度看,作为大众传播的媒介(物质工具)——大众传媒拥有政治参与(提供发表意见和充分讨论的平台)、议程设置(选择或强调话题造成重要印象)、舆论监督(监督公共权力的同时,也监测社会舆情并及时发出预警)、政治控制(既是社会控制的工具,也是社

---

① 关于大众传播的社会功能,美国著名政治学家哈罗德·拉斯韦尔(1902—1977)在《传播在社会中的结构与功能》(1948)中将传播的基本功能概括为环境监测功能、社会协调功能和社会遗产传承功能;美国社会学家查尔斯·赖特(1916—1962)在《大众传播:功能的探讨》(1959)中继承了拉斯韦尔的观点,补充了"娱乐"功能,使之成为"四功能说";美国传播学家、被誉为"传播学之父"的威尔伯·L·施拉姆(1907—1987)则将大众传播的社会功能概况为:政治功能——包括监视环境、协调、社会遗产传递;经济功能——包括市场信息的传递和解释、开创经济行为等;一般的社会功能——包括社会规范的规范的传递、协调公众的了解和意愿、娱乐等。参见郭庆光著《传播学教程》,北京:中国人民大学出版社,1999年,第113—115页。
② 即美国著名新闻学者沃尔特·李普曼在《公共舆论》(1922)中提出的"虚拟环境"。关于"虚拟环境"参见[美]沃尔特·李普曼著《公共舆论》,阎克文、江红译,上海:上海人民出版社,2002年,第12—13页。

会减压的工具,起到安全阀作用)、政治沟通(大众传媒是基本工具)和政治社会化(大众传媒是主渠道)等政治功能①,能够通过广泛的"政治动员"影响受众的认知与判断,并使之最终付诸行动——实现与政治的互动及社会控制,②这正是"政治"要实现的目标,也是"政治"必须对大众传媒实施控制的主要原因——对大众传媒的控制,乃是对社会控制的前提。

从政治传播学角度观察,大众传媒是影响公众政治态度和行为的主要因素。大众传媒既是社会的一部分,也是政治的一部分——是政治的一种手段、一种形式和国家权力实施的一种工具,是通过政治动员、构建政治认同的主要方式。同时,大众传媒作为政治传播、政治参与和政治沟通的渠道,也是政治社会化的重要工具,其左右舆论、设定议程、影响政府决策,乃是政治维持

① 参见张昆著《大众媒介的政治社会化功能》,武汉:武汉大学出版社,2005年,第115—126页;周武军:《大众传媒的政治功能》,《社会科学战线》,2008年第10期。

② 关于大众传媒的社会控制,包括了决定报道内容、数量和质量,引导公众关注哪些问题、忽略哪些问题等等方面;同时大众传媒还能够通过信息表达、评论的强弱来影响舆论,对"政治社会化"发挥作用,在维护社会稳定和政治体系良性运行中发挥作用。实际上,大众传媒对社会的控制是全方位的,重点是对意识形态的控制。通过对内容、语言和过程的操纵,最终达到意识形态一致化和思想规范化,使个人和社会承认既定意识形态的权威,并使自己的思想和行为服从于这种意识形态的支配。不过,"服从"并不等于"同意"。也正是基于此,大众传媒才真正体现了它的意识形态威力,它不仅能控制人的思想,而且能渗透进入人的心理结构,改变人的思维方式和价值观念,使人彻底失去内心的独立与自由,从而自愿地接受这种控制。参见李宏、李民等著《传媒政治》,北京:中国传媒大学出版社,2006年,第14—15页。

其生存的需要。①

　　战争是特殊的政治现象,是政治的继续,是流血的政治。正如德国军事理论家和军事历史学家克劳塞维茨所指出的,战争是政治的工具;战争必不可免地具有政治的特性,战争就其主要方面来说就是政治本身,政治在这里以剑代笔。② 在 19 世纪末 20 世纪初,当报纸媒体逐渐大众化并开启了大众传媒时代以后,战争也演变为报纸媒体参与的、以"总体战"为特征的现代战争,报纸媒体的战争动员功能,更以"宣传战武器"的形式极端表现出来。

　　报界与政治的关系,也可在哈贝马斯的著述《公共领域的结构转型》(1962)中找到答案。哈贝马斯认为,18 世纪资产阶级公共领域的基本轮廓可以概括为三个领域:一是私人领域,即市民社会(商品交换和社会劳动领域);二是公共权力领域,即国家(公安机关);三是文学公共领域③,即俱乐部、新闻界,并已经是"具有政治功能的公共领域的前身",是"公开批判的练习场所"。

---

①　信息传播与人类社会同时诞生。人类社会出现阶级以后,政治产生并且和传播紧密相连。传播不仅服务政治,也"负载"政治,没有脱离传播的政治。参见邵培仁著《政治传播学》,南京:江苏人民出版社,1991 年,第 20—22 页。

②　[德]克劳塞维茨:《战争论》,中国人民解放军军事科学院小组译,北京:商务印书馆,1982 年,第 92 页。

③　此处翻译为"文学公共领域",其实所谓"公共领域"即指"我们社会生活的一个领域,公共意见能够形成,公共领域原则上向所有公民开放"。这个领域介于国家与社会之间,是公民参与公共事务的地方,它集中表现为公民在政治过程中的互动性。公共领域有三个部分构成。简而言之,就是具有独立人格的公众,能在理性基础上就普遍利益问题展开辩论,同时拥有自由交流、充分沟通的媒介,最后是经过辩论和交流,达成共识,形成公共舆论。

关于公共领域的基本轮廓,参见以下关系图:①

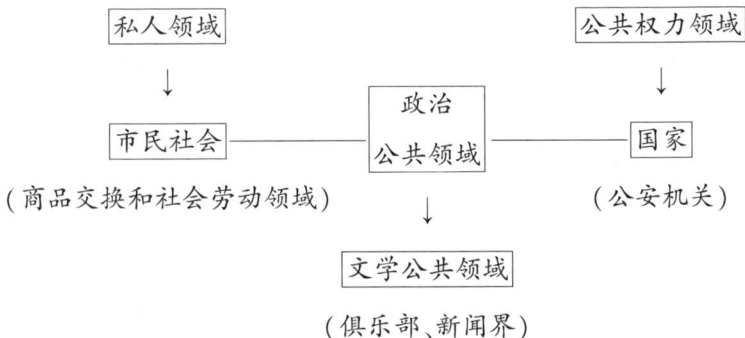

```
┌────────┐                              ┌──────────┐
│ 私人领域 │                              │ 公共权力领域 │
└────────┘                              └──────────┘
    ↓                    ┌──────┐            ↓
┌────────┐              │  政治  │        ┌────┐
│ 市民社会 │────────────│公共领域│────────│ 国家 │
└────────┘              └──────┘        └────┘
(商品交换和社会劳动领域)       ↓            (公安机关)
                    ┌──────────┐
                    │ 文学公共领域 │
                    └──────────┘
                   (俱乐部、新闻界)
```

　　在私人领域和公共权力领域之间的是政治公共领域,即能够形成公共意见、向所有公民开放的社会生活领域,早期以文学公共领域形式出现,并以俱乐部和新闻界为主要形式。其中新闻界在公共领域的建构中发挥了至关重要的作用,即"政治公共领域就是从文学公共领域中产生出来的;它以公众舆论为媒介对国家和社会的需求加以调节"②。

　　报纸媒体既是公共领域的载体,其本身也是理想的公共领域。在正常的社会状态下,即没有发生重大政治活动(如战争)等情况,私人领域、文学公共领域和公共权力领域三者之间可以经

① ［德］哈贝马斯:《公共领域的结构转型》,曹卫东、王晓珏、刘北城、宋伟杰译,上海:学林出版社,1999 年,第 35 页。
② ［德］哈贝马斯:《公共领域的结构转型》,曹卫东、王晓珏、刘北城、宋伟杰译,上海:学林出版社,1999 年,第 34—35 页。

过斗争,在一定范围内共生共存;但是一旦发生重大政治事件,三者必将归于一体——在国家机关的强大压力下,私人领域和文学公共领域必将被迫向公共权力领域靠拢,报纸传媒具有的政治参与、环境监测、政治社会化、政治稳定等政治功能必将被充分激发出来、利用起来,以链接公共权力领域和私人领域,目标即是建立"总体战体制"。

从历史学角度观察,报纸是重大历史事件及社会发展、政治变迁的记录者,也是历史的见证者。通过政治动员,研究近代史上日本报界与政治的关系,有助于我们深刻地认识当前日本的报界和认识当前的日本。

以《朝日新闻》为例,作为拥有世界上最大规模读者群的报纸媒体之一,战前和战时就可以发行报纸、制作新闻纪录片并举办各种商业活动,是拥有航空运输等事业的报业经营实体,具有强大的社会影响力。"九一八事变"时,《朝日新闻》社拥有飞机15架,专门用于运送战地记者和新闻原稿、摄影胶卷,朝日航空部拥有"紧急情况下,可于30分钟内出动飞机"的强大实力,军部都对其颇为忌惮——如果没有报纸媒体的协力,日本的对外侵略战争难以进行到底。正是报界从最初的批判战争到后来的被迫噤声,从半推半就到全面协力,成为宣传战的喉舌工具,才打造了日本全民族的战争意识形态,最终彻底完成、推进了日本国家和社会的战争总动员。

在侵华战争中,不拿枪的"笔部队"与拿枪的"枪部队"直接协作,①宣传战争、动员参战、记录战事、传播战况,从文化和精神两个方面影响、左右了日本民众的情绪。如 1932 年 2 月 23 日《报知新闻·号外》"总攻击画报"记录的上海"一·二八"淞沪战役,就是日本"笔部队"的一份"杰作":记载了高崎、黑田两名报社特派员,在 21 日上午 9 时搭乘"上海丸"出港,22 日到达长崎,立即到大村机场乘"陆输""大村"飞机抵达上海战地;这份《号外》共有 4 版 13 幅日军烧杀淞沪的大幅照片②。

　　日军的侵略暴行也正是因为被从军记者记录而成为重要的

---

① 1941 年 4 月 15 日,《读卖新闻》从军记者小俣行男乘坐中型攻击机在轰炸杭州的战斗中,拍摄了"燃烧的村镇",并把这次"大机群编队轰炸"用一整版刊登在 4 月 17 日的《读卖新闻》上。同年 12 月 6 日,小俣行男带着"该是推翻鸦片战争以来英国对香港统治的时候了!""推翻暴虐的英国,解放中国人民的日子到了!"等文字内容和带有宣传漫画的传单,乘坐轰炸机在香港上空"成捆成捆地往下扔",并观察了日军轰炸香港无线电通讯设施和停泊在周围的英国舰只。

　　日本记者经常搭乘战机观战,与地面部队"直接协作",有的甚至携带照相机爬上飞机后座取代投弹手的位置,在战场上"用毛毯蒙住头,打开手电筒写起稿子……刚写完,联络员接过稿子就跑下山,跳上等在那里的汽车送往居銮"。在乘轰炸机采访"轰炸衡阳"时,文部省社会部记者高田一郎再也没有回来,新潟地方报社记者中仓五六也在乘船去长沙采访时"战死在湖上"。

　　参见[日]小俣行男著《日本随军记者见闻录——太平洋战争》,周晓萌译,沈英甲校,北京:世界知识出版社,1988 年,第 6—8、29—30、16—17、74 页。

② 这些图片是攻占沈家行镇"立下殊勋"的某联队、攻到引翔港附近的日军山炮队、日军炮轰燃起大火的上海北站附近、向闸北一带射击的日军高炮阵地、在特派员面前炸开中国军队的炮弹、在江湾镇抓住的中国"便衣队"、进攻作战的日军坦克、在引翔港附近进攻的日军第某某联队、在司令部前的师团长植田、进攻江湾的日军骑兵队、日本陆军战斗机、日军野战医院、正在准备出动的日军坦克部队……参见何民《日本总攻"号外""自曝"侵沪之战》,《中国档案报》,2005 年 8 月 12 日。

历史罪证。1938 年 1 月,《读卖新闻》特派记者小俣行男①来到了刚刚陷落的南京,在其回忆录《日本随军记者见闻录——南京大屠杀》中记录了日军实施的南京大屠杀暴行:

　　在南京,到处都可以掠夺、强奸。刚进城时,还有很多建筑物,可是翌日就开始放火,主要建筑物全被焚毁。士兵们冲进深宅大院,在屋里乱翻一气,掠走值钱的东西后就放火烧房。

　　俘虏有 10 万之多。刚进城的部队曾问军司令部:"这些俘虏怎么办?"回答是:"适当处分。"(这个命令是事实,山田旅团长当时在笔记中写道:"12 月 15 日,就处理俘虏一事,派本间少尉去师团,得到'收拾掉'的命令。"所谓"适当处分",就是如无法处理就予以处决。这是军队里一开始就确定了的方针。)②

　　《每日新闻》特派员铃木二郎也在回忆录中记述道:

---

① 小俣行男,1912 年出生于日本山梨县,1936 年进入《读卖新闻》社任记者。从1938 年 1 月到 1942 年 8 月,以《读卖新闻》从军记者的身份随日本侵略军经历了日本侵华战争和太平洋战争。1947 年离开《读卖新闻》社,1955 年进入崎玉新闻社,任总编辑等职。1963 年进入大正制药株式会社,任宣传部部长等职。著作有《战争与记者》(冬树社)、《渡越波涛》(现代史出版会)等。参见[日]小俣行男著《日本随军记者见闻录——南京大屠杀》,周晓萌译,张本华校,北京:世界知识出版社,1985 年,出版说明。

② 关于详细的大屠杀暴行,参见[日]小俣行男著《日本随军记者见闻录——南京大屠杀》,周晓萌译,张本华校,北京:世界知识出版社,1985 年,第 4—5 页。

在那里,我第一次遇上毫无人性的大屠杀。在 25 米高的城墙上站着排成一列的俘虏,他们一个接着一个被刺刀捅落到城外。许多日本兵提起刺刀,呐喊一声往城墙上的俘虏的胸、腰捅去,鲜血溅向空中。

真是令人神经错乱的回忆。去了那个地方后,在归途中再一次钻进功志社的门去看看。刚才还是个不引人注意的地方,现在院内的大树下用铁丝绑着十几个败兵。个个脸色惨白,破衣露肉,有的坐着,有的站着,都用呆滞的目光盯着我。这时,咔咔走进来几个日本兵,有二三个拿着软云梯,看样子是工兵,他们毫不理会我站在旁边。他们中的一个站在大树下,吼道:"这些家伙经常袭击我们!"突然举起尖镐对准一个俘虏的头砸了一下去。那是一个毫无抵抗能力的俘虏。闪光的镐尖咔嚓一声扎进头颅,鲜血咕嘟一下冒出来,这都是在瞬间发生的事。看着这惨景的俘虏们拼命挣扎,可是无济于事,在别的士兵的暴力下,不能动弹。

(《我目睹了那次"南京悲剧"》,载《丸》1971 年 11 月号)①

日本报界不仅报道战争、煽动侵略扩张情绪,还直接主办或承办各种社会活动来动员民众支持战争。如会同地方行政机构、在乡军人、青年团等团体,积极组织国民为侵华战场的日军官兵

---

① ［日］小俣行男:《日本随军记者见闻录——南京大屠杀》,周晓萌译,张本华校,
北京:世界知识出版社,1985 年,第 56—57 页。

祈祷、拥军慰问、集会游行、召开演讲会、报告会,并开展募捐慰问
金、慰问袋,组织欢送军队出征、组织民众祭奠前线官兵、征集战
争歌曲等。在媒体铺天盖地的宣传中国人"暴戾""排日"中,日
本国民被鼓动起来:懵懂无知的小学生们在老师的带领下,为战
争捐出了自己的零花钱,并争先恐后地给出征的士兵写慰问信;
深受毒害的青年们则立志出征中国东北,或竞相参军入伍,发誓
"膺惩中国"。①

《大阪朝日新闻》在 1931 年 9 月 20 日发出了报道"请看本社
《号外》,大阪府大津町细见氏的委托,给战死者赠送慰问金",策
划了"支出现金 1 万元,调配 2 万慰问袋,立即送往战场"活动。
经过媒体间的"激烈竞争",最后到 1932 年 9 月,"九一八事变"
一周年的时候,陆军省共收到了慰问金 4 582 700 元,慰问袋
1 884 900 个。② 据日本学者江口圭一统计,在 1931 年 9 月至 1932
年 9 月的一年间,爱知县共举行了 505 次与"九一八事变"有关的
各类集会,其中由该地主要报纸单独举行的就有 52 次,与其他团
体合办了 34 次。③

从 1937 年 7 月 20 日开始,《朝日新闻》社还面向读者开展了
"军用机献纳运动",动员各地的报纸贩卖店,张贴"举国赤诚,无
敌空军"等标语,一个月时间就汇集了 461 万 9000 元,给军方捐

① ［日］日本历史学研究会编:《太平洋战争史·满洲事变》,东京:东洋经济新报
　　社,1954 年,第 333 页。
② ［日］奥武则:《大众新闻和国民国家——人气投票·慈善·丑闻》,东京:平凡
　　社,2000 年,第 236 页。
③ 张昆:《十五年战争与日本报纸》,《日本研究》,1991 年第 2 期。

助了轰炸机、战斗机和侦察机总计60架,12月份又追加献纳了30架。[1] 1941年12月,《朝日新闻》社号召包括社长在内的全体社员为军队"献金",12日刊出"强化军用机献纳运动"的社告:

> 本社自昭和十二年七月支那事变(日中战争)以来,即提倡军用机献纳运动,记录了全日本同胞的航空报国热忱,至本日已经积累了七百四十余万巨资,作为赤心之结晶献纳给了陆海军,"全日本号"军机达到一百六十架,(中略)为了向大东亚共荣圈的圣业迈进,本社要达成"一千机、二千机规模"的目标,希望各位国民赞同爱国机献纳运动,出资建设强力无比的大空军。[2]

社告在声称"面对旷古未有之太平洋作战,需要全体国民赤诚参加"的同时,还刊出了《朝日新闻》社献纳的资金数额:报社献金10万元,村山长举献金1万元,上野精一献金1万元。战时日本报界致力于在物质和精神两方面对普通国民实施战争总动员,使军部发动侵略战争的意志渗透到国民意识中,在社会上掀起了一轮又一轮的援战狂潮,通过狂热的宣传行动与军方"直接协作",已经是侵略战争的直接参与者;通过细致的战胜报道,鼓舞日军士气,更为"铳后"国民营造了日军战无不胜的社会氛围;通

---

① [日]今西光男:《新闻资本与经营的昭和史——朝日新闻笔政·绪方竹虎的苦恼》,东京:朝日新闻社,2007年,第164—165页。

② 《朝日新闻》,1941年12月12日。

过虚假的欺骗宣传,配合政府和军方实施宣传战,负有不可推卸的战争罪责;而直接组织战争动员活动,掀起支援扩张战争的狂潮,更是不可忽视的战争力量。①

50 年过去,历史早已翻过战争的一页。但是在 1995 年 8 月 15 日——日本战败 50 周年纪念日,日本国内各报的社论仍然刻意回避战争责任,故意模糊历史认识问题。如《战后五十年,追求明天》(《朝日新闻》社论)、《21 世纪,我们应该做什么?》(《读卖新闻》社论)、《实现政治复权》(《每日新闻》社论),特别是《产经新闻》的社论《保守势力的职责》,主张回归明治宪法,四大报社论与世界各国纪念反法西斯战争胜利 50 周年的隆重氛围形成鲜明对照,进一步暴露了日本报界 50 年后依然未变的战争观、历史观。

2005 年也是检证日本报界历史观的关键一年。这一年是中国抗日战争和世界反法西斯战争胜利 60 周年,也是联合国成立 60 周年。与国际社会举行系列隆重纪念活动不同,日本的主流媒体依然表现出回避历史、拒绝反省的姿态,强化报道的是"日俄战争胜利 100 周年纪念"、复制"大和"号战列舰等宣传活动。《产经新闻》和《读卖新闻》甚至还刊发了广告宣传语:"8 月 15 日是日本终战 60 周年纪念日,让我们集合 20 万人在靖国神社周围",结果参拜人数果真超过了 20 万,创历史最高纪录。

日本报界在 2005 年 8 月 15 日的"所作所为",不能不让人想

---

① [日]今西光男:《新闻资本与经营的昭和史——朝日新闻笔政·绪方竹虎的苦恼》,东京:朝日新闻社,2007 年,第 164—165 页。

到战时报界的"政治动员"。同时,一个不可忽视的历史事实也被日本学习院大学法学部长、井上寿一教授①在其著作《日中战争下的日本》中揭开:

> 日本的工人、农民和女性并不是战争的牺牲者、被害者,而是自发的积极的战争合作者。为什么要支持战争呢?因为日中战争给资本家和工人、地主和农民、男人和女人,在政治、经济、社会地位的提高方面提供了一个千载难逢的机会。②

换言之,正是数以千万计的日本普通民众全力支持了那场对邻邦的残酷侵略战争,而这也正是日本报界积极推动对外侵略,进行政治动员的结果。

三

战后以来,尽管日本从军记者和日军官兵个人都拍摄了大量的战争资料,日本政府、军队和报界也发行了大量的宣传品,但是

---

① 井上寿一(1956—),日本政治学者、历史学者,一桥大学社会学部毕业,法学博士,著有《危机中的协调外交日中战争对外政策的形成与展开》(山川出版社,1994年)、《日本外交史讲义》(岩波书店,2003年)、《日中战争下的日本》(讲谈社,2007年)、《昭和史逆说》(新潮社,2008年)、《吉田茂与昭和史》(讲谈社,2009年)、《战前昭和的国家构想》(讲谈社,2012年)等。
② [日]井上寿一:《尝试重新思考日中战争》,《外交论坛》,2007年第9期。

由于近代日本报界在漫长的对外侵略战争中扮演了战争帮凶的极恶角色,记录报界内部情况的资料少之又少。① 在战后日本新闻研究领域,近代报史研究也被刻意隐藏,成为一个讳莫如深的话题。在日本以外,第一手研究资料则由于种种主观和客观原因难以获得。② 关于此前研究氛围以及研究之艰难,从新加坡学者卓南生③赴日求学经历中可见一斑。

20世纪60年代中期,卓南生留学日本,希望研究新加坡和马来西亚报业史,特别是研究日本占领之下的报业史,但是他深深

---

① ［日］安田将三、石桥孝太郎:《朝日新闻的战争责任》,东京:太田出版,1995年,第219页。

② 在中国一方,一是经济发展水平低和科技落后,没有记录的条件,也很少有照相机设备;二是日本侵略者不允许中国人记录;三是战争中被侵略、屠杀的中国人更不可能有机会记录日本人的暴行。所以只有日本人自己拍摄的图片、记录的文字、发布的新闻信息才能留下来。二战后日本刻意掩盖这段罪恶历史,销毁了大部分罪证,这也是造成这段历史记录稀缺的主要原因。

③ 卓南生(1942—),日本龙谷大学教授、新加坡《联合早报》特约评论员。早年受教育于新加坡南洋大学,1966年赴日求学,早稻田大学政经学部新闻系毕业,新闻学博士。留日期间,为新加坡报章撰写东京通讯。1973年返回新加坡任《星洲日报》社论委员,一直参与主持该报笔政。1983年华文报业合并,续任《联合早报》社论委员。1987年奉派赴日创设东京特派员办事处。1989年应聘为东京大学新闻研究所副教授。现任日本京都龙谷大学国际文化学院教授,北京大学新闻与传播学院及厦门大学新闻传播系客座教授,华中科技大学新闻与信息传播学院博士生导师(兼),中国新闻史学会名誉顾问。主要著作有《从东南亚看日本》、《国际问题纵横谈》、《现代的锁国》、《围墙里的日本国际化》、《日本政治评论二十年》、《汉城风云二十年》、《大国梦与盟主论》、《日本告别战后》、《中日关系出了什么问题》(合著)、《中国近代报业发展史1815—1874》、《日本的亚洲报道与亚洲论》、《卓南生日本时论文集》(全三卷)等。参见卓南生《再谈日本传媒对中日关系的解读》,http://www.caogen.com/blog/Infor_detail.aspx?ID=81&articleId=9019(2008-7-22)。

地感到,"在学界和报界的圈子里,有不少知名的新闻学者和新闻工作者是与'亚洲'有着深厚的渊源的。对于其中的某些人来说,'亚洲'简直就是他们的事业与人生生涯中永不能磨灭与遗忘的重要部分"①。许多日本老师都把这段报史视为敏感话题,有一次他在早稻田大学遇到讲述《现代新闻事业论》的老师——《朝日新闻》大名鼎鼎的从军记者、曾经跟随日军攻打新加坡的酒井寅吉②,因为酒井寅吉曾经"目睹并报道了有'马来之虎'之称的山下奉文劝降英国将军白思华",且在《大阪朝日新闻》连载《马来战记》33篇,其"美丽的文笔博得百万读者喝彩"——成为当时日本报界的红人与著名"演说记者",但是酒井寅吉的授课丝毫没有涉及当年自己采写的那些战地报道,也从不总结、评价自己在战时充当"从军记者"的作用和影响。不仅如此,酒井寅吉在战后撰写的回忆录中,对那些战时报道丝毫没有悔过,甚至还认为日本

① [新加坡]卓南生:《日本的亚洲报道与亚洲外交》,北京:世界知识出版社,2008年,第4页。

② 酒井寅吉(1909—1969),早稻田大学毕业,曾作为《朝日新闻》社从军记者和马来战线特派员赴前线,战后进入《时事新报》东京新闻社。他的"成名作"是报道日军攻陷新加坡,日军司令官山下奉文逼迫英军司令官白思华投降,是被称为"以华丽的笔锋写得活灵活现,博得数百万读者喝彩"的日本著名从军记者。所著《马来战记》在《大阪朝日新闻》长篇连载,后由朝日新闻出版局出版成为畅销书,日本文部省将其中的"山下将军与白思华的会见记"改为"白旗进行的山丘"收录在当时的《初中国文》第一册里,酒井也是"朝日新闻奖"的第一个获奖者——2000日元重赏,后来成为"演说家"在日本全国100个地区巡回举行从军记者演讲会。参见[日]土屋清《怀念出色的新闻批判者——酒井寅吉君》,《综合新闻事业研究》第52号,1970年春季号。[日]酒井寅吉:《战后的新闻界——如何谋求面向未来的出路》,东京:大和书房,1986年,第36页。

对东南亚的独立是有功劳的。在其 20 世纪 50 年代末出版的美化侵略战争的《马来战记》中，还居然以"同样的心情"写道："我并不存在着诸如对战争的'罪恶感'之类的心理压力。"①亦即他仍坚持"侵略有功"理论。

对"大东亚战争"的态度依然停留在战前和战争期间——这使得卓南生感到了"巨大的文化震撼"。当然，与 20 世纪的"亚洲""战争"有着极为密切的联系，又避而不谈侵略话题的日本新闻学者，还有著名的殿木圭一教授②和小山荣三教授③，两人均是战时积极主张加强对亚洲占领地区展开"宣传和言论对策"的新闻学者。

实际上，战后初期的日本新闻学界，大部分学者都是活跃于战前和战时的"从军记者"、"报道员"、新闻理论家，他们积极参加战时宣传，避而不谈战时从业经历且没有多少反思和检证是十分普遍的现象。④ 其中也包括在战后日本新闻传播学界占有重要

<hr />

① 参见［新加坡］卓南生著《日本的亚洲报道与亚洲外交》，北京：世界知识出版社，2008 年，第 5—6 页。
② 殿木圭一教授在战争期间曾被日本同盟通信社（日本共同社的前身）派往马来半岛，在从军记者小俣行男的回忆录《日本随军记者见闻录——南京大屠杀》中，也有对同盟社记者殿木圭一的记载。
③ 小山荣三教授在战争期间则曾著有《战时宣传论》，关于其宣传战思想，参见第三章第二节。
④ 参见［新加坡］卓南生著《日本的亚洲报道与亚洲外交》，北京：世界知识出版社，2008 年，第 7 页。

学术地位的千叶雄次郎教授（东京大学新闻研究所所长）①和米
山桂三教授（庆应大学新闻研究所所长）②，他们对于自己在战前
和战时的新闻宣传活动，也同样绝口不提。显然，在20世纪的六
七十年代，还是战时从军记者、战时新闻传播学者占据新闻传播
学"课堂"的时代，日本新闻传播学界和"战前"不可避免地保有
很大的"连续性"，"此时"还不具备研究、检证战前和战时日本传
媒的条件。

当然，一些有良知的日本人也在反省战争。在卓南生的日本
求学记忆中，立教大学影山三郎教授曾任战时的《朝日新闻》社论
委员，但是却从不回避战争问题，也能够向学生介绍战前日本的
政治空气、战后以来日本舆论界许多不可触碰的"敏感问题"。当
学生问到他"当时为何不反抗"时：

> 影山先生一面耐心地向我们细述军国主义时代专制统
> 治者的黑暗与残暴，一面也对当时无法阻止军国势力之膨胀
> 而感到悔恨。
>
> 他越谈越激动，声调也越提越高；他不止一次提高嗓音

---

① 千叶雄次郎在战时曾任《东京朝日新闻》社记者、编辑局次长和（南方）前线局
长、驻伦敦特派员，战争结束时任编辑总长。战后成为东大新闻研究所教授、
所长，东洋大学教授、理事长，日本新闻学会会长、NHK经营委员长等。
② 米山桂三教授是在战时与小山荣三教授齐名的新闻学者，著有《思想斗争和宣
传》等宣传战著作，其"战时宣传战思想"参见第三章第二节。

表示,每每谈起这些往事,他都感到十分难受,甚至想要自尽。①

　　但是近 20 年来,日本学界对战时和战前报业史的研究有了重大进展,众多日本学者开始研究、反省报界在侵略战争中的种种恶行,涌现了荻野富士夫的 8 卷本《情报局关系极密资料》(东京:不二出版,2003 年)、山中恒的《报纸美化战争吧!——战时国家情报机构史》(东京:小学馆,2001 年)、铃木健二的《国家主义和大众传媒——日本近代化过程中报纸的功罪》(东京:岩波书店,1997 年)、塚本三夫的《实录侵略战争和报纸》(东京:新日本出版社,1986 年)、池田一之的《报纸犯下的战争责任》(东京:经济往来社,1981 年)以及安田将三、石桥孝太郎的《朝日新闻的战争责任》(东京:太田出版,1995 年)等等,愿意正视那段历史,能够正视那段历史的人,毕竟还存在。

　　迄今为止,史上最大规模的世界性战争已经终止于 20 世纪中叶。70 多年过去了,然而时至今日,在大量的学术期刊、时事类报刊和大众传媒中,与那场“战争”有关联的字样依然满目皆是,如“慰安妇”“毒气弹”“南京大屠杀”“被俘劳工”“参拜靖国神社”等,总是在一些关键时刻、敏感时期成为学者的研究课题和大众的关注话题。那么,日本的战后结束了吗?

　　毋庸讳言,只要日本政府和社会各界,还在竭力掩盖战争罪

---

① ［新加坡］卓南生:《日本的亚洲报道与亚洲外交》,北京:世界知识出版社,2008年,第 12 页。

行，为侵华战争找借口，遗忘、否认乃至美化侵略战争；只要被侵略国家还在讨论慰安妇问题、毒气弹问题、南京大屠杀问题、奴役劳工赔偿问题、历史教科书问题、参拜靖国神社问题……日本的战后就没有结束。

只要日本报界还在每年的 8 月 15 日连篇累牍地报道政要名流、右翼分子参拜靖国神社，日本老兵和普通民众身着二战军服、手持军刀游行纪念"终战日"；只要日本报界还在追究战争责任、反省历史认识方面"顾左右而言他"，不承认战争责任、不反省历史认识，那么日本的"战后"就没有结束，日本报界的"战后"也就没有结束。

第一章　明治大正时期：报界的政治动员

　　早在 16 世纪后半期,有些西方传教士就对日本人的学习和读写能力惊叹不已。① 由于推行"兵农分离体制",加之德川幕府实行了注重武士个人教养的奖学政策,武士家族的男子以放声朗读汉文书籍作为一种学习方式,平民小孩则进入私塾学习。因此有研究表明:"到了 17 世纪,日本已经处于'文字社会',即以文字传达必要情报的社会。"②到了 18 世纪后半期,日本木质印版的出

---

① 日本社会是罕见的国民读写能力(literacy)很高的文字社会。没有自己文字的日本社会在 6 至 7 世纪时,以大王(天皇)为轴心的统治阶层从中国和朝鲜引入先进技术、国家机构、法典,并在继承过程中输入了"文字使用"的方法。过去的统治阶级因为高度的文书主义,造就了一批具有写算能力的官吏,垄断了知识劳动来统治民众。9 世纪时片假名、平假名相继出现,原为外国文字的汉字在功能上和形态上全都发生了变化,作为书写日语的表音文字来使用。参见[日]岩崎胜海《出版和社会的世纪经验》,《出版与印刷》,1999 年第 3、4 期。

② "文字社会"即文字的使用已理所当然地纳入民众社会生活组织当中的社会,如果不懂文字将会遭受诸多不利。十七世纪,由于武士阶级离开村庄到都市生活,为了支配远离都市的农民而运用了法令和文书来传递重要的情报,同时各种报告、申报、陈情和诉讼等也要以文书形式表达,生活及文化上的情报也随着出版文化的普及而必须借由文字来传递。总之,以相关人等皆必备读写能力为前提,即以民众的识字能力为前提,文字社会已然出现。参见[日]木美智男《幕末期民众的教育要求与识字能力》,见《讲座日本近世史·开国》,东京:青木书店,1985 年。转引自[日]辻本雅史著《日本德川时代的教育思想与媒体》,张崑将、田世民译,台北:台湾大学出版中心,2005 年,第 127—128 页。

版事业已经相当发达,"读书并不是少数文化人的专利品"。1808
年江户的租书铺就有 656 家,每铺如按主顾 170—180 人计,当时
的租书者当有 10 万户,可见能够识字的民众在人数上已经非常
可观。①

　　"文字社会"的到来得益于教育的发展。② 江户末期,日本的
私塾、家塾、藩校、寺庙私塾急剧增加,藩校专门培养士族子弟,寺
庙私塾则承担了对平民子弟的教育。1804—1829 年的 25 年间总
计设立了寺庙私塾 1036 所,民间私塾 166 所;到了 1844—1853 年
的 10 年间就设立了寺庙私塾 2398 所,民间私塾 223 所;而在
1854—1867 年的 13 年间就增加到寺庙私塾 4293 所;1830—1867
年的 37 年间设立民间私塾 802 所。③ 有研究表明,1868 年日本
6—13 岁人口的就学率应该是男子 43%,女子 10%,这在当时已是

---

① 　[日]津田洋三:《江户的书店》,东京:日本广播出版协会,1977 年,第 194 页。
② 　当然,日本教育的大规模普及与发展还是在明治时代开始。明治政府将国民
　　教育作为现代化的一项重要内容,始终致力于其普及与发展。早在 1871 年政
　　府就设置了负责教育行政的文部省,第二年颁布了将全国划为众多学区的《学
　　制》。根据其计划,全国设立了两万多个小学,以期达到"邑无不学之户,户无
　　不学之人"。1875 年男性儿童的小学就学率超过 50%,女性儿童的小学就学率
　　达到 19%。1886 年,在文部大臣森有礼的主持下,陆续制定了《帝国大学令》
　　《示范学校令》《中学校令》等,在明治末年,小学校达到 2.5 万个,儿童的就学
　　率达到 98%,男女儿童的就学率已无差别。到 1930 年,在适龄儿童的小学就学
　　率方面,男女均达到 99.5%。教育的发展、识字率的提高是大众传媒发展的基
　　础。关于日本明治初期的教育状况,参见王新生著《日本简史》,北京:北京大
　　学出版社,2005 年。
③ 　[日]新保博、斋藤修编:《日本经济史 2　近代成长的胎动》,李瑞、淡建中、江
　　帆译,经思平校,北京:生活·读书·新知三联书店,1997 年,第 330 页。

非常惊人的比例。① 甚至有西方学者认为,日本人的识字率"同当时最先进的西方国家也差不了许多"②。幕末明治初期的许多外国人都对日本人的读写能力颇为注目,梅基尼柯夫就曾惊叹地说:"苦力、佣仆、甚至小店姑娘全都贪婪地读着沾满手垢的书籍。"③

明治维新后,经过政府的强力推动,日本报业发展很快。政府甚至直接采取资助措施、鼓励政策,在东京日本桥、上野、浅草等地出现了很多"新闻茶馆",以"使未开化者沔饮新闻"。④ 媒体在推进"文明开化"中更是发挥了巨大作用——"新闻纸应以开启人们的知识为目的。而开启人们的知识,就是要打破顽固狭隘的思想,担任文明开化的先导。"⑤到19世纪70年代末80年代初的自由民权运动时期,一些接受西方资产阶级民主思想的知识分子已经能够同反政府阵营中的开明人士结合,组成各种社团,通过报纸媒体宣扬民主、自由,要求开设国会、制订宪法;和民权派对立的官权派,也以报纸媒体为喉舌,参与激烈的政治论战,此时,报纸媒体介入了政党交锋,成为典型的"政论媒体"和"政争的有力武器"。

---

① [英]R・P・多尔:《江户时代的教育》,松居弘道译,东京:岩波书店,1970年,第300页。

② [美]埃德温・赖肖尔:《日本人》,孟胜德、刘文涛译,上海:上海译文出版社1980年,第180页。

③ [日]岩崎胜海:《出版和社会的世纪经验》,《出版与印刷》,1999年第3、4期。

④ 宁新:《日本报业简史》,北京:中国社会科学出版社,1981年,第18页。

⑤ [日]内川芳美、新井直之编:《日本新闻事业史》,张国良译,北京:新华出版社,1986年,第3页。

　　及至主要由律师、记者、知识分子担当主角的大正民主运动时期①,就政治动员能力而言,报界的力量已经不容小视:虽然明治维新后长期控制政权的萨长藩阀无视"议会动向","选举权只是少数高额纳税者的特权",但是"报纸读者的数量已经达到选举权保有者的10倍"。② 所以,在大正民主运动时期,报界积极参与政治斗争显得"底气很足",在拥护宪政、打破阀族、迫使桂太郎内阁倒台及西门子事件中均发挥了巨大的作用。

第一节　幕末明治初期的报界政治动员

一、报纸:"官版"与"民办"

　　以"文字社会"为基础,日本的报纸媒体起源于幕府末期。但

---

① 关于"大正民主运动"的时限,学界并不统一。主要有明治三十八年(1905)至大正十四年(1925)、大正七年(1918)至昭和六年(1931)、明治三十八年(1905)至昭和六年(1931)等说法,但是都包括了大正天皇在位期间的大正元年(1912)至昭和元年(1926)。"大正民主运动"的提法为历史学者信夫清三郎创造,并被学界与大众广为使用。其实"大正民主"也并非当时的称谓,而是后人根据这一段时期社会变动情况得出的历史认识。多数日本学者认为"大正民主"大约是在1905—1931年间。参见[日]成田龙一《所谓的大正民主运动,究竟是什么样的民主》,见岩波新书编辑部编《如何看日本的近现代史》,东京:岩波书店,2010年,第4章。

② [日]今西光男:《新闻资本经营的昭和史——朝日新闻笔政·绪方竹虎的苦恼》,东京:朝日新闻社,2007年,第10页。

是,相对于17世纪初在商业发达的大城市如大阪出现的类似于报纸的民间非法出版物——"瓦版读物"①而言,幕末出现的"特殊媒体"《荷兰风说书》,则以"官版"面目出现:由于实行锁国政策,禁止民办报纸传播信息,又作为了解世界的唯一窗口,特令长崎出岛荷兰商馆收集整理各国商船带来的国外消息,向幕府统治集团提供一份关于外国情况的"报告书"。《荷兰风说书》的运作周期较长:完全依赖于海外来船提供信息,每年上报幕府一次,再由"洋书调所"②译成日文。《荷兰风说书》可说是当时具有官方性质的报纸媒体,也是"官版新闻"的开端。

1862年1月,《官版·巴达维亚新闻》诞生,其专事翻译爪哇巴达维亚③发行的《兰学新闻》,发行人是日本最早的洋书商

---

① "瓦版读物"是日本最早的舆论传播媒介,兴起于江户中期的民间,以粘土制版印刷的读物,即通过烧制瓦版而拓印的单页新闻纸类似物(还不能称其为报纸),形状类似于传单,属不定期、非法出版物,以街头叫卖的形式发行——"读卖瓦版",其制作者和发行者均已无法考证。"瓦版读物"图文并茂,内容大多是地震、火灾、情死、仇杀、怪胎、神童等奇闻,很少进行政治批判,在民间的信息传播方面发挥了很大的作用。幕府当局也常常严加取缔其危及诸侯、大名及其家臣的消息,但是大多数时候并不多加追究,先后延续了300多年,是当时的老百姓了解新闻信息的唯一通道。最早的内容是描绘1615年的"大阪安部之合战"。参见宁新著《日本报业简史》,北京:中国社会科学出版社,1981年,第1—2页。[日]春原昭彦:《日本新闻通史》,东京:新泉社,1985年,第7页。

② "洋书调所"是幕府官方研究西洋学、翻译外交文书的机构,最早称为"蛮书和解御用所"。安政三年(1856)改名为"蕃书调所",万延元年(1860,万延元年起始于1860年3月18日,同年3月3日之前的年号则为安政七年)开始兴起"英法德俄之学",文久二年(1862)再改为"洋书调所",是后来开成学校的前身。

③ 即今印度尼西亚首都雅加达。

人——万屋兵四郎。① 这份仅供上层社会达官显贵阅读的日本最早的官方译报,也是日本首次使用木活字印刷的报纸,先后公开发行了 23 卷。此后,根据《官版·巴达维亚新闻》又衍生出版了《官版·海外新闻》。②《海外新闻》是翻译在横滨入港英船带来的报纸,每月发行两次,发行量极小,每期 100 份左右,定期订购者仅 2 人。③ 这一时期,"洋书调所"还翻印了英美人士在宁波、上海等地出版的《官版·六合丛谈》《官版·香港新闻》《官版·海外新报》等一批新闻媒体,并在江户等大城市公开发行。④ 这些出版物一般采用木版活字印刷(《官版·巴达维亚新闻》曾使用过

---

① [日]春原昭彦:《日本新闻通史》,东京:新泉社,1985 年,第 7 页。

② 从 1862 年 8 月起发行总计 9 卷,其内容来自荷兰政府机关报)和《官版·海外新闻别集》(上卷发行于 1862 年 8 月,翻译出版美国纽约发行的报纸消息,报道美国南北战争等;中卷 9 月发行,是荷兰报纸上登载的有关日本驻欧使节竹内下野守一行的报道的译文;下卷十月出版,内容与上卷同,也是有关南北美战争的报道。参见[日]春原昭彦著《日本新闻通史》,东京:新泉社,1985 年,第 8—9 页。

③ [日]稻叶三千男,新井直之主编:《日本的报业理论与实践》,张国成、叶伦、王晓民、冯朝阳译,叶卓如校,北京:新华出版社,1985 年,第 25 页。

④ 这一时期,幕府还命令"蕃书调所"的洋学者们翻译了大量外文报纸,以手抄报纸的形式出版。最初是翻译葡萄牙人达·罗莎发行的《日本商业新闻》上的消息,出版了《横滨新闻》。该报从文久三年(1863)出版到庆应元年(1865)停刊。《横滨新闻》也称《横滨新闻纸》《日本贸易新闻》《日本交易新闻》《日本贸易特别新闻》《横滨贸易评判》等。此外还有抄译英国人汉萨德《每日日本先驱》出版的《日本每日新闻报》,翻译《日本时报》而来的《日本新闻》《日本特别新闻》,翻译《日本先驱报》的《中外新闻纸》。这些报纸最初供幕府要员阅读,其后愿意看的人也可以购阅。参见[日]朝仓龟三著《本邦新闻史》,东京:雅俗文库,1911 年。[日]山本文雄、山田实、时野谷浩编:《日本大众传播工具史》,刘明华、郑超然译,西宁:青海人民出版社,1984 年,第 4—5 页。

手摇印刷机印刷),均为翻印报纸,以书本形式呈现,分卷出版,份数极少,不定期发行。因此名为"新闻",实际上却是"新闻书"。

幕末日本名为"新闻"的公开出版物,大都在"新闻"之前冠以"官版"字样,可见这些媒体的主要受众群体并非寻常百姓,而是高高在上的大老、老中和若年寄们,或是有诸多特权的外国人。日本学界普遍认为,1862 年 1 月幕府公开发行的翻译报纸《官版·巴达维亚新闻》,是日本最早公开发行的官方报纸。尽管这些"官版"的报纸分卷出版、如同线装书一般,而且出版的周期也不固定、发行量也极少,但是在沟通海内外信息、传递要闻方面,仍然是幕府"耳目"——作为一种专供上层统治阶级服务的"御用传媒"传递海外信息,也在一定程度上促进了日本社会的进步。这一时期的幕府当局允许报纸创办并公开发行的目的,还在于把报纸作为宣传工具,引导舆论,把激烈的"排外论"引导为"开国论"。

为了对抗"佐幕派"报纸,使布告传达到人民中间,1868 年明治政府在京都创办了木版印刷的《太政官日志》,并发行了《太政官日志》东京版。以上均可认为是官办的新闻媒体。

与"官版"相呼应,在经济发达的开港地横滨、长崎(长崎被称为近代日本报纸的诞生地),外国人开办的英文报纸和日文报纸也在便捷地传递着信息,以供旅居日本的外侨或外国商人阅读。如 1861 年留居日本的英国人汉萨德创办《长崎航讯》(6 月,长崎),移居横滨后又创办《日本先驱报》(10 月,横滨),1863 年创办《日本每日先驱报》(横滨),1867 年创办《日本公报》等(以上报纸均为英文版)。在这一时期,活跃于日本新闻界的约翰·布莱克成为报纸主笔。以此为开端，幕府末期出现了十几种外文报纸。由于这些外国人居留地拥有治外法权，读者基本上是居留地的外国人，所以这些报纸也批判幕府政治，对幕府产生了巨大的影响力，有时甚至可以改变政府的态度。对此，布莱克记述道：

> 最初使我惊讶的，是外文报纸对日本政府当局的巨大影响。那是在我担任《日本先驱报》主笔的时候，一位日本人来访，给我讲了这方面的情况。他访问我的目的，是请我帮忙，要求政府释放一个被监禁的人。那人是原政府派往法国的使节，因工作失误被囚于江户，来访者希望我在报纸上发表文章，阐明应予释放的理由。我很快承诺，并在评论栏发表了文章。某日，那位来访者特来表示感谢，告诉我，在报纸影响之下，事情已经成功。①

由于治外法权的保护，著名战地记者岸田吟香②在横滨协助美国传教士赫邦编纂了《和英语林集成》，1865 年 6 月，又协助日

---

① ［日］山本文雄、山田实、时野谷浩编：《日本大众传播工具史》，刘明华、郑超然译，西宁：青海人民出版社，1984 年，第 4 页。
② 岸田吟香（1833—1905），日本近代著名的战地记者、企业家。曾多次来到中国，结识中国书画家，研究中国国情。后来成为《东京日日新闻》的主笔，随日军到中国台湾进行宣传报道活动。又在东京开设乐善堂药店，贩卖书籍，兼办广告业务，1878 年第三次到上海，开设了乐善堂药店上海分店。后在上海生活30 年，经营眼药水，开设印刷厂，成为沪上名人，其经营的药店也成为日本军事间谍和特务的据点。

裔美国人、美国领事馆的副翻译官约瑟夫·西格(浜田彦藏)①发行了《海外新闻》,这是最早的非官方日文报纸,主要翻译英文报纸上的消息,每月发行 2 次,翻译英国商船带来的新闻,内容比"官版报纸"更为充实。

　　1867 年 1 月,在横滨传教的英国牧师贝利,协助日本人编辑了"为日本诸君子告之万国事情"的《万国新闻纸》,开始仅是报道外国新闻,出刊 10 期后增加了日本国内新闻,该报纸是外国人报道日本新闻的开端。当时大槻文彦、塚原周造、星亨等知识分子都是这家报纸的记者,江户、横滨、京都、大阪、长崎、箱根等地都有代销报纸的书店,使得该报畅销全国。此外还有美国人王尔德发行的《横滨新报藻盐草(もしほ)》,这些报刊同官办的《官版·巴达维亚新闻》一样,都是以报道外国消息为主的小册子,刊期不定或刊期较长,而且这些"外国报纸如果传播政治事件、报道批评幕府的话就会被幕府严格取缔,根本不存在欧美社会的言论自由"②。

　　1867 年,西洋学学者、幕府开成所教授柳河春三编辑出版了月刊《西洋杂志》,专事翻译、刊登欧美各国的学术奇说,这是日本杂志的先驱;戊辰战争开始的 1868 年,柳河春三又在江户创办发

---

① 浜田彦藏(1837—1897),出生于兵库县,13 岁时遭海难被美国船救助,渡洋到美国,后来成为美国领事馆翻译回到日本,是日本最早的民间报纸《海外新闻》的创始人。[日]春原昭彦:《日本新闻通史》,东京:新泉社,1985 年,第 14 页。

② [日]柴山哲也:《日本式大众传媒体制的兴亡——从瓦版到程序》,东京:ミネルヴァ书房,2006 年,第 2 页。

行了第一份由日本人编辑的日文报纸《中外新闻》①。由于柳河
春三的名望极大,这份"佐幕"的报纸每次刊出必然再版,从其内
容、发行、影响来看,被称为是"最像新闻的新闻"②;作为当时最
有影响力的报纸,其发行的《别段中外新闻》可以视为报纸号外的
鼻祖。同年4月,在江户发行了有佐幕倾向的《江湖新闻》,其创
办人为旧幕臣福地源一郎③,总计发行了22期,协助者有西田传
助、条野传平、光冈幸助等人。同期前文提及的美国人王尔德发
行了《横滨新报藻盐草(もしほ)》(以上有些"民办"媒体的创建
具有重要的"佐幕"政治目的,后文另述)。以上表明,一部分报纸
已开始由民间人士主持。

　　日本早期的报纸媒体起步于"官版",实质上是拥有治外法权
的外国人操办,这些外国"民办"媒体的出现打破了政府的信息控

---

①　《中外新闻》1868年2月24日—6月8日,发行人柳河春三,是最早由日本人办
　　的报纸,"半纸二折册子型"。在1869年3月7日—1870年2月12日,改名为
　　《官准中外新闻》。[日]兴津要:《明治新闻事之始——〈文明开化〉的大众传
　　媒》,东京:大修馆书店,1997年,第224页。
②　[日]春原昭彦:《日本新闻通史》,东京:新泉社,1985年,第16页。
③　福地源一郎(1841—1906),号樱痴,出生于长崎。近代日本政治家、文学家、记
　　者,他对办报纸极为关注,少年时代即在长崎和江户学习兰学和英学,曾在长
　　崎1859年出仕幕府任职翻译,在荷兰船长呈给幕府的《荷兰风说书》(《荷兰传
　　闻书》)中了解了许多"西洋事情",通过"欧字翻译报纸"《官版·巴达维亚新
　　闻》《官版·海外新闻》,和外国人或外国籍的日本人办的"邦字新闻"《海外新
　　闻》《万国新闻纸》等了解到报纸的威力。曾作为幕府使团成员两次赴欧洲访
　　问,1868年发行批判新政府的《江湖新闻》,拥护德川幕府被逮捕,从1874年开
　　始任《东京日日新闻》主笔,成为时代风云人物,1904年当选众议院议员。
　　[日]春原昭彦:《日本新闻通史》,东京:新泉社,1985年,第41页。

制和话语权限制,普通民众也能够了解"官版翻译新闻"和"政府公告式新闻"之外的信息。总结幕末明治初期媒体的特点,可见这些媒体已经不仅限定于报道海外消息,也开始涉及国内消息,如《中外新闻》;不再单纯传递消息,也经常地表达自己的政治观点,如《各国新闻纸》就在言论上积极支持勤王派;①最重要的是,办报的目的已经是出于政治需要——以报纸为舆论工具,传递经济、政治甚至是军事新闻,通过营造有利舆论,为政治集团服务。

二、政治:"佐幕"与"勤王"

在幕府与明治新政府政权交接的戊辰战争时期,政局动荡,使得报纸媒体能够"各为其主",激烈对立——公开宣称"佐幕"或"勤王"的政治主张,开始毫不掩饰地、坚定地表达自己的政治愿望。报纸媒体异常活跃地互相攻讦,这是近代日本社会首次"被迫短暂开放"公共领域,也激发了民众对时局的关心。

1868年1月,刚刚即位的明治天皇在反幕府力量支持下成立新政府,宣布《王政复古大号令》废除幕府统治,于是在反幕府的"勤王派"和维护幕府的"佐幕派"之间展开了激烈争斗。适应人们关注时局变化的信息要求,更为传播政治观点,也是时局动荡下办报无需"官方批准"的现实情况,在各地诞生了一大批代表双

---

① 关于幕末明治时期报纸媒体的特点,参见王东艳《日本报纸的萌芽及其特点分析——17世纪初至明治维新动乱时期报纸的发展》,《日本学论坛》,1999年第3期。

方利益、持相反政治观点的新闻媒体：

　　在明治新政府一方，新政府与"佐幕派"的激烈斗争需要强力引导社会舆论，抨击对手、宣传新政策，为此高度重视报纸媒体的宣传教化功能。1869年2月在京都发行了相当于官报的《太政官日志》①（田边太一任编辑主任），是为官报之鼻祖。

　　《太政官日志》专门发布新法令和施政方针，刊登天皇敕谕及战报，及时传达官方信息给民众，是维新派的政府公报，印刷量很大；甚至发行到讨幕军征战的东奥等地，成为民众了解战争信息的主要渠道。如第1期的政府声明："日本方面，天皇亲政后外交关系没有变化，外国方面已知道这一点……重视舆论，完成太政官的职责。"②同时又发行了《太政官日志》的东京版。如1868年4的《太政官日志》标题为《庆喜表示恭顺，往水户退去，奉还三百年城地》，声称："庆喜自去年二月欺犯天朝，率兵进犯皇都，连日开炮，犯下重罪。派遣官军追讨后表示了恭顺、谢罪"，并发布鉴于"水户大纳言勤皇有功，赦免了庆喜死罪，准其退往水户"等信息，对普及政府政策、宣传军事行动进展起到了重要作用。③

　　以京都、大阪为大本营，还出现了一批支持天皇、持"勤王派"观点的报纸，对"佐幕派"进行抨击，积极发布有利于政府军的战

①　1868年1月，倒幕派政变成功后，迅速组织成立了由总裁、议定（从公卿、诸侯中任命）、参与（从廷臣、藩士、庶民中任命）三个官职构成的天皇政府——太政官，即最高行政机构，辖八省（部）和各厅政务。

②　[日]甘利璋八：《日本报纸的黎明》，东京：新人物往来社，1988年，第195页。

③　《庆喜表示恭顺，往水户退去，奉还三百年城地》，《太政官日志》(1868年4月)。转引自[日]武藤直大编注《那个时代的空气(上)——明治、大正60年间的新闻报道》，东京：ラ・テール出版局，2004年，第36页。

事报道,并称幕府军队为"贼军",如"东山道先锋……在胜沼边与贼军会战状况"的报道等。① 影响力较大的报纸有大阪《各国新闻报》《内外新闻》,其中《内外新闻》由大阪浪华知新馆发行,1868 年 4 月 17 日创刊,总计发行 10 期,是大阪报纸媒体之滥觞。此外还有京都的民办报纸《都鄙新闻》等,这些报纸的发行区域基本上都在日本西部。

　　在幕府一方,1868 年 1 月,德川庆喜在鸟羽、伏见之战中被萨长联军击败后,洋学者们以江户、横滨等为基地也主办发行了一批报纸,在舆论上支持幕府,如《中外新闻》《日日新闻》《江湖新闻》《远近新闻》《内外新报》《横滨新报藻盐草(もしほ)》《公私短讯》《此花新书》《海陆新闻》《新闻事略》《讽歌新闻》《中外新闻别篇》《微风》《江城日志》《市政日志》《金川日志》《外国新闻》《东西新闻》等。② 如前文所述,1868 年 2 月,西洋学学者、旧幕臣、幕府开成所教授柳河春三在江户发行了第一份由日本人自己编辑的日文报纸《中外新闻》,③该报纸独立于官方之外,翻译报道横滨发行的外国报纸,版面采用八开五至六张的小册子,五天一期,刊载的都是有利于幕府的信息,在内容和形式上都有别于

---

① ［日］甘利璋八:《日本报纸的黎明》,东京:新人物往来社,1988 年,第 196 页。

② ［日］山本文雄编著:《日本大众传媒史(增补版)》,诸葛蔚东译,桂林:广西师范大学出版社,2007 年,第 10 页。

③ ［日］兴津要:《明治新闻事之始:"文明开化"的大众传媒》,东京:大修馆书店,1997 年,第 2 页。

官版,发行量号称 1500 份,一时盛况空前,深受读者欢迎。①

　4 月,旧幕臣福地源一郎(号樱痴)在江户发行了《江湖新闻》第 1 号,每三天或四天就发行一期,发行量之大,令人瞩目。《江湖新闻》的编辑特色是注重市井百姓的兴趣,发布面向大众的新闻,翻译外国报纸、报道时事,包括官方传媒——御触书(江户时代的公文)、上书建白,以及市井闲谈、读者来信等。最重要的是《江湖新闻》反对幕府将军"奉还大政";强烈主张政权不归朝廷而归萨长两藩,使萨长成为第二幕府;为此甚至虚假报道战况以期影响战争进程,如故意报道政府军失利、歪曲事实,诱导民众对政治局势的判断等等,以"若松附近官军大败""庄内官军不利"来宣传幕府军优势,用读者来信的方式质疑已经辞去步兵奉行、军舰奉行、海军奉行等要职的幕臣小栗上野介被官军杀害,主张宽大处置德川家族等。② 如 5 月 22 日的内容就充满了对幕府军的同情:

① 《日本的报纸起源于本报》,《中外新闻》(1868 年 3 月 28 日)。信息记录了"《中外新闻》最早发行于七八年前的江户开成所,但是因为当时读者少而中断了,最近本社开始报道国内外大事,在周边地区急遽扩大,一个月间大约有 1500 名读者。近期出版了报纸《太政官日志》,这是朝廷的公告,不能比较。所以民间报纸之发行,即使说《中外新闻》是最早的,也非过言。"转引自[日]武藤直大编注《那个时代的空气(上)——明治、大正 60 年间的新闻报道》,东京:ラ・テール出版局,2004 年,第 36 页。[日]稻叶三千男、新井直之主编:《日本的报业理论与实践》,张国成、叶伦、王晓民、冯朝阳译,叶卓如校,北京:新华出版社,1985 年,第 25 页。
② [日]兴津要:《明治新闻事之始:"文明开化"的大众传媒》,东京:大修馆书店,1997 年,第 6 页。

在江户爆发的战争,兵火之状实为令人惊恐之事变。
(中略)德川家的武士多自称彰义队,集结在江户的东部,上
野的寺院,和萨摩、肥前等地的官军对抗。官军袭击了他们
的集合场所,迫使其溃败退至江户城中,他们告示"老弱病者
立即退往安全场所",德川龟之助(庆喜的继承人)命令整理
好先祖的牌位等重要器具……①

在第16期上,福地源一郎匿名刊载了题为《强弱论》的长篇
论文,引据日本历史,主张诸侯会盟,重新建立幕府中央集权体
制,攻击新政府,表现出强烈的"佐幕"倾向:

如西南诸藩过于专横,则容易形成战国割据局面吧。如
此一来,谁能平定日本呢?(中略)日本国内相争恐怕是对外
国有利吧,同心协力停止纷争,以振国威来报道皇恩才是第
一义的。②

《中外新闻》也具有强烈的"佐幕"倾向。《中外新闻》第1号
宣称:

----

① 《ヘラルド纸刊载的上野战争》,《江湖新闻》(1868年5月22日),转引自[日]
武藤直大编注《那个时代的空气(上)——明治、大正60年间的新闻报道》,东
京:ラ・テール出版局,2004年,第36页。
② [日]兴津要:《明治新闻事之始:"文明开化"的大众传媒》,东京:大修馆书店,
1997年,第7页。

　　此番朝廷的决定,完全是萨摩和长州的决议,如此前所未有之大变革,如果不是出自尊崇天子的本意,(中略)北方诸大名的不服也不是没有道理的。①

　　在 4 月的《中外新闻外篇》中,讽刺挖苦了官兵和新政府,同时颂扬"佐幕派"人士的忠烈。其中外篇 13 号所配漫画是猴子想扳倒松树,②其寓意明显为讽刺倒幕派"蚍蜉撼大树,自不量力"。

　　对于不顾事实、一味支持幕府的行为,福地源一郎曾说:"有时甚至制造假战报或者假政治情况加以刊载。"岸田吟香也说:"世人由于想了解战况而读报,但报纸根本不进行正确采访,只是把传闻原本照样地写出来,或者光报道官军的胜利,这样就会使江户人民失望,因此,有时要写官军战败的情况。"③在这场最早的"幕府对政府"的舆论宣传大战中,"佐幕派"报纸由于主持者的"媒体素质较高",其政治动员具有极强的煽动性,在宣传内容和宣传技巧上都要较"勤王派"报纸略胜一筹。"佐幕派"里的洋学者们发表了很多"精彩的言论"——如神田孝平的《一致论》、平井元次郎的《富国强兵论》等,除了反对新政府的一面,还论及新制度的创立,具有了政论新闻的性质。

　　表现为"佐幕"与"勤王"之争的报纸,与各自支持的政治力

---

① ［日］兴津要:《明治新闻事之始:"文明开化"的大众传媒》,东京:大修馆书店,1997 年,第 6 页。

② ［日］佐佐木隆:《媒体和权力》,东京:中央公论新社,1999 年,第 36 页。

③ ［日］山本文雄、山田实、时野谷浩编:《日本大众传播工具史》,刘明华、郑超然译,西宁:青海人民出版社,1984 年,第 8—9 页。

量在政治上"共进退"，于是报纸内容已经不是先前的仅仅转译国外消息，而是大量刊登国内政治、军事新闻，突出地表达政治观点。

在社会急剧动荡的时期，人们渴望了解政治形势，于是佐幕导向明确的报纸攻击倒幕派，并盛赞幕府军事胜利，甚至不惜虚构战报。明治元年 5 月 18 日，"佐幕派"报纸开始遭遇"笔祸"——首当其冲的是《江湖新闻》，政府将福地源一郎逮捕入狱 20 天，没收了《江湖新闻》的制版，并禁止其发行，此为政府禁止报纸发行、禁锢记者的开端，此后其他的民间报纸也全部被禁止发行，福地源一郎成为近代日本报界之"笔祸第一人"，依旧刊行的仅官办报纸。①

幕末明治初期表现在报纸传媒上的"佐幕"与"勤王"之争，从另一个侧面也说明此一时期的政治家们（包括民间报人）已经较早地认识到了在制造舆论、争夺民意方面，报纸传媒具有的强大的政治动员功能，日本报界进入了最初的激烈论战时代，显示了民间报人和民间报纸具有的巨大能量。这是传媒之间的第一次较量，也是报纸传媒背后政治力量之间的第一次较量。尽管这次横行于乡野之间的舆论斗争时间不长，但是由于战争是政治的最高形式，也是当时当地最大的新闻，因此民众高度关心政治、关心战争新闻，使得有的报纸发行量超过了千份，如当时评价最高的报纸《中外新闻》发行了 1500 份，甚至扩张到了"尊王派"报纸

---

① ［日］兴津要：《明治新闻事之始："文明开化"的大众传媒》，东京：大修馆书店，1997 年，第 7 页。

的地盘大阪,社会影响急剧扩大。

幕末明治初期的报纸传媒打开了公共舆论空间,在报道内容上也不再单纯是海外信息,而是开始传递国内消息,参与政事,公开表达政治观点。因此不论是支持勤王的《万国新闻纸》,还是支持幕府的《中外新闻》,都力争占据报纸舆论工具,展开宣传战。针对报纸的舆论宣传战,明治新政府大刀阔斧,严令取缔"佐幕派"报纸,凸显政府管制强制的一面,但是政治势力利用报纸展开激烈争论,意图开创议会政治,实施议会夺权,却成为日后"政党报纸"产生的基础。

三、明治初期:政府的报纸扶植政策及评价

经过幕末战争,明治新政府深知报纸媒体的巨大影响力和利用不当的巨大危险性,因此在击败幕府旧势力后,新政府迅速采取强力措施,取缔了"佐幕派"报刊。1868 年 5 月和 6 月,太政官发布第 358 号和第 451 号公告——"严禁一切无官许之新闻纸"①。这被视为媒体"官许制"的开端,随后又实施了强力的"言论弹压"政策。随着攻击政府军的一批媒体人相继入狱——1868年 4 月,《讽歌新闻》的井上文雄和大神(草野)御牧被投入监狱;5月,《江湖新闻》的福地源一郎被捕,制版遭没收,报纸被禁,"佐幕派"报纸也迅速销声匿迹——只有美国人王尔德发行的《横滨新报藻盐草(もしほ)》因为其创办者的外国人身份,在横滨居留地

① ［日］榛村专一:《新闻法制论》,东京:日本评论社,1933 年,第 10—24 页。

得以继续发行。①

　　随着中央集权体制的确立，新政权不断巩固，新政府为了收买民心，愈发感到对媒体"不仅仅是要禁止，还必须要利用"，使其在富国强兵、文明开化中发挥不可或缺的工具性功能。因此急需新闻媒体的配合，于是开始在政策上大力扶持新闻媒体，促进其发展。1869 年 2 月，政府发布"众人周知报纸非经政府批准不得出版"的报纸发行许可布告，颁布了日本历史上第一个成文的新闻法《新闻纸印行条例》，日本媒体第一次进入了"新闻纸恐怖时代"。《新闻纸印行条例》特别规定：

　　一、每种报纸应有各自的标题；

　　二、凡官方批准的报纸，不必每号接受检查，但出版当天须向官厅呈送两份；

　　三、每期要注明出版地点、年月日、编辑人、出版者姓名及各期期数；

　　四、（略）；

　　五、刊登赠答书文、个人著文、杂谈等，应加注姓名（诗歌除外）；

----

① 有学者考证，具有"佐幕"倾向的《横滨新报（もしほ草）》"在拥有治外法权的横滨居留地，也并非在新政府的规制外继续刊行"，而是新政府暂时搁置了对外国人发行报刊的管理，同时该报也在内容上作出了调整，排除了岸田吟香等人，并在封面上使用了旭日、富士山图片等，表示了妥协。参见［日］山口顺子《以王尔德的报纸〈もしほ草〉官许为中心——根据书志数据和史料的考证》，《媒体史研究》，2005 年第 18 期。

六、报纸上严禁对他人进行污蔑;

七、不许对宗教妄加评说。①

　　明治维新对日本报界的影响非常深远。最初的新闻条例主要以取缔报纸、封杀反政府言论为目的,实行的是报纸发行许可制,限制报道内容、禁止政治评论。明治政府基于对政局混乱时期报纸的巨大影响力,从制定强硬的新政策着手来限制报纸的混乱、无序发展,使其能够在政府控制下承担推进文明开化、传达政令的宣传鼓动作用。同时,政府在努力保持对报纸控制的前提下,也力图通过经济上支持编辑和记者的活动来强化与报纸的关系。

　　1871年(明治四年)明治政府为促进报纸发展又重新审定颁布了《新闻纸条例》。本次审定的新条例与1869年(明治二年)的条例相比,最大的区别是改"禁止"为"积极指导",突出新闻奖励政策,凸显报纸媒体的启蒙功能。如新条例开篇就表明了政府的报纸观:

---

① 《新闻纸印行条例》还在附录部分规定了具体的裁断执行:一、官方报纸的取缔权不属于开成学校("洋书调所"后改名为开成学校——译者注);二、各府县出版的报纸其检阅权归各府县裁判所;三、外国人用日文出版的报纸,必须向当地裁判所备案,当地裁判所必须加以监督,并根据新的条例执行;四、开成学校只负责监督东京出版的报纸;五、东京各报如违反新闻条例,由开成学校向东京裁判所提出控告,再由东京裁判所进行审判定罪。[日]山本文雄、山田实、时野谷浩编:《日本大众传播工具史》,刘明华、郑超然译,西宁:青海人民出版社,1984年,第10—11页。

新闻纸应以开启人们的知识为目的,文字要力求平易近人,忌用奇文僻字。而开启人们的知识,就是要打破顽固狭隘的思想,担任文明开化的先导。①

因此,《中外新闻》《远近新闻》《都鄙新闻》《内外新闻》等相继复刊,又创办了《明治新闻》《六合新闻》《博文新报》《开知新报》等具有"佐幕倾向的报纸已经完全绝迹,其最显著的特征是讴歌新政府的政策,介绍维新变革和先进国家的文化"②。

政府鼓励报纸多登载有益于世道人心的内容,而不局限于惩恶扬善的说教;另外也可介绍一些西洋器具,引人喜新向上。从一开始就承担起推翻幕府、促进文明开化、传达政府意愿功能的报纸媒体,已经觉得这是理所当然、责无旁贷的天职,因此才有民谣:"引导开化靠报纸,阅读贵报是捷径。抛弃陋习要彻底,天天开化不停步。"③

《新闻纸条例》的颁布也极大地鼓舞了政府内部一批政治开明官员的参与热情,他们积极支持报纸事业,或参与策划,或给予劝奖,或作为后援,或直接创办。1872 年前后出现了大办报纸的

---

① ［日］山本文雄、山田实、时野谷浩编:《日本大众传播工具史》,刘明华、郑超然译,西宁:青海人民出版社,1984 年,第 12 页。［日］内川芳美、新井直之:《日本新闻事业史》,张国良译,北京:新华出版社,1986 年,第 3 页。
② ［日］春原昭彦:《日本新闻通史》,东京:新泉社,1985 年,第 20 页。
③ 《读卖新闻》1876 年 4 月 21 日。转引自［日］内川芳美、新井直之著《日本新闻事业史》,张国良译,北京:新华出版社,1986 年,第 3 页。

热潮,日本首次形成了言论自由的黄金时代。① 如作为明治新政府主要决策人物之一的木户孝允,就在 1871 年出金十两,使其幕僚山县笃藏发行了《新闻杂志》,创刊号上更是极言"求知之重要"意义。该报还着力宣传废藩置县,实际上成为木户一派的喉舌。1872 年,条野传平等三人创办了《东京日日新闻》,《横滨每日新闻》《邮便报知新闻》《海外新闻》《日新真事志》等也都在官员的支持下创办发行。一些地方报刊如《京都新闻》(1871 年创刊)、《日注杂记》(1871 年广岛创刊)、《大阪新闻》(1872 年创刊)等,也在当地知事保护下出版发行。如《横滨每日新闻》的发行得到了神奈川县知事的支持,知事本人虽然没有捐款,但是他对富商们进行了动员,并让外务省在横滨工作的翻译官协助发行。②

　　关于政府如何"运作"报纸媒体,其实木户在策划《新闻杂志》时就已经有所考虑:如果媒体设在政府内,民众会猜疑政府的用意,导致读者减少。因此木户主张:报纸媒体应与政府分离,没有任何直接关系,暗中受到扶持的媒体也可以批评政府。③ 报纸在表面上均与政府无关,只是政府会以给报刊提供"新

① ［日］铃木安藏:《日本宪法学的诞生与发展》,东京:丛文阁出版社,1934 年,第139 页。
② ［日］内川芳美、新井直之编:《日本新闻事业史》,张国良译,北京:新华出版社,1986 年,第 1 页。
③ 参见［日］佐佐木隆著《媒体和权利》,东京:中央公论新社,1999 年,第 42 页。

闻助成金"①的方式来实施"舆论诱导"。即"新闻助成金"由内阁总理大臣负责,按月支付或临时支付给媒体,受益的媒体有《大东日报》《朝日新闻》《东京日日新闻》《明治日报》《东京曙新闻》《东洋新报》等等。

　　在政策扶植和允许官员参与、支持报纸媒体之外,明治政府还采取了更为激进的办法来促进报纸发展,即政府直接购买报纸,通过扩大或保障报纸发行来推动发展。明治初期,确切说是一直到1876年《日新真事志》公布《设立民选议院建白书》之前,明治政府对新闻条例的执行都并不十分严格,报纸只要不反对维新政治,政府即准许发行,所以一些"佐幕派"报刊也相继复刊,新办的报纸也陆续出现。为扩大读者队伍,政府还在各地的学校、村公所等地设神官、僧侣、官吏等,使用通俗易懂的语言为民众阅

①　带有明治时代特殊政治色彩的"新闻助成金"为秘密政治经费,每年由大藏省拨出10万元,但不受"会计检查院"监察,款项、用途均保密,绝对黑箱操作,全凭使用者的政治伦理素质,这一点与后来的"内阁机密费"有所不同。"机密费"是半公开的,虽也可不说明用途,但应接受监察,且各省府县厅均有份。明治二十三年(1890),日本进入立宪政治时期,国家预算必须经过议会审定,因担心受到议会的质疑和攻击,"内阁机密费"不得不改变形式。是年初,山县(有朋)首相将一笔内阁储蓄金巨款藏到议会法律制定权、预算审定权不及的皇室财政中,名义上是献给皇室,皇室则将其利息(12.5万)每年分两次"下赐"给内阁,内阁一面再大大方方地向议会要求"内阁机密费",这样一来实际的机密费就有表里两笔了,用途也随之变得更为广泛,比如作为议会对策用,作为干涉选举用,对自由党游说用。在新闻媒体方面,除继续暗助有关新闻社外,还扶持通信社(东京通信社,1890年),开展对外宣传与情报活动(甲午战争,1895年)。参见[日]佐佐木隆著《伊藤博文的情报战略》第三章第二节,东京:中央公论新社,1999年。

读用公费买来的报纸;在东京、大阪等地开设报纸阅览所,免费给民众发放报纸,供其阅读,以此来培养"听众"和读者。同时,据新制定的邮政制度,凡是邮寄给报纸的稿件一律免费(1873年以前是《邮便报知新闻》的特权),以鼓励报纸的创刊、发行。

　　1872年3月,大藏省第47号令宣布,作为各府县的义务,由政府出资购买《新闻杂志》《东京日日新闻》和《横滨每日新闻》,因为"这三种报纸传播国内外新闻并有助于知识的进步,因此每日或隔日向各府县发送上述报纸"①。1874年,又购买了《日新真事志》《邮便报知新闻》《公文通志》。以《东京日日新闻》为例,政府购买报纸的份额相当于创刊时的25%—30%,兵部省、宫内省直接购买报刊等都直接带动了民众对报纸的热情。如第一家日刊媒体是由原幕府外国事务局官员子安峻在神奈川县知事井关盛艮的建议下,于1870年12月创办的《横滨每日新闻》。② 1874年,他又在东京创办了《读卖新闻》。

　　1871年京都府知事支持创办了《京都新闻》,1872年大阪府

---

① 参见[日]山本文雄编著:《日本大众传媒史(增补版)》,诸葛蔚东译,桂林:广西师范大学出版社,2007年,第17页。[日]内川芳美、新井直之编:《日本新闻事业史》,张国良译,北京:新华出版社,1986年,第2页。

② 1871年12月12日创刊,负责人为由原幕府官员子安峻,并得到神奈川县知事井关盛艮的支持。该报率先用日文铅字排版印刷(1869年长崎人本木昌造在日本首次铸造铅活字成功),并改变过去报纸的书本形式,用西洋纸单面印刷,每期八开两张,新闻与广告各占一半,在新闻报道中贸易和物价又占很大比重。后由沼间守一收买移至东京,改称为《东京横滨每日新闻》。1871年7月,政府发布了报纸条例,8月,将报纸的管理归新设的文部省负责。作为由政府资助的日本第一份报纸,《每日新闻》服务于政府,致力于使百姓知晓政府的新政策,在宣传神权帝国和家族政权的国家意识形态方面扮演重要角色。

知事支持创办了《大阪新闻》,同年 3 月,东京最早的日刊报纸《东京日日新闻》在江藤新平和大隈重信的支持下创刊,这份铅字活版印刷、使用洋纸制作的正规报纸,主笔是著名的战地记者岸田吟香,虽然是民间发行,但是后来却成为明治政府的喉舌。同年 7 月,政府邮政长官前岛密①指定专人在东京创办了《邮便报知新闻》(初为周报,一年以后改为日报,是邮政局系统的"御用"报纸),从全国邮政系统的采集消息并推广发行,极具特色,并受到西方文化的很大影响,立场较为激进;1873 年 2 月又推出了《每日假名新闻》。

1872 年 4 月,英国人约翰·布拉克在东京创办日文报《日新真事志》(初为三日刊,不久改为日报)。该报充分利用了治外法权,内容广泛,信息量大,独家新闻多,而且"获得了左院(政令审议机关)御用的特权,能够发表得自政府的消息而一度凌驾于各报之上"②。

此外,1874 年 9 月改名后的《公文通志》以《朝野新闻》之名

---

① 前岛密(1835—1919),日本官僚、政治家。明治时代的开明官僚,日本邮政制度的创立者,1873 年制定了报纸免费递送制度,为此其秘书小西义敬创办了《邮便报知新闻》,1881 年离开政府,加入改进党,曾经做过《大阪新报》总监督,后进入实业界,是日本贵族院议员。[日]春原昭彦:《日本新闻通史》,东京:新泉社,1985 年,第 27 页。

② [日]内川芳美、新井直之编:《日本新闻事业史》,张国良译,北京:新华出版社,1986 年,第 2 页。

刊行,成岛柳北任社长。《假名读新闻》①《いろは新闻》②《今日新闻》③《东京さきがけ》④等报纸媒体先后出版发行,仅《东京新闻杂志便览》(《东京新闻杂志便览》)中登记的新闻杂志就有100余种(截至1882年),其中包括《东京、横滨每日新闻》《邮便报知新闻》《东京日日新闻》《东洋新闻》《朝野新闻》《明治日报》《时事新报》《自由新闻》《读卖新闻》《东京绘入新闻》⑤《有

---

① 《假名读新闻》,发行日期为1875年11月1日—1880年12月,发行人假名垣鲁文,代表性小新闻之一,在横滨创刊,1877年转入东京,同年3月17日改名为《かなよみ》,鲁文以其"轻妙洒脱之笔博得了人气"。[日]兴津要:《明治新闻事之始——〈文明开化〉的大众传媒》,东京:大修馆书店,1997年,第225页。

② 《いろは新闻》,发行日期为1879年12月4日—1884年10月29日,发行人假名垣鲁文,最初创刊名为《安都满(あずま)新闻》,编辑长是鲁文的儿子野崎熊太郎,1884年11月3日改名为《勉强新闻》。[日]兴津要:《明治新闻事之始——〈文明开化〉的大众传媒》,东京:大修馆书店,1997年,第225页。

③ 《今日新闻》,发行日期为1884年9月25日—1888年11月,发行人小西义敬、假名垣鲁文,1887年2月从晚刊转为朝刊,1888年11月16日改名为《みやこ新闻》,1869年2月改名为《都新闻》,1942年改名为现在的《东京新闻》。[日]兴津要:《明治新闻事之始——〈文明开化〉的大众传媒》,东京:大修馆书店,1997年,第225页。

④ 《东京さきがけ(先驱)》,发行日期为1877年5月1日—1878年12月,发行人芳川秀雄,冈本勘造等。1878年12月17日改名为《东京新闻》,1880年10月废刊。[日]兴津要:《明治新闻事之始——〈文明开化〉的大众传媒》,东京:大修馆书店,1997年,第225页。

⑤ 《平假名绘入新闻》,发行日期为1875年4月17日—1889年3月,发行人落合芳几,1876年9月2日改名为《东京平假名绘入新闻》,1876年3月2日改名为《东京绘入新闻》,芳几的"优艳插图"很有特色。[日]兴津要:《明治新闻事之始——〈文明开化〉的大众传媒》,东京:大修馆书店,1997年,第225页。

喜世新闻》①《日の出新闻》《绘入自由新闻》《内外兵事新闻》《近世评论》《江湖新报》《东京舆论新志》《国友杂志》《官令新志》《官令全报》《东洋学艺杂志》《六合杂志》《教育日报》《教育新志》《教育杂志》《新文诗》《东京经济杂志》《东海经济新报》《法律杂志》《法律新闻》《百事问答》《雅学新志》《方圆珍闻》《诸艺新闻》《围棋杂志》《人情杂志》等。② 仅从名字就可知其内容可谓五花八门、蔚为大观。这些报纸均明码实价,日刊、周报价格不一,以广大民众为主要服务对象,可见明治初年报纸传媒的活跃。

　　政策支持、经济援助,以及官员参与、扶植,这是明治初期报界大发展的主要原因,也是报界借助政府力量获得发展机遇,扩大经营规模,能够引导人民走向"文明开化"的基础,这段时期可谓是政府与报界的"第一次蜜月期"。政府的传媒扶植政策不仅促进了报纸的发展,更使得报界的大力宣传对明治初期的政治变革起到了催化剂作用;同时日益发达的报纸传媒融入了民众的日常生活,成为人们不可或缺的精神食粮。

　　这些报纸的早期读者范围非常狭窄,大多为精英人物,报纸主要内容也多关注政治问题。③ 因为是在幕末明治交替时期的政

---

① 《有喜世新闻》,发行日期为 1878 年 1 月 3 日—1883 年 1 月 11 日,发行人寺家村逸雅、天野可春,1883 年 1 月 11 日停止发行后,同年 3 月 20 日改名为《开化新闻》,1884 年 8 月改名为《改进新闻》,1894 年 7 月停刊。[日]兴津要:《明治新闻事之始——〈文明开化〉的大众传媒》,东京:大修馆书店,1997 年,第225 页。

② 以上报纸内容参见《东京新闻杂志便览》,东京:法木书屋,1882 年,第2—13 页。

③ [美]康拉德·希诺考尔、大卫·劳瑞、苏珊·盖伊:《日本文明史》,袁德良译,北京:群言出版社,2008 年,第178 页。

局变动大背景下,报纸不可避免地带有了较明显的政论性特点。这一特点吸引了大批民众的注意力和知识分子的热情参与,使这些报纸具有较大的社会影响力,这是日本报业能够得以快速发展的前提;明治新政府成立后实施的软硬兼施的传媒政策,使得报界"审时度势"均站在了维新政府一边,刊登维新变革、文明开化的消息,致力于传播欧美科学文化、传播资产阶级政治思想。

在近代日本社会中,报界主要还是在开启民智、引领风尚、开风气之先等方面发挥重要作用,报纸媒体关注并参与政治的基因也使其具有掌控舆论的功能。这一点不仅为政府所重视,也为各派政治势力的代表人物所看重,成为日后政党报纸、政论报纸产生的根基。从报界与政党政治的关系形成来看,这无疑是明治政府媒体扶植政策的最大成果。

第二节　自由民权运动时期的报界政治动员

一、政治:"官报"与"民报"对立

报纸是自由民权论者的最大武器,报纸创刊乃是"来自下面的近代化"的最重要的事例。① 1874 年 1 月 17 日,因"征韩论"下野的板垣退助、后藤象二郎、副岛种臣、江藤新平等 8 人联名签署

---

① ［日］井上清:《日本历史》,中册,天津市历史研究所译校,天津:天津人民出版社,1975 年,第 567 页。

《设立民选议院建白书》(后在《日新真事志》上发表)并提交左院,指出"察方今政权之归所,上不在帝室,下不在人民,而独归有司",猛烈地抨击以岩仓具视、大久保利通为中心的政权"有司专制"将使国家趋于瓦解,主张"对人民政府承担租税义务者,即有参与、臧否政府事务之权",论述人民权利"伸张天下之公议,仅在于立民选议院而已,限于有司权所,上下受其安全幸福者则无"。①《建白书》还把"天下之公议"认定为设立民选议院——只有设立民选议院,给人民选举权、租税共议权才是拯救国家之道;只有抑制有司专权,国民才能幸福。1 月 18 日,左院御用媒体——英国人貌刺屈主办的《日新真事志》全文刊发了这篇挑战政府的《设立民选议院建白书》,迅即成为自由民权运动的导火线,也宣告了政府与报纸传媒的"第一次蜜月期"彻底终结。

御用媒体发出了与政府不一样的声音,引起了民众的极大兴趣,也得到了其他媒体的踊跃支持。舆论热议的焦点主要集中在:设立民选议院时机是否成熟,是否应该设立民选议院,在国民教育尚未普及的时候是否合适等问题。

在激烈论战中,御用媒体《日新真事志》脱离左院,此举不仅推动了其他御用媒体的"倒戈",更推动了民权派媒体的诞生。邮政局系统的御用媒体《邮便报知新闻》和《朝野新闻》分别启用了栗本锄云和成岛柳北等旧幕府高官,加强了反对政府藩阀政治的力量,此后又有古泽贺、藤田茂、末广铁肠等人的加入。《邮便报

---

① 关于《建白书》的主要内容,参见陈水逢著《日本近代史》,台北:商务印书馆,1988 年,第 99—101 页。

知新闻》虽然是 1872 年由邮政长官指定专人在东京创办,但是它的地方新闻和国外新闻十分丰富,受西方文化的影响很大,立场也较为激进,此时也脱离了邮政局系统,开始策划独立的报道。

1879 年,《横滨每日新闻》迁往东京,改名为《东京横滨每日新闻》,在沼间守一领导下,集合了肥塚龙、岛田三郎等一批接受西方资产阶级民主思想的知识分子,积极宣扬民主、自由,要求开国会、定宪法,成为民权派喉舌。主打政论文章的"大报"①几乎都站到了反政府的一方,为民权一派摇旗呐喊,大造舆论,批评政府,揭露丑闻,充分发挥了"下意上达"的作用。

在官权派一方,1874 年福地源一郎游历欧洲回国,辞官进入东京日日新闻社任社长,与民权派报纸对抗:扩展报纸版面,设置"论说栏目",发表署名文章,公开声称要为太政官服务,传达政府的声音,成为名副其实的御用报纸。《东京日日新闻》虽然孤军奋战,但是福地源一郎具有很高的新闻素养,加之岸田吟香、味松清平的加入,也赢得了一部分认同官尊民卑的群众支持,可以与民权派相抗衡。

其他报纸也纷纷效仿,召集饱学之士担纲论说,出现了栗本锄云、矢野文雄、藤田茂吉(《邮便报知新闻》),青江秀(原大藏省官员)、末广铁肠(《曙新闻》),成岛柳北(《朝野新闻》),沼间守一(《横滨每日新闻》)等论说大家,他们挥动如椽之笔,痛论时事,

---

① 以 1874 年 1 月《邮便报知新闻》发布《设立民选议院建白书》为开端,报纸分成了以言论为主的"大报"和以娱乐为主的"小报"。"大报"即政论性报纸。自由民权运动中的大报又分为要求早日开设国会的急进的"民权派"报纸,和支持政府政策,要求渐进的、改进的御用报纸,即"官权派"报纸。

激辩政治；报界之外的古泽滋、大井宪太郎、犬养毅等官员也经常投寄论文，致力于唤醒社会舆论。如关于主权谁属之争，1881 年11 月 9 日，《东京横滨每日新闻》发表社论《主权归属何在》，明确提出"主权既不归属于一人也不归属于万人，而存在于正理"；主张"主权在君"的《东京日日新闻》认为，一国之权应该由天皇掌握。①

《日新真事志》虽然保持中立，但是对两派的言论不管对与否都予发表。《设立民选议院建白书》发布后，使得民众异常震动。民众一向认为媒体是"御触书"，理所当然地承担着"上意下达"的使命，而现在"御触书"竟然还能批判当权者——对政府反戈痛击，于是"有钱的买报看，没钱的就走向了阅览所"，民众都天然涌向了民权派一方。

先前政府虽然也主办了一些报纸解说会、报纸阅览所，但是报纸上的内容与"御触书"无异，对民众缺乏吸引力；而建白书发布之后的报纸媒体开始生动活泼起来，在东京和各地方上，民权派也办起了免费的报纸阅览所，吸引了大批的民众参与：

> 不问是谁，均可阅览，而且每月有五六日，以演说会的形式，召集附近的男女老少，就报纸和杂志的内容恳切地做通俗易懂的解说，听众非常欢迎，甚至扳指头算日子，盼望演说

---

① 熊达云：《战前日本政治民主化的进程》，引自吴廷璆主编《日本近代化研究》，北京：商务印书馆，1997 年，第 284 页。

会的召开。①

除了"官报"《东京日日新闻》,其余报纸都言辞激烈地抨击政府,要求革新藩阀政治,特别是《评论新闻》极力反对长州派,并借"尾去泽矿山事件"②攻击井上馨;此外,媒体设立民选议院论争引起的政治议论,也吸引了大批不满士人,在全国范围内迅速蔓延。报纸大力讨论政治问题,自由民权运动已经演变为一场媒体狂欢的盛宴,强大的舆论力量也营造了反政府派和支持政府派严重对立的政治氛围。最终,这场源于政府内部分裂,爆发于媒体上的舆论大战,再次因媒体显示出强大威力而引起政府恐慌,从而引发政府对报界从扶植到统制的转变。

首先是明治六年(1873),政府内部的分裂被公之于众——左院御用报纸《日新真事志》登载了秘密文书:大藏大辅井上馨等人发表的"财政意见书",表明了与内阁的分歧,然后辞职,报纸报道内阁分裂的真相引发了民众的关注。其次是明治七年(1874),在是否"征韩"的激烈论争中,政府内部分成"急进论"(以西乡隆盛为首)和"渐进论"(以岩仓具视为首)两派,最终西乡、板垣、江藤等人辞职离开政府。

其实早在1873年10月19日,即结束征韩论战的前四天,为

---

① 《邮便报知新闻》,1876年9月21日。转引自[日]内川芳美、新井直之著《日本新闻事业史》,张国良译,北京:新华出版社1986年,第4—5页。

② 井上馨主导的大藏省,误将尾去泽矿山业主村井茂兵卫的债务弄混,并判罚村井茂兵卫负担5.5万元债务,然后又将其矿山没收后拍卖。1873年5月23日,因罪证确凿,井上馨辞职。

制止舆论分裂,避免影响政府的号召力与决策力,政府就发布了《报纸发行条例》,改"申报制"为"批准制",即发行报纸必须取得政府的批准,并规定禁止在报纸上批判法律、政治,不准"妨害""国事"和"政事"。而围绕"征韩论"斗争,《邮便报知新闻》等媒体代表"急进论"观点,背后有不满现实的地方士族支持,主张日本加紧扩张,同中国争夺在朝鲜半岛的权益;《东京日日新闻》等报纸则代表"渐进论"观点,反映政府主流派的意向,主张优先整顿内政、增强国力,不要急于对外扩张。

　　民报与官报对立的背后是报界精英与政府的对立。1875 年 6 月,明治政府颁发《报纸条例》,加强言论控制,公布了《馋谤律》,对言论采取更为严厉的弹压措施。在政府严厉管制下,民权派报纸屡遭禁止发行、记者被捕入狱,但是反政府各派对政府的攻击更加激烈,更加激进的反政府报纸《评论新闻》(1875 年 4 月创刊)、《采风新闻》(1875 年 11 月发刊)、《近世评论》(1878 年 6 月发刊)等相继出现,发表了《颠覆专制政府论》(《评论新闻》第62 号,1876 年 1 月伊东孝二投稿)、《必须用鲜血换取自由论》(《湖海新报》第 11 号,1876 年 6 月植木枝盛撰写)等文章。①

二、报界: 党报的对立与兴衰

　　自由民权运动不断高涨,天皇终于在 1881 年 10 月颁布诏书

<hr>

① 　[日]井上清:《日本历史》,中册,天津市历史研究所译校,天津:天津人民出版社,1975 年,第 563—564、568—569 页。

许诺开设国会,实行立宪。因此从 1881 年开始,受到立宪鼓舞的各派政治势力迅速结成各种政党,其中以板垣退助为总理的自由党、以大隈重信为总理的立宪改进党为最大。① 尽管自由党呼吁"主权在民,宪法民订"、立宪改进党宣扬"主权为君民共有,宪法君订",存在着激进和渐进立宪的不同,但对政府来说,二者均归于自由民权一派。

各政党成立后,纷纷将一些报纸确定为机关报。自 1874 年以来参加民权活动的政论报纸"顺理成章"地成了政党机关报;而有的报纸根本就是由政党一手缔造,如自由党缔造的《自由新闻》,社长板垣退助,社主大石正己,社论班子除板垣退助,还有马场辰猪、中江兆民、田中卯吉、田中耕造、末广重恭(末广铁肠)②。此外还有《朝野新闻》《日本立宪政党新闻》(原《大阪日报》,是在大阪成立的日本立宪政党的机关报,立宪政党属于自由党系统)。

立宪改进党操控的《邮便报知新闻》,阵容强大,有明治十四年政变中被罢官的犬养毅、尾崎行雄及藤田茂吉、箕浦胜人,长于翻译工作的原敬。此外还有《东京横滨每日新闻》(原《横滨每日

---

① 1881 年 6 月,政府允许记者旁听地方官会议,但是报纸中"有危激之论者,诋击政府因循姑息,于是 7 月份,政府发布了新闻纸条例和谗谤律,以检束言论。此时大久保主渐进,而板垣氏倡急进,10 月,板垣再去官职,尽力鼓励民心启发舆论"。同时由于媒体揭露北海道开拓史低价出售官产事件,大隈重信因此遭到罢免,即"明治十四年政变"。此二人成为下野的政治家,以议会政治为目标,专司组织政党事务。参见[日]大隈重信等著《日本开国五十年史》,上海:商务印书馆,1929 年,第 62 页。

② 末广重恭,自由民权活动家,1882 年 9 月因反对自由党党首板垣出游欧洲而被《自由新闻》社免职。

新闻》)、《内外政党事情》、《大阪新报》等。

　　支持政府的政党是 1882 年 3 月由御用报纸《东京日日新闻》社长福地源一郎(樱痴)和《明治日报》的丸山作乐、《东洋新报》的水野寅次郎等组成的立宪帝政党,自任"政府党",主张"主权在君、宪法君订",得到了伊藤博文、井上馨等政府官员的支持,《东京日日新闻》成为立宪帝政党的机关报。

　　此外,还有一些持中立派观点的报纸,如福泽谕吉创办的《时事新报》,村山龙平创办的《朝日新闻》,以及中江兆民创办的《东洋自由新闻》等。各政党的主要报纸有:

　　　　自由党系统:《自由新闻》(马场辰猪为主笔)、《朝野新闻》(末广铁肠为主编)、《日本立宪政党新闻》(古泽滋为主笔)、《插图自由新闻》、《自由灯》。
　　　　改进党系统:《邮便报知新闻》(矢野文雄、犬养毅为主笔)、《东京横滨每日新闻》(沼间守一、岛田三郎为主笔)、《大阪新闻》、《改进新闻》、《读卖新闻》、《内外政党事情》。
　　　　帝政党系统:《东京日日新闻》《东洋新闻》《明治日报》《大东日报》。
　　　　中立派:《朝日新闻》《时事新报》《东洋自由新闻》。①

　　各党派纷纷采取或控制、或创办、或收买、或支持和资助报纸

① 参见[日]山本文雄编著《日本大众传媒史(增补版)》,诸葛蔚东译,桂林:广西师范大学出版社,2007 年,第 34—36 页。

为宣传喉舌的手段，鼓吹政治纲领和政见主张，攻击政治对手，对政府展开激烈批评。"报纸开始与政党利害一致"，形成了报纸政党化的新局面。1882 年前后，日本全国报纸中属于改进党系统的有 34 家，自由党 21 家，帝政党 20 家，全国主要报纸的一大半都被包括在内。机关报成为自由民权运动的旗手，政党干部作为机关报的评论员，撰写社论，阐述党章，同反对党展开论战，报纸媒体名正言顺地成为宣扬政党政治主张的工具。

以政党为背景，报纸间的"政治之争"日益激化，并迅速蔓延至全国。如《东京日日新闻》宣传"君权神授"，《横滨每日》极力宣传要吸取"民约"要点。关于宪法争论，自由党主张"主权在民"，帝政党主张"主权在君"，改进党主张"君民同治"。政党干部同时也是报纸评论员，在各自的机关报上撰写社论、评论，努力宣传党的大政方针，在激烈的争论中展开宣传攻势，大力营造了"生动活泼"的社会舆论，对于民众则起到了民主启蒙的作用。

与政党合体的报纸媒体发挥了巨大影响力，还体现为对读者的强力鼓动和读者的积极参与。受到政党机关报制造的舆论的影响，这一时期各报的读者几乎都是报纸所属政党的党员或是该党派的坚定支持者，由于在制宪和政治体制等问题上政见不合，不仅是各党派之间斗争论争激烈，甚至在普通读者之间，也由于信奉不同政党的主张而彼此视若仇敌：

> 从东京来了许多报纸，《朝野》《报知》《明治》《时事》《日日》等，杂志有《近事评论》《扶桑新报》等。在小千谷町一带，自由主义报纸的读者和渐进官权主义报纸的读者，互相

排斥，几乎像仇敌一样。①

　　读者由于相信报纸和政党的主张，经常主动参与媒体活动，开会讨论、参与党员组织的解说会等，而且自己俨然是机关报记者，不顾个人安危，积极向自己喜爱的报纸投稿批判藩阀政府和敌对报纸；而报纸也很重视读者的来信，有时甚至以读者来信代替最重要的社论版，支付很高的稿酬；或者直接把读者录用为记者的情况也较为常见，这些都刺激了读者能够以政党政见维护者的身份与敌对政党的记者和支持者们激烈对抗。

　　报纸报道的问题当然不仅限于国内事务。1882 年 7 月，朝鲜"壬午事变"爆发，日本民众群情激昂，有的主张立即开战，请求献纳军用资金，有的志愿充当义勇兵，有的印刷彩色版画，煽动对朝一战。福泽谕吉在《时事新报》社论中主张采取强硬措施，断定事变中的"顽固党"是"文明的敌人"，坚决主张出兵朝鲜；②自由党的机关报《自由新闻》则反对出兵朝鲜，主张内治优先。③

　　1884 年，先是 8 月在中法战争中，中国大败；继之 12 月朝鲜爆发"甲申政变"，中国军队击败日军及其支持的朝鲜开化派政权。鉴于国际局势的急遽变化，日本国内的侵略舆论总爆发，仍

---

① 《自由新闻》1882 年 7 月 12 日新潟县读者的通信。转引自 [日] 内川芳美、新井直之编《日本新闻事业史》，张国良译，北京：新华出版社，1986 年，第 8 页。

② [日] 福泽谕吉：《朝鲜政略》（《福泽谕吉全集》，第 8 卷，第 251、259 页。转引自 [日] 远山茂树著《日本近现代史》，第一卷，邹有恒译，北京：商务印书馆，1983 年，第 57 页。

③ [日] 远山茂树：《日本近现代史》，第一卷，邹有恒译，北京：商务印书馆，1983 年，第 63 页。

然是福泽谕吉的《时事新报》带头支持开战,主张天皇亲征,并宣称政治言论过激的贫穷不平的书生,"如富贵不求之于内,可去海外之地"①。《自由新闻》放弃了"内治优先论",转而提出"国权扩张论"——有必要"在独立权以上扩张国权","把那些壮年有志之士的热忱由内事转向外事,并停止官民之间的抗争"。② 在社论《处分朝鲜》中主张占领汉城,恢复开化派政权,而不惜与中国开战。③ 正是基于"内事向外事的转变",自由党在成立三周年纪念日当天,全体与会党员几乎一致通过了自由党解散的决议。

　　高度依赖政党、致力于宣传政治主张的机关报随着政党的纷纷解散,也迅速走向穷途末路,政党机关报引领舆论的时代极为短暂。因为"板垣外游"④被《东京横滨每日新闻》曝光,报社内部开始分裂,进而由于确定了"停止官民抗争、内事转向外事"的方向,自由党在 1884 年 10 月解散,1885 年 3 月《自由新闻》停刊;1883 年立宪帝政党解散后,《东京日日新闻》失去了机关报的地位,"申请作为官办报纸出版发行,但是未获得政府批准",发行量锐减,影响力也大不如前;帝政党其他机关报如《东洋新报》《明治

----

① ［日］福泽谕吉:《贫富论》1884 年 10 月,《福泽谕吉全集》,第 10 卷。转引自 ［日］远山茂树著《日本近现代史》,第一卷,邹有恒译,北京:商务印书馆,1983 年,第 85 页。

② 《自由新闻》669 号(1884 年 9 月 30 日),670、673、674 号(1884 年 10 月 5 日)。 ［日］远山茂树:《日本近现代史》,第一卷,邹有恒译,北京:商务印书馆,1983 年,第 67 页。

③ 《自由新闻》社论《处分朝鲜》(1884 年 12 月 19 日)。

④ 劝说板垣出洋考察西方立宪政治,实际是后藤等人分化政党、打击自由民权运动的计谋,此举引起党内同志的不满。

日报》等也很快停刊;立宪改进党解散后,所属报刊的发行量也大幅度下跌。

　　政党与报纸合体的动因是政府的影响,政党与报纸解体的结果同样也是政府的影响。因为政府担心政党发动的报纸争论会引发社会动荡,于是镇压与怀柔并举——1883 年修改报纸条例,严格限制报业发展,尤其是征收高额保证金①,迫使几十家报纸停刊。同时分化离间政党,使得反对政府的自由党和改进党大为削弱、最终瓦解。此时,各民权派政党之间也不断地互相争斗,如改进党对自由党党首板垣退助出国考察资金来源的揭露、自由党对改进党与三菱财阀勾结的攻击等,也极大地影响了民众对政党的信任和期待,削弱了政党的力量,使得政党机关报急剧衰落。

　　对于处在官民之间,调和“使其一致”的报人,也遭到讽刺和批判——被称为“求官民权家”“糊口民权家”“阴谋民权家”“标签民权家”“名利民权家”。② 以此为分界点,政治报纸开始自觉地转向非政党化,纷纷标榜为“独立报纸”。

---

① 如 1883 年《新闻纸条例》规定,凡是进行时事评论的媒体,不论何时创办,均须缴纳 1000 日元(东京)或 700 日元(大阪等大城市)的发行保证金。参见[日]内川芳美、新井直之编《日本新闻事业史》,张国良译,北京:新华出版社,1986年,第 10 页。

② [日]坂本直宽(南海男):《论民权家的行为》(《爱国新志》第 8 号,1880 年 10月,收入土居清夫编《坂本直宽著作集》,上,第 31 页),转引自[日]远山茂树著《日本近现代史》,第一卷,邹有恒译,北京:商务印书馆,1983 年,第 53 页。

三、自由民权运动时期：报界管制与报纸属性

　　明治初期，报界与明治政府的"第一次蜜月期"非常短暂。报界强烈的不合作与攻讦，为政府始料未及。如 1873 年和 1874 年，英国人约翰·布拉克创办的《日新真事志》先后刊发了井上馨、涩泽荣一暴露财政危机的"意见书"，以及板垣退助、后藤象二郎、江藤新平等 8 人联合起草、挑战政府的《设立民选议院建白书》，在社会上引起强烈反响，使政府"颇感头痛"；因此明治政府开始认为是报纸的无限制报道，对国内政局不稳和所发生的一系列事件起到了推波助澜作用，于是对报纸作为"文明开化"政策的重要一环而抱有的"牧歌式美妙幻想"也很快破灭，开始转变对报业的态度，由过去不分青红皂白地保护鼓励，一变而为有选择地支持、限制和严厉镇压。①

　　报界在政治斗争中发挥的重大作用一再被证明——一旦站在反政府立场，报界竟然能够产生动员群众、左右舆论并进而影响政策的强大力量，而自由民权运动之所以能够造成如此巨大的社会影响，就是由于借助了报界的力量。如 1881 年 8 月，《东京横滨每日新闻》和《邮便报知新闻》揭露官僚与政商勾结、藩阀专

---

① 　参见宁新《日本报业简史》，北京：中国社会科学出版社，1981 年，第 25 页。

制的"北海道出售官产事件"①，使得岩仓、伊藤和井上毅等不得不借助天皇权威免去大隈官职，大隈一派的河野敏谦、前岛密、北畠治房、矢野文雄等自由主义官僚也一并免职，导致政府分裂，几乎引发了类似法国大革命时期的情况——报界的口诛笔伐暴露了官僚与政商勾结的政府内部机密，将藩阀专制的政治弊端公之于众，于是攻击政府的激烈情况发展至连"穷乡僻壤的黎民百姓"都谴责政府不公平，致使政府感到忧虑。民权派也借此机会攻击政府失政，主张开设国会，称说不定会造成"法国革命的情况"。②当然，政府内部的分裂和首都居民也都参加自由民权运动，尤其使政府惊恐万状。

控制舆论、镇压报界的批判是政府从未放松的一贯政策。从1868 年明治新政府成立颁布的《治安维持法》规定未经许可禁止发行；到 1869 年颁布《新闻纸印行条例》既许可其发行又有严格

---

① 1881 年 8 月，《东京横滨每日新闻》和《邮便报知新闻》揭露了北海道开拓使出售官产事件。事件的内容是：北海道开拓使、萨摩藩出身的黑田清隆把一千四百一十万日元的国有事业，以三十八万七千日元并分三十年无利息偿还的条件，低价出售给开拓使官员创办的北海社和关西贸易商会。关西贸易商会是萨州藩士出身、政商五代友厚和与长州阀勾结的前山口县令中野梧一经营。官僚与政商勾结、藩阀专制政治遭到民权派的谴责，并在各地召开了攻击政府的讲演会。尤其是在报纸上报道了政府内部出售官产的机密后，岩仓、伊藤和井上毅等上奏天皇，决定停止出售官产，免去大隈的官职，即明治十四年政变。

② 1881 年 8 月，日本各媒体开始揭露北海道开拓使黑田清隆低价出售官产事件，主要媒体是沼间守一的《东京横滨每日新闻》和福泽谕吉门下的藤田茂吉、箕浦胜人等的《邮便报知新闻》。媒体竞相揭露官僚与政商勾结的政府内部机密，暴露了藩阀专制政治的弊端。参见 [日] 远山茂树著《日本近现代史》，第一卷，邹有恒译，北京：商务印书馆，1983 年，第 45—46 页。

的管理;再到自由民权运动兴起后,1875 年 6 月制定的对"毁损名誉"的处罚,"明治、大正年代就是伴随着新闻、出版传媒的成长,与新闻纸法反复地炽烈斗争的时代"。① 如 1873 年 10 月 9 日,明治政府修改《新闻纸印行条例》,发布了《新闻纸发行条目》,增加了限制条款,第 9 条规定"未经官方许可,禁止私自发行报纸";第 10 条规定"禁止诽议团体、国律以及因宣传外国法律而引起妨害国法";第 11 条规定"在刊登政事、法律等事项时,严禁妄加评论";第 15 条则"禁止私自刊登在职官员的事务和有关外交文书,即使是生活琐事也不得刊登。但已公布的文书,经长官指示同意刊登者不在此限"。②

在"北海道出售官产事件"中报界给社会以巨大影响,因此从 1875 年开始,明治政府更加严格管制报界。6 月 28 日,颁布了严厉的《新闻条例》和《谗谤律》,大幅度限制新闻自由,扩大了禁止刊载事项和违反责任者的范围。《谗谤律》主要是针对皇室、华士族和官吏名誉毁损的处罚,"对于官员,不论在公事还是私事上一概严禁批判"③。新设"皇族不敬罪""官吏侮辱罪",规定"不论事实之有无,只要摘发、公布伤害人之名誉者"均可判处入狱或罚金。对以展示或贩卖著作、图画、肖像等手段对人进行诽谤的予以治罪,对于官员职务的诽谤,特别是对谗毁皇族、华士族的人处

---

① 关于日本媒体与《新闻纸法》的斗争,参见[日]前坂俊之著《兵是凶器:战争和新闻(1926—1935)》,东京:社会思想社,1989 年,第 32—39 页。

② 参见宁新《日本报业简史》,北京:中国社会科学出版社,1981 年,第 27 页。

③ [日]井上清著:《日本历史》,中册,天津市历史研究所译校,天津:天津人民出版社,1975 年,第 568 页。

以重罚,从而达到阻止对皇室、政府批评的目的。①

《新闻纸条例》针对的是反政府报纸的取缔与处罚。规定报纸和杂志发行必须经内务府许可,在报纸、杂志上教唆他人犯罪者,与犯罪者同罪;刊载诋毁政府、颠覆国家的言论、煽动骚乱者,处以监禁;必须登记编辑责任人的姓名、住所,明确了报纸所有者、新闻社长、编辑、撰稿人、印刷者的法律责任,强化了管理体制,加强对报业的管制,这一新闻法成为"日本新闻史上最残酷的镇压法规"②,被《东京日日新闻》称为"对于日本人民之进步,犹如一座堡垒横亘在路上,成为巨大障碍"③。《评论新闻》也连续发表《国政转变论》《论应该压制颠覆政府》《论专制政府应该响应劳苦大众的意向改正法令》等"过激文章",猛烈抨击这两部法律:

(政府)本想让世论者恐惧违法而闭嘴,天下哑然失声,却出乎意外地引起了各媒体反复而激烈的反驳。(中略)清国历代政权均以强权压制作为政治最重要的手段,所以人民只有顺从,卑屈于最上之德。所以时至今日仍不知人之权利为何物,举国狡猾之风、国力衰退已至不可救药之境地。我国人民反对此条例。(中略)政府要立即废止,以保存人民士气活跃的种子,(中略)不要视我同胞为奴隶,不要使我国陷

① 关于《谗谤律》之8条内容,参见[日]春原昭彦著《日本新闻通史》,东京:新泉社,1985年,第34—35页
② 陶涵:《世界新闻史大事记》,北京:人民日报出版社,1985年,第59页。
③ 《东京日日新闻》,1875年6月9日。

入奴隶一样的国度。①

在这种情况下,《东京日日新闻》的福地源一郎和岸田吟香、《邮便报知新闻》的滕田茂吉、《评论新闻》的横濑文彦、《东京曙新闻》的末广重恭等前往政府提出质问,联合递交"质问状",要求举例说明具体到什么程度才算违反条例。但是政府对此嗤之以鼻——退回"质问状",以"按指令办事""没有必要回答"为答复。在随后的几年里,《新闻纸条例》成为"毫不宽假地窒息一切对政府政策有效批判"②的武器,明治政府与新闻媒体的关系发生了逆转。

1876 年 7 月,明治政府又发布太政官第 98 号布告:"凡妨害国家治安者,内务省将禁止或停止其发行。"③9 月,修改《出版条例》,将出版业由文部省转交内务省管辖,详细规定保护版权,设定了严厉的惩罚规则。政府以此为依据,开始对攻击萨长政府的民权派报纸进行镇压,惩处报人。④ 旧幕臣出身的栗本锄云(《邮

---

① 《新闻条例和谗谤律》,《评论新闻》1875 年 7 月。转引自[日]武藤直大编注《那个时代的空气(上)——明治、大正 60 年间的新闻报道》,东京:ラ・テール出版局,2004 年,第 54 页。

② [加拿大]诺曼:《日本维新史》,姚曾廙译,北京:商务印书馆,1992 年,第 178 页。

③ [日]内川芳美、新井直之:《日本新闻事业史》,张国良译,北京:新华出版社,1986 年,第 6 页。

④ 《由于新闻条例,牺牲者续出》,《东京日日新闻》(1875 年 8 月 16 日),参见[日]武藤直大编注《那个时代的空气(上)——明治、大正 60 年间的新闻报道》,东京:ラ・テール出版局,2004 年,第 55 页。

便报知新闻》)、成岛柳北(《朝野新闻》)①,以及在《朝野新闻》社论中诽谤报纸条例的井上毅和尾崎三良均被立案。

1875 年 12 月,朝野新闻社长成岛柳北、末广重恭因上书反映条例问题,并在社论中引用上书中的内容,被起诉入狱两个月,罚金二十元。成岛柳北被关进监狱:

> 与一群毫无廉耻的犯人关在一起。几个人杂居在九尺四方的窄室(最多时达到七八个人),室内的空气彼此呼吸都变成了毒气……只有一天两次端着便器到屋外,呼吸清爽空气才是快乐的。②

这种屈辱对他是从未有过的。尽管成岛柳北不承认政府所列罪状,但是被威胁“就这样要关个一两年”,终于还是屈服了。“报纸条例的效果立刻显现出来”,他在“释放后不得不停止了攻击政府的笔”。《东京曙新闻》的主编末广铁肠发表了抨击政府的《论新闻纸条例》,结果被判禁锢两个月,罚金二十元;《邮便报知新闻》《横滨每日新闻》《朝野新闻》等主要媒体的负责人都被处

---

① 1875 年 8 月 15 日,成岛柳北在《朝野新闻》上发表《新闻条例、谗谤律是哪个国家的法律?》,以田舍学者家中几个书生甲乙丙丁戊“轻佻浮薄”的议论此两部法律是俄国还是法国法律的形式,调侃、讽喻其不合情理、不合时宜。参见[日]武藤直大编注《那个时代的空气(上)——明治、大正 60 年间的新闻报道》,东京:ラ・テール出版局,2004 年,第 55 页。

② [日]铃木健二:《国家主义和大众传媒——日本近代化过程中报纸的功罪》,东京:岩波书店,1997 年,第 79 页。

罚过。记者的入狱情景也开始在报纸上登载，"脚戴镣铐，腰束刑绳"，完全失去了记者的样子。①

1876 年 7 月，太政官第 98 号布告发布的第二天，《草莽杂志》《评论新闻》《渤海新报》等因登载妨害国家安全的报道受到了禁止发行的处分，先后有小松原英太郎、山胁巍、横濑文彦等 18 名编辑、记者被定罪入狱。② 因为批判政府新闻条例的附加条款"已有许可的报纸、杂志被认为妨碍国家安全，由内务府禁止其发行或停止发行"，《评论新闻》指出"所谓'国安'二字，只是特指官员之安宁"（1876 年 7 月 10 日，第 109 号）被禁止发行。连《东京日日新闻》这样的御用媒体，只要登载反政府的报道也一样被治罪，代理主编甫喜山景雄也被判禁锢和罚金。

1883 年，政府公布《改正新闻条例》，增设了报纸发行保证金制度，强化了刑事处罚，特别是行政处罚权交由内务大臣来认定，使得媒体报道中凡是涉及妨害治安、破坏风俗的内容，均容易被禁止发行。

但是，舆论导向并未因政府镇压而终止，相反却引起了民众的逆反心理，使得遭到镇压、被投入监狱的人成为民众心中的英雄。③ 在众多报纸媒体中，反政府报纸仍然是大多数。此时，伊藤博文、井上馨等人则一改强硬作风，转而"怀柔报人"，吸引了一大批知名报人进入元老院或外务省等政府部门，"报社俨然成为选

---

① ［日］铃木健二：《战争和报纸》，东京：每日新闻社，1995 年，第 23 页。

② ［日］春原昭彦：《日本新闻通史》，东京：新泉社，1985 年，第 35—36 页

③ ［日］山本文雄：《日本新闻史》，东京：国际出版株式会社，1948 年，第 68 页。

拔官吏的龙门"①。如积极参与自由民权运动、《自由新闻》主笔古泽滋历任大藏、农商、邮递等省高级官吏，后担任过奈良、山口、石川等县知事，1904 年内成为贵族院议员；积极参加立宪运动的《横滨每日新闻》主笔岛田三郎在 1890 年以后连续 10 次当选为国会议员，1894 年当选为众议院副议长等，②甚至《日新真事志》的经营者、外国人布莱克也被拉入政府充任"太政官御用"。但是政府任用布莱克的条件是雇用期间不得进行任何活动，须将原有新闻发行工作转让他人，并不得与其发生关系。③ 因此从报界发展的结果来看，政府的软硬兼施成功瓦解了报界的进攻，使得报纸制造舆论和传达信息的功能大受削弱。"各报都不露声色，报纸的版面成了毫无意义的文字的罗列。"④

　　值得关注的是，报界对政治的作用与影响从一开始就具有

---

① 　[日]山本文雄：《日本新闻史》，东京：国际出版株式会社，1948 年，第 69 页。

② 　此外，从新闻界进入政界的还有曾主持《邮便报知新闻》、后任《大阪每日新闻》社副社长的矢野文雄，以及青年时期活跃于新闻界后进入政界直至担任"政友会"总裁、第 30 届内阁首相的犬养毅等人。

③ 　政府对传媒界的分化瓦解在英国人布莱克的身上最为明显——"虽然讲好雇用二年，但是，不到半年，布莱克就被解雇了。这时，《日新真事志》终于衰落，并于同年十二月停刊。新闻纸条例第四条规定，禁止外国人经营和出版报纸，这个条例生效不到十几天，布莱克就被解雇，可以说不是偶然的。布莱克对政府的做法十分恼火，于第二年，即明治九年一月六日，未经政府批准，径自出版了晚报《万国新闻》，但仅出二期，就被政府查封了。"参见[日]山本文雄、山田实、时野谷浩编《日本大众传播工具史》，刘明华、郑超然译，西宁：青海人民出版社，1984 年，第 23 页。

④ 　[日]山本文雄编著：《日本大众传播史》，东京：东海大学出版会，1998 年，第 24 页。

"暴烈"色彩。由于"征韩论"引发的政府分裂,使得政府与集结
到鹿儿岛的"征韩论"支持者们产生了政治对峙,暴力对抗一触即
发。而明治政府在1875年颁布了第一部报纸法,加大了舆论镇
压的力度——对报纸编辑记者采取逮捕、罚款或投入监狱等惩罚
措施。但是报界对政府的批判仍然时有发生,如东京的《评论新
闻》与政府激烈对抗,甚至有记者直接参加了鹿儿岛氏族别动队,
在一年的时间里有20名记者遭到逮捕,最终被迫停刊。① 1873—
1875年的3年时间里,全国有300多名记者、报人受到罚款或拘
捕的惩处;②1875年以后的5年时间里,报界共有200余名记者被
捕入狱或处罚金,日本出现了历史上空前的言论恐怖时代。③
1875年,《明六杂志》停刊;1876年1月,布莱克出版的《万国新
闻》被政府没收、烧毁。在自由民权运动最为激烈的1881年至
1884年间,政府扩大制裁范围,凡是同情、帮助自由民权运动的记
者,均受到了严厉制裁。报纸被禁止发行,记者被投入监狱,1880

---

① 　早期的《评论新闻》并非同政府完全对立的,当政府开始镇压报纸,部分编辑组
　　成员加入了鹿儿岛氏族别动队一致对政府进行批判。有很多记者既支持征韩
　　派又赞成激进民权派。参见[日]三谷博《公论空间的形成与发展——初创期
　　的〈评论新闻〉》,收入鸟海靖、三谷博、西川诚、矢野信幸著《日本立宪政治的形
　　成与变质》,东京:吉川弘文馆,2005年。[日]三谷博《近代日本公共领域的形
　　成与发展——初创期的〈评论新闻〉》,载许纪霖主编《知识分子论丛》第6辑
　　《公共空间中的知识分子》,南京:江苏人民出版社,2007年。

② 　宁新:《日本报业简史》,北京:中国社会科学出版社,1981年,第26页。

③ 　[日]桂敬一:《明治·大正的媒体》,东京:岩波书店,1992年,第13—14页。
　　[日]兴津要:《明治新闻事之始——〈文明开化〉的大众传媒》,东京:大修馆书
　　店,1997年,第19—20页。[日]山本文雄、山田实、时野谷浩编:《日本大众传
　　播工具史》,刘明华、郑超然译,西宁:青海人民出版社,1984年,第21页。

年有 77 人被投入监狱,1883 年增加到 111 人,1884 年达到 135 人。① 特别是在 1883 年《改正新闻条例》颁布后的一个月内,被勒令停刊的报纸就有东京 16 家、大阪 4 家和其他地方 27 家,共计 47 家。另据 1883 年 1 月 6 日《邮便报知新闻》登载的《报纸禁止和停止表》显示:1881 年全年报纸被禁止数仅为 37 家,到了 1882 年即全年猛增为 80 家。因此《改正新闻条例》被称为"日本新闻史上最残酷的镇压法规"和"报纸消灭法"。②

报界制造的社会舆论具有强大的影响力,甚至可以影响、干扰政府的号召力与决策力,其强大的政治动员能力和政治号召力为政府所不容,因此政府不惜对报界采取严厉措施——只要被认为有损官吏的声誉,即可判"惩役刑"和"禁锢刑",以"谗毁罪"与"诽谤罪"论处。表明报界不能触及政治底线,即使依附于政党的机关报也不能例外,也表明所谓的言论自由,并不是绝对的、孤立的,这是导致政府的政策从"新闻奖励策"到"新闻处罚策"转变的根本原因。

受到明治初期政治、政策和天皇立宪承诺的影响,这一时期的报界被分为民权派、官权派和中立派,舆论为之分立。虽然政府对报界采取了种种严厉的政策,但是 1872 年前后的日本,还是形成了一个短暂的"言论自由黄金时代"③。党争混乱也在客观

①　[日]内川芳美、新井直之编:《日本新闻事业史》,张国良译,北京:新华出版社,1986 年,第 6 页。

②　[日]高坂正显:《明治文化史》,第 4 卷,东京:原书房,1980 年,第 633、612 页。

③　[日]铃木安藏:《日本宪法学的诞生与发展》,东京:丛文阁出版社,1934 年,第 139 页。

上促成了报界言论开放,如立志社在宪法私案的第 21 条中规定
应保护国民思想言论自由权;第 22 条规定国民有出版其著作的
自由。[1] 可以说在这一时期,报界是推进民主和立宪的重要武器,
特别是在 1874 年《设立民选议院建白书》发表后,产生了一批反
政府的民权派报纸,也影响了很多报纸的政治导向,使得报纸成
为政党宣传政治主张、扩大政治影响的有力武器。

考察自由民权运动中的各党派成员成分可以发现,很大一部
分就是记者、演说家、党员这样三位一体的民权分子,他们善于利
用报纸媒体,或者本身就是报纸主办者和媒体人,不遗余力地利
用自身的便利条件向民众宣传自由民权思想。在揭露腐败问题
上,报纸媒体也发挥了至关重要的作用,如"北海道出售官产事
件",就是由民权派报纸首先揭发;也是迫于舆论压力,天皇在
1875 年 4 月发布《渐次建立立宪政体诏书》,宣布逐渐建立立宪
政治。

在政党报纸时代,报纸媒体大多依靠政党,因失去独立性而
缺少客观性和公正性。政党解散后,报纸与政党逐渐分离,出现
了标榜"不偏不党,严正中立"的报纸媒体,由此进入了商业报纸
时代;由于偏重政治的"大报"的衰落,多以趣味性为中心、很少涉
及政治性报道的"小报"开始迅速发展成为报界主角,发行量急剧

---

[1] [日]大日本帝国宪法制定史调查会编:《大日本帝国宪法制定史》,东京:サン
ケイ新闻社,1980 年,第 267 页。

增加,远远超过了时政性的"大报"。①

　　这一时期也出现了以陆羯南②的《日本》和德富苏峰的《国民新闻》③等代表"独立新闻"理念的媒体,既没有党派倾向,也不以营利为目的,而是注重社会责任、坚持独立办报理念的媒体也开始大行其道。总结这一时期政党与报界的关系,西园寺公望、中江兆民等人创办的《东洋自由新闻》"新闻规则"第一条中的表述已经极为明确:

　　　　为使自由党组织的意见能自由地扩散、养成舆论的力量,就要发行报纸,宣传我党的主义,它是工作的第一步。④

---

① 据日本东京府统计,1884 年间发行的报纸在数量上的排名,前四名都是小报:《读卖新闻》《自由灯》《插图自由新闻》《东京插图新闻》,第五名才是《朝日新闻》,第六名和第七名仍然是小报《改进新闻》《插图朝野新闻》。参见[日]山本文雄、山田实、时野谷浩编《日本大众传播工具史》,刘明华、郑超然译,西宁:青海人民出版社,1984 年,第 39—43 页。

② 陆羯南(1857—1907)。明治时期著名报人和思想家、评论家。原名中田实,曾就读于司法省法学校,因学校动乱而退学。后为官吏,因反对为修改不平等条约而推行的欧化主义政策,罢官为民。1888 年(明治二十一年)创办报纸《东京电报》,翌年停刊,另办《日本》报,自任社长兼主编,发表文章进行论战,成为新闻界的重要人物。他提倡国民主义,试图调和国民的统一与国家的独立,强调政治的道德性,对政治进行尖锐的批判,是明治中期代表健康的民族主义思想家。著有《近时政论考》《原政》等。参见[日]竹内理三等编《日本历史词典》,沈仁安、马斌等译,天津:天津人民出版社,1988 年,第 356 页。

③ 关于德富苏峰与《国民新闻》参见第二章第三节。

④ [日]内川芳美、新井直之编:《日本新闻事业史》,张国良译,北京:新华出版社,1986 年,第 7 页。

报纸是政党与政府作战的有力武器。在自由党机关报《自由新闻》上,中江兆民发表了《自由新闻发行之旨意》,直抒胸臆:

> 政党如果没有报纸,就如同军队没有武器一样,以什么来征服敌对政党,向社会扩充势力呢? 我们已经组成自由党——一个实在的、团结的集体,正要向前开展活泼的活动,此时此刻最必要的,就是增长知识、交换思想、扩大我党队伍,并将主张向天下公开发表,取得舆论的一致,而要做到这一切,必不可少的工具就是新闻纸。①

第三节　大正民主运动时期的报界政治动员

一、传媒: 两次护宪运动

从明治中期至大正初期,藩阀政治②一直是自由民权运动批判的对象,民众期盼在明治时代结束后的大正时代,能够实现基

---

① [日]内川芳美、新井直之编:《日本新闻事业史》,张国良译,北京:新华出版社,1986年,第7页。
② 这一时期的政治协助明治天皇推翻幕府的元老控制,即长州藩出身的伊藤博文、山县有朋、井上馨与萨摩藩出身的黑田清隆、松方正义、西乡从道、大山岩等人。尤其是山县有朋的权势由明治晚期持续至大正中期。尽管在法律上并无明文规定,但是内阁总理大臣的人选均是先经过元老们参与讨论,由元老向天皇推荐,再由天皇向总理大臣"大命降下"授命组阁。

于宪法的民主政治。但是明治后期出现了长州藩出身的桂太郎与京都公家出身的西园寺公望轮流执政的政治局面，史称"桂园时代"。"桂园时代"因双方势力的均衡而得以延续，后因桂太郎"出宫入府"，"滥用诏敕"，"已入云端又暗地指导形势"①——打破均衡而终结。② 其引发的第一次护宪运动，成为大正民主运动的开端。

大正时代是寻求精神解放的时代，各种思潮全面开花。一个最显著的特征是，"'民众'第一次作为一种决定性的政治力量登上历史舞台"。在思想上和理论上的表现就是大正民主主义、民本主义，③即大正民主运动的思想和理论支柱乃是"天皇机关说"和"民本主义"。

1912 年，东京帝国大学教授美浓部达吉在《宪法讲话》中提出了著名的"天皇机关说"，认为天皇只是国家行使统治权的机

① ［日］历史科学会协议，中村尚美、君岛和彦、平田哲男：《史料日本近现代史 II 大日本帝国之转迹》，东京：三省堂，1985 年，第 3 页。护宪派指责桂首相利用天皇，并列举其六条罪状进行口诛笔伐，促其倒台。

② "桂园时代"得以存在的前提是均衡：第一，藩阀官僚势力与政友会势力尖锐对立，但是势均力敌，双方都不可能抛开另一方独掌政权；第二，桂与政友会为各自的政治目的、维持自己的政治地位而互相需要。参见安平《论桂园体制的形成及其终结》，《日本研究》，1997 年第 2 期。

③ ［日］内川芳美、新井直之编：《日本新闻事业史》，张国良译，北京：新华出版社，1986 年，第 41 页。

关,而主权应属于国民全体。① "天皇机关说"得到了元老西园寺、内阁大臣牧野以及学术界的广泛支持,经过"天皇机关说"和"天皇主权说"的论争(主要代表人物是美浓部达吉和上杉慎吉),"天皇机关说"逐渐"成为日本法学界公认的学说,并成为大正民主运动和政党内阁的理论依据",②受到日本社会的普遍欢迎。而在大正民主运动中,民众攻击贵族院、枢密院和元老政治,甚至怀疑、批判天皇制,均以此法理为根据。也正是基于此,"天皇机关说"才遭到日本右翼和军方的疯狂反对。③ 大正民主运动

① 美浓部达吉(1873—1948),东京帝国大学法学教授、日本宪法学家、行政法学家,日本国会贵族院议员,曾在皇家学问所为裕仁讲授教育课程。1907年,美浓部在《日本国法学》,提出了"天皇机关说",否定了明治宪法所规定的"天皇主权说",认为天皇只是国家的"最高机关",而不是权力主体,国家的统治权应归属于"主权在民"的国民;作为"国民的代表者参与国家统治"的议会,其权力并非由天皇授予,"无需服从天皇的命令"。1912年,美浓部在其著作《宪法讲话》中对"大日本帝国宪法"作出了资产阶级君主立宪制的解释,反驳了"天皇主权"论者的攻击,进一步将"天皇机关说"体系化,认为日本的统治权应该属于作为"法人"的国家,而不属于天皇。日本的立宪君主政体是天皇和代表国民的帝国议会(众议院)共同进行统治的君民共治的政体,天皇和帝国议会都是国家的直接机关,因而天皇的权力应受到宪法的制约,而不是绝对无限的,此即著名的与"天皇主权说"相对立的"天皇机关说"。

② 何勤华、方乐:《日本法律发达史》,上海:上海人民出版社,1999年,第39页。

③ 关于"天皇机关说"的影响力,可从其遭受到的强烈反对中窥见一斑——首先是主张"天皇主权说"的东京帝国大学教授上杉慎吉与美浓部论争;其次是在1932年以后,"天皇机关说"遭到右翼势力疯狂攻击。在1935年2月的第67届帝国议会上,菊池武夫(1875—1955,日本陆军军人、军阀政治家、右翼活动家、华族、甲级战犯嫌疑犯,原奉天特务机关长,陆军中将)在贵族院首先发难,指责"天皇机关说"违反国体,大骂美浓部达吉是学匪,包含慢性谋反和反逆意图,要求政府处分美浓部。美浓部对其进行辩驳,《东京朝日新闻》以《断章

的另一理论支柱是"民本主义"。1916 年东京帝国大学教授吉野作造在《论宪政的本义及其贯彻到底之方法》(《中央公论》1 月号)中阐述了民本主义论，主张"近代政治的理想即保证最高、最完善的政治价值以最大限度实现。因其最显著特征是重视民众意向，故称其民本主义"①。他回避了明治以来日本国家主权的归属问题之争，不谈主权论、不直接对抗天皇制，从立宪政治的根本精神"民本主义"入手，指出"所谓民本主义，就是对主权在法律理论上属于何人姑且不论，只主张当行使主权时，主权者必须尊重

(接上页)取义，何为反逆》为题全文刊载了美浓部的发言记录，并评论"美浓部的答辩条理清晰，观点鲜明，全场听众无不肃静侧耳."东京帝国大学教授宫泽俊义在朝日新闻学术文艺专栏"论坛时评"中发表"美浓部达吉论"，称"博士有启蒙之功"，断言"如果有人因听了博士的说明，或因执有博士的学说而逆反国家体制者，他一定是个无知之徒，或是借'国体'之名行中伤他人之事"。尽管舆论表示了支持，但是贵族院还是在 1935 年 3 月 20 日起草了决议案，众议院于次日也起草决议案，反对"天皇机关说"，众议院议员则告发美浓部达吉犯有"不敬罪"，指其存有迷惑帝国臣民，混乱神授君权思想等罪状。参见[日]宫泽俊义《天皇机关说事件》(史料)，载《ジュリスト》第 407 期，第 108 页，1968 年 10 月 1 日。

　　最后美浓部达吉被赶出议会，并被东京大学解聘。美浓部达吉及其学说被指控"破坏国体、紊乱国宪罪"和"不敬罪"，多次受到检调当局的传讯，连元老老西园寺公望、内大臣牧野伸显、枢密院议长一木喜德郎(美浓部的恩师，其学术观点与其怀一木喜德郎一脉相承)也受到右翼势力攻击。1936 年 2 月，美浓部在寓所遭到暴徒袭击身受重伤。实际上反对"天皇机关说"是右翼势力和军部打倒政党政治，攻击宫廷侧近集团的把柄。关于美浓部达吉的检察处分问题，参见董璠舆《日本明治时期的国体与天皇机关说事件》，《比较法研究》，2011 年第 1 期。

① 　[日]三谷太一郎：《吉野作造》，东京：中央公论社，1984 年，第 208 页。

一般民众的福利与愿望,以此为方针的主义,就是民本主义",①
"为使民本主义精神得以充分体现,众议院应当成为政界中心势
力;作为其前提,宜实现普选、言论自由和政党内阁制",②从而推
动了普选运动的开展。

"天皇机关说"和"民本主义说"从根本上动摇了政府的专制
统治,为抨击军阀、官僚的独裁政治和金权势力的蛮横开辟了道
路。吉野作造和大山郁夫等民本主义者利用报纸、杂志开展了丰
富多彩的时事评论,京都大学教授河上肇也在《大阪朝日新闻》连
载《贫穷故事》,提出"文明国中穷人多"的问题,充满人道主义关
怀,给民众留下了深刻印象。而在 1917 年 4 月的大选中,社会主
义者堺利彦亲自出马论述普选的必要性,"在寺内内阁干涉的情
况下,演说会竟总是座无虚席"。③

1912 年 11 月,深知"宪政政治是政治进步方向"的东京报界,
对藩阀元老控制下的政治时弊做出了如下认定:

> 当今日本的弊害,在于帝国主义的政治家总是左右权
> 力、不顾民力的疲惫,在于舆论不能有力地推动政治,因此,

---

① 关于吉野的民主主义论,参见[日]今井清一著《日本近现代史》,第二卷,杨孝臣、郎唯成、杨树人译,邹有恒校,北京:商务印书馆,1992 年,第 112—113 页。[日]近代日本思想史研究会:《近代日本思想史 2》,北京:商务印书馆,1991 年,第 171—172 页。

② [日]松尾尊允编:《吉野作造集》,东京:筑摩书房,1976 年,第 466 页。

③ [日]松尾尊允:《大政民主》,第 159—163 页。转自[日]今井清一著《日本近现代史》,第二卷,杨孝臣、郎唯成、杨树人译,邹有恒校,北京:商务印书馆,1992 年,第 114 页。

无法实现健全的舆论政治，如果我国不能治疗这个根本弊害，恐就没有希望达到英美诸国那样的繁荣。①

12 月，首相西园寺公望准备财政改革，预定削减军费的国内建设主张和陆军提出的扩充两个师团的要求发生冲突，尽管立宪政友会在民意调查中赢得支持，但是军方仍然命令陆相上原单独辞职，不提名下任陆军大臣，执意摧毁了西园寺内阁，随后军阀巨头、宫内大臣、陆军大将桂太郎第三次登台组阁，"桂园时代"结束。

军部的蛮横无理以及对宪政的破坏——桂太郎内阁的成立，被视为对立宪政治家发出的宣战书，更被媒体认为是反对社会进步的标志性事件，是"治疗这个根本弊害"的绝好时机。1913 年 1 月，众议院议员尾崎行雄②（立宪国民党）与犬养毅（政友会）③以"打破阀族，拥护宪政"为口号，以"打倒桂内阁""督励议院"（即

① ［日］《东京朝日新闻》1912 年 11 月 18 日。［日］内川芳美、新井直之编：《日本新闻事业史》，张国良译，新华出版社，1986 年，第 34 页。

② 尾崎行雄（1858—1954），号咢堂，日本政治家。曾就学于庆应义塾，任《新潟新闻》和《邮便报知新闻》记者。1882 年参加立宪改进党的创立，1890 年议会开设后，当选为众议院议员，以后有连续当选 25 次的记录，1898 年任第一次大隈内阁的文部大臣，因共和演说事件而辞职，1900 年参加立宪政友会，后任东京市长，在 1913 年的护宪运动中，与犬养毅立于先头，被称为"宪政之神"。

③ 犬养毅（1855—1932），日本政治家。第 29 任日本首相。立宪政友会第 6 任总裁。通称仙次郎，号木堂。曾作为《邮便报知新闻》记者从军采访西南战争，后又成为《东海经济新报》记者。1882 年，入大隈重信组织的立宪改进党。1890 年当选第一批众议院议员，之后 42 年间连续 18 次当选，仅次于尾崎行雄。1898 年，第 1 次大隈重信内阁的文部大臣尾崎行雄因共和演说事件辞职，犬养继任其职，首次入阁。由于 1913 年在第一次护宪运动中为推翻桂太郎内阁（第三次）发挥了重大作用，与尾崎行雄被并称为"宪政之神"。

监视政党,不许向藩阀妥协)为目标,发起第一次护宪运动,发动民众反对藩阀、军阀统治,提出了对桂内阁的不信任案。报界充当了"护宪运动"的急先锋角色,①他们联合参加运动的各个党派,深深地卷入党派政治中,并成立了"拥护宪政同志记者会"。

----

① 19世纪70年代中期以后,经历了明治维新、西南战争和自由民权运动的洗礼,也得益于印刷技术进步,日本的报纸媒体发展很快,报社积累了雄厚的资金,培养了一批著名的记者,拥有了一大批忠实的读者。特别是1877年"西南战争"的爆发,民众迫切希望得到战争进展的信息,大大刺激了报纸的发展,发行量猛增。到了甲午战争时期,日本报业飞速发展,据《官报》1889年2月统计,东京计有45种报纸、杂志,1888年12月份的日发行量在15万份左右,可见报纸媒体已经基本普及。

1876—1877 年报纸发行量增长情况表

报名	1876 年发行量(份)	1877 年发行量(份)	日平均发行量(份)
《东京日日新闻》	2 933 998	3 285 238	11 000
《邮便报知新闻》	2 143 293	2 393 444	8000
《朝野新闻》	1 178 699	5 319 510	18 000
《新闻杂志》(原《东京曙光新闻》)	814 976	1 934 468	6300
《读卖新闻》	4 352 544	5 456 723	18 000
《东京插图新闻》	1 030 448	1 848 590	6000
《假名读新闻》	231 533	1 561 120	4400
《横滨每日新闻》	194 289	186 888	600

另据日本内务省统计,1879年,日本全国报纸的累计发行量为33 449 529份;而到了1881年,就达到了64 506 655份。三年里增长了差不多一倍,速度是很快的。

参见宁新著《日本报业简史》,北京:中国社会科学出版社,1981年,第32—33页。[日]桧山幸夫:《近代日本的形成与日清战争》,东京:雄山阁,2001年,第68页。

1913 年 1 月 18 日,报社记者成立了全国性组织——"拥护宪政全国记者会",参加记者人数达 344 名,涉及全国 155 家报社。①这个并非报社联合,而是记者联合组织的成立,表明大正时期普通报人的"政治使命感"已经有显著增强,他们不仅鼓动民众投身立宪政治,而且身体力行直接组织行动团队。

2 月 10 日,被拥护宪政派记者左右言论的报纸媒体鼓动了大批愤怒民众聚集在国会周围,攻打并火烧了"御用媒体"《国民新闻》社,民众还袭击了警察署,在日比谷公园召开了拥护宪政、反对军阀专制的国民大会。东京的拥护宪政运动迅速波及大阪、神户等大城市,形势恶化,使得大正天皇出面干涉,表达了希望维持政局稳定的意愿。2 月 11 日,第三届桂内阁总辞职。这是日本历史上议会中的多数党第一次在公共舆论和喧嚣的新闻媒体支持下推翻了政府内阁。②拥护宪政运动取得了一定的胜利,报纸媒体和记者在促进宪政发展中发挥了巨大的作用。

第一次护宪运动有两个阶段,一是打倒桂内阁阶段,二是打倒山本内阁阶段。桂内阁倒台后,继之而起的是政友会与官僚妥协而建立的山本权兵卫内阁,这使报社记者们大为失望。从 1913 年底开始,拥护宪政会和同志记者会等组织开始计划打倒山本内

---

① [日]内川芳美、新井直之编:《日本新闻事业史》,张国良译,北京:新华出版社,1986 年,第 34 页。
② [美]康拉德·希诺考尔、大卫·劳瑞、苏珊·盖伊:《日本文明史》,袁德良译,北京:群言出版社,2008 年,第 208 页。

阁。于是,此时发生的"西门子事件"①成为攻击内阁的最好借口,1914 年 1 月 23 日,《报知新闻》刊发了来自伦敦的电报,揭露海军在订购装备时接受 40 万元贿赂(当时建设八幡制铁所只用了 57 万日元),媒体再次活跃起来,以《狼狈海军　官邸的秘密会议防止事件内容泄露》(《报知新闻》1 月 24 日)鼓动民众,要求山本引退。值得注意的是两次被烧的"御用媒体"《国民新闻》也站在政府的对立面,参加了倒阁运动,发表了《爱国的激愤　正义的狂热》(1914 年 2 月 6 日)、《雷声? 还是叫声? 举国义愤》(1914 年 2 月 7 日)等评论文章。1914 年 2 月 10 日召开了国民大会,得知《内阁不信任案》被否决的民众,将集会演变成为暴烈行动,与警察发生冲突,并袭击了政友会总部以及《中央新闻》《每夕新闻》《东京每日新闻》《时事新报》等政友会系统的报社。在袭击运动中,《东京日日新闻》的记者桥本繁被警察刺伤,此前就有《东京朝日新闻》的记者访问原敬私邸时被暴徒袭击的事件。

　　但是,山本内阁并没有因为暴力事件而倒台。因为政友会占据了议会的多数,于是报界又抓住打伤记者事件,由各报社公开派出记者组成了"刺伤事件记者联合会",除记者之间相互联系,报社之间也加强了联络,报界开始轰轰烈烈地联合起来向内阁发动进攻。《报知新闻》连日发动舆论攻势:《催促内相退职》(2 月 23 日)、《萨摩内阁开始愈显蛮性,彼等不满足 10 日的杀伤,正陆续拘捕良民》(2 月 24 日)、《没有大臣资格的原君》(2 月 28 日)、

① 西门子事件:德国西门子公司为取得日本政府舰船订单向海军高级官员行贿的事件。1914 年 1 月,事情败露。

《体无完肤的内阁》(3 月 1 日)、《政府的末期临近》(3 月 6 日)、《应该大请愿》(3 月 7 日)、《学生也要奋起啊》(3 月 8 日)、《医界也要奋起啊》(3 月 10 日),①记者联合会也接连召开演说会、全国大会,甚至要举行记者示威游行,最终迫使山本内阁在 3 月 24 日倒台。第一次护宪运动打倒了桂内阁和山本内阁,但是并没有建立起民主主义制度化的普选,即主张一切成人都能够无差别地获得众议院选举权和被选举权,而不受财产资格限制的普选。

1919 年第一次世界大战结束后,大正民主运动出现了新的转机:一方面是普选法案成为议会政党的主张,政党希望通过普选法案夺得政权;另一方面,报界大多数媒体都支持普选法案,积极宣传鼓动,要求早日实行普选。如 1922 年 2 月 5 日,马场恒吾(《国民新闻》)、高石真五郎(《大阪每日新闻》)、高原操(《大阪朝日新闻》)等东西部 9 家媒体 9 名骨干记者联合发表了《盼立即实行选举》;东京大地震后,东西部 15 家媒体于 1923 年 12 月 27 日发表联合声明:"我们的主张是无条件废除纳税资格的限制,立刻实行一般的普遍选举。"②就在东西部 15 家媒体发表声明的当天,发生了袭击摄政皇太子的"虎门事件",第 2 次山本权兵卫内阁总辞职。但是接续组阁的是枢密院议长清浦奎吾,既非众议院议员,也不是贵族院成员,阁员皆由贵族院议员出任,违宪之举导致了护宪派的强烈不满。

---

① ［日］春原昭彦:《日本新闻通史》,东京:新泉社,1985 年,第 146 页。
② ［日］内川芳美、新井直之编:《日本新闻事业史》,张国良译,北京:新华出版社,1986 年,第 42 页。

　　1924 年 1 月,各报多次召开记者大会,声明早日实现普选。政友会、宪政会和革新俱乐部三个在野的护宪政党发动了第二次护宪运动,报界冲锋在前,终于迫使清浦内阁在 1 月底解散众议院。在选举中,护宪三派获胜,组成了以宪政会加藤高明为首的日本历史上第一届政党内阁——护宪三派政党内阁。加藤在任内制定了《普通选举法》,实现了普通选举,之后直到 1932 年“五一五政变”,内阁均为众议院多数党组成。

　　参见下表:

大正政变后的日本内阁(1912—1945)

姓名	就任	离任	政党	备注
桂太郎	1912 年 12 月 21 日（第 3 次）	1913 年 2 月 20 日	无	
山本权兵卫	1913 年 2 月 20 日	1914 年 4 月 16 日	立宪政友会	
大隈重信	1914 年 4 月 16 日（第 2 次）	1916 年 10 月 9 日	立宪同志会	
寺内正毅	1916 年 10 月 9 日	1918 年 9 月 29 日	军人	
原敬	1918 年 9 月 29 日	1921 年 11 月 4 日	立宪政友会	
内田康哉	1921 年 11 月 4 日	1921 年 11 月 13 日	立宪政友会	外务大臣代理首相
高桥是清	1921 年 11 月 13 日	1922 年 6 月 12 日	立宪政友会	
加藤友三郎	1922 年 6 月 12 日	1923 年 8 月 24 日	军人	
内田康哉	1923 年 8 月 24 日	1923 年 9 月 2 日	立宪政友会	外务大臣代理首相

续表

姓名	就任	离任	政党	备注
山本权兵卫	1923 年 9 月 2 日（第 2 次）	1924 年 1 月 7 日	军人	
清浦奎吾	1924 年 1 月 7 日	1924 年 6 月 11 日	立宪政友会	
加藤高明	1924 年 6 月 11 日	1926 年 1 月 28 日	护宪三派	
若槻礼次郎	1926 年 1 月 28 日	1926 年 1 月 30 日	宪政会	内务大臣代理首相
若槻礼次郎	1926 年 1 月 30 日	1927 年 4 月 20 日	立宪民政党	
田中义一	1927 年 4 月 20 日	1929 年 7 月 2 日	立宪政友会	
滨口雄幸	1929 年 7 月 2 日	1931 年 4 月 14 日	立宪民政党	
若槻礼次郎	1931 年 4 月 14 日（第 2 次）	1931 年 12 月 13 日	立宪民政党	
犬养毅	1931 年 12 月 13 日	1932 年 5 月 16 日	立宪政友会	
高桥是清	1932 年 5 月 16 日	1932 年 5 月 26 日	立宪政友会	大藏大臣代理首相
斋藤实	1932 年 5 月 26 日	1934 年 7 月 8 日	军人	
冈田启介	1934 年 7 月 8 日	1936 年 3 月 9 日	军人	

大正时期,"工人、农民、劳动小市民等革命的人民阶层"参与政治运动并充当了运动主力,支持并成功实现了护宪三派组建日本历史上第一届政党内阁。[1] 而报界在其中的作为,一方面是为实行普选,以呼吁国民提高政治觉悟为目标,起到了宣传鼓动作

---

[1] 关于民众在大正民主运动中的作为和评价,参见[日]近代日本思想史研究会编《近代日本思想史》,第二卷,北京:商务印书馆,1991 年,第 165 页。

用;一方面也发挥了煽动与发动民众,利用民众来促进宪政实现的巨大作用。对此,吉野作造认为:

　　此时的民众运动,不管从哪一方面看,都不能说是积极、自发的。其实是通过 1905 年事件目睹民众出乎意外的强大力量的一部分人,对民众的再次利用。运动无非是在这些人的煽动、计划下搞起来的。①

二、政治:"白虹笔祸"事件

　　1879 年 1 月 25 日,村山龙平与上野理一在大阪创办《大阪朝日新闻》②,村山龙平任社长。《大阪朝日新闻》最初走的是"小报"路线,在民权运动中开始涉足政治,并逐步兼具了"大报"和"小报"的特点。在政党报纸盛行时期,《大阪朝日新闻》以"不偏不党"的中立面目出现,奉行"企业本位"和"报道第一主义",重视向国内国外派遣记者,如早在 1881 年就有记者常驻釜山,1884年就有记者常驻上海,努力采集独家新闻。

　　村山龙平对《大阪朝日新闻》的发展居功至伟。关于《大阪朝日新闻》和村山龙平的关系,大隈重信如是说:"姓是村山,名是朝

---

①　[日]内川芳美、新井直之编:《日本新闻事业史》,张国良译,北京:新华出版社,1986 年,第 35 页。

②　1888 年 7 月,村山龙平收购了星亨创办的《觉醒新闻》,更名为《东京朝日新闻》。在 1940 年的大政翼赞体制中,《大阪朝日新闻》与《东京朝日新闻》合并统称为《朝日新闻》。

日。"并盛赞村山："国家公益心之发显,思想稳健、见解公平,统御人才有才干,千秋功业一支笔。"①关于其稳健,大隈重信认为:

> 村山君有牺牲、奋斗精神,他在政治上、社会上、宗教上,以及其他事情上都具有极公平、极稳健的思想。所以,他的报纸也公平、稳健,得到社会普遍的信用是当然的。也就是说,今天《朝日新闻》的发展,都有赖于村山的人格、公义精神和忍耐力,这一点是确信不疑的。②

关于"千秋功业一支笔",大隈重信又说:

> 我国的报纸媒体,如果和欧美先进国家比较,还极其幼稚,不像今天《朝日新闻》这么发达,特别是和 20 年前相比,简直是另外一种景象。因为有了村山君的才干和其他有力社员的支持,日本的报纸才有了进步。与国家力量、国家的文明发展一道,报纸也取得了很大的进步。③

大隈重信对村山龙平的高度评价并不为过。因为村山在当

---

① ［日］江森泰吉编:《大隈伯百话》,东京:实业之日本社,1909 年,第 425—428 页。
② ［日］江森泰吉编:《大隈伯百话》,东京:实业之日本社,1909 年,第 426 页。
③ ［日］江森泰吉编:《大隈伯百话》,东京:实业之日本社,1909 年,第 427—428 页。

时被誉为报界成功者中的第一人。① 虽为自由主义者,但是村山在 1881 年前后自由民权运动活跃之时,却拒绝了政党收买其报纸为机关报,拒绝支持自由党。《大阪朝日新闻》还发表了社论《我朝日新闻的目的》,提出"报纸非只载政谈之器,非只议政略之具",认为报纸乃是"知识宝库",要坚持"不偏不党"原则。所以初期的《大阪朝日新闻》既不是"御用报纸",也和党派机关报不同,的确具有"中立、独立"的个性。

当然,村山并不是具有自由民主思想和政治理想的新闻记者,他从不执笔阐述社会问题,他的自由主义仅仅体现在如何经营报纸上——广揽人才,聘请著名记者、文人、学者来充实报社的编辑力量;②注重经营,并时刻把报纸生存发展作为第一要务。在1901 年出版的《新闻社之内幕》中,对村山的经营才干有如下的评价:

> 全国报社数量众多,创办报纸者也相当多,但是在创办者中最成功的只有村山龙平和黑岩泪香,报纸发行量达到十

---

① ［日］奥村梅皋:《大阪人物评论》,大阪:小谷书店,1903 年,第 29—30 页。

② 如曾任内阁官报局长的高桥健三,1893 年辞职后被聘为《大阪朝日新闻》的主笔。文学家夏目漱石、厨川白村与儒学者西村天囚、社会评论家长谷川如是闲,以及下村海南、绪方竹宪、石井光次郎、中野正刚、大山郁夫等都曾为该报工作或撰稿。马克思主义经济学家河上肇是《朝日》的社友。中国名记者《京报》的邵飘萍,在 1919 年被聘为该报驻北京特约记者。还有一些人间接为报社工作,如《浪花新闻》编辑长宇田文海、记者野口市兵卫、佐伯允作等。《大阪日报》的著名评论家山胁巍、《日本新闻》驻法国特派员池边三山,《日本新闻》的鸟居素川等等。

万以上。①

在甲午战争中,村山看到了报纸发展壮大的机会,指挥《大阪朝日新闻》一头"扎到战火之中",将报纸变成了"纸弹",将记者变成了"不拿枪的战士","右手执笔,左手拿枪",成为对外侵略战争的急先锋。在 1905 年的反对日俄媾和运动中,村山的态度也异常坚决:"只要坚持主张,即使报社垮了也在所不惜。"②

《大阪朝日新闻》反对日本参加"一战"的态度也是坚决的。面对参战的危险,《大阪朝日新闻》社论说:

> 近来日本出兵的问题不断从中国和欧洲传来。人民感到这种奇怪的秘密外交,在没有人民的支持下,正在把我国推向不测的深渊,因而非常不安。如果军阀根据人民在甲午战争、日俄战争和日德开战时发起了爱国运动,就认为人民在任何情况下都不反对战争,那就如同部分欧美人错误地认为我国人民是嗜血成性的好战民族一样,完全不了解我国的

---

① 《大阪朝日新闻》在全国拥有 12 万读者,无论是其内容还是分量,均超过其他数百家报纸,内容清新,改良了插图、小说,实际上是日本的新闻王。而黑岩泪香的《万朝报》是日本发行最好的报纸之一,特别是受到很多读书人的欢迎,特色就是毫无顾忌地暴露社会的欠缺。如大石正巳事件、蓄妾事件等。"除此事外看不出有其他特色,文章拙劣、议论幼稚、报道多有失误,唯独得到了人身攻击之奇妙,常有奇谈怪论,也拥有了 10 万读者。"参见[日]正冈犹一著《新闻社之内幕》,东京:新声社,1901 年,第 44—45、49 页。
② [日]山本文雄、山田实、时野谷浩编:《日本大众传播工具史》,刘明华、郑超然译,西宁:青海人民出版社,1984 年,第 84 页。

国民性和国民思想。这次演成问题的日本的新行动,究竟有什么国民基础呢? 一般人民不知道政府究竟要干什么,只是在新的国家危机面前战栗而已。(中略)人民的知识和思想已经超出空洞的国权主义的庸俗论。有远见的人看破了军阀的肤浅权术而在冷笑。军阀之流正在叫喊德国东进的危险。而这种危险,如果说存在,也是在罗曼诺夫家族统治俄国的沙俄时代就存在的,现在的俄国革命反而把它推迟了。(中略)我们不能不为军阀的鲁莽而吃惊。(中略)总之,这样重大的事情,军阀要独断专行,人民对此能默许吗? 政友、宪政两党应该发动一次人民运动来加以反对,人民应该阻止军阀这样专制来误国。①

特别是在 1918 年“米骚动”之后,村山组织了大阪记者大会——“保护言论,弹劾内阁——关西新闻社通信社大会”,并最终成为日本报史上最大的笔祸——“白虹贯日”事件的主角。

“白虹贯日”事件的背景是“一战”后渐趋紧张的国际国内形势。在国际上,日本政府趁机扩大势力范围,首先是在 1918 年 1 月抢先派军舰进入海参崴(今符拉迪沃斯托克);其次是在同年 8 月抢先发表“出兵西伯利亚宣言”,不顾美、英等国限制,出兵西伯利亚;同时,1917 年 11 月 7 日,世界上第一个社会主义国家建立,给世界各国、各阶层都带来巨大冲击。在国内,首先是日本民众

---

① ［日］井上清:《军国主义和帝国主义》,尚永清译,北京:商务印书馆,1985 年,第 201—202 页。

受到十月革命的鼓舞掀起了声势浩大的示威活动,要求政府"不干涉俄国"并"立即从西伯利亚撤军"。其次是日本各地爆发了反对米价飞涨的饥民暴动,全国民众的反战运动此起彼伏。

　　而此时更为深刻的社会背景是日俄战争以来的日本社会主义运动蓬勃发展,《万朝报》《二六新报》等报纸大量报道"平民问题",主张"不战论",发动工人活动,在社会上引起很大反响。《平民新闻》①也发表"致俄国社会党书",主张日本和俄国的社会主义者大联合,为和平反帝事业而共同斗争。在日俄两国准备签订与日本民众"期望值"相去甚远的《朴茨茅斯和约》时,《大阪每日新闻》等媒体对此做了报道,结果在 1905 年 9 月 5 日引发了民众和军警的激烈冲突,即内务大臣官邸和御用报纸《国民新闻》社被捣毁、东京全市警察分局和大多数派出所被袭击的"日比谷烧打事件"。

　　"日比谷烧打事件"之后,东京大规模的民众暴动时有发生,如反对电车票涨价运动(1906 年 3 月和 9 月、1909 年 1 月)、反对电车收归市有运动(1911 年 7 月)等等,在这些民众运动中,报界均扮演了重要角色。

　　针对政府的军国主义国策和国际国内形势,报界普遍表示"日本出兵西伯利亚没有明确理由"。为此言论,56 家报纸先后被寺内内阁勒令停刊。严峻的国际国内形势,使政府的危机感空

---

①　《平民新闻》还发表过片山潜在第二国际大会上与普列汉涅夫握手的照片、片山潜"打倒日俄两国军国主义者"的演说全文,登载过幸德秋水等人合译的《共产党宣言》,是最早向日本传播马克思主义的社会主义媒体。在日本政府镇压下,1905 年 1 月被迫停刊。

前高涨。1918 年 8 月 3 日,富山县爆发的"米骚动"迅速波及全国,政府严厉禁止报界报道运动情况,引起各报社强烈不满,于是报界发起了弹劾内阁运动:8 月 17 日,报界代表在大阪召开"近畿新闻记者大会";8 月 25 日,为反抗寺内正毅内阁对言论自由的控制,来自全国 86 家报社的 166 名记者又在《大阪朝日新闻》社长村山龙平主持下,在大阪举行记者大会——"保护言论,弹劾内阁——关西新闻社通信社大会",会议通过了"言论自由,弹劾内阁"的决议,要求言论自由和寺内正毅内阁总辞职。① 报界追求言论自由,再次以最激烈的弹劾对抗政府的弹压,在全国引起了极大的轰动,《大阪朝日新闻》是这次运动的先锋。

8 月 26 日,《大阪朝日新闻》在晚刊第二版刊载了此次关西记者在弹劾政府大会上质问日本政府禁止报道"米骚动"事件的内容,并发表了言辞激烈的文章:

> 自诩金瓯无缺的我大日本帝国,现在不是面临可怕的最后裁判日吗?"白虹贯日"这种古人所说的不祥之兆,正像雷电一样闪亮在挥动肉叉的人们头上。②

被"米骚动"危机困扰的政府终于抓住了弹压媒体的机

---

① 最终在 9 月 21 日,寺内正毅内阁总辞职,原敬内阁上台。
② 《大阪朝日新闻》1918 年 8 月 26 日晚刊。[日]三好彻:《绪方竹虎评传》,东京:岩波书店,1990 年,第 32 页。

会——"白虹贯日"①一词被大阪府警察部新闻检查人员认定为:"日"是暗指天皇,"白虹贯日"对天皇表现了极大的不敬,具有煽动内乱的意思——适用于《新闻法》第 13 条的禁止发行处分,同时也适用于第 41 条的"安宁秩序紊乱罪",向内务省警保局告发了《大阪朝日新闻》社。

《大阪朝日新闻》之所以成为政府痛击的"出头鸟",不仅仅在于其组织了这次"弹劾会",并发表了"白虹贯日"的言论,更在于自明治维新以来报界与政府之间的斗争不断累积,特别是日俄战争以来的报纸发行量逐渐增加(出现了发行量超过 20 万份的报纸),其影响力完全不同于以前的小报。而《大阪朝日新闻》拥有全国最大的发行量,拥有鸟居素川(编辑局长)、长谷川如是闲(社会部长)、丸山干治等"大正民主运动"的中心人物。而在此时爆发的"米骚动"和出兵西伯利亚也遭到了报界的激烈反对,尤其是《大阪朝日新闻》对政府的批判尤为激烈。政府采取了严厉措施禁止媒体刊载"米骚动"——而为了对抗政府弹压,1918 年 8 月 15 日的《大阪朝日新闻》社会版的一半版面开了天窗。更为直接的原因则是当时报界和政府都有一种共同的认识,即"报纸就是群众运动的煽动者",报纸也善于利用舆论动员力量,并一直在民众动员中发挥着重要作用。于是,以此为契机,大阪当局以违反《新闻纸法》为罪名起诉《大阪朝日新闻》影射政府、教唆革命、

---

① "白虹贯日"语出中国古籍,《战国策·魏策四》:"聂政之刺韩傀也,白虹贯日。"《史记·鲁仲连邹阳列传》:"昔者荆轲慕燕丹之义,白虹贯日,太子畏之。"古人认为这是要发生异常事情的预兆,后引义为发生较大变革之前上天所示的吉凶征兆。

扰乱秩序,企图一举摧毁《大阪朝日新闻》。

在政府严厉的"破坏社会秩序"罪名下,9 月 28 日,以头山满为首的右翼暴力团体、黑龙会会员池田弘寿等暴徒殴打了村山龙平,并插上"代天诛讨国贼村山龙平"的旗子,将其绑在了中之岛公园丰国神社的石制灯笼上。① "浪人会"等右翼分子也借口报纸要"变更国体""对天皇不敬"等对报社提出威胁。11 月,内务省警保局对编辑及作者进行起诉。至此,《大阪朝日新闻》"猛然醒悟了"自己的"企业性",12 月 1 日,《大阪朝日新闻》"全面屈服",无条件低头认错——此时,"古色苍然"的西村天囚回归,12 月 1 日发表了"庄重汉文调"的《通报本报违反事件,宣明本社之本旨》,"鼓励国民忠爱之精神",声明改过:朝日的信条是不偏不党、公平稳健,但是近年来,产生了欠缺稳健、偏颇倾向,为此可能招致外部的误解,但是对君国的思想没有变化,决心改善近来的纸面倾向。② 为此,《大阪朝日新闻》的编辑纲领修改为:

> 尊奉上下一心之大誓,裨益立宪政治之完美,守护天壤无穷之皇基,以图国家安泰国民幸福;善道国民之思想,以助文化日新、国运隆昌,惟望与世界之进步趋势并进;立足于不偏不党,秉持公平无私之心,以正义人道为本,务求评论的稳健妥当、报道的确实敏速;在纸面报道要清新的同时,要考虑

---

① ［日］茶本繁正:《战争与记者》,东京:三一书房,1984 年,第 168—169 页。
② ［日］三好彻:《绪方竹虎评传》,东京:岩波书店,1990 年,第 34 页。

给社会带来的影响,应存忠厚之风。①

新任社长上野理一亲自去东京向首相兼法相原敬和司法次官铃木喜三郎请罪,保证"绝不重犯类似错误",从而使报纸免遭禁止发行的处分。以此作为"回报",12 月 4 日,政府判决作者有罪:发行人兼编辑山口信雄和当事记者大西利夫被判刑;社长村山龙平辞职;鸟居素川、长谷川如是闲、大山郁夫、丸山干治、花田大王郎等编辑人员"总退阵",东西两社总计 50 余名记者离开朝日,登载这一消息的当天报纸被禁止发行。②

"白虹笔祸"虽然激发了吉野作造等人的拥护言论自由运动,③但是《大阪朝日新闻》却遭受了日本报史上最为严厉的惩处——政府仅仅抓住报纸只言片语,就可借题发挥为"动摇国民""引发内乱"。报界的批判力量逐渐减弱直至丧失,"为了争得言论自由,此后对政党、内阁虽然也进行过抵抗,但是,以往那种社

---

① [日]今西光男:《新闻资本这经营的昭和史——朝日新闻笔政·绪方竹虎的苦恼》,东京:朝日新闻社,2007 年,第 23 页。

② 参见[日]中园裕著《新闻检阅制度运用论》,大阪:清文堂,2006 年,第 31—32 页。[日]三好彻:《绪方竹虎评传》,东京:岩波书店,1990 年,第 33—34 页。

③ 吉野作造发表文章声援《大阪朝日新闻》,指责右翼暴力团体假"拥护国体"之名,行暴力迫害之实。1918 年 11 月 23 日,吉野作造与暴力团体"浪人会"在神田南明俱乐部展开辩论。在为阻止吉野演说而行暴的威胁下,吉野宣言:"在进行言论争论时,暴力突起本身就已经说明攻击者的败北和吾人见解、主张的正确性。"[日]丝尾寿雄:《日本社会主义运动思想史》,东京:法政大学出版局,1982 年,第 247 页。

长上阵，全体一致行动的大规模的反政府运动，已经看不见了"。①
报界迅速放弃了政论新闻事业，开始加快企业化发展进程。1918
年和 1919 年，《大阪每日新闻》和《大阪朝日新闻》改组成立了股
份公司，并以广告和销售优势打败了鸟居素川等人在"白虹贯日"
事件之后创办的《大正日日新闻》。此后，报纸媒体致力于吸引读
者，扩大销售量，大量刊登色情新闻和猎奇消息、广告等内容。

　　"白虹笔祸"是日本报史上规模最大的一次政府压制言论自
由事件。失去了政治抗争热情的报界也逐渐失去了言论自由，开
始全面屈服于政府和政治压力——在军国主义、统制国家的激流
中，《大阪朝日新闻》高举的"不偏不党""公正中立"，强调的报道
机关的公正性、国策协力，结果就是报纸作为社会"公器"，不得已
走上了"国策报纸"的道路，逐渐被纳入了"战时体制"。②

三、大正民主运动时期：报界与政治的关系

　　明治以来，以"文明开化"为目标，致力于普及文明、宣传开化
的日本报业迅速发展——从 1877 年的 100 余种报纸迅速上升到
1904 年的 375 种；日发行量超过 1 万份的报纸在 1877 年仅有《东
京日日新闻》，到了 1904 年已有多家发行超过 3 万份的报纸，有

---

① ［日］山本文雄、山田实、时野谷浩编：《日本大众传播工具史》，刘明华、郑超然
　　译，西宁：青海人民出版社，1984 年，第 104—105 页。
② ［日］今西光男：《新闻资本这经营的昭和史——朝日新闻笔政·绪方竹虎的苦
　　恼》，东京：朝日新闻社，2007 年，第 33 页。

报纸甚至达到了 20 万份的发行量,①影响力可见一斑。

到了大正时期,报业发展更是突飞猛进,每月发行 4 次以上的报纸,在 1915 年有 600 种,1917 年有 660 种,到 1920 年发展到 840 种,1922 年达到 900 种之多。② 报业的发展与进步是政治民主化的基础之一,更是民众参与政治的一个重要途径。因为高度发达的报界也是民众便捷利用的公共领域,使得民众议论时政、参与政治成为可能。报人以报纸传媒为阵地,将反对专制、要求民主的呼声传达于民众,民众为宣传所鼓动,走上街头拥护宪政民主,于是大正时代的民众第一次作为一种决定性的政治力量登上历史舞台,"大正民主运动正是在报刊舆论的呼风唤雨中达到高潮并取得了成功"③。

大正时代的报界已经深深地介入了政治,成为政治动员的工具。报纸不仅组织、动员全国性的记者社团公开活动,还组织了大规模的演讲、示威游行;不仅记者个人参加了各种政治活动,报社也加入了反政府阵营,报界的政治动员就是以"舆论引导下的民众"为武器,影响、介入政治。如报界主张的反侵略、裁军、批判军部,主张走和平发展道路,从而形成了撼动军事专制统治的"和

---

① [日]大隈重信:《日本开国五十年史》,下册,上海:上海社会科学院出版社,2007 年,第 925—927 页。

② [日]大隈重信:《日本开国五十年史》,下册,上海:上海社会科学院出版社,2007 年,第 930 页。

③ 淳于淼泠:《宪政制衡与日本的官僚制民主化》,北京:商务印书馆,2007 年,第 82 页。

平民主风暴"。① 在报界压力下，军国主义势力也不得不暂时偃旗息鼓，"和平主义情绪弥漫整个日本，连日本政府和军部中主张对华执行露骨的帝国主义政策的人，一时也销声匿迹了"②。因此，针对陆军大臣山梨半造在众议院主张维持陆军军力、"把握大陆命脉"的言论，《东京朝日新闻》才可能撰文直斥其"所谓的有关在中国问题上维持陆军现有战斗力的说法从根本上就是荒谬的"，认为日本既然签署了国际条约，就应该"与各国一道顺应世界大势、维护和平"，甚至驳斥其"发动战争的想法本身都是充满罪恶的"。③

报界的影响力甚至波及大垄断资本家和政府，促使其在经济和政治决策层面也主张推进国际协调，支持裁军。1921 年 10 月，涩泽荣一、井上准之助等人组织实业考察团出访欧洲，向国际社会阐明了日本实业界的主张，即坚持和平主义，支持华盛顿裁军会议；"国内的自由派议员也提出裁减军备议案，原敬内阁采取了压制军部政策"④。

因此，在大正民主运动时期，报界对政治的影响已经达到最高点——在外交领域主张和平主义和国际协调，在国家内政方

① ［日］大谷敬二郎：《昭和宪兵史》，东京：みすず书房，1966 年，第 14 页。
② ［日］井上清：《日本军国主义》，第 3 册，尚永清译，北京：商务印书馆，1985 年，第 201 页。
③ 《东京朝日新闻》，1922 年 3 月 17 日。
④ ［日］纐缬厚：《总体战体制研究：日本陆军的国家总动员构想》，东京：三一书房，1981 年，第 82—83 页。

面,抨击专制制度,呼吁社会公平正义,①表现出进步的历史趋向。但是,随之而来的是报界的政治动员出现了另一种倾向:

> 这时的报纸,一方面过于自信,以为民众是在自己的鼓动下起来的,另一方面,一旦民众成"暴徒",报纸依旧沉默、回避——隔岸观火。因此,记者越深入政治,就越确信:民众不过是自己操纵、煽动的对象而已。在所谓的"舆论政治"的名词背后,并没有考虑民众参与政治的问题。②

即报界把民众作为操纵、煽动的对象,作为达到自己政治目的的工具。于是有愤怒民众先是对抗政府,接着捣毁支持政府的报社(《国民新闻》社),再袭击党派系统报社。当煽动民众不能达到政治目的时,报纸媒体就开始与藩阀元老联手——如在第一次护宪运动中,黑岩周六③等报人与元老山县有朋等人联手共同推翻了内阁,而元老政治此前一直是报界攻击的靶子。所以,由于介入政治的立场不同,报纸媒体也会成为民众攻击的目标。此时报纸的作用就犹如桂太郎所说,是将政治与社会连成一片,但

---

① 参见[美]路易斯·杨格著《帝国总动员:满洲和战时帝国主义文化》,加藤阳子等译,东京:岩波书店,2001 年,第 30—31 页。

② [日]内川芳美、新井直之编:《日本新闻事业史》,张国良译,北京:新华出版社,1986 年,第 35 页。

③ 黑岩周六(1862—1920),即黑岩泪香,出生于高知县,历任《回览改进新闻》《日本タイムス》《输入自由新闻》《都新闻》主笔,1892 年创办日刊报纸《万朝报》是日本历史上最有影响的报人之一,也是日本黄色报业的开山鼻祖。

许多报纸却因此"失去了对社会问题的洞察力，动不动就用煽动性言论掘出沉淀在社会底部的积愤，抛向政治表面。于是，运动流于形式，而煽动性言论却越来越夸大"。①

　　第二次护宪运动成为报界推动民主政治的绝唱，此后报纸媒体"守望社会"的功能逐步退化。在通过普选法案的第五十次议会上，同时也通过了治安维持法，规定对"思想犯罪"科以重罚。此时报界的批判虽然强烈，但已经不能持久开展下去。报界最终完成了护宪、普选的历史使命，这个使命的完成正是以各报几乎全都表示欢迎②的明治宪法体制下的"立宪主义"为基本立场的，一向标榜平民主义的《国民之友》以"超乎预想的完美"大加颂扬，连一向对政府笔伐的《朝野新闻》也认为"制定宪法实在是东洋万国生民从来没有过的，而我国则永为其仪表"。③

　　以上，正是大正时代报界与政治的博弈关系及其底线。

---

① ［日］内川芳美、新井直之编：《日本新闻事业史》，张国良译，北京：新华出版社1986年，第36—37页。

② 1889年2月2日，井上毅致伊藤博文信中，针对政党、新闻等待颁布宪法的态度说："据社会上的情况报告说，政党或著作家、新闻家已经准备了解说文，只等添入正文条款的已有数十位，大有11日何其来迟之感。不是为了驳斥宪法，目的是要就便搭乘宪法这只船。"见《伊藤博文关系文书》，第一册，第388页。
　　［日］远山茂树：《日本近现代史》，第一卷，邹有恒译，北京：商务印书馆，1983年，第97页．

③ ［日］远山茂树：《日本近现代史》，第一卷，邹有恒译，北京：商务印书馆，1983年，第91页。

小　结

　　幕末明治初期,近代日本报界能够迅速发展壮大的基础是比较发达的教育和拥有一大批谙熟洋学并留学国外的知识分子。自江户中期以来,日本的知识分子阶层就已经通过"兰学"研究,大体掌握了西方近代科学的新成果。据统计,当时在兰学塾学习并登记在册的人数高达 9220 人。① 明治政府建立后,不仅努力推动普通教育,还大力推进留学教育。在 1870 年就制定了《海外留学生规则》,1871 年发布的《学制》中也有关于留学生的条款:"留学生无尊卑之别,上至皇族,下至庶人均可。"据统计,1869—1870 年日本共派出留学生 174 名,1873 增至 373 人,所用经费达到 25 万日元,占文部省总预算的 18%;1868—1912 年,仅文部省就派出留学生 683 人。②

　　近代日本报纸传媒,诞生于腐败没落、风雨飘摇的幕府封建社会末期。200 余年的闭关锁国被西方的坚船利炮击溃,西方列强蜂拥而至,受到风云激荡的国际国内政治斗争洗礼,报纸从其诞生之日起就与政治有着千丝万缕的关系。从官办报纸《太政官日志》到旧幕臣福地源一郎(号樱痴)在江户发行《江湖新闻》;从

① ［日］爱知大学综合乡土研究所编:《近世的地方文化》,东京:名著出版社,1991年,40—41 页。转引自郝秉键、陈熙男《日本现代化的人口条件》,《史学月刊》,2003 年第 2 期。
② 伊文成、马家骏:《明治维新史》,沈阳:辽宁教育出版社,1987 年,528 页。

日本第一张近代报纸《横演每日新闻》在神奈川县知事支持下创办,①到政府将报纸作为维新的重要内容和"上意下达"的工具;从政府在各地援助建立报纸解说会和报纸阅览所,扩大报纸影响,到报纸自觉地把传达政府的信息作为自己首要的任务和主要的内容;等等。这些都说明报界不能独立于政治之外而存在,而各种政治力量也都在逐渐加强对报界的控制和影响,日本报界参与政治斗争的传统一以贯之。

　　如前所述,传媒是公共领域的载体,其本身就是理想的公共领域。近代日本公共领域在明治新政府成立之后内战最激烈的时候被开放——支持幕府的德川家臣和明治政府均发行报纸,争夺公共领域的控制权,继之对政治、外交、经济、文化甚至教育等问题展开争论与斗争,抗争政府,被政府镇压,乃至于依附政党充当喉舌,公共领域里充满了唇枪舌剑的斗争,并逐渐具有了非常强大的舆论力量。

　　报界具有强大的政治动员力量,因而与政治具有天然联系。以影响民众为目的的报界,就是要充任民意的代表以参与政治角力,对政治施加影响,尤其是代表民意长期关注民主政治的成长,始终围绕着宪政民主与政府处于激烈斗争状态,这是专制政府与民主政治的矛盾使然,更是各种政治力量操控报界、报界与政治

────────────────

① 日本近代报业即是在日本政要的支持和帮助下建立的,如《京都新闻》(1872)得到京都府知事的支持,1871年木户孝允帮助创办了《新闻杂志》,《邮便报知新闻》在邮政长官支持下创办等。

激烈碰撞的必然。在明治初期,报界参与"佐幕"与"勤王",自由民权运动时期表现为"官报"与"民报"对立,附庸政党做喉舌机关报;到了大正民主运动时期则直接走上前台,组织政治斗争。

报界的政治化和政党化,以社会的巨大变革为背景,不可能脱离为政治服务的根基,必然表现出其鲜明的政治倾向性和党性原则,这是"政党报纸"和"政论报纸"应运而生的必然。但是到了政治斗争的后期,报界又开始逐渐脱离政治,出现了短暂的"去政治化"阶段,这在政论、政党之争时以及遭遇"白虹笔祸"打击之后最为明显,报界因具有政治动员的能量,成为政党政治和专制政府的必需品,受到高度重视和严密操控。

在日本政治和社会走向近代化的过程中,报界与政府既有相互扶持、相互促进,共同开展宣传鼓动,也有政府制定严刑峻法、严厉制裁报界的宣传鼓动,①这种既有对抗又有联合的关系,正是处在激烈变动时期的国家中报界发展的必经阶段(关于日本政府禁止媒体出版发行的处分次数,参见下表)。总体来说,明治初期的报界在推动日本政治和社会走向近代化的过程中,发挥了重要的作用,政府依靠报界引导民众走向"文明开化",报界也借助政府扶持得以快速发展。

---

① 1909 年 5 月,日本政府颁发了战前最完备的一部新闻法《新闻纸法》,牢牢地控制了新闻媒体。关于法律内容,参见张国良《日本新闻法制的历史和现状(上)》,《新闻大学》,1995 年春。

媒体违反《新闻纸法》《出版法》受行政处分和被禁止销售次数统计表①

媒体受行政处分次数		媒体被禁止销售次数	
1918 年	435	1927 年	1582
1919 年	673	1928 年	1178
1920 年	1270	1929 年	1569
1921 年	1470	1930 年	2465
1922 年	1772	1931 年	3457
1923 年	1516	1932 年	5803
1924 年	980	1934 年	2260
1925 年	771	1933 年	4778
1926 年	1039	1935 年	2043

　　明治初期的报纸,多为具有自由民主理念的"先知先觉者"创办,他们关注民生、宣传自由和民主等西方思想,如福泽谕吉、中江兆民、德富苏峰、福地源一郎等人,他们既是思想家,也是报人,作为社会发展的守望者,希望成为民主法治政府的镜鉴,但是经过明治、大正两个时代的砥砺,特别是西乡隆盛对抗明治政府的"最后反乱"失败、政党报纸衰退,以及政府对"白虹贯日"事件的严厉镇压后,他们终于认识到:

　　　　连显赫一时的英雄西乡隆盛的军队也被明治政府消灭了,这一严酷的事实提醒反政府的政客们,只有把剑换成笔

---

① 转自张国良《日本新闻法制的历史和现状(上)》,《新闻大学》,1995 年春。

继续战斗了。在自由民权运动家之间，普遍形成了不用武力而用笔力与藩阀政府决战的认识。①

大正以后，随着政府对报界压制、控制日渐严厉、频繁，报界终于放弃做政党"参与政争的有力武器"，而成为政府对内控制舆论、对外实施扩张政策的御用工具。

---

① ［日］内川芳美、新井直之编：《日本新闻事业史》，张国良译，北京：新华出版社，1986年，第6页。

第二章 明治大正时期：报人的政治动员

在向近代社会转变的 19 世纪 70 年代，日本早期公共领域的形成有赖于学校、报纸和各种演讲会的发达，①并且由于报纸媒体的急剧增加而使得公共领域迅速扩大。而在此后的 10 年时间里，也产生了诸如《东洋自由新闻》（中江兆民，1881）、《时事新报》（福泽谕吉，1882）、《国民之友》和《国民新闻》（德富苏峰分别在 1897 年和 1890 年创办）等一批有代表性、有影响力的报纸和风云一时的报人。

作为最早一批"开眼看世界"的开化、开放知识分子——中江兆民、福泽谕吉、德富苏峰，是日本近代思想史和报史上三个具有代表性的人物。中江兆民被誉为"东洋的卢梭"、福泽谕吉也有"日本的伏尔泰"之美誉，此三人作为舆论领袖，长期掌控报界舆论阵地，或坚持不受政党和政治团体左右，或坚定地站在政党和

---

① 几乎在报纸上开始论政的同时，公众演讲会也出现了。1873 年，以福泽谕吉为代表的东京的知识分子成立了名曰"明六社"的团体，开始定期举办演讲会。在演讲会上并不是直接地提出政治性话题，而是为了推进日本的文明开化讨论各种改革。这种形式受到东京的知识分子，特别是为了学习西学而来到东京的学生们的欢迎，对他们产生了很大的影响。其中一大批人日后成了报纸和杂志的记者、学者、政府官员。[日]三谷博：《近代日本公共领域的形成与发展》，载许纪霖主编《知识分子论丛》第 6 辑《公共空间中的知识分子》，南京：江苏人民出版社，2007 年。

政治团体左右,或坚持、宣传自由民主理念和反对侵略扩张,或先坚持自由民主理念,而后改为鼓吹对外侵略扩张。他们时刻关注国内外政治时势,紧紧依靠自己掌握的传播媒介,大声议论时事政治,不遗余力地引导社会舆论,以期形成时代之思潮,促成国民和政府对内对外的共同认知。

身处同一时代,中江兆民高度评价福泽谕吉。他排除了伊藤博文、山县有朋、坂垣退助、大隈重信等人,把福泽谕吉与藤田东湖、坂本龙马、大久保利通、西乡隆盛等人并称为日本近代三十一位非凡人物。① 他还把福泽谕吉和德富苏峰相提并论——称他们批评时事的文章为最好:

> 批评时事的文章,要算已故福泽谕吉先生、福地樱痴、朝比奈碌堂、德富苏峰、陆羯南为最好⋯⋯福泽谕吉的文章,日本全国再没有比它更不讲修饰,更自由自在的了,他的文章中不值一看的地方,正是自成一格的文章⋯⋯德富苏峰的直译法,大概是他自己创造的,一时支配了日本全国的文坛。②

---

① ［日］中江兆民:《一年有半　续一年有半》,吴藻溪译,北京:商务印书馆,1997年,第53—54页。

② 福地樱痴,即福地源一郎(1841—1906)明治时代的新闻工作者。朝比奈碌堂,即朝比奈知泉(1862—1939)明治、大正时代的新闻工作者。陆羯南(1857—1907),明治时期的新闻工作者、评论家。［日］中江兆民:《一年有半　续一年有半》,吴藻溪译,北京:商务印书馆,1997年,第38页。

第一节　中江兆民与《东洋自由新闻》

中江兆民(1847 年 12 月 8 日—1901 年 12 月 13 日),日本近代著名思想家、政治家、评论家、社会活动家,自由民权运动理论家。出生于土佐藩(今高知县)下级士族家庭,幼年时期在藩校接受儒学教育,喜读《庄子》《史记》。幼名竹马,不久改名为笃介,先后用过青陵、秋水、南海仙渔、木强生等名,最后定为"兆民"①。

一、中江兆民其人及其前期自由民权思想

从 1865 年开始,中江兆民先习英、荷、法等国语言,后赴长崎、江户等地游学,并在神户、大阪开港之际成为法国公使翻译。1871 年 11 月,经同乡后藤象二郎、板垣退助推荐,由司法省派往法国留学,潜心研究西方法律、哲学、史学和文学,并对法国的政治体制有了比较深刻的认识;在里昂,他接触到了共和主义和社会主义思想。② 1873 年夏,在巴黎遇到了法国激进民主主义理论

---

① "兆民"两字典出《尚书·吕刑》:"一人有庆,兆民赖之,其宁惟永。"意为"亿兆之民",即"大众"。
② [日]小仓孝诚:《兆民和法国》,见井田进也编《解析兆民》,东京:光芒社,2001 版,第 55—56 页。

家爱米尔·阿科拉(1826—1891)①,深受法国共和主义政治思想的影响。在法国两年时间,正值法国七月革命、二月革命,最终归于第三共和国等国家政治体制的剧烈变动,对其政治思想的形成具有极大的影响,同时,中江兆民也与同在法国留学的西园寺公望结为知己,并与正在伦敦游学的马场辰猪②(后来成为自由民权运动的领袖)惺惺相惜。中江兆民在1874年回国后创建了"法兰西学舍"(法学塾),致力于法国启蒙思想的研究和传播,"法学塾为民权论之源泉,为一种政治俱乐部,且为侦吏注目之焦点"。③特别是他用汉文译述并加注释的卢梭《民约译解》(即《社会契约论》)在《政理丛刊》上连载,不久又以单行本出版,在社会上流传广泛,给民众以很大影响,以至形成"天下朦胧皆梦魂,危言独欲贯乾坤。谁知凄月悲风底,泣读卢梭《民约论》"(宫崎滔天之长兄宫崎八郎的诗)的学习热潮。④ 许多热血青年,都是在中江兆民

---

① [法]爱米尔·阿科拉(1826—1891),法国激进的政治思想家,1867年成立的"和平与自由联盟"创始人之一,其弟子中最为著名的是一战期间担任法国总理的乔治·克里孟梭。

② 马场辰猪(1850—1888),早年就读于福泽谕吉的庆应义塾,1872年始在英国留学7年,是当时致力于宣传西欧自由主义思想的代表性知识人。1882年与德富苏峰结识,对苏峰的思想形成具有决定性影响。

③ 《中江兆民》,东京:中央公论社,1984年,第19页。参见王家骅《中江兆民的自由民权思想和儒学》,《世界历史》,1994年第1期。

④ 除了卢梭的《民约译解》,中江兆民还翻译了《非开化论》(即卢梭的《科学艺术论》)、《维氏美学》、《理学沿革史》,著有《三醉人经纶问答》《平民的觉醒》《国会论》等。

的影响下,投身于自由民权运动。① 中江兆民作为日本近代史上第一次大规模民主运动——自由民权运动激进的理论家而闻名于世,被誉为"东洋的卢梭"。②

1875 年 4 月,中江兆民任东京外国语学校校长。在此期间,他主张"教育之根本在于德性涵养","维持我国民道德,提高人格,最适当的是孔孟之教",并欲将"孔孟之书"作为该校课程之一,而与主张全面欧化的文部省发生冲突,任职三个月后即辞职。③ 继之(5 月)又任元老院书记官,1877 年再辞去公职后从事教育工作。

1881 年,中江兆民参加了自由民权运动,并参与了自由党组建工作,但是并未加入自由党,而是在党外积极从事政治活动。他参与创办了《东洋自由新闻》,并出任主笔,宣传自由民权学说,成为自由民权运动激进派的理论家。

1882 年,中江兆民出版了《政理丛谈》《自由新闻》。还先后

---

① 宫崎滔天的长兄宫崎八郎(1851—1877)因读卢梭《民约论》(中江兆民译)而大受感动,弃国权主义而倾向自由民权,在熊本设植木学校,学生五十余名,日授以自由之理、万国公法及汉籍。在校既高倡自由民权,复往外地演说开会,倡立民会,一时成为熊本地区自由民权运动的中心。[日]宫崎寅藏:《三十三年之梦》,林启彦改译、注释,广州:花城出版社;香港:香港三联书店,1981 年,第14 页注释。

② 自由民权运动走向衰落后,中江兆民便从事哲学理论方面的研究,著有《理学钩玄》(即《哲学概论》)、《革命前法兰西二世纪事》(1886)、《三醉人经纶问答》(1886)、《平民党醒》(1886)等,还翻译了《非开化论》(即卢梭《论科学与艺术》)、《维氏美学》、《理学沿革史》(即《哲学史》)等。

③ 《故兆民居士追悼会的记录》(《平民新闻》第 6 号,明治三十六年 12 月 20 日)、《幸德秋水选集》,第一卷,东京:世界评论社,1948 年,第 117—118 页。

主办过《东云新闻》《日刊政论》《自由新闻》《自由平等经纶》《北门新报》《百零一》等刊物,发表了大量的政论文章和著作,宣传自由民权思想。他的著作还有《理学钩玄》(1886)、《三醉人经纶问答》(1886)、《平民的觉醒》(1886)、《革命前法兰西二世纪事》(1886)等;译著有《非开化论》[即卢梭著《论科学与艺术》(1883)和《理学沿革史》(1886)]等,长期置身于社会舆论和自由民权宣传的最前沿。

中江兆民在自由民权运动中的重大理论贡献,乃是大力宣扬了具有浓重儒家道德主义色彩的卢梭人民主权思想。① 他认为"理义"是对人类具有普遍意义的道德性的"善",有别于"物质之美",是人之所以为人的缘由。② 而"理义"实际是来源于《孟子》的"理义之悦我心,犹刍豢之悦我口"。但对作为其理想之"理义"的内涵,他却重新解读为:"民权是至理也,自由平等是大义也。反于此等理义者,终不能不受罚。"③这样中江兆民便把"民权""自由""平等"等"理义"之内涵赋予了有别于《孟子》的近代意义。

---

① 在中江兆民的思想历程中,传统与现代之间并未发生彻底断裂,儒家思想与西方近代思想并不截然对立,他在翻译西方近代思想家的著作和宣传自由民权思想时,融入儒家的思想与观念,形成了有别于西方的东方型民主主义。参见王家骅《中江兆民的自由民权思想和儒学》,《世界历史》,1994 年第 1 期。

② 《中江兆民》,东京:中央公论社,1984 年,第 19 页。参见王家骅《中江兆民的自由民权思想和儒学》,《世界历史》,1994 年第 1 期。

③ 《中江兆民集》,东京:筑摩书店,1974 年,第 125 页。

1886 年 10 月,中江兆民和星亨①、末广重恭在东京浅草共同发起全国有志之士联谊大会,呼吁民权运动各党派的大团结,直接引发了"三大事件建议运动"②,中江兆民积极参与,并起草了后藤象二郎提出的"三大事件建议书"。

中江兆民还反对政府的强兵政策,并列举原因有三:

1.兵在儒家看来是"所谓不仁之器,提不仁之器以行不仁之事",所以强兵是不合道理之事。

2.畏死好生是人情之自然,不问地之东西,不论带之寒温,不分代之古今,不论国之开否,凡人类者莫不有此情。然而蓄不仁之器,运不仁之谋,杀人盈野,以致流血千里,这有悖天道好生之德。

3.地球上各国都致力于追求本国利益,一旦各国利益之间发生冲突,就会在国家间大动干戈,决一雌雄。③

但是,自由民权运动已经不被政府所容忍。当后藤象二郎等人发动"大同团结运动"并迫使井上外相辞职时,1887 年 12 月,政府在东京都部署警察和军队,公布了《保安条例》(12 月 26 日),

---

① 星亨(1850—1901),明治时期的政治家,自由党领袖。曾任众议院议员、议长。政友会结成时,率自由党参加政友会,后来又任邮政相,东京市议会议长。

② 所谓"三大事件建议运动",就是以条约改正、减轻地租、言论集会自由这三项要求为目标开展的政治运动。

③ [日]后藤孝夫:《记者兆民》,东京:みすず书房,1990 年,第 11 页。参见唐永亮《试析中江兆民前期国际政治思想》,《日本学刊》,2007 年第 2 期。

并组织大搜捕,镇压自由民权运动,以"阴谋内乱""妨害治安"等罪名,将中江兆民及其他 570 余名民间政治活动家逐出东京三里之外。①

1887 年后的中江兆民参与了自由党复兴和民党合并运动,1890 年被选为参议院议员,后辞职重回政治运动和舆论舞台,他创立国民党,参加了具有"帝国主义"性质的国民同盟会,出版了《满洲之事情》《媾和问题》《一年有半》等著述。

二、《东洋自由新闻》与自由民权思想之传播

1881 年,自由民权运动方兴未艾。3 月 18 日,《东洋自由新闻》在东京创刊,从法国留学归来的贵族西园寺公望为社长,社主为山城屋的稻田政吉,松田正久为干事,森新三郎为"监督委员",中江兆民任"主笔",此外还有柏田盛文、上条信次、桑野锐、松泽求策(松泽宪)、上条信次、林正明等人担当事务,②在日本首次将自由冠名在新闻之前,并致力于"把自由民权的空气普及到东洋各地",宣传自由民权和"君民共治"思想,主张法兰西式激进自由主义。

对"自由"之宣传,《东洋自由新闻》是最彻底的。正如其在创刊祝词中所说:"人人所以进取者无他,以其有自由之权也。"要

---

① ［日］山本文雄、山田实、时野谷浩编:《日本大众传播工具史》,刘明华、郑超然译,西宁:青海人民出版社,1984 年,第 52—53 页。

② ［日］嘉治隆一:《明治以后的五大记者——兆民·鼎轩·雪岭·如是闲·竹虎》,东京:朝日新闻社,1973 年,第 17 页。

做"自由之司命"，"督正义之师、布道理之坚阵"。①

　　他大声疾呼："吾辈发行此报纸以与海内三千五百万之兄弟共同讲求向上之真理，以报效国家。"而这真理即是"自由之理"。自由乃是人性的产物，因此"放弃了自由，就是放弃自己做人的资格，就是放弃人类的权利，甚至就是放弃自己的义务"。在第1号"社论"中，中江兆民将自由权分为心神之自由（自由精神）和行为之自由（自由政治）。心神之自由（自由精神）就是指"精神、心思完全不受束缚，不遗余力地充分发展"；行为之自由（自由政治）则指身体之自由、思想之自由、言论之自由、集会之自由、出版之自由、结社之自由、民事之自由、从政之自由等，②以个人权利满足为目标，即自由乃是心灵拒绝束缚，精神自由发展：

　　　　心神之自由乃人之根本，行为之自由及其他百般自由皆由此出。凡是人生之行为、福祉、学艺皆出于此。吾人最当留心涵养者，莫善于此物。③

　　中江兆民"心神自由"之说的提出，突出强调了心思的主体性、能动性，成为自由的根本。人的"进取之性"同样来源于"自由

①　[日]中江兆民：《祝贺东洋自由新闻发行》，《东洋自由新闻》明治十四年三月十八日。转引自《中江兆民集》，东京：筑摩书房，1974年，第183页。
②　[日]嘉治隆一：《明治以后的五大记者——兆民·鼎轩·雪岭·如是闲·竹虎》，东京：朝日新闻社，1973年，第18—19页。
③　《东洋自由新闻》，明治十四年三月二十四日，见《中江兆民集》，东京：筑摩书房，1974年，第182页。

之力"，而自由之力又源自心思自由。亦即"人有天赋自由。自由诚然是天赋的，如不加以培养，无论如何也决不会自己实现的"①。自由是天赋的，但不是天生的，因此需要培养，而"社会交往"能够"培养"自由。因为只有通过与不同的人交往，通过与异质思想的碰撞，才能产生自由精神：

> 我与他不同，今人与古人不同，东西南北之人也各不相同。人各以其不同而相损益，相切磋。世运人文日新月异，发展永无止境，便是由于这思想异同之力的冲突与融合。②

《东洋自由新闻》还大力宣传中江兆民的"君民共治说"。首先，对待共和，他主张去其形式，取其精神，而不是模拟形态而不问其精神，一谈到共和制，就如法兰西一样打倒王政，他一方面批判这种"耳食之徒"不能究其实的想法：

> 今海内之士，皆热心于政治学，未有不讲政体之是非得失者。然而东洋之风习，常常是信其耳，而不用其脑；模拟形态而不问其精神。于是耳食之徒往往眩于名而不究其实，对共和字面之意，恍恍惚惚，心驰神往。必欲以当年法国之所

---

① ［日］中江兆民：《干涉教育》，《东洋自由新闻》明治十四年三月二十七日，《中江兆民集》，东京：筑摩书房，1975 年，第 188 页。

② ［日］中江兆民：《思想不宜隐匿》，《东洋自由新闻》明治十四年四月二日，《中江兆民集》，东京：筑摩书房，1974 年，第 193 页。

作为改良本邦之政体者,亦不无其人。①

　　另一方面,中江兆民又对"共和"之本质追本溯源——政体的名称有多种,有立宪、专制、立君、共和之说,既然共和政治的拉丁语意是"公有物",那么"如果把政权作为全国人民之公有物,官吏不可据为己有时,则皆为共和政治,而不问君主之有无",则君主的作用"也不过是在人民处于立法、行政二权之间时起到调节作用而已"。② 因此君主之有无已不重要,重要的是政权由人民公有,以此为基础的"共和"实际就是"共治"。进而中江兆民认为,国民要有议政、监政职能,不仅要参加选举,还要议论政治,监督政府和议会活动,这是议会政治功能健全的基本条件。同时,中江兆民还主张"有限委任"选举产生代议士,建议选举人也要在自己的选区内,设立一个不同于政党的"政治聚会所",以方便地讨论政治问题。他在《国会论》中主张"政府本来是为人民而设的,人民是本,政府是末。③
　　中江兆民的政治理论独树一帜,甚至超越了制度,在建构作为制度的主人——全国人民的政治主体性方面,只能用"别开生面"来理解。其实,中江兆民是个理想主义者。他曾说:"甚而迁

①　[日]中江兆民:《君民共治说》,《东洋自由新闻》明治十四年三月二十四日,《中江兆民集》,东京:筑摩书房,1974 年,第 186 页。

②　[日]中江兆民:《君民共治说》,《东洋自由新闻》明治十四年三月二十四日,《中江兆民集》,东京:筑摩书房,1974 年,第 186 页。

③　[日]中江笃介:《中江兆民全集》,第 19 卷,东京:岩波书店,1983 年,第 64 页。

阔地坚守理想,是小生自傲之处。"①正是秉持这种"自傲",中江
兆民才能宣传激进的思想主张,反对君主世袭,公开宣传"君民共
治""地方分权",就有了"自主"的"主"就是在"王"的头上钉一个
钉子的解读。中江兆民激进的自由主义思想宣传引起了明治政
府高层的忧惧,甚至福泽谕吉也认为其思想主张太过激进——
"民权论已完全变为颠覆论"。

激进的自由主义主张终于使《东洋自由新闻》成为短命的媒
体。这个以自由为名的媒体,最终倒在自由之名下。先是社长西
园寺的离去,继之有创办者遭受牢狱之灾,最终是资金短缺而倒
闭。在《一年有半　续一年有半》中,中江兆民说:

> 当时还没有发起自由党,用自由二字作为一种事物的名
> 称,大概是从这家报纸开始的。由于这家报纸的目的在于:
> 抨击专制制度,提倡及宣传自由平等的大道理,当时的政府
> 方面,正在把它当作面临的敌人。没有经过多久的时间,西
> 园寺公望侯爵接到当局的密令,离开了报馆;松泽宪以及其
> 他一两位接着被捕坐牢;报馆竟然垮了台。②

其实,西园寺之离去已是不祥之兆。社长西园寺公望出身公
卿贵族,曾留学法国接受自由主义洗礼,其担任民权派报社社长

---

① ［日］幸德秋水:《兆民先生》,东京:岩波书店,1961年,第25—26页。
② ［日］中江兆民:《一年有半　续一年有半》,吴藻溪译,北京:商务印书馆,1997
　年,第47页。

一事,不啻给明治政府当头一棒,令其震惊异常。但是迫于西园寺公望的名望和地位,加之右大臣岩仓具视对西园寺抱有很大期望,于是通过宫内卿(公望之兄)、土方久元(宫内大辅)传达了明治天皇的内敕,西园寺无奈,只好在创刊三周后退出报社。

对此,《东洋自由新闻》发表了中江兆民的评论文章,但是亦不敢揭露事实真相,只把天皇命令比作"天命"①,感叹不已:

> 然君之离社,果何故耶? 呜呼吁嗟,吾侪知之。大凡人之欲言而不可言,欲知而不可知,皆天命也。西园寺君之离社,岂天命邪? 若是天命,则西园寺君也是不得已吧? 怎能说出来呢? 吾侪怎能知道? 众君子又怎能知道呢? 上天之

---

① 对西园寺公望,中江兆民在《一年有半　续一年有半》中也有过分析:"西园寺公望侯爵气宇开阔,见识宏远,而且聪明无比。但是因为过分聪明,对于一切事情,动辄能够立即看透它的结局,所以没有一件事情,足以引起他的好奇心理。也就是说,无论日本发生怎样的事情,在他看来,都是根本不足奇怪的。换句话说,这位侯爵是没有好奇心理的。这就是他所以冷冷淡淡,毫不热心,而且使见过他的面、听过他的话的人,内心的热情也都为之冷却的缘故。侯爵的内心一定说,我想用兵吗? 赶不上汉尼拔和拿破仑;想搞政治吗? 胜不过俾斯麦和加富尔;况且即使我不干这些事情,而社会上去干的人很多,我何须乎和他人争功名,抢权势呢? 所以常常退避不就。他辅助伊藤博文侯爵的时候,好象风中的杨柳,又如菜花丛中的蝴蝶一样,也只是冷冷淡淡,丝毫没有使自己的思想深处受到影响,丝毫没有动摇自己的志气;和郭嘉及荀彧对待曹操的态度,大不相同。侯爵毕竟是不肯做执掌政权的政治家,可惜!"[日]中江兆民:《一年有半　续一年有半》,吴藻溪译,北京:商务印书馆,1997年,第54页。

意无声无息已至矣。①

　　随后,政府逮捕了泄露"天皇内敕"的报纸创办人之一松泽宪②,开始弹压言论,继之又遭遇报社投资人撤资,报纸陷入了资金危机。当年 4 月 30 日,《东洋自由新闻》在发行了第 34 期后,被迫停刊。

　　中江兆民在《东洋自由新闻》刊发的文章,除了创刊时的《祝词》,其余皆为匿名刊载。但是根据中江兆民全集编撰委员会的认定,《东洋自由新闻》上的政论文章《天之说》《再论干涉教育》《心思之自由》《国会问答》等共计 22 篇均出自中江兆民之手。③这些文章论证深入、笔锋犀利,显示出中江兆民极为出众的思想。虽然报刊夭折,但是中江兆民的宣传生涯并未终结。他在《一年有半 续一年有半》中说:

　　　　到了后来发起自由党,我又受板垣退助伯爵的委托,偕同已经去世的岛本仲道、马场辰猪诸君等,在一家叫作《自由新闻》的报纸上发表文章。此后,陆续在大阪的《东云新闻》,后藤象二郎伯爵的机关报《日刊政论》,以及复刊的《自由新

---

① ［日］中江兆民:《西园寺君公望离职东洋自由新闻社》,《东洋自由新闻》1881年 4 月 9 日。［日］嘉治隆一:《明治以后的五大记者——兆民·鼎轩·雪岭·如是闲·竹虎》,东京:朝日新闻社,1973 年,第 52 页。
② 松泽宪,即松泽求策(1855—1887),明治前期的自由民权活动家。
③ 唐永亮:《中江兆民的国际政治思想——日本近代小国外交思想的源流》,北京:社会科学文献出版社,2010 年,第 118 页。

6

闻》《立宪自由新闻》《民权新闻》等报馆，担任主笔，发表文章，经常不遗余力地攻击当时的政府，即萨长政府。因而以致引起误会，认为我是一个危害日本国体的人。①

中江兆民的民权思想更多地宣传在后来出现的媒体上。1881年10月明治十四年政变后，政府颁发诏敕，宣称将于明治二十三年开设国会，于是民权运动各派抓紧形成宪制理论和方案。1882年2月，中江兆民发行杂志《政理丛谈》，对当时流行的"简单国会开设论"提出尖锐批评：

> 所谓国会，非一朝一夕可设，为什么这样说呢？因为财谷、租赋、法律、宪令、海陆军制、同邻国的交往等所有国家大事皆取决于国会。因此，议员一定要学识渊博而又练达时务。岂是矫妄诡激之徒，摇唇鼓舌、图一时之快者，所能辨哉！②

创立国会是国家之大事，关乎内政外交，因此不能操之过急，必须有所准备，这是中江兆民对"图一时之快"之过激言论的批评。他提出重视国会议员的选拔，一定要具备学识广博和练达时务的资质，无疑更具可操作性。他的自由民权思想多发表于《自

---

① ［日］中江兆民：《一年有半　续一年有半》，吴藻溪译，北京：商务印书馆，1997年，第47页。
② ［日］中江笃介：《兆民选集》，嘉治隆一编校，东京：岩波书店，1936年，第91页。

由新闻》。①

　　中江兆民认为,生活权是自然赋予人的自由权利。他说:

　　　　顺生之道谓之善,逆生之道谓之恶。人生在世,唯生是
　　图,唯福是求。为什么这样说呢? 大概是人的天性使然吧!
　　天性之所然就是道,道之所在权必随之,故生活乃人的第一
　　权利,为其余诸权利所以产生之根源。②

　　中江兆民从人的最基本的生存出发,寻求各种权利的根源。
生活需要是人的自由权的根本,为第一权利,远远超过其他的权
利,这是中江兆民思想的闪光之处,至今仍有积极意义。

　　但是更有积极意义的是中江兆民发表于 1887 年的《三醉人
经纶问答》③。民主主义者"洋学绅士君"设想日本应该做"民主、
平等、道德、学术的试验室",成为彻底废除军备、放弃战争、永久

---

① 从 1882 年 6 月《自由新闻》创刊到 1882 年 10 月,兆民共计发文章 13 篇,如《自
　由新闻发行之旨意》《政党之论》《官局之习气》《为政者有其所鉴》《告我自由
　党诸君》《揭发书信秘密之害》等,绝大部分是"开拓人民智见"的理论性文章。
② [日]中江兆民:《权利之源》,《自由新闻》明治十五年七月五日,《中江兆民
　集》,东京:筑摩书房,1974 年,第 224 页。
③ 《三醉人经纶问答》作为单行本刊行前一个月,曾以《醉人之奇论》发表在德富
　苏峰主办的《国民之友》(1887 年 4 月 15 日)上。

中立的和平国家,①从而批判帝国主义国家的侵略行径,②但是当代表近代日本极端民族利己主义者的"东洋豪杰君"提出:"如果有凶暴的国家,乘我们撤除军备之机,遣兵来袭,我将如何对待呢?!"③"洋学绅士君"的反应只能是:"大声疾呼:'你们为何如此无礼无义!'于是饮弹而亡,别无良策。"④

　　"东洋豪杰君"批判"洋学绅士君"的空泛之论,"高唱区区的自由平等的大义,述说四海兄弟之情",真是愚蠢之极。主张日本作为一个小国,必须扩军备战、对外侵略扩张,并取中国一半或三

---

① "啊!民主制啊!民主制!君主专制,愚昧而自身尚不知其过;立宪制虽知其过,但也仅改了一半;民主制光明磊落,胸中没有半点尘污。"［日］中江兆民:《三醉人经纶问答》,滕颖译,北京:商务印书馆,1990年,第3页。

② "在19世纪的今天,以武威为国家的光荣,以侵略为国策,强夺别人土地,杀害别国人民,一心想当地球的主宰者的国家,真是疯狂的国家啊!""诸如区区一小国的人民,如今仅仅出兵十万,遣军舰百千艘,运到遥远的国外去侵占土地,欲用以扩大本国经济的流通,那么,这不是愚蠢便是发狂。"［日］中江兆民:《三醉人经纶问答》,滕颖译,北京:商务印书馆,1990年,第27页。

③ ［日］中江兆民:《三醉人经纶问答》,滕颖译,北京:商务印书馆,1990年,第29—30页。

④ 洋学绅士君说:"据我所知,绝无如此凶暴的国家。如万一有之,那么我们只有各自为计。但是,我所希望的是,我们不持一件兵器,不带一粒子弹,从容对他说:'我们对你们没有做过失礼的事情,幸而我们也没有受谴责的理由。我们国内实施共和制,没有争执。我们不愿你们干扰我们的国事。你们赶快回去吧!'他们仍不听,荷枪实弹对准我们时,我们大声疾呼:'你们为何如此无礼无义!'于是饮弹而亡,别无良策。"［日］中江兆民:《三醉人经纶问答》,滕颖译,北京:商务印书馆,1990年,第30页。

分之一为我国所有,①此时,自由主义者"南海先生"再登场,极力
否定并提出现实良策:

> 无论世界何国都要与之和好,万不得已时,也要严守防
> 御的战略,避免远征的劳苦和费用,尽量减轻人民的负担。②

中江兆民将内心的政治理想和政治理论通过"洋学绅士君"
充分表达,"东洋豪杰君"则代表了这些理想和理论均无法解释的
民族感情以及"当下"现实,最后是中江兆民化身为自由主义者南

---

① 他暗示说:"不知是在亚洲还是在非洲(我一时忘记了),有一个大国(我一时把
它的名字忘了),它,国土非常辽阔,资源极其丰富,但它又非常衰弱,我听说这
个国家虽有百余万军队,但杂乱无训练,一旦危急毫不顶用,又听说,这个国家
虽有制度,却宛如没有,这是一只极肥的上供用的大牺牛。这就是天赐给小国
使其果腹的食饵。为什么不快去割取一半,或割取三分之一呢? 颁布一张诏
书,募集全国壮丁,此时至少也可得四五十万人……把该国的一半或三分之一
割取过来为我国所有,我们将成为大国! 物丰人众,加之施以政治教化,可建
成城垒,可铸大炮,陆地可动员百万精锐之师,海上可排出百千艘坚舰,我小国
一变而为俄国、英国……夺取以自富自强,比不夺取以自灭,岂不是好得万万
倍吗!"[日]中江兆民:《三醉人经纶问答》,滕颖译,北京:商务印书馆,1990
年,第35—37页。

② 面对欧美列强侵略东亚的严峻情势,南海先生主张日本及其他亚洲人民奋起
自卫:"假如他……果真敢于狡猾地来侵犯的话,我们只有全国皆兵,竭力抵
抗,或据守要地,或突然进击,进退出没,变化莫测。因为他是客,我是主,他不
义,我是正义。因此,我国军队,不论将校兵卒,同仇敌忾,士气旺盛,有什么不
能自卫的道理呢?!""我们亚洲各国的士兵,想用他们征伐时则不足,用以防守
时则有余。所以,平时要加紧训练、演习,养精蓄锐,那么,为什么要担忧不能
自守呢?! 为什么需要按绅士君的计策束手待毙呢?! 为什么需要按照豪杰君
的策略招致邻国的怨恨呢?!"[日]中江兆民:《三醉人经纶问答》,滕颖译,北
京:商务印书馆,1990年,第55—56页。

海先生,针锋相对地批判了对外侵略扩张。两者之间,显露出的是中江兆民对现实的渐进改良姿态。其实"三醉人"中的每个人都带有兆民居士的身份,这些冲突与对立都是萦绕在中江兆民脑海中的"几多对立要素持续战争"的反映。①

中江兆民的自由民主思想在社会上引起了强烈反响,以至于"虽夙论民权,唱自由,却非自由党员,其就如影子武士一样始终扶援板垣伯及其党员,而尤劝勉为书生者要活跃,问在我邦东洋卢梭为谁,万人异口同声回答曰中江笃介氏其人"②。一支笔、一页纸、一句话、一篇论,皆足可为社会之标准,中江兆民已被誉为"关西新闻记者之泰斗",其思想对下层民权人士的影响尤为深远,使得这些人后来成为反对侵略战争的坚决支持者。可以说,中江兆民的和平思想是战后和平主义思想的重要源头。

但是在当时,对外侵略扩张思想和理论已经是日本朝野的主流思想和理论,占据了社会舆论的中心位置,如福泽谕吉、德富苏峰等人鼓吹的"脱亚入欧"等,因此中江兆民的自由主义和否认富国与强兵的关联,都只能是一种理想。当然,理想主义是中江兆

……………………………",北京:社会科学文献出版社,2010 年,第 122 页。

③　[日]幸德秋水:《兆民先生·兆民先生行状记》,东京:岩波书店,1960 年,第 19 页。转引自[日]上山春平《中江兆民的历史哲学和政治思想》,李宗耀译自《中江兆民研究》(东京:岩波书店,1966 年)。

第二节 福泽谕吉与《时事新报》

一、福泽谕吉其人及其前期启蒙精神

福泽谕吉(1834 年 12 月 12 日[①]—1901 年 2 月 3 日),出生于大阪,明治时期日本著名启蒙思想家、教育家,被誉为"日本的伏尔泰",日本近代文明的缔造者之一,"脱亚论"之始作俑者。其父福泽百助是丰前中津奥平藩(今九州岛大分县之西北)的一个下级士族,经营粮栈。[②] 1836 年福泽百助病死后,3 岁的福泽谕吉随母亲回到藩地中津跟随白石常人求学,后在大阪师从绪方洪庵[③]学习兰学[④]。前期的福泽谕吉(以 1881 年明治十四年政变为分界)从万延元年(1860)至庆应三年(1867),三次跟随幕府使节访问欧美各国,写了《西洋事情》等著述,大力介绍欧美文化;发表了

---

① [日]福泽谕吉:《福泽谕吉自传》,马斌译,北京:商务印书馆,1995 年,第 2 页。维基百科记录为天保五年十二月十二日(1835 年 1 月 10 日)。

② 当时日本各藩都在金融中心地大坂和江户设置销售藩地粮谷杂物的"藏屋敷"(江户大名为了储藏、贩卖领内收入的贡租米和其他物产以换取货币,在大都市设立的兼有仓库和贩卖事务所功能的机构)。百助受藩命在大坂"藏屋敷"担任会计工作,是一个俸禄微薄的低级藩士。虽然通晓儒学,但是由于身份卑微,在等级森严的中津藩一直未能有所建树,终生不得志。

③ 绪方洪庵(1810—1863),江户时代后期的医学家、教育家,著名的兰学大家。他开设的家塾叫作适适斋塾(简称适塾),是当时日本首屈一指的兰学塾。塾里经常有学生 100 人左右,门生人才辈出,多有建树。

④ 兰学,即江户时代中期以后经荷兰传入日本的西洋科学。

《劝学篇》(1872)、《文明论概略》(1875)等名著,①致力于启蒙主义宣传与教育。

1854年2月,21岁的福泽谕吉到长崎游学,正值佩里率领舰队第二次来到日本,美国船坚炮利的信息从江户一直传递到乡野,一时间,西洋炮术成为百姓街谈巷议的重要话题。因为学习炮术之人都是师从兰学派,必须要修习洋文,于是福泽谕吉立志从26个洋文字母开始学起。他先是寄居在光永寺里,后作为山本家的食客,半工半读地跟随炮术家山本物次郎学习炮术,逐渐对炮术家秘藏的炮术著作抄本"不论是绘图或是写说明都能得心应手",在西医或荷兰翻译的家里,也"经过五十天、一百天,逐渐随着时间的过去,读懂了原著的内容"②,显露出过人的学习天赋。

1858年福泽谕吉接受奥平藩的征聘到江户做兰学塾的塾师。江户是幕府的政治经济中心,福泽谕吉在此得以密切观察社会舆论动向,注视时局演变。这对福泽谕吉的一生,具有重要的意义。1859年,福泽谕吉到横滨观光体验,这一年正值日本与欧美列强订立的《五国条约》③生效,横滨被辟为通商口岸,经贸繁荣,商店招牌、商品商标上满布的英文使得福泽谕吉大受刺激,他即刻醒

---

①   福泽谕吉的著作共有60余部,涉及政治、经济、军事、外交、历史、地理、制度风俗、天文、物理、化学,儿童读物、习字范本、修养丛书,甚至连薄记法、兵器操作法或攻城野战法等都有,可谓无所不包。他还大量翻译了介绍西方国情、文物制度、政治、兵制等方面的书籍。福泽谕吉致力于移植和传播西方先进文明进入日本,发挥了文明开化先驱者和倡导者的作用。

②   [日]福泽谕吉:《福泽谕吉自传》,马斌译,北京:商务印书馆,1995年,第21—22页。

③   1854—1855年日本先后与美英俄法荷五国签订的不平等条约。

悟到兰学已不能迎合时代的潮流,于是决心深入修习英语,他先进入幕府办的洋学校——蕃书调所,后因不能借出《英兰词典》而在一日后便毅然退出,四处"寻求学英学的朋友",乃至于向懂些英文发音的小孩子学习,向一些从外国回来的"漂流民"学习。①在不断地学习中,福泽谕吉进步很快,才华渐露。

　　1860年1月19日,幕府派军舰"咸临丸"访问美国,木村摄津守为军舰奉行,胜海舟②任访美使节。福泽谕吉求得朋友推介得以作为木村随员随行。"咸临丸"虽然只是100马力的小船,但是这次访美是日本开港以来的第一个大事件,对于1853年第一次看到轮船、1855年才开始向荷兰人学习航海技术的日本来说,"光是这种勇气与技术,我(福泽谕吉)觉得就可以看作是日本国的荣

① 　[日]福泽谕吉.《福泽谕吉自传》,马斌译,北京·商务印书馆,1995年,第86—88页。

② 　胜海舟(1823—1899),活跃于幕末明治维新时期的幕臣中代表人物,幕末开明政治家、思想家,"亚洲同盟论"倡导者,精通兰学、兵学,被录用为蕃书翻译,负责翻译外文书籍,后入长崎的海军传习所。为江户幕府海军负责人,1860年指挥遣美使节的随行舰"咸临丸"横渡太平洋。幕府崩溃前夕任陆军总裁、军事总裁(幕府最高军事统帅)。戊辰战争时,胜海舟引导旧幕府方面对东征军表示恭顺,并与西乡隆盛会见,终使江户和平开城。明治维新后,新政府曾任命其为参议兼海军卿、枢密顾问官等职,但不久便辞职退隐。著有《吹尘录》《开国起源》《海军历史》等许多著作。胜海舟主张唤醒亚洲共同抗击西方侵略:"当今亚细亚无人有意抵抗欧罗巴。此乃胸臆狭小,而无远大之策之故。以我所见,当以我国出动船舰,前往亚细亚各国,向这些国家的统治者广为游说。"在《解难录》中,他提出日本、中国、朝鲜应该结成三国同盟,共同对抗西洋。参见[日]竹内理三等编《日本历史词典》,沈仁安、马斌等译,天津人民出版社,1988年,第198页。[日]松浦玲:《明治的海舟与亚细亚》,东京:岩波书店,1987年,第102—103页。

誉，足以夸耀于世界"。①

福泽谕吉怀着这种强烈的自豪感历经 37 天航程终于来到了美国旧金山（这也是日本人首次横渡太平洋获得成功）。在美国，福泽谕吉亲身体验到西方的科技文明与风俗习惯，遇到了诸如马车、电报、地毯、香槟酒、火柴，甚至"女尊男卑"等一系列的新奇事物：

　　出国之前，我们这些自以为是天下无可伦比的豪爽的书生总是目中无人，不畏一切。然而刚到美国就变得像新娘子一样地渺小了，连自己都觉得可笑。②

在不断地吃惊、惊叹中，福泽谕吉倍感"对事物的说明有隔靴搔痒之感"。他第一次把英语词典《韦伯斯特辞典》带回了日本，并在旧金山购买了一部由中国人子卿编写、用中文标注英语读音的中英文词典《华英通语》。在此基础上，福泽谕吉把中文转换成日文标注，即在每个英文词条后标上日语假名注音（即片假名外来语），翻译并出版了自己的第一部著作《增订华英通语》，他在该书"凡例"部分分析，今后日本和各国的贸易往来将更加频繁昌盛，"宜译此书，以应国家之急"，③为日本人学习英语，直接接触西方文明创造了极大的便利。

———————————

① ［日］福泽谕吉：《福泽谕吉自传》，马斌译，北京：商务印书馆，1995 年，第 94 页。
② ［日］福泽谕吉：《福泽谕吉自传》，马斌译，北京：商务印书馆，1995 年，第 97 页。
③ ［日］庆应义塾编：《福泽谕吉全集》，第 1 卷，东京：岩波书店，1959 年，第 69 页。

1862 年 1 月 1 日,幕府派使节访问欧洲,福泽谕吉经多次恳请并再次得到机会作为翻译随行,同行者还有松木弘安(寺岛宗则)、箕作秋坪等人。此行福泽谕吉遍游法、英、荷、普(德)、俄、葡等国,详尽考察政风人情,对社会经济问题,诸如医院经营、银行业务、邮政法律、征兵法规、选举制度、议会制度等等,都有比较深入的了解。在伦敦万国博览会上,福泽谕吉接触到了蒸汽机车、电动机器、打字机;在荷兰访问时又见到了摄影技术。旅欧一年的所见所闻,使福泽谕吉眼界大开,思想产生了重大变化。途经香港时,福泽谕吉目睹了英国人像对待猫、狗一样对待中国人,受到强烈冲击。回国后,福泽谕吉详记见闻与考察心得,撰写了启蒙读物《西洋事情》①,详细介绍了西方的社会制度、社会状况和西方理论,以及美国、荷兰、英国、俄国、法国的政治、军事、经济、历史和现状,对医院、银行、邮政、征兵制等都非常感兴趣。福泽谕吉在初编序言中说:

　　　仅学习西洋文学技艺,而不详细考察各国政治风俗,即

---

① 《西洋事情》共 10 卷,分别出版于 1866 年、1867 年和 1870 年,是福泽谕吉在幕府末期的代表作,也是他的著作中流传最广的一本书:连同盗版在内,数年间印有 20 至 25 万册之多。如此难懂的书籍,竟然达到每 160 人就有 1 册的比例,实在是与日本具有很高的识字率和日本人具有极高的学习热情有极大关系。《西洋事情》与中村正直译的《西国立志篇》、内田正雄的《舆地志略》,被时人誉为"明治三书"。参见[日]福泽谕吉著《福泽谕吉自传》,马斌译,北京:商务印书馆,1995 年,第 289 页。[日]新保博、斋藤修编:《日本经济史 2　近代成长的胎动》,李瑞、淡建中、江帆译,经思平校,北京:生活·读书·新知三联书店,1997 年,第 330—331 页。

使能够掌握其技艺，也没有得其治国根本，尽管易于实用，却难免带来祸害。①

福泽谕吉尤其对西方的议会制度倍感迷惑，他在《福翁自传》中说：

> 其次，对政治上的选举法之类的事情，一无所知。因为不懂，就询问所谓选举法是什么法律？所谓议院又是怎样的衙门？对方只一笑，似乎问什么都是极明白自然的事情。然而那在我们看来，不明白其缘由，实在难办。还有，在党派中，有保守党和自由党，双方不分上下，势均力敌，进行激烈的竞争。在太平无事的天下，作政治上的吵架，所为何事？那样狂热而剧烈的事变，究竟在干什么？简直不可想象。说彼此为敌吧，又在同一桌上喝酒吃饭，真不明白。花了个五天、十天的时间，反复思考这些莫名其妙的事情，仔细琢磨其中的缘由，勉勉强强明白了这些奇怪的现象，这便是此次游欧的收益了。②

福泽谕吉希望将自己考察欧美时所受到的思想震动，获得的新知，转达给更多的日本人，以唤起国人的觉醒。一时间，忧国爱

---

① ［日］福泽谕吉：《西洋事情》，东京：庆应义塾出版局，1870 年，《初编序言》。
② ［日］庆应义塾编：《福泽谕吉全集》，第 7 卷，东京：岩波书店，1959 年，第 107—198 页。

民之士几乎人手一部,奉之如金科玉律。福泽谕吉自己也说国内有志之辈:

> 一看就说这本书有意思,建立文明社会,这才是一本好材料。一人说万人应,不论朝野,凡谈西洋文明而主张开国之必要者都把《西洋事情》置于座右。《西洋事情》好像是无鸟乡村的蝙蝠,无知社会的指南,甚至维新政府的新政令,有的可能也是根据这本小册子制订的。①

在《西洋事情》中,他首次提出了"文明开化"的主张,并以西洋文明为开化目标,呼吁改革幕府机构。福泽谕吉还全文翻译了美国《独立宣言》,尤其需要提及的是,福泽谕吉看到了新闻媒体的重要作用:报纸不仅能探索、记录社会上新近发生的事情以告世人,而且能够发布官员进退、公告市井风情、交易盛衰、耕作丰歉、物价高低、民众的苦乐生死等等,可令人耳目一新。更重要的是,报纸能够很快地传递议会的讨论结果,供民众褒贬评议,也能够将民众是非曲直的辩论登载在报纸上。② 这部书犹如警钟,震醒了蒙聩的民众,启迪了落后的社会对先进文明国家的认识,甚至影响了明治政府的政策。1867 年 1 月,幕府派官员去美国购置军舰枪炮,福泽谕吉第三次随行出国考察。据长尾宪政考证,福泽谕吉访美时的公开身份是使团翻译,他实际上还担任着"探察

① ［日］福泽谕吉:《福泽谕吉自传》,马斌译,北京:商务印书馆,1995 年,第293 页。
② ［日］福泽谕吉:《西洋事情》,东京:庆应义塾出版局,1870 年,第36—38 页。

实务"的责任，①经旧金山，绕道巴拿马，在纽约、华盛顿逗留了半年直至 6 月下旬才归国。

这次出游，福泽谕吉详细考察了美国东部各州城市，对美国的政治文化有了更为深刻的了解，并细心采购了很多英文书籍带回日本。他还记录欧美所见所闻，出版了《西洋导游》(1867)详细介绍欧美国家的现代资本主义文明，坚船利炮、富国强兵和工商繁荣；《条约十一国记》介绍 1858—1867 年间与日本缔结条约的各国概况；《西洋衣食住》介绍外国农、食、住、行等风俗习惯。这三本关于西方文明的启蒙书，轰动一时，影响很大。从 1867 年至 1871 年，他先后出版了《来复枪操法》《兵士怀中便览》《穷理图解》《洋兵明鉴》《掌中万国一览》《英国议事院谈》《清英交际始末》《世界史地》《启蒙学习之文》；1872 年出版了著名的《劝学篇》，以及其后的《通俗民权论》《通俗国权论》《世界国尽》《民情一新》《童蒙教草》《国会论》《时事小言》《瘦我慢之说》《启蒙手习之文》《世事大势论》《帝室论》《福翁百话》《通货论》《兵论》《时事小言》《福翁自传》《明治十年丁丑公论》《分权论》《民间经济录》《通俗外交论》《日本妇人论》《旧藩情》《唐人往来》等等。福泽谕吉不遗余力地宣传西方思想，启蒙教育民众，作为明治时期日本著名启蒙思想家、教育家，被誉为"日本的伏尔泰"，被称为日本近代文明的缔造者之一。

---

① ［日］岩生成一编：《近世的洋学和海外交涉》，东京：严南堂书店，1979 年，第 349 页。转引自周颂伦《福泽谕吉思想的日本主义特征》，《古代文明》，2008 年第 4 期。

从 1854 年 21 岁到长崎游学,至 1867 年第三次从欧美考察归来,福泽谕吉深切地认识到日本在国际社会中所处的位置:欧美列强步步紧逼,签约开港;幕府体制摇摇欲坠,地方各藩纷纷以大藩为中心,攻击幕府专政,社会动荡;同时福泽谕吉自己也对陈腐的门阀制度深感不平:

> 每个藩士的身份都有严格的限定,上士就是上士,下士就是下士,这套牢固的封建秩序就像封在箱子里一样,其间丝毫不得通融。因此一个人若生在上等士族的人家里,因为父母是上等士族,所以儿子也成了上等士族,即使经过一百年,他的身份也不会改变。因此生在小士族家庭里的人,自热就经常受到上等士族的蔑视。人们当中尽管有智愚之别和贤与不肖之异,但上士蔑视下士的风气却在横行,我从少年时代就对这种风气感到极端不平。①

生逢急遽变迁之乱世,福泽谕吉“对本藩无功名进取之心”,虽为幕府家臣却“对幕府也不悦服”,三次出洋考察的经历,使他讨厌幕府的锁国主张,痛恨当局的虚张声势,以至于他坚持“在官贼之间不偏不党”。

明治新政府建立后,福泽谕吉不满于政府内部纷争,“辞官不就”。他在《劝学篇》(共 17 篇,在 1872—1876 年间陆续出版)中

---

① ［日］福泽谕吉:《福泽谕吉自传》,马斌译,北京:商务印书馆,1995 年,第 149—150 页。

开宗明义说:"天未在人之上造人,亦未在人之下造人。"他所提倡的人权平等之观念有如神示,使封建桎梏下的日本人如醍醐灌顶,"人人独立则国家独立"的口号至今仍振聋发聩;他的《文明论概略》声称:"文明之为物至大至重,人类万事无不以文明为目的。所谓制度、文学、商业、工业、战争、政治等等,总而言之,在将它们互相比较的时候,以何为目的来论其利害得失? 归根结底只能以利于文明进步为利为得,以导致文明退步为害为失。除此之外,别无他法。"①传播新思想,启蒙民智,使他成为"引领时代思想的重要人物"。

虽然福泽谕吉毕生致力于教学和译著,积极倡导西学,培育英才,但是在他 1882 年创办日刊报纸《时事新报》后,福泽谕吉发表了《脱亚论》(1885)等具有侵略主义思想的著作,人生历程和努力方向发生了重大转变——成为赤裸裸的帝国主义者,福泽谕吉的一生,即以此为分野,截然分为两个阶段。以 1882 年创办《时事新报》为界,此前他大力引进西方教育和强国思想,致力于日本社会思维革新;此后宣扬"官民调和"论,逐渐转变为"国权至上",全力支持政府的侵略中、朝的大陆政策。

福泽谕吉亲自为《时事新报》撰写社论,数十年坚持阐发政治主张,争取到了不同派别的读者,对当时社会的舆论导向和明治政府的政策走向,发挥了重要的引导和推动作用。同时代人评论说:

(福泽谕吉)虽未尝膺台阁重权,然学堂、著书、新报之三

①　[日]庆应义塾编:《福泽谕吉全集》,第 4 卷,东京:岩波书店,1959 年,第 38 页。

大机关,莫不操纵如意。其对于朝野之势力,时或视当路大
政治家,迥胜数筹云。①

二、《时事新报》②

1873 年,福泽谕吉与森有礼等一些启蒙思想家创立了日本历

---

① 周建高:《劝学导读》,天津:天津人民出版社,2009 年,第 8 页。

② 本章所用史料有的来源于《时事新报》,有的来源于 1958—1964 年间出版的
《福泽谕吉全集》(全 21 卷,岩波书店出版)。据考证,其中《时事新报》社论并
非全部由福泽谕吉一人执笔,全集收录的 1500 篇评论,大部没有署名,有的
是福泽谕吉本人亲自执笔,有的其他记者执笔,但内容经福泽谕吉修改。如
1893 年以后,《时事新报》社论即常由福泽谕吉弟子石河干明、北川礼弼、堀江
归一等人专门执笔,福泽谕吉"常常是帮助思考一下,看看写就的文章稍加润
色罢了"。静冈县立大学助教平山洋调查发现,其中还有福泽谕吉死后才发表
的 6 篇评论,而福泽谕吉自 1898 年 9 月脑淤血卧床不起,至 1901 年 2 月去世
之间刊载的 72 篇评论,应该"并无福泽谕吉氏之意见或文笔"。而是出自《时
事新报》主笔石河干明(1859—1943)之手,这 72 篇中就有将清国士兵形容成
猪的评论(1900 年 6 月),平山洋指出,当时系日本积极对大陆侵略的时代,石
河干明为彰显福泽谕吉是海外扩张思想之先驱者,而把自己的评论也加入全
集中。但是,《时事新报》的言论虽然并非福泽谕吉一人之言论,由于福泽谕吉
全权负责报纸的内容和导向,所以可以认为《时事新报》的言论内容和导向均与
福泽谕吉有直接关联,既可以视为福泽谕吉的言论,也可以视为《时事新报》的主
张。参见[日]福泽谕吉著《福泽谕吉自传》,马斌译,商务印书馆,1995 年,第 259
页。关于福泽谕吉言论的鉴别请参考井田进也《让福泽谕吉自己谈自己吧!》,
http://www.gmw.cn/content/2005-06/22/content_254453.htm(2012-4-2)。

史上第一个合法研究、传播西方民主思想的学术团体——明六社①,每月举办演说会,公开演讲,传播新思想。1874 年 3 月起出版发行《明六杂志》②(发行至 1875 年 11 月),著书立说,致力于启蒙民众思想,提倡文明开化。《明六杂志》每月出版两期,到 11 月开始出 3 期,一年之中刊行 25 期,印刷 105 984 册,卖出 80 127 册,平均每期卖出 3205 册——当时最大的报纸《东京日日新闻》的发行量也只是 8000 份。③《明六杂志》共发表时政论文百余篇,翻译出版了西方书籍 20 余部,传播介绍西方民主、共和、自由、平等思想,大造舆论影响,吸引了大批读者,影响力非同小可。

　　福泽谕吉的短暂"仕途"开始于 1878 年 12 月被选为东京府会议员;1879 年 1 月 15 日东京学士院成立,再被选为第一任会长;1880 年 12 月,福泽谕吉在大隈重信宅邸与伊藤博文、井上馨会见,欣然接受了二人所请为政府承办一份机关报,决心协助政

---

①　因明治六年成立而定此名,是在从美国归国的森有礼倡议下结成的启蒙学者和思想家团体。成员有津田真道、西周、中村正直、加藤弘之、箕作麟祥、箕作秋坪、杉亨二、福泽谕吉等,首任社长是森有礼。其中除西村以外都是旧幕臣,除福泽谕吉和箕作秋坪外都身居官位,明六社成员在政府内外开启民智、善导政治、倡导文明开化,开启了启蒙思想时代,主要引进了英法系统的实证主义和进化论,英国的功利主义,法国的"天赋人权"说和"社会契约论",德国的君主立宪主义,全面批判以儒学为主的封建意识形态。参见王家骅著《儒家思想与日本的现代化》,浙江人民出版社,1995 年,第 24 页。

②　在种类繁多的媒体中,明六社创办的《明六杂志》具有重要地位。作为一本综合性杂志,以讨论政治问题为主,也有社会文化方面的内容。1875 年因政府对言论的压制,此刊第 43 号(明治八年十一月)不得不成为废刊。

③　参见刘岳兵著《日本近现代思想史》,北京:世界知识出版社,2010 年,第 54 页。

府当好喉舌,以为将来召开国会做舆论准备。① 但是,1881 年 10
月发生了"大隈意图颠覆政府"的"明治十四年政变",大隈及其
"大隈的主谋者"福泽谕吉、福泽谕吉派成员均被政府清除,与明
治政府断绝了一切关系。福泽谕吉辞去东京府议会副议长职务,
东京学士院会员的小幡笃次郎、杉亨二、箕作秋坪、杉田玄端等福
泽谕吉派学者也一同退出政府。

　　失去政府支持,不能继续操办政府机关报后,福泽谕吉以庆
应义塾为阵地,在 1882 年 3 月 1 日创办了自己的报纸《时事新
报》。他亲自撰写社论,阐述政治主张,以庆应义塾"独立不羁"之
办学精神为《时事新报》的办报方针,遵循"不偏不党"之立场,成
为政府和政党报纸之外民间舆论的代表。② 其"独立不羁"正如
他在创刊号上的声明:

　　　　凡与此精神不悖者,无论是现任政府、政党、工商企业、
　　学者团体,不问对方是谁,我们都将其作为朋友相助。若是
　　违背此精神者,亦不问谁,皆作为敌人而排斥之。

_____

① ［日］福泽谕吉:《福翁自传》,东京:讲谈社,1975 年,第 281 页。
② 《时事新报》(1882—1936)从创立之日起,到福泽谕吉去世之前的 1902 年 11
　　月,在 20 年时间里,福泽谕吉几乎每天都亲自动手写社论、评论、随笔等,总计
　　近千篇,涉及内政外交等一切国内外大事,阐述意见,宣传主张。这些报刊评
　　论文章占福泽谕吉著述的一半以上,在岩波书店 1961 年版全 16 卷的《福泽谕
　　吉全集》中占 9 卷,其中涉及侵略中国的文章有 40 多篇。王向远:《日本对中
　　国的文化侵略——学者、文化人的侵华战争》,北京:昆仑出版社,2005 年,第
　　42 页。

以一身一家之独立求一国之独立精神。①

"独立不羁"，而不是公平无私。虽为民办报纸，但是《时事新报》的政治性极强，政治倾向性和政治意图十分明显。《时事新报》在编辑内容方面对政府非常有利，正如福泽谕吉在创刊号上明确阐述报纸发行之宗旨"最大诉求唯在国权皇张之一点"②。

福泽谕吉在 1877 年前后即开始批判自由民权运动，强调"国权论"，强烈主张"国权皇张"。待《时事新报》创立后，福泽谕吉经常撰写社论，点评时事。尽管一直标榜办报精神为"独立不羁"，但是"福泽谕吉社论"和《时事新报》的宣传主旨却是积极配合政府实施对外侵略扩张政策、狂热鼓吹民族沙文主义、露骨地为日本军国主义侵略扩张辩护。因此，《时事新报》是福泽谕吉传播思想主张的主要武器，更是福泽谕吉发挥意见领袖影响力，宣传"国权皇张"的主要阵地。从 1882 年创刊到 1898 年的 16 年间，《时事新报》上大量刊载的"福泽谕吉时事评论"，既有针对国

① 《时事新报》1882 年 3 月 1 日创刊号《本报发行之趣旨》。转引自 [日] 内川芳美、新井直之著《日本新闻事业史》，张国良译，新华出版社，1986 年，第 15 页。[日] 铃木健二：《国家主义和大众传媒——日本近代化过程中报纸的功罪》，东京：岩波书店，1997 年，第 77 页。
② 《唯大に求る所は国権皇张の一点に在るのみ》，《时事新报》，1882 年 3 月 1 日。1882 年 3 月 1 日《时事新报》创刊。4 月，报社即把福泽谕吉在《时事新报》上的 6 篇社论结集出版为《时事大势论》，并在绪论中注明为福泽谕吉谕策划，中上川彦次郎执笔，内容主要是评论时事政治。其中提出"当前最紧要的事就是，调和全国如一家，全力建立强大集权的政府"，主张"走国权皇张之路，维持天下安宁尚可保证"。

际形势，倡言"东洋政略论"的外交高论，也有直指关于国内政治的"官民调和论"。他极力主张日本应该"殖产兴业""富国强兵"，以尽快成为欧美列强中的一员来参与世界角逐；同时他还鼓吹日本应该成为亚洲的盟主，力主"保护"朝鲜，挑战因循守旧的中国。

　　1882 年 3 月 11 日，即创刊之第 10 天，《时事新报》发表了福泽谕吉《论朝鲜交际》，明确主张如果西洋国家扩张到东亚，而朝鲜和中国没有力量摆脱厄运，那么地处东洋的文明国日本应通过帮助朝鲜和中国文明开化，即"全亚细亚以同心协力防西洋人之入侵"①，并主张通过对朝鲜施加军事压力而构筑日本在朝鲜远超各国势力的优势地位。为此，日本有必要加大对朝鲜内政的关心程度：诸如军舰之常系、警官之增员、海底电线之架设等等，总之要为随之应付朝鲜政局之变，做好最必要的准备。②

　　1882 年 7 月，朝鲜发生"壬午兵变"，《时事新报》连续数日发表"福泽谕吉社论"，主张大规模派遣陆海军进驻朝鲜实施保护，煽动对朝鲜和中国的仇恨。断定政变者是"文明的敌人"。8 月 1 日又发表"福泽谕吉社论"，畅谈合并朝鲜之国是：

---

① ［日］庆应义塾编：《福泽谕吉全集》，第 8 卷，东京：岩波书店，1957 年，第 28—29 页。转引自周颂伦著《近代日本社会转型期研究》，长春：东北师范大学出版社，1998 年，第 14 页。

② ［日］庆应义塾编：《福泽谕吉全集》，第 8 卷，东京：岩波书店 1959 年，第 139 页。转引自周颂伦《福泽谕吉中国政策观的嬗变——东洋盟主与脱亚入欧》，《东北师大学报》，2006 年第 5 期。

　　事既已平,以花房公使兼任朝鲜国务总监,监督该国万机政务,始终辅翼保护开国主义之人,可委其国家政府。至于斥和锁国党人大院君等不容宽赦,不假私法谴责惩罚,令其退出政治社会。而朝鲜人心不足凭恃,必须以兵力维持眼下之约定。①

　　由于清政府对朝鲜"壬午兵变"的不妥协政策,福泽谕吉的"东洋盟主论"化为泡影。1884年9月4日,福泽谕吉发表了《辅车唇齿之古谚不足凭恃》的社论,认为日中两国虽然如同"辅车唇齿",但是现在形势已经发生变化,所以不能再单纯考虑地理位置等因素,要注重结交强大的西洋诸国。②《辅车唇齿之古谚不足凭恃》实为《脱亚论》的引言。

　　19世纪80年代,欧美列强逐渐加紧了对东亚的侵略步伐。中国、日本和朝鲜被列强环伺,不同的是日本政治较为稳定、经济发展,羽翼渐丰,中朝两国却政局动荡、经济面临崩溃,泥足深陷,殖民地危机日益深重。此时以福泽谕吉为核心的《时事新报》迫不及待地提出了"失之于欧美,补之于亚洲"的外交策略,1883年9月20日至10月4日,《时事新报》连载福泽谕吉的社论《外交论》,阐述在文明国和半开化国、野蛮国"禽兽相斗相食"的国际关系中,日本或是加入吞食者行列,吞食"非文明国",或是与亚洲古国为伍,被"文明国"所吞食。《时事新报》刊载了福泽谕吉为日本选择的第一种道路，即加入"文明国"阵营，成为"亚洲东陲一新的西洋国"。①

围绕中、日、朝三国之间的关系，《时事新报》以其强大的影响力，向民众袒露了不甘于原有的东亚秩序而急于将其打破的心态。1884 年 3 月 5 日，《时事新报》进一步发表了福泽谕吉的社论《预期日本之名会被支那所遮蔽》，称过去西洋人一提到亚洲，首先想到的是"光耀国度"中国，中国远在日本之上；如果日本继续被中国遮蔽，这是"以东洋文明国自称的日本所不喜欢的"。②

1885 年 3 月 16 日，《时事新报》发表了福泽谕吉酝酿已久的侵略理论《脱亚论》，将武装侵略的矛头直指中国，主张日本要脱离落后的亚洲，与欧美列强共进退，一起瓜分中国和朝鲜，进而称霸亚洲与世界。福泽谕吉的侵略理论极大地刺激了尚处在蒙昧中的日本普通民众，在苦于寻求发展出路的政府层面也产生了极大的轰动。

福泽谕吉此时在《时事新报》上赤裸裸地抛出《脱亚论》，其背景是：中法战争并没有给日本以"占领整个台湾和福建的一半"的可乘之机；因为朝鲜开化派政变的失败，日本政府极不光彩地退出了朝鲜半岛的角逐；由于福泽谕吉已经深度介入了朝鲜政局——他积极支持朝鲜开化派领袖金玉均开展政治活动，不断撰文宣传朝鲜改革，同情金玉均的"独立党"革命行动，主张制裁中

① 汤重南、汪淼、强国、韩文娟主编：《日本帝国的兴亡》，上，北京：世界知识出版社，1996 年，第 365 页。
② ［日］庆应义塾编：《福泽谕吉全集》，第 9 卷，东京：岩波书店，1959 年，第 412 页。

国的暴行,①甚至出资购买武器支持开化派,资助创办朝鲜首份以朝鲜文字出版的报纸《汉城旬报》,允许朝鲜留学生在庆应义塾学习等,企图帮助朝鲜实现"近代化"。因此,在中国军队进入朝鲜皇宫和"甲申政变"②失败后,福泽谕吉的"东洋盟主论"③彻底破产。痛定思痛后,他迅即抛出了《脱亚论》。

　　《脱亚论》的核心有二:一是西洋文明之传播不可逆转。

---

① 1894年3月后,《时事新报》多次报道金玉均死讯及朝鲜局势。如《金玉均在上海被暗杀》(1894年3月30日)、《清国人敏锐日本人迟钝》(1894年4月30日)、《东学党暴动现在不能大意》(1894年5月30日)、《韩国请求清国援助》(1894年6月8日)、《帝国政府发表出兵理由根据天津条约日清两国互相通知》(1894年6月9日)、《大鸟公使率海军数百进入京城韩廷惊愕袁世凯也很狼狈》(1894年6月20日)、《义勇兵志愿从军高知市有800人》(1894年6月26日)、《组织拔刀队志愿从军》(1894年6月29日)等。参见[日]武藤直大编注《那个时代的空气(上)——明治、大正60年间的新闻报道》,东京:ラ・テール出版局,2004年,第132—136页。

② 甲申政变,指1884年12月4日(农历甲申年十月十七日)朝鲜发生的流血政变。这次政变以金玉均为首的开化党为主导,日本协助。政变的目的一是朝鲜脱离中国独立,二是改革朝鲜内政。为此开化党暗杀了8名守旧派大臣,发布了具有资本主义色彩的政纲。12月6日,袁世凯率驻朝军队镇压了政变。

③ 1881年9月,福泽谕吉发表一文《时事小言》,阐述了自己对亚细亚—中国政策的观点。福泽谕吉认为:朝鲜、中国等非文明国家没有力量来防遏西洋文明国的殖民扩张,同处东洋但已是文明国的日本,应以东洋盟主的身份,帮助中国、朝鲜来实现文明化,从而防止东洋不被西洋殖民地化。西洋主导的文明化就是亚洲的殖民地化,日本主导的文明化,就是亚洲的独立化。因为日本自身也是西洋的被压迫者。"至于立论的主义,在于严我武备,伸张国权。武备不止于独守日本一国,兼而保护东洋诸国,治乱而为其首,根据其目的,规模亦必远大。"此即"东洋盟主论"。见[日]庆应义塾编《福泽谕吉全集》,第5卷,东京:岩波书店,1959年,第187页。周颂伦:《福泽谕吉中国政策观的骤变——东洋盟主与脱亚入欧》,《东北师大学报》,2006年第5期。

"(西洋文明)已经蔚为风潮,如麻疹蔓延,随春暖花开渐次流行",日本应"尽力助其蔓延,使国民尽早沐浴其风气之中乃智者所为";二是鉴于仍在恪守旧俗的中、朝两国不出数年必为列国所分割,"仍迷惑于儒教之虚饰主义,残酷不知廉耻,傲然而无自省之念",因此"为今之谋,不可再有等待邻国文明共兴亚细亚之犹豫,不如脱离其伍与西洋文明共进退。应对中国、朝鲜之方法,不必因邻国之故而特意作一解释,正好按西洋人对待其之做法处理"。①《脱亚论》赤裸裸地袒露了"大和民族"的优越心态,毫不掩饰对中国的极度轻视和厌恶,视中国、朝鲜为"恶邻",因此断然认为:"与恶人交友就难免恶名,我们要从内心里谢绝亚细亚东方的恶友。"②"对支那一步都不可让","以口舌辩明理之举"已断不可取,"必须设法断然诉诸兵力以终结此等局面",③主张模仿西方条约体系的对外原则来处置中日关系,表达了与东亚文明圈决裂,"与西洋文明国共进退"的强烈愿望,与政府的"国权扩张"理论不谋而合,成为日本对外扩张的理论基础。

《时事新报》的内容涉及政治、经济、军事、国际关系、社会文化等方面,如在社论《兵论》中,《时事新报》主张官民调和,增加税收的"军备扩张论"。在甲午战争爆发前夕,《时事新报》多次发表福泽谕吉评论,宣扬日本要"不客气地"占领亚洲各国,"长驱

---

① [日]福泽谕吉:《脱亚论》,《时事新报》1885年3月16日。参见[日]庆应义塾编《福泽谕吉全集》,第10卷,东京:岩波书店,1960年,第240页。

② [日]庆应义塾编:《福泽谕吉全集》,第10卷,东京:岩波书店,1960年,第238—240页。

③ [日]庆应义塾编:《福泽谕吉全集》,第10卷,东京:岩波书店,1960年,第415、159页。

直入北京,扼其喉而使其立即降伏于文明之师。我们切望尽快见到旭日之旗在北京城的朝日中飘扬,使文明之光照耀四百余州的整个领土"。① 鼓励日本政府"先占领中国满洲三省","可布日本之政令,其地归入我版图"。然后"直陷北京,更进而蹂躏四百余州,可大显日本之兵威"。若中国政府不尽早悔悟,则不仅是满洲三省,中国四百余州最终将非清政府所有。②

1894 年 7 月 29 日,《时事新报》更是发布新闻声称:"25 日午前 7 时在丰岛附近,清国军舰首先发炮挑起战端,我军舰迎击迎战,击沉载有 1500 名清兵的运输船一只,俘获清军舰操江号,靖远舰逃往清国,广乙舰逃往朝鲜东岸。"③这期间,《时事新报》发表福泽谕吉署名文章《义捐私金》(1894 年 8 月 14 日),呼吁民众支持开战,"为战胜而义捐"。在《日清战争是文明与野蛮的战争》(1894 年 7 月 29 日)中,更是露骨地夸耀:"日清海战取得伟大胜利……我听到这一消息真是欣喜若狂。"并宣称甲午战争是谋求文明开化之进步者与妨碍进步者之战,而绝非两国间之战争。④

1894 年 11 月下旬,有美国报纸报道日军在旅顺大规模屠杀

① [日]福泽谕吉:《赶快攻占满洲三省》《旷日持久会上支那人的当》,《时事新报》1894 年 8 月 11 日,8 月 16 日。[日]庆应义塾编:《福泽谕吉全集》,第 14 卷,东京:岩波书店,1961 年,第 501 页。

② [日]庆应义塾编:《福泽谕吉全集》,第 14 卷,东京:岩波书店,1961 年,第 511—512 页。

③ 《日清两国终于开战清舰首先开炮我舰迎战》,《时事新报》1894 年 7 月 29 日。参见[日]武藤直大编注《那个时代的空气(上)——明治、大正 60 年间的新闻报道》,东京:ラ·テール出版局,2004 年,第 138 页。

④ [日]福泽谕吉编:《日清战争是文野之战》,《时事新闻》1894 年 7 月 29 日。庆应义塾:《福泽谕吉全集》,第 14 卷,东京:岩波书店,1961 年,第 491—492 页。

平民,批判日军是"披着文明的皮而拥有野蛮筋骨的怪兽","日本现今脱下文明的假面具,暴露出野蛮的本性"。①《时事新报》当即刊载了题为《旅顺屠杀乃无稽流言》的文章:

> 我军奋战而陷此地(旅顺——引者注)时,彼等多数遁散四方,其逃不及者滥入市街民家,偷取衣服,脱下士兵服装,换穿民服,假扮成普通市民,而不丢弃武器,潜伏于四处,一遇我军进入市街,即隐藏着开枪,尝试抵抗,甚为危险,我军才不得已进入家屋内搜索,查出变装的士兵加以宰杀。
>
> 本来支那人嘴巴说信义,实际上却不信不义而不以为耻,真是难以用言语形容,不可以当普通人来看待的人民呀!②

针对口军屠杀妇女、幼儿的报道,《时事新报》轻描淡写地说:"或许逃避不及的一二市民或其家属等,被流弹等杀伤也未可知,这在战争时期是寻常之事,毫不足怪。"③并声称非武装的平民是"那些反复无常、阴险不可测的支那兵改变服装","今后对这种情况,应不客气地进行屠杀,余敢断言毫无差错"。④

日本通过《马关条约》割占中国台湾后,针对台湾民众的武装抗日运动,《时事新报》也断然认为:

① ［日］藤村道生:《日清战争》,东京:岩波书店,1973 年,第 132 页。
② ［日］石河干明:《福泽谕吉传》,第 3 卷,东京:岩波书店,1932 年,第 756 页。
③ ［日］石河干明:《福泽谕吉传》,第 3 卷,东京:岩波书店,1932 年,第 757 页。
④ ［日］石河干明:《福泽谕吉传》,第 3 卷,东京:岩波书店,1932 年,第 758 页。

吾辈从一开始就预期到要解决这问题不免多少会遇到麻烦,如今岛民自不量力试图抵抗,正因为此,我们理所当然地应连同他们的叛兵一概歼灭他们,不留任何活口;另外,虽实际上没有持凶器对付我们,但只要察觉任何不服日本政令之意,就片刻不留他们在我版图内,一律驱逐出境。①

关于如何统治台湾,处理当地的汉人,《时事新报》的社论言辞激烈:

综观古今中外的实例,文明国领有未开化的蛮地,使其酋长屈服,侵占土地,此时处分方法有二。放任既有的土人,一概不过问他们的风俗习惯,让他们自由地从事原有的职业;本国人则如置身度外般不插手任何事,取而代之的是只谋求从土地所产生出来的利益,如此一来对自己是有利的,如英国人在印度的统治。相反的,完全摒弃土人,所有农工商事业皆交到文明人手中经营,彻底地把土地文明化。正如北美共和国与加拿大般,现在虽为不折不扣的文明国,但追根究底来说原本是蛮民的巢穴,而之所以会有今日的模样,是因为其白人祖先把土著的蛮民驱逐出境,自行经营的结

---

① 《时事新报》,1895 年 8 月 8 日。转引自杨素霞《日治初期台湾统治政策论的再考:以〈时事新报〉对汉人统治与拓殖省问题的讨论为中心》,《亚太研究论坛》,2006 年总第 33 期。

果,……其(台湾——引者注)处分方法为效仿盎格鲁撒克逊人种开拓美洲大陆的做法,把无知蒙昧的蛮民(汉人——引者注)逐出境外,殖产上一切的权力全部由日本人掌握,断然使全土地日本化。吾辈期望建立并确实执行此方针,以求永远的大利益。①

《时事新报》认为日本侵略和殖民式统治台湾,应与英国统治印度不同,当效法美国经营加拿大,彻底驱逐汉人,一切权力由日本人掌握。

福泽谕吉与《时事新报》,《时事新报》与福泽谕吉,二者已然融为一体。相对于娱乐小报而言,以政论大报面目出现的《时事新报》是日本最初的独立报纸,其独立之主张确实与被政党、政府操纵的机关报不同。

但是,正是其"独立不羁"之立场,才使得其在现实政治中与政府遥相呼应,也才使得福泽谕吉"国权皇张"之主张甚至走在了政府的前面。正如安川寿之辅所指出的:

福泽谕吉是近代亚洲侵略思想和亚洲蔑视观形成的最大贡献者。②

---

① 《时事新报》,1895 年 8 月 11 日。转引自杨素霞《日治初期台湾统治政策论的再考:以〈时事新报〉对汉人统治与拓殖省问题的讨论为中心》,《亚太研究论坛》,2006 年总第 33 期。

② [日]安川寿之辅:《福泽谕吉的亚洲认识——重新认识日本近代史》,东京:高文研,2000 年,第 14 页。

第三节　德富苏峰与《国民新闻》

历经明治、大正时期与昭和前期,并在此三个时期皆处于舆论界之核心地位,"其地位几乎与皇室、东条英机首相、军部等同"①的近代日本著名新闻记者、历史学家、评论家、军国主义御用文人德富苏峰,是近代日本新闻传媒领域的一个特殊人物。在70多年的言论家生涯中,他发表了上百部著作,控制着《国民之友》《国民新闻》等具有重大影响力的新闻媒体;他既是继福泽谕吉之后日本近代第二大思想家,也是继承了福泽谕吉对外侵略扩张思想,鼓吹极具侵略性的皇室中心主义的军国主义理论家、宣传家。

德富苏峰的思想主张并非一以贯之,而是历经多次转向。在明治前期,他主张全面"欧化",反对藩阀专制,极力宣传并欲以"平民主义"确立日本近代市民社会之秩序;到明治中后期,他急遽转向"国家主义"与"帝国主义",提出了"大日本膨胀论",鼓吹大日本国人口、国土要膨胀,极力宣传对中国开战,成为狂热地鼓吹对外侵略扩张的帝国主义者;到大正时期,他与政界建立了紧密关系,试图以"皇室中心主义"整合国民思想,以图"举国一致"支持战争;及至昭和前期,德富苏峰的言论已经完全为法西斯主义战争服务,其"防御于北方,展开于南方"之构想,被后来的日本侵略扩张所证明。

---

① 　[日]清泽洌:《暗黑日记》,东京:东京评论社,1995年,第304页。米彦军:《论德富苏峰的皇室中心主义思想》,《抗日战争研究》,2007年第1期。

一、德富苏峰其人及其前期平民主义思想

德富苏峰(1863 年 3 月 14 日—1957 年 11 月 2 日),本名德富猪一郎,后改称苏峰,是 19 世纪末到 20 世纪中期日本最有影响力的记者、作家、新闻评论家和历史学家。他出生于日本肥后国上益城郡益城町杉堂村(现熊本县秋津町)的一个豪农之家,文化上不低于武士阶级,经济上又超过许多武士家庭。其父德富一敬是熊本市纺织业商人,为幕末开国论者、"实学党"领袖横井小楠(1809—1869)的得意门生,在熊本、鹿儿岛、越前一带颇有名望。

1873 年,德富苏峰迁居熊本城东郊大江村,就学于村塾,得到老师兼板先生的平民主义思想教育。明治初期,各地纷纷兴办洋学校,施行"文明开化",德富苏峰在 1875 年转入熊本洋学堂,第一次接触到英语、科学、数学、世界史等新学科和基督教。他在洋学校受到地方小报《白川新闻》《熊本新闻》的影响,逐渐对办报产生了极大的兴趣,并由此萌生了做新闻记者的愿望。1876 年,德富苏峰到美国传教士援助创办的同志社英学校(同志社大学前身)学习,不久即受洗礼入基督教,但是未及毕业便以退学告终。在此期间德富苏峰接受了自由主义思想,并受到其洗礼教师——

著名开国论者新岛襄①的影响。新岛襄既是同志社英学校的首任校长,也是著名的教育家,他主张"欲使我邦比肩于欧美文明诸国,不应停留在外形上模仿其物质文明,而且必须致力于根本",为日后德富苏峰能够宣传平民主义,强调吸收西洋精神文明的重要性打下了思想基础。在同志社英学校,德富苏峰接触到了《朝野新闻》《大阪新闻》等报刊,热衷于研读报刊。1877 年,受《东京日日新闻》记者福地源一郎的影响,②德富苏峰开始为报刊撰稿,以各报社论为对手,参与报纸间的论战。进入《七一杂志》社工作,使德富苏峰初步积累了办报刊的经验,更加坚定了要当一名新闻记者而名扬天下的决心。

19 世纪 80 年代初期,日本的自由民权运动已进入高潮。德富苏峰是一个思想激进的政治活跃分子,他积极投身其中,参与社会公共事业。1881 年 8 月,他加入了激进自由党在熊本县的地方组织"相爱社",成为"当时最激进的论者之一"。德富苏峰曾带领学生来到民权运动的中心东京,聆听自由党总理板垣退助的激昂演讲,并与中江兆民、田中卯吉、马场辰猪等著名民权理论家过从甚密并深受影响。

---

① 新岛襄(1843—1890),近代日本著名思想家、教育家,近代日本第一个开眼看世界的人。1864 年他违反平民不得随意出国的法律、以生命为代价偷渡到美国,接受基督教教义洗礼,是第一位从欧美高等教育机构获得学位的日本人。新岛襄在美国任神职 10 年,期间详细研究了西方教育体系,1875 年开办了日本历史上第一所基督教大学——同志社大学(同志社英学校)。

② 1877 年西南战争之际,《东京日日新闻》记者福地源一郎(樱痴)以平民身份谒见天皇,并亲自上奏战况,使德富苏峰对新闻记者巨大影响力和职业荣耀产生了浓厚兴趣,并立下了做新闻记者的志向。

　　1882 年,德富苏峰在家乡熊本县大江村开办私塾——大江义塾,招收学生,讲授日本历史、经济、汉学和英文。1884 年,大江义塾开设新课程,增加了如吉田松阴的《幽室文稿》和中国的《史记》《战国策》等,并开设《英国宪政史》《经济学》等西方政治、经济课程。在此期间,德富苏峰大量阅读了如《美国民主》《国民》《英国史》等西方自由民主方面的著作,一边学习一边教课,并开始著书立说,宣传西方自由主义思想。这一时期他发表了《自由、道德及儒教主义》(1884)、《论明治二十三年以后政治家的资格》(1884)、《十九世纪日本的青年及其教育》(1885)、《官民调和论》(1885)、《将来之日本》(1886)等政论文章,公开表达他的自由主义、平民主义思想,批判"使中国改革失败的复古、专制的'儒教主义'",攻击日本的藩阀专政,宣传西方的自由民主思想。这些文章在当时引起了巨大反响,使得德富苏峰在舆论界声名鹊起,也为他赢得了一大批青年追随者。

　　19 世纪 80 年代的亚洲,各国独立形势危殆,"安南失去主权,中国土崩瓦解,朝鲜也在列强的虎视眈眈之下"。① 因此,德富苏峰认为,日本若想在列强环伺中保持国家独立,就必须使国家变为"自由之邦",而邻近的亚洲两大古国——印度和中国恰恰缺少这种自由,为此他断言:

　　泰西人以财富、文学、兵力、学术、法律制度雄视宇内,主

---

① 　[日]德富苏峰:《自由、道德及儒教主义》,见植手通有编《德富苏峰集》,东京:筑摩书房,1974 年,第 38 页。

宰乾坤,这是泰西人施用自由的结果;东洋人被剥夺独立权,被视作野蛮人,被愚弄,垂首于大地一角,束手屏息,这是东洋人放弃自由的结果。①

他激烈地批判儒教主义,质问"两千年来败坏支那人民之德的儒教主义,难道还想败坏我日本人民之德吗?"②当然,德富苏峰批判中国的儒教主义与推崇泰西的自由主义是相辅相成的,即他的真正目的是宣传自由主义:

> 在生活、政治、学习各个方面,我们的社会已经无一不接受泰西新主义,因此如今我们社会将要成为泰西社会。唯一能够支配这个社会的泰西道义法则,究竟为何到现在还没有被接受呢? ……我希望用自助论和品行论的道德取代《小学》和《近思录》的道德。③

在《十九世纪日本的青年及其教育》中,德富苏峰希望日本青年成为真正的自由主义者,用"西方社会的自由主义道义法"使人熟知"因果之理法",发挥"自尊自爱之气象",培养"自律的人

①　[日]德富苏峰:《自由、道德及儒教主义》,[日]植手通有编:《德富苏峰集》,东京:筑摩书房,1974年,第48页。
②　[日]德富苏峰:《自由、道德及儒教主义》,[日]植手通有编:《德富苏峰集》,东京:筑摩书房,1974年,第39页。
③　[日]德富猪一郎:《新日本之青年》,集英社,1887年,第151页。[日]小园晃司:《德富苏峰的亚洲观——以帝国主义的展开为视点》,见张俊哲主编《严绍璗学术研究》,北京:北京大学出版社,2010年,第442页。

格",确立"使自己作为自己的裁判官"的"自治精神"。德富苏峰的思想在社会上广为传播,其影响"无翼而飞向四方"。《将来之日本》于1886年出版后,再次轰动一时,德富苏峰的"平民主义思想"成为明治中期思想界的一个新潮。

对国家来说,保护人民的生存和生活,是国家的第一目的。在《将来之日本》一书中,德富苏峰认为,保护一国人民生活的手段,基本上有两个,即生产机关和武备机关。如果一个国家以生产机关为基础,就会形成以平等主义为特征的平民社会;如果以武备机关为基础,则会形成以等级主义为特征的贵族社会:

> 武备机关发达的社会,是等级主义统治的社会;生产机关发达的社会,是平等主义统治的社会;武备社会的现象完全是贵族的现象;而生产社会的现象则完全是平民的现象。保护一国人民的生活靠这两个机关,而这两个机关又如此对立,各给一国的政治、经济、知识、文学、社交,即一国的性质品格带来特别的影响。①

德富苏峰认为,现在的日本正处在从武备社会向生产社会、从贵族社会向平民社会过渡的时期,明治维新就是为"我国由武备社会一变而为生产社会,由贵族社会一变而为平民社会构筑了

---

① ［日］德富苏峰:《将来之日本》,植手通有编:《德富苏峰集》,东京:筑摩书房,1974年,第56页。

广阔的基础"①。为此他坚信，从社会和历史发展角度看，生产机关一定要优于武备机关，因此经济竞争取代武力争夺乃是历史发展的必然趋势。

实际上，德富苏峰主张的平民主义是要以生产机关为中心，建立尊重个人权利、平等主义的社会。这种带有浓重西方自由主义与功利主义色彩的理论并不符合日本的国情，但是其反对国权主义、武备扩张主义，在当时具有一定积极意义。

从文化上、思想上脱离中国的儒教主义，"对中国文化的关心日渐淡薄，并逐渐把中国作为文明的对立物"②，这是近代日本知识界有代表性的一种倾向，并以福泽谕吉和德富苏峰为代表。③而对自由民权运动领导层与政府妥协的失望，加之自己在舆论界的声望日隆，使得 1886 年的德富苏峰信心膨胀：

> 我等并非老死田舍者，逐鹿中原之时业已到来。
>
> 予本好政治……欲引导世间政治按我的希望而运动

---

① ［日］德富苏峰：《将来之日本》，植手通有编：《德富苏峰集》，东京：筑摩书房，1974 年，第 103 页。

② 严绍璗：《日本中国学史》，第一卷，南昌：江西人民出版社，1991 年，第 166 页。

③ 福泽谕吉直接提出"脱亚入欧"——"我日本虽位于亚细亚之东，其国民精神却已脱离亚细亚之固陋而转向西洋文明"。德富苏峰则批判儒教主义，主张自由主义，并进一步主张通过对侵略中国以显示"日本国民的膨胀性"。［日］福泽谕吉：《脱亚论》，《时事新报》1885 年 3 月 16 日。［日］德富猪一郎：《大日本膨胀论》，东京：民友社，1894 年。

……若称之为野心,则此种野心正如火如荼。①

1886 年,他决心转变自己的人生方向——停办大江义塾,举家迁往东京,投身舆论界,立志主导社会之变革。他在《国民之友》创刊号上写道:

> 所谓破坏的时代行将过去,而建设的时代即将到来;东方的现象行将过去,而西洋的现象即将来临;旧日本的故老乘昨天的车行将退出舞台,而新日本的青年即将驾来日的马登上舞台。明治二十年的今天,日本社会的确不能不说要悄悄地改变它的面貌。来吧,来吧,改革的健儿,改革的健儿。②

投身舆论界的德富苏峰很快就从平民主义者转变成了帝国主义者,并在日本政府的不断对外侵略扩张中充当舆论先导:1910 年任《京城日报》总监为日本对朝鲜进行殖民统治服务;"九一八事变"后,带领报社与军部势力勾结,影响和操纵国民舆论;1938 年著《皇道日本之世界化》,为日本侵略升级辩护;1942 年著《兴亚之大义》,鼓吹超国家主义,作为战争舆论的制造者,活跃在报界宣传一线;1943 年因宣传皇室中心主义和法西斯思想,被授予文化勋章;太平洋战争之后,日本报界处于一片黑暗之中,德富

① 伊文成等主编:《日本历史人物传·现代卷》,哈尔滨:黑龙江人民出版社,1987年,第 431 页。
② [日]德富苏峰:《啊,国民之友诞生了》,《国民之友》,第 1 号。

苏峰却异常踊跃,积极组织全国的文化人、学者、文学家为侵略战争效力,并担任为侵略战争效力的日本文学报国会及大日本言论报国会会长;①1945 年日本战败后,德富苏峰被定为甲级战犯拘禁于自宅内。德富苏峰的一生,正是日本帝国主义道路发展历程的缩影。

二、《国民之友》和《国民新闻》

1881 年加入"相爱社"参加自由民权运动后,德富苏峰就已经感到"自己怎么也不能与运动结合在一起",与运动所散发出的旧时代气息格格不入:

> 当时我虽然受到社会上一般的民权自由论的影响,但是,即使在运动之中,我与他人的兴趣也稍有不同。当时的民权自由论,其名为民权,而其实是国权。即明治六年征韩论的影响尚支配着当时的人心,即使在民权论者中,一般以上也多支持征韩的观点。可以说在民权论者中,多数人都是变形的帝国主义者,或是武力主义者。我虽然是民权论者,但是彻底反对武力主义者。②

---

① ［日］角家文雄编:《昭和时代——十五年战争资料集》,东京:学阳书房,1973 年,第 250 页。
② 《苏峰自传》,第 154—155 页。参见［日］松本三之介著《国权与民权的变奏:日本明治精神结构》,李冬君译,北京:东方出版社,2005 年,第 94—95 页。

1887年1月,德富苏峰在东京创办欧化主义文化团体"民友社"。2月15日,创办《国民之友》杂志,并任社长和总编,积极主张平民主义,坚持资产阶级民主思想,反对藩阀特权。《国民之友》高举"独立"的旗帜,以清新的版面、华丽的语言而迅速发展壮大——创刊号发行了7500册,一年后每期发行量达14 000册。这在当时杂志发行平均数只有五六百册,最多到1000册的情况下,堪称是很大的成功。① 特别在青年人当中,《国民之友》杂志和德富苏峰的思想最受欢迎,以至于堺利彦②在自传中谈到《国民

---

① ［日］松本三之介:《国权与民权的变奏:日本明治精神结构》,李冬君译,北京:东方出版社,2005年,第105页。

② 堺利彦(1871—1933),号枯川,日本社会主义者、思想家、历史学家、作家、小说家、翻译家,别名贝冢涩六。曾在大阪、福冈担任新闻记者和教师。1899年参加《万朝报》,主张社会改良和言文一致。与社长黑岩泪香、同事内村鉴三、幸德秋水结成理想团,对当时的社会主义思想产生共鸣,主张反战论。1903年10月,《万朝报》在日俄战争期间转为主战,堺与内村、幸德一起离开该社创立平民社,发行《周刊平民新闻》,主张"平民主义""社会主义""和平主义",开展反战和社会主义运动。1904年3月,因在该刊发表《呜呼! 增税》一文,被监禁2个月。在《平民新闻》第53号(1904年11月13日)上,堺与幸德一起翻译了《共产党宣言》,该文根据英语版的译文重译,是《共产党宣言》最早的日语译本。1906年,他与片山潜、幸德等人成立日本社会党,担任评议员,指导日本的社会主义运动。1908年因赤旗事件入狱2年。1910年与大杉荣(1885—1923)等人创立卖文社,发行杂志《葫芦花》,此后又发行《新社会》杂志,逐渐倾向于马克思主义。并在1920年成立了日本社会主义同盟,宣传马克思主义,次年被日本政府禁止活动。1922年,日本共产党成立,堺利彦与山川均、荒畑寒村一起加入日本共产党,当选为委员长。1923年6月被捕。出狱后同意解散日本共产党,加入劳农派。此后建立东京无产党继续活动,1929年当选东京市会议员。"九一八事变"爆发后,堺利彦任全国大众党反战特别委员会委员长,反对侵略中国。见 http://zh.wikipedia.org/wiki/%E5%A0%BA%E5%88%A9%E5%BD%A5(2012-4-2)。

之友》杂志时也高度评价说：

> 新思想的杂志《国民之友》，是学生必读的。我们对德富
> 苏峰及"民友社"一派的崇敬和爱慕大概是绝对的。①

《国民之友》发行后，就被称为"第二个《明六杂志》"，创刊号
明确指出：天皇以外的皇族、藩阀、贵族、大官僚资产阶级、大地
主、中小地主、资产阶级、无产阶级都是国民，并批判鹿鸣馆的欧
化主义：

> 泰西社会是平民社会，其文明也出自平民的需要，本无
> 需我来解释。然而，当这种文明一引进我国，不幸囿于贵族
> 的眼界，无端带上贵族的臭味。于是泰西文明的恩泽，仅限
> 于一个阶级蒙受，对于其他大多数人，不能不说是无关痛
> 痒，无任何关系，几乎处于漫不经心的状态。衣服有什么改
> 良？食物有什么改良？房屋有什么改良？交际有什么
> 改良？……
> 砖瓦高楼耸入云霄，暖炉蒸气快我体肤，刺骨严寒犹温
> 暖如春，电灯之光亮耀眼，暗夜犹似白昼，羊肉肥美堆积案
> 上，葡萄美酒斟满杯中。这时，当可忘却人生忧苦为何物。
> 而我等普通人民，只好在寂寥的孤村、茅屋里边、破窗之下，

---

① 参见[日]松本三之介著《国权与民权的变奏：日本明治精神结构》，李冬君译，
北京：东方出版社，2005年，第106页。

纸灯薄影，炉火炭冷，二三父老相对，斟些浊酒而已。……①

德富苏峰进而要求"确立纯粹的欧美式代议制度"，赋予人民"集会、出版、言论的自由"，②并提出"变藩阀政府为对国民代表者议会负责的国民政府"的政治主张。③ 继《国民之友》成功之后，1890 年 2 月，德富苏峰又创办了报纸《国民新闻》，宣传"自由""和平""进步"，实现了多年的夙愿。据《苏峰自传》记载，购买《国民新闻》的读者约有 7000 人。在当时能售出 7000 张报纸决不能说少，因为在那个时代发行一万份报纸大概就已登峰造极。④ 报纸宣传阵地的扩大，使得德富苏峰志得意满——他亲自制定《国民新闻》的办报方针：改良政治、改良社会、改良文艺、改良宗教。他以改良派形象出现，成为舆论领袖，操纵舆论、影响民众与社会。

在《尊王新论》中，德富苏峰提出皇室必须超然于政治，而不能成为政权的中心。他反对把天皇神化，认为强制奉读敕语、叩拜御真影，把天皇视为偶像实际上是玷污天皇的神圣。他还列举鸟羽天皇被流放孤岛、后醍醐天皇自刎吉野行宫的亲政事件，来证明天皇不亲政就不会为恶。⑤

---

① ［日］德富苏峰：《啊，国民之友诞生了》，《国民之友》，第 1 号。

② ［日］德富苏峰：《啊，国民之友诞生了》，《国民之友》，第 1 号。

③ ［日］德富苏峰：《平民的进步主义和国民精神》，《国民之友》，第 222 号。

④ ［日］松本三之介：《国权与民权的变奏：日本明治精神结构》，李冬君译，北京：东方出版社，2005 年，第 106 页。

⑤ ［日］德富苏峰：《尊王新论》，《国民之友》，第 192 号，第 12 卷，第 288 页。

　　德富苏峰虽然反对天皇专制,但却主张"优胜劣汰是天理,人民应服从征服者",①主张"让皇室远离政治,站在国民各要素均力之上,不受强藩政府、宗派、强弱、贫富势力左右,体现国家最高的思想感情",②目的是实现英国式的君主立宪制。这是德富苏峰全盘接受了西方思想的结果,他批判鹿鸣馆外交,批判藩阀政治,反对儒教保守主义,使得杂志影响日增。然而,虽然这些主张契合了民众变化的心理,引起强烈的社会反响,但却过于理想化,显然与日本面临的国际国内形势发生冲突,也与社会发展的现实不符,更容易在现实面前被击碎。

　　1894 年是德富苏峰思想发展的转折点。首先是日本的条约改正运动在这一年终于有了重大突破——与英国签订了条约,③然后就是中日之间爆发了甲午战争。德富苏峰的思想因此发生了微妙变化——他的平民主义思想开始与运动中的国民主义和"国民精神"相结合。4 月,《国民之友》发表了他的《平民的进步主义和国民的精神》,文中说:

　　　　在国民精神之眼中,有国民,而无贵族,无士族,无平民。

---

① ［日］德富苏峰:《皇室的尊荣》,《国民之友》,第 238 号,第 15 卷,第 153 页。

② ［日］德富苏峰:《理想的立宪君主制》,《国民之友》,第 200 号,第 13 卷,第 116 页。

③ 1868 年明治政府成立后,为实现民族独立,收回主权,开始逐步废除或修改不平等条约,终于在 1894 年 7 月与英国签订了《通商航海条约》,撤消了领事裁判权,日本的关税自主权也得到了部分恢复,还取得了贸易最惠国待遇,使日本"一扫三十年之污辱,跃身于国际友谊伙伴之中"。

果然如此,这种国民精神,不就是我所主张的平民主义吗?国民的精神,说到底就是主张政府与国民一道治理国家,国民的运动就是平民主义的表现。①

"国民运动就是平民主义表现",这种表述已经证明德富苏峰的转向——在他的思想中,已经没有了"平民"和"国家"的对立,也没有了贵族、士族、平民的区分和对立。他对平民主义的新理解竟然也突破了对天皇的理解:

> 天皇的心与国民的心一致、尊王心与爱国心一致、帝室与国民一致。自此三千年来世界无比的大日本国体得以发挥。而此事在今日看来,说是尊王主义大胜利之日固然可以,说是平民主义大胜利之日,亦无不可。因为二者名称不同而实质一样,其实质一样而其作用也相同。②

1894 年 7 月,中日因为朝鲜问题爆发了甲午战争,日本报纸大造战争舆论,曾主张和平与反战的德富苏峰借此彻底转向了国

---

① [日]德富苏峰:《平民的进步主义和国民的精神》,《国民之友》,1894 年 4 月。参见松本三之介著《国权与民权的变奏:日本明治精神结构》,李冬君译,北京:东方出版社,2005 年,第 107 页。

② 《德富苏峰集》,东京:筑摩书房,1974 年,第 263 页。

家主义,①追求国权,成为军国主义侵略的狂热鼓吹者,并进一步炮制出了著名的侵略主义理论——"大日本膨胀理论"②,竭力支持对外侵略战争。从 6 月份开始,《国民之友》连续刊载德富苏峰的时事评论《大日本膨胀论》,声称:"若把过去几百年的历史作为收缩的历史,那未来几百年的历史就不得不说是扩张的历史。"③

---

① 德富苏峰在自传中回忆说:"明治二十七、八年战役,无论是对日本的历史还是对我个人的历史都是重大事件。对我的一生来说,这也是一次大转机。此前我是以藩阀政府为对手战斗到最后的一个。这里之所以说到最后,是因为自议会开设前后起,原来的民权论者也往往与藩阀政府相妥协了。""然而,明治二十七、八年战役一旦发生,我将藩阀政府、萨长等所有的都忘记了,举国一致直冲清国成了当务之急,为此我牺牲了自己所持的一切。世间就这件事虽然对我有种种非难,那是出于其各自的考虑,没有办法的事情,在我自身,认为作为公众人物而立于世上,顺应大势、引领大势是理所当然的事情。况且这场战争,我等虽不以本人自居,至少是其急先锋之一。"《苏峰自传》,东京:中央公论社,1935 年,第 293—294 页。参见刘跃兵《甲午战争的日本近代思想史意义》,《日本学论坛》,2008 年第 1 期。

② 甲午战争爆发前,《国民之友》第 179 号发表了德富苏峰《大日本》一文,强调日本要有自主外交,要寻找扩张日本的途径,稍后《国民之友》189 号又发表了德富苏峰的《海国人民的思想》,提出"国民扩张"设想。德富苏峰一生出版了200 余种著作,其中《大日本膨胀论》(1894)是其对外扩张及侵华理论的代表之作。《大日本膨胀论》结集了"征清问题"的五篇文章《日本国民的膨胀性》《好机会》《日本在世界上的地位》《战争和国民》《战胜余言》,发表于甲午中日战争前后的《国民之友》杂志上,并在 1894 年 12 月结集出版。其主旨是"作为大日本的膨胀问题来论述征清",提醒"日本国民在世界各地膨胀之际,其大敌不是白色人种而是中国人种",而"日本将来的历史,无疑将是日本国民在世界各地建设新故乡的膨胀史"。在膨胀过程中他当然是希望"日(日本)胜清(中国)败"。《德富苏峰集》,东京:筑摩书房,1974 年,第 249 页。

③ [日]德富猪一郎:《大日本膨胀论》,东京:民友社,1894 年,第 1 页。

他还把与中国的战争宣传为"日本扩张的良机"①,可以洗刷被迫开国的"国史之污点"②。他鼓吹开国进取,通过战争获得战利品,既可以在国际上"与其他膨胀的各国国民处于对等的地位,在世界的大竞场上展开角逐",也可以在国内达到"巩固国民的统一,深化国民的精神之目的",从而使"三百年来收缩的日本,飞跃为膨胀的日本"。"要利用这个好机会,使国家有一个超越的飞跃,同时将自己的英名永远地镌刻在国民膨胀史的第一页。"由于"膨胀"一词正好契合日本疆土狭小、国民扩张情绪极度膨胀的心态,一时间成为日本各大报纸极力宣传的关键词、时髦语。

10 月,日军占领了九连城和安东县,在庄河花园口登陆,攻占金州、大连湾,清军在鸭绿江防线全线崩溃,25 日旅顺陷落。日本占领旅顺极大地刺激了德富苏峰的膨胀欲望,《国民之友》发表了他的《战胜余言》,鼓吹这是大日本膨胀史上值得大书特书的大事,要把旅顺划归大日本帝国的版图,然后迫使朝鲜迁都平壤,中国迁都南京。

12 月,甲午战争在威海卫激战正酣,《国民新闻》发表了德富苏峰的《征清之真意义》,大肆鼓吹战争的最终之大目的乃是日本帝国统一自卫之道,大日本向外扩张,朝鲜独立,惩罚中国,只不过是实现这一大目的的手段而已。③ 他甚至预见性地提出了日本的"南方经营策略",即"防御于北方,展开于南方,是大日本膨胀

① [日]德富猪一郎:《大日本膨胀论》,东京:民友社,1894 年,第 19 页。
② [日]德富猪一郎:《大日本膨胀论》,东京:民友社,1894 年,第 87 页。
③ [日]德富苏峰:《征清之真正义》,《国民新闻》,1894 年 1 月 5 日。

的大方针。这个方针不是我们随便制定的,而是三百年前的祖先就已创下先例。这个先例,就是适应膨胀的自然,顺应膨胀的大势,遵从膨胀的情理的先例"。德富苏峰又进一步解释说,所谓"南方的经营,就意味着占领台湾"。在俄德法"三国干涉还辽"时,德富苏峰配合政府的扩军备战政策,在报刊上大造军国主义舆论"十年磨一剑",以报"还辽"之仇。1895 年 6 月 1 日,他在《国民新闻》上发表文章,鼓吹要在五年内建立一支可以对付两个欧洲最强国在远东海军的海军力量和一倍于现有陆军常备军的兵力。从后来的日本侵略历史来看,果然在十年之后,1904 年爆发了日俄战争,日本势力急遽扩张至中国东北,1931 年"九一八事变"后建立伪满政权,1937 年发动全面侵华战争,1941 年发动太平洋战争,侵略扩张到东南亚地区,竟然与德富苏峰的设计惊人地相似。

德富苏峰的时事评论及其主办的报纸媒体影响巨大而深远——日本国民喜读《国民之友》,使得发行量常常达到数万,但是仍供不应求,只得将《国民之友》从月刊改为双周刊,再改为旬刊、周刊。诗人北村透谷虽然与德富苏峰不属同一文学社团,且与苏峰的"民友社"主张时常相左,但也不得不承认:"《国民之友》发行达数万,其影响遍及全国各地。明治年间,显示如此文墨之力者,实难有二。"①小说家正宗白鸟回忆说:

---

①   [日]北村透谷:《透谷全集》,1950—1960 年刊第 2 卷,第 250 页。转引自刘岳兵著《甲午战争的日本近代思想史意义》,《日本学论坛》,2008 年第 1 期。

　　苏峰的书读到滚瓜烂熟的程度,即便在农村亦是如此。那时候进步青年无不倾倒于苏峰。"民友社"的名字,在少年心中唤起一种清新之感。明治初期福泽谕吉氏或许有此等魅力,而我们这些在明治20年代度过少年期、具有旺盛读书欲的人,无不为"民友社"的魅力所吸引。①

　　由于全力配合战争报道,成为军国主义的狂热鼓吹者,德富苏峰抱着"举国一致对付清国是当务之急,为此我愿意牺牲我所有的一切"之理想,支持报社派出30余名随军记者向国民随时报道战况,宣传日军的赫赫战功,煽动狂热的民族情绪,甚至以社长身份,亲自到辽南地区采访,《国民新闻》因此人气大增,发行量由开战时的七千到战争结束时激增到超过两万。②

　　从主张自由民权、平民主义到支持侵略扩张、鼓吹皇室中心主义、大日本膨胀论,由代表"平民"利益,转而成为天皇势力、藩阀官僚势力的代言人,德富苏峰的这种转向,与当时日本的国内环境紧密相关,更与主流德国式国家主义思潮及德国式君主立宪体制相适应,这几乎是当时的主流知识分子、众多报界精英的集体选择。

　　换言之,国家主义已经成为这个时代的"大势"——德富苏峰及其主导的媒体《国民之友》《国民新闻》的国家主义宣传受到政府的大力赞赏。1897年8月,德富苏峰被明治天皇任命为松方内

①　[日]正宗白鸟:《正宗白鸟全集》,第6卷,东京:新潮社,1965年,第19页。
②　刘岳兵:《日本近现代思想史》,北京,:世界知识出版社,2010年,第138页。

阁的参事官;日俄战争爆发后,他更是以"国家第一,办报第二"原则沦为御用文人、政府喉舌,成为贵族院议员。甲午战争后,德富苏峰的军国主义理论几近疯狂,针对"三国干涉还辽",曾经鼓吹"平民主义"的德富苏峰竟在自传中说:

> 这次归还辽东,差不多成了决定我一生命运的事。……我确信发生这种事情毕竟是因为力量的不足,只要有了足够的力量,任何正义、公道都半文不值。①

终于,因为德富苏峰和《国民新闻》社大力支持桂太郎组织的立宪同志会,为其摇旗呐喊而引起了群众愤怒,在 1905 年的"日比谷烧打事件"和 1913 年的护宪运动中,《国民新闻》社总部两次被群众捣毁。

从中日甲午战争开始,日本帝国主义思潮逐渐形成,使得精英人士转变理想。对此,陆羯南评价说:

> 十年前我国的政界,不谈民权则非志士。如今的政界则到了只有谈国家才是志士的程度,而且所说的国家是除去了人民的国家,所以就更可谓离奇了。②

---

① [日]下中邦彦:《日本史料集成》,东京:平凡社,1963 年,第 518—519 页。
② [日]陆羯南:《国家主义的滥用》,载《陆羯南全集》,第 5 卷,东京:みすず书房,1970 年,第 335 页。

小 结

明治维新之际，文明开化为首要任务，中江兆民、福泽谕吉、德富苏峰等人大力宣传西方文明、主张自由民主，从事精神启蒙活动；及至国内时局艰难，国际形势骤变，又抛出"官民调和论""脱亚入欧论""国权皇张论"以及"皇室中心主义"等理论，力主对中国开战，对外实施侵略，这不仅是明治报人的基本特征，也是当时绝大多数日本知识分子的精神历程。

日本的对外侵略扩张思想，最早源于明治维新前的民间知识分子，即从佐藤信渊（1769—1850）、吉田松阴（1830—1859）、桥本左内（1834—1859）①开始，一直延续到福泽谕吉、德富苏峰。但

① 佐藤信渊（1769—1850）在《宇内混同秘策》（1823）中鼓吹"支那经略论"。提出"世界当为郡县，万国之君皆为臣仆"，"凡此先以吞中国始"，"安抚万国苍生，自始便是皇国君主之要务"。"凡经略异邦之方法，应先自弱而易取之地始之。当今之世界万国中，皇国易取易攻之土地，无比中国之'满洲'为更易取者……故征服'满洲'……不仅在取得'满洲'……而在图谋朝鲜及中国。"［日］神岛二郎编：《德富苏峰集》，筑摩书房，1978 年，第 173 页。［日］藤田省三编：《佐藤信渊　安藤昌益》，岩波书店，1977 年，第 426 页。吉田松阴（1830—1859）在《幽囚录》（1854）中鼓吹"补偿论"，日本"养国力，割易取之朝鲜、满洲、支那，所失于美俄者，可取偿于朝鲜、满洲之土地"。"告谕琉球，使之朝觐，一如内地之诸侯。责令朝鲜纳人质，有如古盛之时。割北满之地，取台湾、吕宋诸岛，以示渐进之势。"［日］吉田松阴：《幽囚录》。［日］藤田省三：《吉田松阴》，东京：岩波书店，1987 年，第 193 页。［日］渡边几治郎：《日本战时外交实话》，东京：千叶书房，1937 年，第 7—8 页。桥本左内（1834—1859）认为，"如不兼并中国、朝鲜的领土，日本就难以独立"。［日］黑龙会：《东亚先觉志士传》（上），东京：原书房，1977 年，第 9 页。

是,佐藤、吉田、桥本等人的对外侵略思想,囿于时代和传播工具,在当时社会各阶层,特别是在下层群众中的影响力还十分有限;加上时机未到,在政府决策中并没有产生太大的推动作用。然而福泽谕吉和德富苏峰的情况则大有不同。福泽谕吉的对外侵略思想主要刊登在其主办的《时事新报》上。由于《时事新报》发行量大,社会影响力大,福泽谕吉的侵略思想和言论对当时整个日本社会对外侵略扩张舆论的形成、国民思想的教育引导,特别是对日本政府侵略政策的制定,都起到了推动作用。

　　日本人称福泽谕吉为"日本的伏尔泰",认为其一生对日本功绩有四:一是"以著述教导全体社会";二是"创设学塾,造就人才";三是提倡演说和辩论,巩固民权政治;四是创刊新报,普及新知,拥护公论。其实按其"功绩",福泽谕吉一生可以分为两个阶段,并以1882年创办《时事新报》为界。前一阶段,他致力于著述、教育,革新日本社会,引进西方思想,宣传西方文明,向民众解释应当如何理解和利用西方国家体系自是其主要功绩;后一阶段,他影响舆论,主张"国权皇张",全力支持政府侵略朝鲜和中国,充当了侵略理论的鼓吹者和侵略舆论的制造者角色。以此两个阶段观之,当福泽谕吉顺应时势从"对内启蒙"转向"对外启蒙"时,他的立论自然也由主张"民情一新"而转向"官民同调"。①1885年3月16日福泽谕吉在《时事新报》上发表《脱亚论》,成为日本选择侵略路线的思想背景。学界曾经毫不怀疑地认为:"'脱

---

① 　[日]松泽弘阳:《近代日本思想史》,东京:放送大学教育振兴会,1993年,第42页。

亚论'的'脱亚'，否定了日本同亚细亚诸国的连带，主张的是帝国
主义。"①

　　尽管在最近几十年来，上述观点在日本学界的影响逐渐减
弱，赞成福泽谕吉思想在主要层面上具备文明启蒙的意义或作用
的学者增加，他们主张福泽谕吉精神引领近代日本摆脱传统主
义，完成了向近代价值体系的转换，福泽谕吉是一位"伟大的启蒙
运动家"。② 但是，他们认为启蒙自由与鼓吹侵略并不矛盾，这丝
毫不能影响福泽谕吉为实现日本富国强兵之目的而成为军国主
义理论家。因为在福泽谕吉思想的深处，由于接受西方国家条约
体系，所以形成了其作为后进国启蒙主义特征的思想体系。为了
完成国家"独立"，即日本国家的最高利益，在主张全盘接受西洋
文明的同时，蔑视亚洲文化传统并强调模仿西欧的亚洲政策，是
其自然的归宿。③ 福泽谕吉的思维脉络正如其在 60 岁诞辰庆贺
晚会上的坦言：将长年在无知识状态中昏睡的"无气力的愚民"变
成洋洋大观的"新社会"的担当者国民，将奉行锁国主义的"东洋
小国"变化为充满活力的独立国是自己一生的"作业"。④ 对日本
来说，从侵略朝鲜、中国，进而发动日俄战争、全面侵华战争、太平

① ［日］河原宏、藤井升三编集：《日中关系史基础知识》，东京：有斐阁，1974 年，
　　第 64 页。转引自周颂伦《福泽谕吉思想的日本主义特征》，《古代文明》，2008
　　年第 4 期。
② ［日］西川俊作、松崎欣一：《福泽谕吉论的百年》，东京：庆应义塾，1999 年，第
　　103 页。转引自周颂伦《福泽谕吉思想的日本主义特征》，《古代文明》，2008 年
　　第 4 期。
③ 周颂伦：《福泽谕吉思想的日本主义特征》，《古代文明》，2008 年第 4 期。
④ ［日］福泽谕吉：《福泽谕吉全集》，第 15 卷，东京：岩波书店，1971 年，第 336 页。

洋战争,都是其不可避免的大和民族发展战略。

　　通读《福翁自传》,很难得到福泽谕吉是作为一个政治学者而展示其社会活动的印象,事实上福泽谕吉一生从事的事务,就是一个专门为国家政策设计方向的"政治诊断医生",[1]为军事扩张摇旗呐喊的责任人,其对亚洲的偏见与蔑视,极大地影响了日本民众的心理,他在《时事新报》上开满"发展国权主义的药方",成为日本侵略扩张的思想根源和舆论基础,更是日本侵略亚洲路线的基本设计者,"日本近代第一位军国主义理论家","现今日本政治右倾化思潮的总根源"。

　　德富苏峰开始感到自己不能与自由民权运动相结合,是在1881年前后。他对"名为民权,而其实是国权"的论调颇为不适,并宣称自己虽然是"民权论者",但也是"彻底反对武力主义者"。[2]

　　然而"彻底反对武力主义者"德富苏峰并没有转变为和平主义者,而是迅速与当时居于主流地位的德国式国家主义思潮及德国式君主立宪体制相适应,在甲午战争爆发后完全地转变为军国主义狂热鼓吹者。他完全认同福泽谕吉对中日甲午战争"文野之战"的评价,并进一步明确说这场战争的意义乃是接受了西洋文

---

[1]　[日]福泽谕吉:《福翁自传》,东京:讲谈社,1975年,第280页。转引自周颂伦《福泽谕吉思想的日本主义特征》,《古代文明》,2008年第4期。

[2]　[日]德富苏峰:《苏峰自传》,中央公论社1935年,第154—155页。[日]松本三之介:《国权与民权的变奏:日本明治精神结构》,李冬君译,北京:东方出版社,2005年,第94—95页。

明的日本教育了野蛮落后的中国。① 他声称举国一致对付清国是当务之急,为此愿意牺牲自己的一切,并派出了 30 余名随军记者,大力宣传日本军人的赫赫战功,极力鼓动狂热的民族情绪。作为报社社长,德富苏峰甚至亲自到中国的辽南地区采访,当"俄德法三国干涉还辽"时,德富苏峰愤慨至极,用手帕包起旅顺口的泥土,以此作为曾一度占领之的纪念。并在报刊上大造"十年磨一剑",必报"还辽"之仇的军国主义舆论,积极配合政府的扩军备战。

德富苏峰是继福泽谕吉之后的日本近代"第二大思想家",他提出的侵略中国、侵略亚洲之思路,与福泽谕吉等人基本吻合;他鼓吹的"皇室中心主义"极具侵略性,其思想体系完整地显示了日本天皇制军国主义的发展过程。福泽谕吉创办的《时事新报》和德富苏峰创办的《国民新闻》等媒体,虽然标榜"独立",但实际上是日本军国主义政府的喉舌,宣传、辩护、美化政府的侵略行为,疯狂鼓吹军国主义,在国民中制造支持战争的氛围和鄙视中国的情绪,使得社会各阶层一致支持政府对中国的侵略政策。新闻记者清泽洌在《暗黑日记》中评价德富苏峰:"德富苏峰和本多熊太郎②……这两个人比任何人都更要对开战一事负责。舆论界首推德富,外交界首推本多。"③可以说,福泽谕吉、德富苏峰等明治精英们对动员国民参加战争、忍受痛苦和牺牲起到了非常重要的

---

① 　[日]德富猪一郎:《宣战布告的好潮合》,《国民新闻》,1894 年 7 月 31 日。

② 　本多雄太郎(1874—1948),对美强硬派的外交官。

③ 　[日]清泽洌:《暗黑日记》,1943 年 10 月 19 日。

作用。

对自由民权运动具有"反感情绪"的还有"东洋的卢梭"——中江兆民。他与德富苏峰有着相同的体验——清醒地认识到在那些"摇唇鼓舌，苟图一时之快"的"矫妄诡激之徒"身上，还存在着一些旧时代的东西。因此中江兆民提出要以关心民生的新政治家，即所谓"学术渊博，练达时务"之士，来取代旧的"矫妄诡激之徒"。他反对自由民权运动的分化，始终强调民权运动内部各派，无论激进者，还是渐进者，都要协调各自立场，结成统一战线。

但是，中江兆民在自由民权运动中并没有成为帝国主义者，而是作为一名和平主义者给自由民权运动的发展带来了划时代的变化。他没有盲从于风靡一时的"脱亚入欧"论，也对一浪高过一浪的国家主义思潮冷眼旁观和深入思考，他始终认为：

> 民权是个至理，自由平等是个大义。违反了这些理义的人，终究不能不受到这些理义的惩罚。即使有许多帝国主义国家，也终究不能够消灭这些理义。帝王虽说是尊贵的，只有尊重这些理义，才能因此而保持他们的尊贵。假使用新闻记者的口气来说，日本用嘴的人和用手的人很多，而缺乏用脑的人。①

因此，他才感叹日本没有哲学：

---

① ［日］中江兆民：《一年有半　续一年有半》，吴藻溪译，北京：商务印书馆，1997年，第32页。

没有哲学的人民，不论做什么事情，都没有深沉和远大
的抱负，而不免流于浅薄。(中略)他们意志薄弱，缺少魄力
的重大病根，也就正在这里。他们没有独创的哲学，在政治
方面没有主义，在党派斗争方面不能够坚持下去，其原因实
际就在这里。①

在中江兆民看来，福泽谕吉和德富苏峰等人正是这种"浮躁
和轻薄"的文人。虽然他也推崇福泽谕吉和德富苏峰，但是中江
兆民既批判福泽谕吉的"官民调和论"，也批判德富苏峰的"乡间
绅士论"，他坚持以"国会主权论"表达自己的自由民权理念和改
良政治的观点。② 1890 年 7 月，中江兆民首次当选为众议院议
员，但在预算问题上立宪自由党土佐派与政府妥协，中江兆民愤
而在《立宪自由报》上发表短文《冷血动物的陈列场》，对哀求政
府同意、唯命是从、失信天下、失信后世的议会和议员不屑一顾，
当选三天便辞去了自己的众议员议员职务。③

明治维新后，日本进入了一个新时期，日本的侵略理论也呈
现出了新形态。即由此前的"纸上谈兵"——在书斋里提出侵略
主张和实施方略，演变为实实在在的侵略理论——如福泽谕吉大

---

① ［日］中江兆民：《一年有半　续一年有半》，吴藻溪译，北京：商务印书馆，1997
年，第 16 页。
② ［日］中江笃介：《中江兆民全集》，第 19 卷，东京：岩波书店，1983 年，第 175—
186 页。
③ ［日］中江兆民：《冷血动物的陈列场》，《立宪自由报》，1892 年 2 月 21 日。

力宣传的"东洋盟主论"和"脱亚入欧论"、德富苏峰极力主张的"大日本膨胀论"，并与侵略战争形成了极为密切的互动。福泽谕吉、德富苏峰等民间知识分子看到了报纸媒体的巨大影响力，自办报纸、自撰评论，虽然标榜"独立不羁""不偏不党"，但是却依靠报纸密切联系民众、影响民众政治倾向，树立了舆论领袖的地位；其鼓吹侵略扩张的言论在日本知识界具有代表性。

从民主政治的推动者到鼓吹专制、发动战争的帮凶，报纸传媒给其侵略思想插上了翅膀，以舆论领袖的影响力致力于战争动员，影响政府决策，影响了一个时代。

第三章　战争时期：报界的政治动员与宣传战

　　日本报界参与对外侵略战争，最早可追溯至 1874 年出兵侵略台湾，《东京日日新闻》从军记者岸田吟香①跟随日军，向国内报道台湾风物和士兵状况。报界开始充当国家主义的旗手，岸田吟香是有据可查的日本第一个从军记者。② 此后，在近代史上日

---

① 如前所述，岸田吟香曾在幕末时期协助美国传教士赫邦、日裔美国人约瑟夫·西格创建《和英语林集成》《海外新闻》，是日本最早的非官方日文报纸。1873 年加入《东京日日新闻》，后成为报纸主笔，以"平明达意"的文章赢得名气，时人将"岸田吟香的杂报、福地樱痴的评论、成岛柳北的杂录"并称，深受民众喜爱，岸田吟香还被称为"伟大的先觉者"。参见［日］春原昭彦著《日本新闻通史》，东京：新泉社，1985 年，第 31—32 页。

② 日本从军记者的历史相当悠久，日本媒体参与战争报道的历史比之更早，1873 年 10 月"征韩论初露头角"时，就有《东京日日新闻》《新闻杂志》发表"征韩论"文章，甚至在更早的 1872 年 3 月，横滨《先驱报》报道了朝鲜对日本人的"无理残暴的对待"，英国人布拉克的《日新真事志》刊载了一封伪造的朝鲜国致日本政府的国书，称"我朝鲜虽是小国，但敢致函贵国说西洋夷狄乃野兽也，（中略）吾人深望贵国联合同盟诸夷向我国派遣海陆大军。为使贵国及其友邦的攻击方便起见，吾人将以釜山为战场，清扫以待。（中略）日本一定要来侵略朝鲜，不然，朝鲜只有侵略日本了"。战争是最大的新闻，由于岸田吟香的从军报道，《东京日日新闻》的销量增长了五成。参见［日］井上清《军国主义和帝国主义》，尚永清译北京：商务印书馆，1985 年，第 74、78 页。［日］铃木健二：《战争和报纸》，东京：每日新闻社，1995 年，第 16 页。［日］铃木健二：《国家主义和大众传媒——日本近代化过程中新闻的功与罪》，东京：岩波书店，1997 年，第 111—112 页。

本发动的历次侵略战争中,均可见到日本报纸媒体和从军记者的身影:从侵略台湾、出兵朝鲜、发动甲午战争和日俄战争,直到第一次世界大战、发动全面侵华战争和第二次世界大战,日本报界和从军记者均积极参与并周密策划、组织了很多大规模的战地报道,根据政府和军部的指令发布战况,控制、引导社会舆论,"满足"民众对战争信息的需求;竭力宣扬"国权皇张""举国一致""奔赴国难",通过煽动国民的战争意识、扩张意识,最大限度地发挥了战争宣传、战争动员作用。在这段战争时期,日本报界和政府的关系进入了"第二次蜜月期"①。

甲午战争前,甚至从 1873 年开始,《新闻杂志》《东京日日新闻》《东京曙新闻》《评论新闻》等媒体中,②就刊载了大量的政治家、论客和学者、商人的"征韩论",其中参议木户孝允的建白就主张"用兵海外",征讨中国和朝鲜,只是要分清当前形势的轻重缓急。

陆羯南任主笔的《日本》也在甲午战争前连日登载大力支持对外强硬派的社论,如《对外策阶梯》《无为的政府》《对外硬精

神》《对外软即对内硬》等，攻击政府"对外软即对内硬"的施政精神。① 日俄战争时期，日本报界绝大多数新闻媒体均积极支持政府对外侵略扩张政策，待战争获胜后又有媒体为攫夺更多的利益而竭力反对与俄国媾和，各报社根据"自身的期望"在日俄谈判之前甚至拟定了疯狂的"媾和条件"。如割占俄国的沿海州及库页岛、索要战争赔偿 30 亿元等，②报界对外扩张的欲望已经超越了军方和政府。

　　传媒是社会政治的晴雨表。1914 年 7 月 28 日，第一次世界大战爆发，日本各媒体纷纷派遣记者随军采访，其中《朝日新闻》先后派驻英记者 3 人，驻美记者 3 人，驻俄记者 2 人，驻法记者 1 人，《时事新报》派遣驻英记者 2 人，驻俄记者 1 人。同年 8 月 23 日，日本政府发表声明，宣布站在英法一边，对德宣战，日本报纸大都支持政府立场，并支持政府乘机抢夺德国在中国山东省的权益。日军进攻青岛时，《朝日新闻》和《大阪每日新闻》派遣文字和摄影记者赴战地采访，通过报道战争的进展，密切关注国际形势的变化。③ 到 1937 年全面侵华战争爆发时，日本的新闻记者与军队中的士兵一样佩戴肩章、跨上战刀走上前线，报纸媒体参与战争动员，已经被牢牢地绑定于政府对外侵略扩张的战车上。

---

① ［日］远山茂树：《陆羯南的外政论》，载于《横滨市立大学论丛》，第 24 卷 2、3 号。转引自［日］远山茂树著《日本近现代史》，第一卷，邹有恒译，北京：商务印书馆，1983 年，第 119 页。

② ［日］片山庆隆：《日俄战争和报纸》，东京：讲谈社，2009 年，第 177 页。

③ 郑超然、程曼丽、王泰玄：《外国新闻传播史》，北京：中国人民大学出版社，2000 年，第 413 页。

　　"七七事变"后,《大阪每日新闻》《东京日日新闻》《大阪朝日新闻》《东京朝日新闻》等报纸纷纷向民众广泛征集军歌,动员民众的战争热情,并一直持续到战争后期,以《东京朝日新闻》和《大阪每日新闻》为例,征集发表的军歌情况参见下表:

《东京朝日新闻》和《大阪每日新闻》征集发表军歌统计①

日期	媒体	征集发表的军歌
1937 年 12 月	《东京朝日新闻》	《皇军大捷之歌》
1938 年 3 月	《大阪每日新闻》	《日之丸进行曲》
1938 年 12 月	《东京朝日新闻》	《对皇军将士感谢歌》 (同时入选的还有《父亲啊,你是最强的》《感谢士兵》)
1939 年 3 月	《大阪每日新闻》	《太平洋进行曲》
1940 年 4 月	《东京朝日新闻》	《防空之歌》
1940 年 7 月	《大阪每日新闻》	《国民进军歌》
1940 年 9 月	《东京朝日新闻》	《日本航空之歌》
1941 年 12 月	《大阪每日新闻》	《大东亚决战之歌》(《兴国决战之歌》)
1942 年 8 月	《东京朝日新闻》	《勤劳报国队之歌》
1943 年 7 月	《东京朝日新闻》	《阿图岛血战勇士彰显国民歌》

　　在报界铺天盖地宣传中国人"暴戾""排日"中,日本国民被鼓动起来:懵懂无知的小学生们在老师的带领下,为战争捐出了

---

① [日]奥武则:《大众新闻和国民国家——人气·投票·慈善·丑闻》,东京:平凡社,2000 年,第 234—235 页。

自己的零花钱,并争先恐后地给出征的士兵写慰问信;深受毒害的青年们则立志出征中国东北,或竞相参军入伍,发誓"膺惩中国",甚至在不能如愿时宁肯选择自杀身亡①;就连一向在家庭"主内"的日本妇女也走上街头参与各种社会活动,恳请她们在腰带上穿上一针,在一天内赶制出"千人针"赠送给自家即将"出征"的军人,以鼓舞士兵的战斗意志。

在战争后期,日本人力匮乏,"为了国家生吧!繁殖吧!"成为战时政府人口政策的核心。为贯彻"结婚报国""育儿报国"的国策,媒体宣传"国力的基础在于国民的人口",接连发表"早婚名人促进结婚座谈会""战时促进结婚座谈会"等消息和文章。尤其是与伤残军人结婚被作为"美谈"大肆报道。"成为这些勇士的妻子,做他们的杖、他们的柱而度过一生"成为"最崇高的任务"。②在"为了国家生吧!繁殖吧!"国策下,战时日本的"美人"标准是能"增殖人口、健康美、多生孩子"的"翼赞美人"。报界甚至发布所谓的"充满健康美多产型翼赞美人十项标准"③。"宝宝部队"

① "九一八事变"爆发后,有两名第八师团的士兵因为没有被选派到满洲而选择了自杀。大阪一名24岁的青年因为未被选派出征满洲,也从新世界通天阁上跳下自杀了。[日]日本历史学研究会编:《太平洋战争史1　满洲事变》,东京:东洋经济新报社,1954年,第333页。
② 《周报》第292号,见总合女性史研究会编《日本女性生活史·近代》,东京:东京大学出版社,1990年,第209页。转引自李卓著《日本近现代社会史》,世界知识出版社,2010年,第343页。
③ 《中外商业》,1941年1月21日。[日]入江德郎等:《新闻集成·昭和史的证言15》,东京:本邦书籍,1985年,第40页。转引自李卓著《日本近现代社会史》,北京:世界知识出版社,2010年,第344页。

成为宣传语,"恭喜,又是一个战士!"成为时髦话语。

1932 年 3 月,大阪妇女组成了"国防妇人会"在"铳后"支持战争,到 1934 年 12 月已经有 123 万会员,1935 年 12 月达到了 255 万人。[①] "铳后"妇女们在报界的宣传鼓动下,有的积极与出征士兵结婚;有的积极参加军事训练,随时准备出征;有的在学校改造成的军工厂里生产各种军需品和武器。积极开展迎送军人、写慰问信、募集资金等军事援助活动,还开展了资源回收运动和爱国储蓄运动、家庭报国运动等。[②] "国防妇人会"在精神上支持战争体制,对日军士兵起到了巨大的激励和鼓动作用,报界的宣传战"功效"可见一斑。

第一节　甲午战争和日俄战争时期:报界的政治动员

在 19 世纪末期的国际社会中,如何保证国家安全和平等,免遭西方殖民,日本得出的结论是:"要么加入西方阵营,成为'餐桌客人'中的一员;要么便是同中国和朝鲜一样,沦为一块任人宰割的鱼肉。"[③]于是,山县有朋在 1890 年就抛出了所谓"主权线"和

---

① ［日］藤井忠俊:《国防妇人会》,东京:岩波新书,1985 年,第 63 页。

② 蒋立峰、汤重南主编:《日本军国主义》,石家庄:河北人民出版社,2005 年,第 589—592 页。

③ ［美］路易斯·杨:《日本大帝国:满洲和战时的帝国主义文化》,伯克利:加利福尼亚大学出版社,1998 年,第 21 页。转引自［美］康拉德·希诺考尔、大卫·劳瑞、苏珊·盖伊著《日本文明史》,袁德良译,北京:群言出版社,2008 年,第 197—198 页。

"利益线"的国家防卫主张。甲午战争是日本近代史上第一次举全国之力发动的对外侵略战争,即是所谓的"主权线战争",其以小胜大、以弱胜强、一举战败老大帝国的意义在于:日本迅速从东洋小国一跃而为东亚乃至世界强国,并进一步地对使用战争手段来谋求国家发展资源和生存空间深信不疑。

当报界与战争密切联系,其作为政治的工具为战争"冲锋陷阵"时,报纸媒体的政治动员功能被无限放大,已然成为重要的战争武器。

一、甲午战争时期: 报界的战争动员与从军记者战况报道热潮

(一)报界的战争动员

明治维新之后,日本朝野对于中国的蔑视情绪日渐增强。这在 1875 年 9 月的自由民权派报纸《朝野新闻》中已经有所披露:

> 现在随着我日本帝国之开化进步,已经超过了顽愚的支那,凌驾于固陋的朝鲜。不仅如此,这也是我国蔑视支、朝两国,自诩为东洋霸主的资本。①

---

① [日]《朝野新闻》,1875 年 9 月 29 日。转引自史桂芳著《近代日本人的中国观与中日关系》,北京:社会科学文献出版社,2009 年,第 71 页。

1884 年 12 月朝鲜"甲申政变"后,日本朝野对中国政府出兵平定叛乱极度愤怒,在舆论上则表现为报界极力煽动政府和国民对中国开战。政论杂志《近事评论》在《决不容中国干涉》一文中主张:

> 如果中国果真干涉我,则我一步亦不能稍让,若不幸因此而与彼轻启战端,则我辈国民固当竭尽义务,且应冀赞我政府……①

1885 年 3 月,福泽谕吉更是在《时事新报》上抛出蔑视中国的《脱亚论》。② 这篇"从传统到现实全部对中国的宣言",措辞强硬地提出了"日本与中国文化和中国文明彻底决裂的极端主义战略",③可以视为日本对中国、对亚洲秩序的正面挑战。

1894 年 6 月 6 日,《邮便报知新闻》社论继续大肆鼓吹日本帝国必须援助朝鲜,并宣传要有坚决维护其国体之决心来保障朝鲜的独立。报界始终没有忘记并时常提起对外侵略扩张论,主张对中国采取强硬态度,以至于在"日清战争风云渐急,主张对外强硬的新闻记者早早地就在东京及大阪等地集会,主张对外强硬论,

---

① 周彦:《甲午战前日本总体战准备》,《北洋海军研究(3)》,天津:天津古籍出版社,2006 年。

② 参见第二章第二节《福泽谕吉与〈时事新报〉》。

③ 严绍璗:《20 世纪日本人的中国观》,《岱宗学刊》,1999 年第 2 期。

达到了连日发表开战社论的程度"①,并在 6 月 9 日的集会上做出了"我们以自主外交的精神为君国鞠躬尽瘁。出席今天的大会的报纸、杂志社的记者宣言誓守同盟"②的决议。1894 年甲午战争爆发前,报纸的论调大都集中在两点:一是极力宣传维护朝鲜独立,把朝鲜从中国控制下解放出来,"朝鲜独立论"已经成为日本参与东亚大国间的政治角逐的切入点;二是宣传日本是文明国家,中国是野蛮落后国家,日本对中国的战争是文明与野蛮的战争。报界广泛宣传"朝鲜独立论""义战论""文野之战论",并宣称这场战争具有"正义性质"和"圣战性质",使整个社会舆论中的战争氛围风起云涌。

日本报界营造不惜"对中国一战"的跃跃欲试态度,其中最具影响力的《朝日新闻》《读卖新闻》《国民新闻》《时事新报》等大众媒体开动宣传机器刊载了大量的时事报道和新闻评论,发表了如福泽谕吉、内村鉴三、德富苏峰等著名知识分子、启蒙思想家的"时局看法"。他们认为明治维新后的日本已经变成文明国家,而作为老大帝国的中国却仍然是野蛮落后国家的代表,因此文明的日本有责任在东亚实施文明的输出,将朝鲜从野蛮中国的控制下解放出来。其中,最为著名的是甲午战争爆发后的 1894 年 7 月

---

① ［日］美士路昌一编:《明治大正史・言论篇》,东京:朝日新闻社,1930 年,第192 页。

② ［日］山本文雄编著:《日本大众传媒史(增补版)》,诸葛蔚东译,桂林:广西师范大学出版社,2007 年,第 65 页。

29 日,《时事新报》发表福泽谕吉的评论文章《日清战争是文明与野蛮的战争》,认为甲午战争是"文明开化进步者与妨碍进步者之战,而绝不是两国之争",因此作为一场"文明与野蛮之战",是"为了推进文明进行的战争"。① 福泽谕吉在文章中甚至分析了战争应采取的策略、战后如何要挟中国割地赔款等等,并提出了具体的建议,还亲自担任军费募捐活动发起人的总代表,引导民众为战争捐款。同年 8 月 1 日,《时事新报》刊登了福泽谕吉的《表诚义金》募捐广告,并亲自为战争捐款 1 万日元。② 在日本各界掀起的"军资献纳运动"和"义捐运动"中,三井八郎右卫门、岩崎久弥、涩泽荣一等实业家组成了报国会,积极参与组织筹集军费;议会也改变与政府对立的立场,在开战后通过了巨额战争预算,以支持战争。

此时的德富苏峰已经从主张平民主义、坚持资产阶级民主思想、反对藩阀特权、大力支持自由民权运动,转向了主张国家主义、积极支持对外侵略战争。他在自己主办的《国民之友》上发表了最为著名的侵略主义言论《日本国民的膨胀性》,鼓吹"开国进取""日本膨胀的时代",乃是目前日本最大的国是。③ 此外,1894

---

① [日]福泽谕吉:《日清战争是文明与野蛮的战争》,《时事新报》1894 年 7 月 29 日。参见[日]庆应义塾编《福泽谕吉全集》,第 14 卷,东京:岩波书店 1961 年,第 491—492 页。

② 当时全日本捐款在万元以上的也只有 5 人。

③ 参见第二章第三节《德富苏峰与〈国民新闻〉》。

年8月23日,《国民之友》还发表了基督徒内村鉴三①题为《日清战争之义》的文章。

内村鉴三从基督教理论出发,视甲午战争为"东洋进步主义战士"——日本发动的解放朝鲜的"义战":

> 支那因为朝鲜的弱小无能,而欲使其永为自己之依附国,吾览外交之历史未有如此卑劣之政略,如残虐的娼家对待无助的可怜的少女时常使用的手段。

> 我们坚信日清战争我方是正义之战。此义不是法律意义上的义,而是伦理意义上的义……人是为永久和平而战,上天会同情我在此正义之战中牺牲的将士。日本国民还从未有过实现此等崇高目标的行动,我们希望大家团结一致,共同对敌。

> 吾国之目的在于惊醒支那,使知其天职,使彼与吾人协力从事东洋改革事业。我们如此希望和平,但是1882年之后,中国对我国的行为如何呢? 在朝鲜常常干涉其内政,妨害我国对其所作的和平政略,不只从正面对我加以凌辱,我国要开化朝鲜他们则要锁闭它,他们对朝鲜课以满洲的制

---

① 内村鉴三(1861—1930),基督教无教会主义创始人。高崎藩士之子,生于东京。札幌农学校毕业,在校时加入基督教。曾任开拓使御用挂、农商务省嘱托等职,后赴美就读于阿麻斯特大学。1801年任第一高等中学嘱托教员时,因拒绝拜读《教育敕语》而被解职。后任《万朝报》记者,反对日俄战争,主张"非战论"。参见[日]竹内理三等编《日本历史词典》,沈仁安、马斌等译,天津:天津人民出版社,1988年,第357页。

度,永远作为属国来维持,像中国自身为世界上的退隐国那样,要朝鲜也仿效其例以使之对抗世界之进步。①

在《论在世界历史中的日支关系》中,内村鉴三进而分析说,当前日、中两国的关系是代表新文明的小国与代表旧文明的大国间的关系,是在人类进步的历史中两国相对立最终演变为武力冲突的一个实例而已。因此,他得出结论:"中日冲突是不可避免的,在二者的冲突中日本的胜利代表人类总体的利益,是世界进步的必要。"在《日清战争目的为何?》中,他又声称:"吾人是作为亚细亚的救主而面临此次战争的。"②《福音新报》也刊载了另一位基督徒植村正久的文章《要把日清战争作为精神问题》,宣传战争的正义性:

---

① ［日］内村鉴三:《日清战争之义》,《国民之友》1894 年 9 月 3 日。［日］内村鉴三:《内村鉴三全集》,第 3 卷,东京:岩波书店,1982 年,第 104—112 页。

② 但是甲午战争结束后,内村醒悟到"义战"骗局,《国民之友》又发表了他的《时势之观察》(1896 年 8 月 15 日):"他们将甲午战争作为义战来倡导,而像我们这些傻子,认真地接受他们的宣言,我还直接以欧文写出《日清战争之义》而诉诸世界,日本的政治家与新闻记者会在心里窃笑说:'善哉他这样的正直者',所谓义战、所谓名义,为他们那些聪明人所不惮公言……而战局结束,处于战胜国的位置,其主眼却置邻国的独立而不问,新领土的开凿、新市场的扩张占据了整个国民的注意力,片面地十二分地汲汲收取战胜的利益,义战,如果确实是义战的话,为何不牺牲国家的存在而战? 日本国民如果是仁义之民为什么不重视同胞中国人的名誉? 为什么不致力于对邻国朝鲜的诱导? 我辈之悲叹在于我国民之不诚实、在于他们不相信义而倡导义、在于他们对邻国的深切只是挂在嘴上而不是发自心里、在于他们的侠义心之浅薄。"见《内村鉴三全集》,第 3 卷,东京:岩波书店,1982 年,第 233 页。转引自刘跃兵著《日本近现代思想史》,北京:世界知识出版社,2010 年,第 134 页。

日清战争的真正动机,是新旧两种精神的冲突。为了迈入新文明,日本即使在流血,也要扬眉吐气地向天地神明告白我们的国策。这次战争是大日本帝国自我意识到进取的天职,并将这一天职向全世界披露的机会。①

甲午战争时期,日本报界的政治动向可用一句话来概括,即"国内政治论争顿然化解,新闻界也转向民族主义,鼓吹'爱国心',主张强硬外交"②,国内整体舆论呈一边倒趋势——煽动举国战争狂热,鼓吹"义勇奉公"。

(二)从军记者的战况报道热潮

甲午战争时期,《东京日日新闻》《国民新闻》《每日新闻》《大阪每日新闻》《读卖新闻》《二六新闻》《中央新闻》《邮便报知新报》等报纸在政府和军部支持下,踊跃派出从军记者,活跃在各地的战场上报道战况。有资料统计,日本全国共有66家新闻社派

---

① [日]植村正久:《要把日清战争作为精神问题》,《福音新报》1894年11月9日;《植村正久著作集》,第2卷,第186页。转引自[日]松本三之介著《国权与民权的变奏:日本明治精神结构》,李冬君译,北京:东方出版社,2005年,第138页。

② [日]山本文雄编著:《日本大众传媒史(增补版)》,诸葛蔚东译,桂林:广西师范大学出版社,2007年,第65页。

遣了从军记者。① 在 1894 年 7 月至 1895 年 11 月间,共有 114 名
从军记者、4 名摄影师走上战场;1894 年 7 月至 1895 年 7 月,还有
从军画工 11 人在战地观战,近距离描绘战争场面,②如画家久保
田米仙作为画报的从军记者,把战争场面画在了《国民新闻》上。
《大阪朝日新闻》社也派出 20 名左右从军记者,在朝鲜汉城、仁
川、釜山等地还派出特派记者,包括山本中辅、西村天囚、横川勇
治等著名记者,数量为各报之首;其次是《国民新闻》社,德富苏
峰、松原岩五郎等均是该报社最著名的从军记者。从军记者的报
道内容大部分是宣传日军英勇进击,清军不堪一击;日军对当地
百姓和俘虏仁爱有加等,目的是鼓动起日本国民的爱国心、宣扬
战争的"正义性",最大限度地争取国民的支持

在政府和军方的组织安排下,这些从军记者分别跟随海军和

---

① 中国方面有外国记者参加,如清军方面的外国记者《香港孖剌新闻》(*Hong
Kong Daily Press*)的战地通讯员肯宁咸(Afred Cunningham)、路透社记者史蒂
文·哈特(Stephen Hart)。肯宁咸著 *The Chinese Soldier and other Sketches*(《水路
华军战阵志》),其第三篇关于威海卫之战部分,由李鼎芳译为《肯宁咸乙未威
海卫战事外纪》,发表于 1935 年 5 月 3 日《史地月刊》,并被收入丛刊《中日战
争》(六),上海:上海书店出版社 2000 年,第 318—324 页。又见丛刊续编《中
日战争》(11),北京:中华书局 1996 年,第 503、651 页;[日]大谷正:《近代日本
的对外宣传》,见郭富纯主编:《永矢不忘》,长春:吉林人民出版社,2002 年,第
161—164 页。

② [日]美士路昌一编:《明治大正史·言论篇》,东京:朝日新闻社,1930 年,第
194 页。

陆军行动,并受到军队的严格控制。① 在陆海军从军记者中,以陆军省的从军记者最为有名,其中第五师团混成旅团就有 32 名从军记者。② 跟随日本第一军采访的从军记者写了《从军记》,西村天囚写了《征清战记》,战地通讯《入韩日录》《观战日记》等均有很大的影响力。战争报道的电报,有时竟占据《东京朝日新闻》的第一版全部版面;《大阪朝日新闻》登载的战报也占到两个整版,极力鼓吹日本的"胜利"。③ 海军从军记者横川勇治登上了水雷艇写下了系列战记,松原岩五郎跟随骑兵侦察兵报道的战地新闻也受到日本国民的普遍欢迎。此外还有国木田独步④作为《国民新闻》的特派员登上了千代田舰,开辟了"爱弟通信"专栏,"浪

① 为规范从军记者的行动,1894 年 8 月中旬,大本营制定了记者从军规则,对从军申请手续、从军许可证交付手续及申报去朝鲜的手续和从军注意事项等做出详细规定,如从军记者的报道及活动必须在战地高等司令部监视将校的监督下进行。为避免新闻报道泄露作战计划,陆海军两省均发布命令,禁止刊登有关当前军队、军舰移动和军事战略事项;并发布了紧急敕令,严格实行新闻检阅制度,这是日本首次实行军事检阅制度。

② 周彦、赵丽娟:《浅谈甲午战争时期日本当局对新闻的控制》,转引自周彦、李海著《江桥抗战及近代中日关系研究》,长春:吉林人民出版社,2005 年,第 536 页。

③ 因为大量报道战争新闻,1894 年,大阪《朝日》突破 11 万份。这年 1 月 26 日,东京《朝日》的社论说:"我大阪《朝日》创立以来,阅十有七年……面目一新……"参见邵加陵《村山龙平和〈朝日新闻〉》,《社会科学战线》,1985 年第 4 期。

④ 国木田独步(1871—1908),幼名龟吉,又名哲夫。曾参加《文坛》《早稻田评论》编辑工作。1892 年入德富苏峰的民友社,后以国民新闻社从军记者身份登上军舰,在《国民新闻》上做专栏连载《爱弟通信》。1895 年,辞去记者职务,参加编辑《国民之友》,后入报知新闻社,再入星亨任编辑长的民声新报社,再接手独步社等,是近代日本著名的媒体人。

速"军舰上也有《中央新闻》的水田荣雄等从军记者进驻。①

摄影记者龟井兹明②随日军第二军乘船渡海到旅顺地区采访，就有记者七八人同行。在大同江口，龟井兹明还与其他记者一同合影留念：

偶遇参谋长陆军步兵大佐大寺安纯君也加入记者一行并站在中央。列于其左右的有：东京日日新闻记者甲秀辅氏、开化新闻记者小崎文治郎氏、中外商业新报记者永原铁三郎氏、东京通信社辻英太郎氏、日本新闻记者末永纯一郎氏、中央新闻记者大冈力氏、新朝野新闻记者山口明氏、朝日新闻记者山本忠辅氏、自由新闻记者川上参次郎氏共9人。③

除了为数众多的从军记者，还有其他战争参与者的记录和纪

① ［日］井上晴树：《旅顺大屠杀》，朴龙根译，大连：大连出版社，2001年，第87、89—90页。

② 龟井兹明（1861—1896），公卿堤哲长第三子，幼名龟麿。11岁成为明治天皇的御给侍役，1876年成为石见国（岛根县）旧津和野藩主龟井兹监的养子，遂改名龟井兹明。次年留学英国，第一次接触到了摄影术，并对其产生浓厚兴趣。1884年被授予子爵。1886年再次赴欧洲留学。1891年被授予伯爵。1894年甲午战争期间，34岁的龟井兹明自费组成摄影班，拍摄战场实况照片。并编辑出版了《日清战争从军写真帖》（又名《明治二十七八年战役写真帖》，1896年分上、下两册出版；1992年柏书房又以《日清战争从军写真帖——伯爵龟井兹明的日记》为书名再次出版）。1997年，中央民族大学出版社以《血证——甲午战争亲历记》（高永学、孙常信译）出版了该日记。

③ ［日］龟井兹明：《龟井兹明从军日记》，参见高永学、孙常信译《血证——甲午战争亲历记》，北京：中央民族大学出版社，1997年，第24、28页。

事,包括军舰的乘组人员、外国从军记者、观战武官等。① 从军记者从甲午战争的前线发回了大量的报道、战报,被辑录成《日清战争实记》50 编,分订成 10 册,成为重要的"不义战争之实录"②。

在从军记者中,文学成就堪与夏目漱石比肩的正冈子规是一个典型人物。③ 1895 年 4 月 15 日,正冈子规成为从军记者,在

① ［日］大谷正:《近代日本的对外宣传》,参见郭富纯主编《永矢不忘》,长春:吉林人民出版社,2002 年,第 29 页;［日］井上晴树:《旅顺大屠杀》,朴龙根译,大连:大连出版社,2001 年,第 90—93 页。

② 《日清战争实记》由博文堂出版,编集人河村直,发行者大桥新太郎,创刊于1894 年 8 月 30 日,终刊于 1895 年 1 月 7 日,该书是《东京日日新闻》《国民新闻》等报纸派往战场的从军记者向日本国内发回报道的合集,主要是文字、刊头画、图片和照片,内容庞杂,共 50 编。卷头有 4—6 帧照片,多为日本军人肖像,亦有战场的照片。《日清战争实记》中的报道极力美化日军,丑化清军,或是颠倒是非,这是甲午战争期间及战后对日本人思想影响最大的战争报道专门杂志。王晓梅、刘恩格在《评〈日清战争实记〉》中指出,《日清战争实记》的不实之处主要有三点:一是通过日本军方所发布的许多所谓告示和新闻媒体所发表的文章,大力宣传日本所发动的侵略战争是"圣战""正义之战"和"文野之战"(即日本是文明的,中国是野蛮的);二是通过《日清战争实记》的作者记述和提选的情节,极力宣扬日本侵略军是"正义之师",是拯救朝鲜人民的使者,因而倍受朝鲜人民的"欢迎"。而对于中国军队极尽诬蔑之能事,将清军说成是烧杀掠夺、无恶不作的、腐败无能的"土匪",因而遭到朝鲜人民的"反对";三是通过《日清战争实记》的作者编造的真假故事,吹捧日本侵略军的军官,将屠杀中朝人民的刽子手说成是关心士兵痛苦、安全的人道主义者。将为侵略而死的官兵誉为"英雄",是日本人学习的榜样。参王晓梅、刘恩格《评〈日清战争实记〉》,见 http://jczs.news.sina.com.cn/2004-09-17/2210228138.html(2012-5-5)。

③ 正冈子规(1867—1902),生于爱媛县松山市,本名常规,别号獭祭书屋主人、竹之乡下人,明治时代著名诗人、散文家,俳句改革运动的提倡者,1895 年从军参加中日甲午战争。代表作有俳句集《寒山落木》、歌集《竹乡俚歌》等。

《阵中日记》(1895 年 4 月 28 日—1895 年 7 月 23 日)、《从军纪事》(1896 年 1 月 13 日—1896 年 2 月 19 日)和《金州杂诗——明治二十八年滞在金州所观》(1896)中记录了亲历日军的行动和战争实态。需要特别提及的是,正冈子规并非被政府强征,而是本人积极争取入伍。他在从军申请中写道:"此番近卫师团出征,为向《日本》通报战况,本人愿意从军。如获许可,愿听从一切指挥。勿论本人一切身上之事,均由社主负责,特此连署申请。"①接到从军出发命令后,正冈子规"愁眉顿开。急忙收拾行囊,三日时光,倏忽而过"。② 在去中国的轮船上:

> 午后二时过对马。回望眼,寸青已没天际;极目处,唯见碧空接沧海。幸生为男儿,得遂桑弧蓬矢之志。现已离开日本之地,此时之愉快,非他人所能体会。③

到达大连柳树屯的正冈子规,已经是"心中快意,无以言表"。④ 在日本军部安排下参观旅顺军舰,看到日军占领旅顺港后,正冈子规表现出了对日军战果的欣喜和对清军战败的鄙夷,他毫不掩饰自豪感:

---

① ［日］冈保生:《日清战争与文坛——正冈子规的场合》,《国文学》,1964 年第 10 期。
② ［日］正冈子规:《子规全集》,第九卷,东京:改造社,1929 年,第 67 页。
③ ［日］正冈子规:《子规全集》,第九卷,东京:改造社,1929 年,第 68 页。
④ ［日］正冈子规:《子规全集》,第九卷,东京:改造社,1929 年,第 70 页。

此处为清军唯一港口,而今已成我等之物。每思及此,不禁有双肩生风之感。①

此处层山相连,山巅炮台前后左右相望,连蚂蚁潜入的缝隙都没有,据此天险要害而一朝土崩瓦解,清国之末日实在令人可叹。②

正冈子规在甲午战争结束后两年内,发表了大量为日本军队歌功颂德、声援日军侵略的文章。③ 作为一个积极参加战争宣传的知识界代表人物,其自觉自愿地服从国家意志、强化国民国家主义热情,表明在军国主义风潮弥漫的社会氛围中,知识界也不可避免地笼罩在"国家主义"影响下,文化人也在努力迎合战争"国策"。

摄影记者运用最先进的技术从事战争报道。最早的摄影记

---

① [日]正冈子规:《子规全集》,第九卷,东京:改造社,1929 年,第 74 页。
② [日]正冈子规:《子规全集》,第九卷,东京:改造社,1929 年,第 74—75 页。
③ 例如,他用极端煽动性的文字和坚定的口吻来鼓舞日本士兵为国捐躯:自打离开家乡,走出国门/就已把我的生命,交给了您/从没想着,活着回去/惜别爱妻时的誓言/到如今,已回想不起/勇敢地为国捐躯吧,立身又扬名/不要畏缩,我的弟兄们! 来了。过来了。敌人就在那边/准备好了吗。勇敢前进/想要知道,日本刀的厉害,这正是时候/不要退却/斩吧,斩吧! 砍倒你左边的敌人/斩吧,斩吧! 砍倒你右边的敌人/越倒越好,越靠近越好/砍倒敌人吧! 直到被砍倒的那一刻为止。[日]正冈子规:《子规全集》,第七卷,东京:改造社,1929 年,第 308—309 页。转引自张秀强《甲午战争中近代日本文人的战争观》,《东北师大学报》,2009 年第 2 期。

者是被称为日本摄影先驱的小川一真①。1894 年,34 岁的小川一
真就作为从军摄影记者开赴战场报道战况,并在 1895 年印刷发
行了"日本陆军陆地测量部"的《日清战争写真石版》和他自己摄
影的《日清战争写真帖》②。陆军参谋本部陆地测量部"写真班"
的班长为外谷钲次郎中尉,从 1894 年 10 月至 1895 年 5 月,共拍
摄千余张玻璃板照片。这些照片反映了甲午战争的主要战况,记
录了海战陆战的进程,其中对日军主要行动的记录包括战争所及
城区、海域状况及兵营、炮台、鱼雷库、军舰等。在官方严格审查
下,均为炫耀军威和国威之作。

　　甲午战争时期,虽然也有一些和平主义者提出了反战的主
张,但是影响力非常微弱。报界在统合国民思想方面发挥了重要
作用,当日本民众普遍怀疑能否在战争中取胜时,报界对战争必
要性和重要意义的宣传聚拢了民心,极大地影响了民众。国民支

---

① 　小川一真(1860—1929),生于埼玉县行田市,是藩士原田庄左卫门的次子,幼
　　名朝之助。3 岁成为武州行田藩士小川石太郎的养子,改名小川一真。6 岁入
　　培根堂就学。13 岁进入有马学校,在英国人的教授下学习摄影技术。17 岁在
　　富冈开设了第一家摄影馆。22 岁搭乘 Swatara 号军舰赴美留学。1884 年 24 岁
　　时回国。1889 年创办《写真新报》与美术摄影杂志《国华》。1904 年,日本政府
　　委托小川一真进行日俄战争诸战役的摄影报道、制版和发行。小川的门生江
　　南信国随第二军出征,拍摄战场照片。同年以大本营写真班的名义出版《日露
　　战役写真帖》1—3 卷。1905 年连续出版《日露战役海军写真帖》第 1 卷、《日露
　　战役纪念帝国海军写真帖》第 2 辑、《日露战役海军写真帖》第 3 卷,与《日露战
　　役写真帖》。
② 　《日清战争写真帖》,小川一真著,1895 年东京博文馆出版。全书分上、下册,收
　　录了数百幅甲午战争海战和陆战战场实况照片。

持战争,鄙视中国的情绪迅速蔓延,连佛教和基督教各宗也受到媒体营造的战争狂热氛围影响,派出僧徒跟随军队,提供慰问服务;各阶层一致支持政府对中国的侵略政策,与明治精英们利用报纸媒体的影响制造战争氛围有着密切的关系。

甲午战争的举国战争体制对日本其后发动的侵略战争而言,堪称一次成功的"彩排"。报界全程参与、记录了这场"彩排",也使得报界政治动员——宣传战在战争中第一次成功亮相。在御用文人按照政府和军部意图编写出版的《日清战争实记》中,从军记者们通过真真假假的故事描写,热情洋溢地歌颂了这场侵略战争,并任意攻击、谩骂中国,颠倒黑白、掩盖历史真相,欺骗舆论,特别是欺骗日本民众,大肆宣传侵略有理、侵略有功、侵略有利,以激励日本军人为国捐躯,鼓励民众对侵略战争积极支持。

在整个甲午战争中,大约有 300 名从军记者、插图画家、摄影师参与了战争报道,①各大报纸媒体的战地报道全部都是"煽动国民战意的忠勇美谈",如:

安城渡之战,一名号兵被敌弹打死,倒毙之时,嘴还在军号上;一名上等兵冲过来,杀死了两名士兵,身上插着清兵的刺刀死在路旁。②

---

① ［日］铃木健二:《战争和报纸》,东京:每日新闻社,1995 年,第 25 页。
② 《东京日日新闻》1894 年 8 月 9 日。［日］铃木健二:《战争和报纸》,每日新闻社,1995 年,第 27 页。

　　这段描写被用在了日本小学生教科书上。尽管有的"武勇谈"并非从军记者目击，但是却激发了记者们的竞争意识。最重要的是"武勇谈"使得民众对侵略战争愈发狂热，这无疑是报界制造的罪恶之一。《日清战争实记》以及战时和战后出版的《日清战争写真石版》《日清战争从军写真帖》①《日清战争从军写真帖——伯爵龟井兹明日记》《日清战史》②等均成为记录日本侵略罪行、实施宣传战的完整记录。

　　甲午战争给日本带来了巨大影响——以此为分界点，日本报界从热烈关注国内政治，如监督政府、针砭时弊、主张民主等，③迅速转变为关注国外事务，即外交和对外军事方面，主张对外侵略、开辟生存空间的"爱国心"空前高涨。媒体大量报道中国、朝鲜的军事、国情等信息，知名学者热烈讨论武力进攻中国、确立在朝鲜优势地位的可能性，煽动战争情绪，大力营造"举国一致"支持战

① 又名《明治二十八年战役写真帖》，1896 年出版，分上、下两册。1992 年柏书房以《日清战争从军写真帖——伯爵龟井兹明日记》为书名再版。该书是日本皇族龟井兹明伯爵在甲午战争期间自费组成摄影班拍摄的战场写真集，共 300 余幅图片。

② 川崎三郎出生于 1864 年，是水户藩士川崎胤兴的第三子。自幼在私塾自强馆读书。1880 年进入大藏省工作，受到渡边国武（大藏次官，后任大藏大臣）的知遇。后来成为政府背景下的《东京黎明新闻》《大阪大东日报》的记者，并加入了宣扬亚洲主义的"东邦协会"，参与杂志《活世界》与《经事新报》的发行。甲午战前又转投《中央新闻》。1894 年 6 月朝鲜爆发甲午农民起义，川崎三郎作为从军记者与山县有朋的第一军进入朝鲜。回国后，凭其所见所闻写下《日清战史》。

③ 如《国民之友》（德富苏峰）提倡平民的欧化主义，反对贵族的欧化主义；《日本人》（三宅雪岭）、《日本》（陆羯南）宣扬国粹主义等。

争的局面。及至战争爆发,各大报刊又直接派出战地记者,报道战况,媒体间展开了激烈的"报道战"。同时政府也严格控制媒体,禁止报道与军队有关系、对军事行动不利的新闻,先后对《东京日日新闻》《大阪每日新闻》《东京朝日新闻》等媒体实施停止发行、禁止印刷等处罚。可以说,在甲午战争前、战中乃至战后,报界的活动都产生了巨大的影响力,既受政府控制,也影响政府决策,更左右了民众的思想和行动,极大地鼓动、引导了整个日本社会的战争情绪。

甲午战争的另一个重要影响就是,日本政府逐步理解了近代战争已经是国家总体实力的竞争,其中就包括报界的宣传战——要想取得战争的胜利,必须举国尽力才能完成战争。因此,在战争中所有的"人民"开始演变成"国民"被战争动员起来。① 在思想界和舆论界,国家主义的热情淹没了理性,国家权力、国家机器被置于至高无上的位置。

① [日]桧山幸夫:《东亚近代史中的中日甲午战争》,《日本研究》,2007 年第 3 期。

二、日俄战争时期：报界的"主战论"、"反战论" 与"宣传战"

1904年2月8日,日本为报沙俄主导的"三国干涉还辽"①之仇,不宣而战,发动了旨在夺取中国辽东半岛控制权的日俄战争。1905年3月10日,日本最终击败沙俄。2月,迫使清政府签订了《中日会议东三省事宜条约》,从而取代沙皇俄国侵占了中国的辽东半岛。

(一)报界的"主战论"与"反战论"

俄国、德国、法国"三国干涉还辽"发生后,日本政府以"诏敕形式"希望国民理解,但是国民和报界的反对声立即沸腾起来,于是政府严厉禁止"责难和非议国事"的评论和报道。如针对《大阪

---

① 1895年4月14日,中日签订《马关条约》,条约规定中国割让台湾全岛及所有附属各岛屿、澎湖列岛和辽东半岛给日本,割让辽东半岛的条款。因损害了沙皇俄国在中国东北的利益,同时为了防止日本独霸东亚,4月23日,俄、法、德三国驻日公使根据本国政府训令访问了外务次官林董,以日本领有辽东半岛危及中国首都安全,并将使朝鲜独立变得有名无实为理由,为了远东的和平,劝告日本政府将辽东半岛返还给中国。迫于三国压力,日本接受了劝告,5月15日下达返还辽东半岛的诏敕,13日在官报公布。11月8日,李鸿章与日本代表林董在北京签署《中日辽南条约》,又称《交还奉天省南边地方中日条约》,条约规定:日本交还辽东半岛;清政府偿付日本库平银三千万两作为"酬报";交款后三个月内日本从辽东撤兵。

朝日新闻》的评论"国外归来的将士如败兵一样"，处罚其"禁止发行 11 日"。陆羯南也一度批判政府软弱无能，并要求外相陆奥宗光引咎辞职。《日本》刊登了一系列文章主张追究政府的外交失当责任，如 5 月 15 日《日本》刊登了三宅雪岭的《卧薪尝胆》①，文中说"我国遭受了建国以来未有过的侮辱，人人皆有爱国心，做梦都想不受外国的管束"，结果被政府禁止发行到 5 月 26 日。5月 27 日开始发行后，《日本》又发表了陆羯南的评论《对远东换地事宜的私议》，公开鼓吹强权政治："国际之事，常以武力裁之，而不是以公理争之。"②再次被禁止发行到 6 月 3 日。政府严厉镇压舆论界的批判，《二六新报》《朝日新闻》《国民新闻》《报知新闻》《万朝报》《每日新闻》等国内超过 30 家报社均以妨害治安被停止发行数日。重压之下，报界开始变换宣传口径，"卧薪尝胆"作为"愤怒口号"流行全国，宣传日俄之间在不久的将来必有一战。③

---

① 狂热的日本扩张论鼓动者和支持者——国粹主义者三宅雪岭，在甲午战争爆发前就作为"东邦协会"的特派员赴朝鲜视察。"三国干涉还辽"出现后，三宅率先在《日本》（1888 年 4 月 3 日创刊）上发表时论《卧薪尝胆》，强调日俄必有一战。时论发表后，"卧薪尝胆"成为日本社会在"日清战争以后至日俄战争开战期间具有特殊意义的新流行语"。关于三宅的"亚洲主义"情结，参见[日]三宅雪岭《征明与征清》（第 3 次）、《日本人》（第 9 号），1895 年 11 月 5 日。转引自王俊英《简论三宅雪岭国粹主义思想的特质》，《日本学刊》，2011 年第 5 期。

② 《近代日本思想史讲座》，第 8 卷，东京：筑摩书店，1961 年，第 34 页。

③ [日]春原昭彦：《日本新闻通史》，东京：新泉社，1985 年，第 86 页。

　　甲午战争之后的 10 年时间,日本主要以沙皇俄国为敌手,致力于壮大军事力量。报界则时时提醒政府和民众不能忘记宿敌俄国的"干涉"。《大阪朝日新闻》将仇恨的矛头直接对准俄国,主张养精蓄锐,日后报仇,十年不晚。《国民新闻》则倾向"开战论",希望"光荣的和平"与"安全的和平",拒绝"不安全的和平"和"不名誉的和平",鼓吹要做"东洋和平的拥护者"。①《报知新闻》狂热宣传"三餐变成两餐也要扩充海军"②,《时事新报》则宣称"天下人心都不能反对军备扩张"③,高唱为了"远东的和平"应"早日对俄开战"④,并声称"文明世界之立国通常是以战争开始,然后才能避免战争、保持和平"⑤。《东京日日新闻》《东京朝日新闻》《每日新闻》也都倾向于开战论,⑥《东京朝日新闻》声称"对俄国问责,以正其罪的只有日本,强烈主张开战是日本的任务"⑦。

　　1902 年 4 月,反对沙俄占领满洲并主张对俄强硬的"国民同盟会"(1900 年 9 月成立),因俄国已约定向中国交还满洲而解

①　《国民新闻》,1903 年 10 月 15 日。
②　《报知新闻》,1895 年 5 月 17 日。
③　《时事新报》,1895 年 8 月 30 日。
④　《时事新报》,1903 年 10 月 15 日。
⑤　参见[日]藤村道生:《日清战争》,东京:岩波书店,1985 年,第 187 页。
⑥　[日]铃木健二:《战争和报纸》,东京:每日新闻社,1995 年,第 32 页。
⑦　《东京朝日新闻》,1903 年 10 月 1 日。

散;但是在俄国拒不履行第二次撤兵①后,原国民同盟会的近卫笃麿、佐佐友房、神鞭知常、头山满等人又结成了"对外强硬同志会"(1902 年 8 月改名为"对俄同志会"),做出了要求俄国从满洲撤兵的决议,并几次将对俄强硬意见书提交给桂太郎内阁。20 世纪初期的日本社会舆论,始终弥漫在"对俄一战"的紧张氛围中。

　　日俄战争的外部条件是 1902 年 1 月在伦敦缔结的以俄国为敌手的日英同盟。② 日本抓住了甲午战争后期英国拒绝参与"三国干涉还辽"的重要契机,认识到"日本要想同世界上其他国家平起平坐,仅战场上和它们交手是不够的,还必须准备在外交桌上与其对抗"③。同时英国也开始对俄国在东亚地区的扩张

---

①　第一次满洲撤兵(1902 年 10 月 8 日)后,第二次撤兵期限(1903 年 4 月 8 日)已过。但是,俄国没有继续履行撤兵的协议,仍然向中国提出了东三省(中国东北地区,在满洲有黑龙江省、吉林省、奉天省三省)之地不得让渡和租借给其他国家;未经俄国同意,不得开放港口城市等 7 条要求。由于日、英、美三国公使的抗议,中国政府拒绝了俄国的要求,敦促实行撤兵协议,日本则加深了对俄国的警戒。

②　日英同盟是 1902 年 1 月日英缔结的攻守同盟条约。甲午战争后列强的目标集中在远东,沙俄在法国的支持下侵略中国北部的野心更加露骨。与沙俄对立的英国和感到威胁的日本,受德国策划日、德、英三国同盟的影响,在 1902 年与英国缔结了《日英同盟条约》。1905 年《日英同盟》重新改订,承认日本对朝鲜有保护权,并将条约适用范围扩大到印度,有效期订为 10 年。1911 年 7 月又经改订,规定本约不适用于美国。1914 年日本以履行条约规定的参战义务为名,参加第一次世界大战。随着 1921 年 12 月美、英、法、日《四国条约》生效,1922 年 8 月《日英同盟条约》宣告废除。[日]竹内理三等编:《日本历史词典》,沈仁安、马斌等译,天津:天津人民出版社,1988 年,第 304 页。

③　曹中屏:《东亚与太平洋国际关系》,天津:天津大学出版社,1992 年,第 253 页。

表示担心。① 甲午战争后,没有加入俄德法"三国干涉还辽"行列的英国,发现了保卫自己在远东地区利益的唯一方法,即与日本联合。②

1902 年年初,英国放弃"光荣孤立",开始和日本结为同盟。日英同盟确立了日本和英国在对亚洲侵略中的一致行动,以及对第三国作战中的互相支援,③对于这次日本"与强者结盟"的外交

---

① 当甲午战争的战局基本明朗之际,伦敦《泰晤士报》指出:"英日两国间的利益并不冲突,两国的重要利害实在还有许多相同的地方。"而其所谓的共同利害主要是在共同对俄方面:"俄国虽然屡次向中国声明不占据朝鲜,然而俄国始终还是想在太平洋上占有一个不冻的海港。……俄国如果达到了这个目的,英日两国全不能坐视。"这是因为:"日本将来要想成为一个海上强国,日本决不能让俄国在太平洋上占有一个不冻的海港,那是日本的致命伤。就是我们英国对于这件事也很焦急。"因此,他们认为有必要在东亚扶持日本:"现在外边已有谣传,说中日战争后,无论结果如何,必有他国干涉。这种谣传如果成为事实,则英日两国的代表至少在几件重要的事上定会共同合作。"有的甚至公然主张怂恿日本对外扩张:"从今以后,日本人愿意做什么就可以做什么;它可以有极大的自由,他们可侵吞别国的土地,他们可以任意蚕食别国的版图。"参见张忠绂著《英日同盟》,上海:新月书店 1931 年,第 16—17、27、45—46、47、66、68—56、57 页。关于日英结盟,参见王明星《第一次英日同盟的缘起与影响》,《历史教学问题》,1999 年第 5 期。
② 关于日英联盟的背景,参见崔丕著《近代东北亚国际关系史研究》,长春:东北师范大学出版社,1992 年,第 205 页。
③ 日英同盟的内容共有六条:1.日本在中韩两国,英国在中国拥有特殊的利益,各自的利益在受到侵害时,将采取必要的措施。2.日英双方为了保护以上的利益而和第三国开战的时候,另一国将保持中立。3.在上述情况下,如果交战中的第三国和其他一国或数国结成同盟进行参战的话,日英将协同作战,媾和也将根据同盟国相互间的协议进行。4.日英两国不缔结有害于前述利益的其他条约。5.在危及两国利益的时候,要相互通报。6.同盟有效期为5年。

策略,日本报界几乎全部都表示了好意和期待的评论。①《时事新报》《每日新闻》《东京朝日新闻》《日本》等基本都采取了支持态度,并断言"同盟是我国的大成功,也是英国的大成功"②。2月15日《国民新闻》在《日英同盟由来记》中高度评价了日英同盟:

> 日英同盟的成立不是一党一派的问题,实在是国家全体的问题,是与全世界的和平都大有关系的问题。③

日本国民对日英同盟的建立表现出高度的兴奋,从1902年2月中旬到4月初,全国各地举办了数十场"日英同盟祝贺会",举行火炬游行活动等,最多的一次有5000人参加,报纸逐一报道了这些祝贺会的实况。

日英同盟加剧了对日本国民的战争动员,以至到了1903年6月,由政府、军部、新闻界煽动和制造的对俄开战舆论左右了国民情绪。幸德秋水在《开战论的流行》中说:

> 征伐俄国论仍然流行于我国民间,几乎被视为舆论。不

(接上页)参见日本外交年表主要文书上卷,外务省,203—205页。旧条约第一卷第二部,外务省条约局,168—171页。官报(明治三十五年二月十二日)报栏,原文为英文。参 http://www.ioc.u-tokyo.ac.jp/~worldjpn/documents/texts/pw/19020130.T1J.html(2012-5-21)。

① ［日］远山茂树:《日本近现代史》,第一卷,邹有恒译,北京:商务印书馆,1983年,第162页。

② 《时事新报》,1902年2月15日。

③ 《国民新闻》,1902年2月15日。

过,其实并不是什么舆论。只不过是一些主战论者所煽动挑拨的一种流行而已。如果不与此流行合流,就有被认为是懦怯者,或被认为缺乏爱国心之虑。因此,任何人都不能公开地反对它。①

此时,猛烈点燃对俄开战导火索的是"七博士事件"②。1903年6月10日,出于对俄国拒不履行满洲撤军协议的极端不满,东京帝国大学法科大学教授户水宽人、富井政章等七名博士向桂太郎首相提出了建议,反对政府以"满韩交换"③为内容的对俄外交方针,强硬主张政府要以"最后的决心"对俄开战。6月24日,《东京朝日新闻》公开发表了七博士建议书《关于满洲问题向桂内阁进言》,竭力鼓吹对对俄开战:

> 凡天下事之成败,乘良机则可由祸转福,失去良机则能由福转祸。外交问题尤其如此。察七、八年前的远东外交就

---

① [日]幸德秋水全集编集委员会编:《幸德秋水全集》,第4卷,东京:明治文献,1968—1972年,第282页。
② 日俄战争爆发前的1903年6月,富井成章、寺尾亨、金井延、中村进午、户水宽人、高桥作卫、小野冢喜平次(后来户水等人也曾反对日俄媾和条约)七名博士主张对俄宣战的事件。七名博士向桂总理大臣提出《意见书》,责难政府对俄外交软弱,主张对俄一战,并通过报纸、杂志发表文章和进行游说等活动制造战争舆论。
③ 1903年4月8日,沙俄在第二次撤兵期限已过的情况下,仍然向中国提出了东三省未经俄国同意,不得开放港口城市等要求,引起日本的警觉。1903年4月21日,伊藤、山县与桂首相、小村外相制定了对俄交涉根本策略,承认俄国在满洲的现状,使俄国承认日本在韩国的地位,即"满韩交换论"。

是多次丧失良机。远东还付之际,没能保留割让之条件,是造成今日满洲问题的原因。(中略)

北清事变后,各国详细规定从满洲撤兵,却造成今日俄国拒不撤兵的无法挽回局势,不得不说是失去了外交的时机。

俄国拒不履行满洲撤兵的约定,有危急存亡关系的我国,有以最后之决心要求的权力。所以我国必须坚决要求其撤兵。即使俄国政治家玩弄花言巧语搞什么满韩交换之类的策略,也只是解决了俄国向清国交付满洲的问题,我国必须以最后的决心制定一个大计划。(中略)

如果我日本人失去这千载良机,则终将危及我国之存亡。如果自甘姑息之策虚过时日,只能落得自灭之命运,只有今日之时机,以最后之决心解决这个大问题。①

报界发布的"七博士建议"强烈主张"以最后之决心解决这个大问题",使得日本国内舆论与民众热情如火上浇油般爆发,主张对外强硬、对俄开战的激进国民运动由此剧烈地展开——在普通日本民众中,主张"开战"的舆论也占了上风,报界的"主战论"更是压倒多数。

在报界与政府高层意见沟通中,《东京朝日新闻》主笔池边三

---

① 《关于满洲问题向桂内阁进言》,《东京朝日新闻》1903 年 6 月 24 日。转引自[日]武藤直大编注:《那个时代的空气(上)——明治、大正 60 年间的新闻报道》,东京:ラ・テール出版局,2004 年,第 178—179 页。

山拜会了山县有朋和伊藤博文,关于池边三山阐述对俄开战不可
避免的一贯主张,山县说:"如果你们是那样想的,那么我们也(这
样)考虑吧。"①《东京朝日新闻》也多次发表池边三山批判俄国违
反条约的社论;为敦促政府对俄采取行动,东京的媒体与"对俄同
志会"相呼应,1903 年 11 月 10 日发起了"时局问题联合大恳亲
会",30 名新闻记者和 70 名众议院议员、50 名实业家等共计 250
余人与会,激进的"主战论"笼罩了会议。《大阪朝日新闻》也通
过了"对俄问题速决断行"决议,同年 11 月 22 日在大阪中之岛公
会堂举办了"时局问题东西联合新闻记者大演说会",历时两天的
会议,积聚了听众 2500 多人,通过了"时局解决的迁延是阻碍开
国进取的国是,经济界萧条之现状愈益陷于停滞,吾人敦促当局
者应国民之愿望尽速做出决断"的决议案。②

　　由于报界的竭力宣传鼓动,民众狂热地支持对俄战争,各种
战争杂志也相继创刊,其中博文馆出版的《太阳杂志》名列第一
位,开战后又出了《日俄战争写真画报》,记者田山花袋写了《日俄
战争实记》;东阳堂《通俗画报》甚至出版了 28 期临时增刊《征俄
图会》。战地士兵创作的短歌、汉诗、俳句也直接刊登在报纸和杂
志上,从军作家、画家和诗人通过媒体广泛地交流战场和本土的
信息与影像,使国民真真切切地感受到了战争的气息。整个社会
舆论从此前的"主战论"与"非战论"混乱共生,迅速地转变为一

①　[日]长山靖夫:《日俄战争时期的报纸和读者》,《太平洋学会志》2007 年 3 月,
　　通卷第 96 号(第 29 卷第 1/1 号),第 75 页。
②　[日]美士路昌一编:《明治大正史·言论篇》,东京:朝日新闻社,1979 年,第
　　196 页。

边倒的"主战论"——主张"非战论"的报纸逐渐失去市场,而一直
主张对俄战争的《时事新报》《东京日日新闻》《东京朝日新闻》《国
民新闻》《报知新闻》《日本》《每日新闻》等获得了空前的大发展。

参见下表:

东京各报纸的发行量①

报纸	发行量	
	1903 年 11 月	1904 年 10 月
《万朝报》	87 000	160 000
《二六新报》	142 340	32 000
《时事新报》	41 500	55 000
《东京日日新闻》	11 700	35 000
《东京朝日新闻》	73 800	90 000
《国民新闻》	18 000	20 000
《报知新闻》	83 395	140 000
《都新闻》	45 000	60 000
《日本》	10 000	12 000
《每日新闻》	14 000	8000
《周刊平民新闻》	—	4200

图表根据山本武利《近代日本的报纸读者层》(法政大学出版局,1981 年)
第 412 页的别表 5(A)和(C)制作。《周刊平民新闻》的发行量参照该书
第 156 页制作。《二六新报》在 1904 年 4 月改名《东京二六新闻》。

---

① 参见[日]片山庆隆著《日俄战争和报纸》,东京:讲谈社,2009 年,第 14 页。

从数据可见,持反对意见,主张"非战论"的《二六新报》发行量从 142 340 份锐减为 32 000 份,新创刊的《周刊平民新闻》发行量仅有 4200 份,政府系统的《报知新闻》从 83 395 份,增长到 140 000 份,而从"反战论"转为"主战论"的《万朝报》仍然大幅度增长发行数量,从 87 000 增长到 160 000 份,一跃成为东京地区销量最大的报纸媒体。

日俄战争时期的日本报界异常活跃,其百家争鸣、百花缭乱的状况,毫不夸张地说是"报纸的黄金时期"①。与甲午战争前后报界一致主战不同,日俄战争时期出现了一定范围的反战论。反战论的一个大背景是"日本国民的绝大多数都视俄国为强国,从内心来说不希望对俄开战"。因此在关乎国运的战争问题上,《万朝报》《二六新报》和《国民新闻》从不同的角度批判了日英同盟。② 1902 年 2 月,《万朝报》发表了内村鉴三的《日英同盟之所感》(三回连载),文章开宗明义说:

> 国人皆悦,唯余独忧,此或许被视作好奇,然悦不应悦之事,窃以为此乃对国家有欠诚实之举。

内村鉴三指出,英国只重利益而完全不顾义理和人情,在信、义上都是"不足以信赖之国",并引证英国在南非发动的布尔战争

---

① [日]片山庆隆:《日俄战争和报纸》,东京:讲谈社,2009 年,第 12 页。
② 虽然反对日英同盟的报纸有很多,但是有影响的报纸如《二六新报》和《万朝报》持反对意见。参见[日]片山庆隆著《日俄战争和报纸》,东京:讲谈社,2009 年,第 32—39 页。

等侵略活动，和日本在朝鲜、辽东半岛、台湾的侵略，批判日本的侵略和与英国的结盟，"今日与英国结盟是罪上加罪"。① 1903 年6 月 30 日，即"七博士建议"提出一周后，内村鉴三仍旧在《万朝报》上发表《战争废止论》，坚决、彻底地反对战争：

> 　　我不是日俄非开战论者，我是战争绝对废止论者。战争是杀人的事情。而杀人的事情是大罪恶。……战争的利益是强盗的利益，是盗者一时的利益，和被抢夺者之间存在永远的不利。盗者的道德堕落，比起他拔剑抢夺的东西，最终将数倍补偿他的罪恶。如果这样，将是世界上最愚笨的事情，以剑来图谋国家之进步。……然而战争废止论是当今文明国家有识者的舆论，……爱好世间正义、人道、国家之人，均大胆地赞成这个主义。②

　　德富苏峰则认为，日英同盟当然会使得国民具有安全感，但是增强了对英国的依赖感，国民的自主独立精神衰退了。③ 同时刚刚发展起来的日本资本主义虽然在棉织物、棉丝纺织业等方面极需要海外市场，但是还没达到依靠战争来开拓寻求市场的阶

---

① 　关于"内村的批判"，参见[日]内村鉴三《日英同盟之所感》，《万朝报》，1902 年2 月 17 日，1902 年 2 月 19 日。[日]野村浩一：《近代日本的中国认识》，张学锋译，北京：中央编译出版社，1999 年，第16—17 页。

② 　[日]内村鉴三：《战争废止论》，载《万朝报》1903 年 6 月 30 日。转引自[日]春原昭彦著《日本新闻通史》，东京：新泉社，1985 年，第110 页。

③ 　[日]德富苏峰：《日英同盟对国民性格的影响》，《国民新闻》，1902 年 2 月16 日。

段,因此实业界如涩泽荣一等人也曾对筹集战争军费持消极态度。

　　在日俄战争期间出现的各种不支持战争舆论中,社会主义者是这股力量的主力军。早在1900年,幸德秋水就在《万朝报》发表了社论《非战争主义》,这是日本最早并明确提出反战主张的言论。① 1903年10月8日,社会主义协会②在东京召开"非战论大演说会",堺利彦、木下尚江、幸德秋水、片山潜、安部矶雄、斯波贞吉等人提出了非战论。拥有学生和知识分子读者群的《万朝报》《二六新报》也反对战争,以社长黑岩周六(泪香)为中心的《万朝报》(1892年创刊)社和社员内村鉴三、斯波贞吉、幸德秋水、堺利彦等结成了理想团,从人道主义、基督教主义、社会主义的立场出发倡导非战论、反战论。

　　《万朝报》是真正主张"非战论"的,至少幸德秋水和内村鉴三在社时期始终坚持反战立场。1903年5月1日,《万朝报》再次发表幸德秋水的社论《非开战论》,表示无条件地反对战争。但是

---

① 幸德秋水在《非战争主义》中写道:"军备与战争的惨祸来势汹汹地将要弥漫东亚大地。……和平论者是多么地强调军人遗族的不幸啊,想念父亲的孩子,思慕丈夫的妻子,刚刚经过生离之苦,又添死别之恨。然而,他们为了国家二字、名誉一词,连哭泣都不允许! 最终直至家庭破碎,兄弟离散,故人不归,这是何等罪孽! ……和平论者是多么地了解战地人民的不幸啊! 由于突如其来的战争恶魔,可爱的人民房屋被烧毁,财产被掠夺,妻儿被奸淫……和平论者是多么地关注平民社会的损失! 贸易停止,生产凋敝,金融危机,贫民增加,随之而来的是沉重的赋税!"[日]神崎清:《实录:幸德秋水》,东京:读卖新闻社,1971年,第167页。

② 社会主义协会由社会主义研究会(1898年10月创立,村井知至任会长)改组而成,安部任会长,继续开展社会主义的启蒙活动。

在反战的关键时刻，包括《万朝报》在内的一些报社，内部意见开始出现不统一，时评社论中的"主战"与"主和"交替出现，"主战派"和"主和派"记者各不相让。结果在全社会猛烈的主战舆论下，原来主张"非战论"的媒体和记者相继放弃了主张。如为报社生存发展考虑，10 月 8 日，万朝报社长黑岩周六（泪香）等人发表社论由"非战论"转向了"主战论"。① 《每日新闻》的岛田三郎也改变了态度，从反战变为主战；不同意"开战论"的《东京日日新闻》也转而同意"开战论"。

1903 年 10 月 12 日，内村鉴三在《万朝报》发表"日俄开战即是日本灭亡"后辞职，幸德秋水与堺利彦也发表了辞职声明"我等二人不幸在对俄问题上与万朝报纸意见不同"。② 最后，只有1903 年 11 月堺和幸德创办的日本第一张宣传社会主义的报纸《周刊平民新闻》坚持平民主义、社会主义、和平主义，继续主张"非战论"。日俄开战前夕，《周刊平民新闻》还发表了幸德秋水

---

① 参见宁新著《日本报业简史》，北京：中国社会科学出版社，1981 年，第 53 页。
② 幸德秋水与堺利彦辞职声明：我们从社会主义立场来分析国际战争，在我们所写的文章中，早就对读者阐述过，战争是贵族与军人之间的私斗，而大多数国民却为此作出了牺牲。但是曾经对我们的观点很宽容的本报，由于近日外交时局的压力，也开始主张战争是不可避免的，既然是不可避免的，那就应举国一致，协助当局共同前进，这也是读者早已看到的。因此我们如果留在本报，就不得不保持沉默。然而如永远沉默，不表达我们的主张，则有失志士对社会的本分责任，因此我们不得已选择离开报社。[日]隅谷三喜男：《日本的历史22 大日本帝国的考验》，东京：中央公论社，1966 年，第 282—283 页。

《吾人始终否认战争》(第 10 期)①的评论和《与俄国社会党书》
(第 18 期)②等反战文章,提出日本和俄国的广大劳动者联合起
来共同反对战争的倡议;1904 年 2 月,日俄战争爆发后,他在《平
民新闻》上发表了《战争来》、《送士兵》、《战争的结果》(第 14 期)
三篇文章,其中《送士兵》中写道:

> 呜呼! 从军士兵们,你们的田地荒芜了;你们的业务荒
> 废了;你们的妻儿空饥泣。你们生死未卜,难以生还。而你
> 们又不可不行。行吧! 行而尽你们的职分,作为一台机器来
> 开动。但是俄国的士兵也是人之子,人之夫,人之父,是你们
> 的人类同胞。思之,慎之,切勿对他们施以暴行。③

《平民新闻》因反战言论被禁止发行,到战争中的 1905 年 1

---

① 幸德秋水在文中指出:战争从道德上看是可怕的罪恶,从政治上看是恐怖的毒
　害,从经济上看是巨大的损失,社会正义遭其破坏,万民福利遭其蹂躏。在文
　章最后幸德呼吁:"啊! 我亲爱的同胞! 从狂热中清醒吧! 从汝等一步步将要
　陷入的罪恶、毒害、损失中自拔吧! 天降之祸犹可避,人为之祸不可逃! 战争
　一度破裂,其结果无论胜败,继之而来的必然是无限的痛苦和悔恨。为真理,
　为正义,为天下众生福利,深夜请扪心自问!"参见[日]幸德秋水《吾人始终反
　对战争》,《平民新闻》,1904 年 1 月 17 日。
② [日]大河内一男:《现代日本思想大系(15):社会主义》,东京:筑摩书房,1963
　年,第 324—325 页。
③ [日]幸德秋水:《送兵士》,《国民新闻》,1904 年 2 月 14 日。

月 29 日第 64 号被禁发停刊为止,总计持续 1 年零两个月,①发行 64 期、20 余万份,有近 2000 名直接购读者,在横滨、京都、名古屋、新宫、大阪、神户等地成立平民俱乐部,甚至延伸到旧金山平民社分部。② 但是,幸德秋水、堺利彦、石川三四郎、西川光二郎等一批反战人士在《平民新闻》上发出的反战声音,在绝大部分新闻媒体都猛烈抨击俄国、主战开战的社会氛围中,对日本政府和国民的影响力十分微弱。而且《平民新闻》激烈的反战思想为政府所不容,最终被扼杀在日俄战争结束前夕,幸德秋水本人也在"大逆事件"中冤死。③

1903 年 10 月 8 日,俄国拒不履行撤兵协议后,政府系统的《朝日新闻》《时事新报》《国民新闻》《东京日日新闻》,以及《每日新闻》等大部分报纸都主张"对俄开战论",只有《东洋经济新报》仍然坚持"非开战论",幸德秋水和堺利彦新近创立的《周刊平民新闻》发行量极少,社会影响力极其有限。

此时的社会舆论是"越早开战对日本越有利"(《延缓一天就

---

① 《平民新闻》周刊的支持者包括退出万朝报社、参加了平民社的石川三四郎,也有从《二六新报》转入成为平民社的西川光二郎,原官吏、社会思想家小岛龙太郎和加藤时次郎一起参加了社会主义研究会并对报社提供资金援助。

② ［日］神崎清:《实录:幸德秋水》,东京:读卖新闻社,1971 年,第 228 页。

③ 参见伊文成:《"大逆事件"与幸德秋水》,《东北师大学报》,1982 年第 5 期。《幸德传次郎等无政府主义者大逆罪判决大审院特别裁判 24 人死刑》,《东京朝日新闻》,1911 年 1 月 19 日。参见［日］武藤直大编注《那个时代的空气(上)——明治、大正 60 年间的新闻报道》,东京:ラ・テール出版局,2004 年,第 214 页。

有一天的不利,以实力为后盾解决吧》,《每日新闻》1903 年 11 月
15 日)、"迁延时局之解决就是对我最大之不利"(《迁延之不利》,
《万朝报》1903 年 11 月 10 日)的论调占据了上风。从反战论转向
为主战论的《万朝报》发表了《不要让今日之时空过》(1903 年 11
月 19 日)、《二六新报》则发表了《可能错过大好时机》(1903 年
11 月 13 日);宪政本党派系的《报知新闻》也强硬坚持对俄开战
立场。

(三)报界的宣传战

日俄战争爆发前,《大阪每日新闻》社就开始向中国和朝鲜派
遣特派员关注事态发展,如向朝鲜派遣了"巡游欧美诸国、头脑明
晰能预期战争"的经济部副部长佐藤正次郎、学艺部记者春秋芜
城、石川星轩,向中国派遣了政治部记者中西醇亮。开战后,经过
陆军同意又向第一军派遣了学艺部兼通信部记者奥村信太郎,
"巨细无遗"地报道第一军战况。《大阪朝日新闻》和《东京朝日
新闻》也是对日俄战争持"强硬"态度的媒体,甚至在战争爆发之
前的中国义和团运动时期,就派出了"中国通"上野靰鞒到中国东
北、华北地区窥伺中国情况,刺探俄国在东方的"实情"。1903 年
10 月,《朝日新闻》社又派特派员上野靰鞒(《东京朝日新闻》)和
吉村胆南(《大阪朝日新闻》)进入了佐世保军港等候战争随时爆
发;1904 年 1 月 1 日,当日俄两国还在是否撤兵等问题紧急交涉

时,《东京朝日新闻》就刊登了报道《令人毛发悚然的消息》,公开了旅顺军港内俄国舰队的情报,如俄军 2 万名,军舰 15 艘,港外还有军舰 3 艘,水雷艇 20 余,并断言俄国陆海军防备实力正在逐日增强,①营造一触即发的大战氛围。

由于有了甲午战争的组织和宣传报道经验,所以在日俄战争爆发之前,日本报界已经做好了充分准备,包括与军方建立紧密联系,争取提前进入军队、或争取更多的从军记者名额。因为海军声称不能保证记者的生命安全,禁止新闻记者登船,陆军限定了各报社的从军数额(1 个军仅允许 1 个报社的 1 名记者从军,即"从军记者一社一名"),所以各报社开始寻找其他途径派遣记者从军,小报社无力承担从军记者的费用,其从军名额便被转让给大报社,如当时实力还不大的《读卖新闻》只派出了 1 名记者,《大阪每日新闻》社则为报道日俄战争做好了充分的准备,假借其他报社名义派出了多名记者,开战前派出了佐藤铁岭(经济部副部长)、中西醇亮(政治部记者)、春秋芜城、石川星轩,开战后派出了奥村不染(学艺部兼通信部记者)、福良竹亭(通信部副部长)、铃木藏山(京都支局长)、松内冷洋(社会部记者)、春秋芜城、织田东禹(绘画部记者)、和田天华(社会部记者)、鹈崎一亩(通信部员)、安藤古泉等人,②表现出了极大的参与热情。此外还在编辑、

---

① ［日］长山靖生:《日俄战争——另一个故事》,东京:新潮社,2004 年,第 40 页。
② ［日］中村谦三:《大阪每日新闻战时事业志》,大阪:大阪每日新闻社,1908 年,第 2—80 页。

经营等方面采取了措施,如与老对手《大阪朝日新闻》妥协,停止“使用两社本能以外的手段的竞争”,协商报纸定价以及约定发行号外等。

实力雄厚的《朝日新闻》也借用其他小报社的从军名额派出了多名记者:第一军,《大阪朝日新闻》鸟居素川(后由《东京朝日新闻》小西海南代替)、小林龙洲;第二军,《东京朝日新闻》上野鞣鞨、弓削秋江;第三军,《大阪朝日新闻》吉村胆南、《东京朝日新闻》熊谷飞熊梦。后来随着战事发展,《朝日新闻》又在各军派出了一些记者。其他媒体如《时事新报》江森泰三、《中央新闻》冈田雄一郎、《东京日日新闻》冈本犬奇堂等也参加了从军报道。有的作家也以新闻记者身份充当从军记者,如著名作家田山花袋就以博文馆记者身份从军采访;半井桃水作为《东京朝日新闻》记者进入第三军;冈本绮堂以《东京日日新闻》记者身份从军。《中外商业新报》(《日本经济新闻》的前身)虽然没有派出记者,但是选择了从海外新闻摘抄战况的办法来报道战争进展。

日俄战争爆发后,各报社内部一片“战争状态”,其战争报道动员与动作超过了甲午战争时期。在大本营装备了战况联系电话,不仅从军记者遍布第一到第四军,而且除了在国内的佐世保镇守府、下关通信所、广岛通信所、竹敷要港部、舞鹤镇守府、青森兵站基地设立通信设施,还在旅顺、大连、牛庄、青岛、北京、天津等地活动,甚至在中国的北京、天津、营口、芝罘(今烟台)、上海、香港,以及新加坡、伦敦、华盛顿、朴茨茅斯等也都设立了通信基站,及时发回报道,展开全方位的报界宣传战。①

《大阪每日新闻》的从军记者和通信委托员配属表②

第一军	军司令部:奥村不染、和田天华(二人为《大阪每日》从军记者) 近卫师团:浅田狐啸、大庭景秋、岛本德三郎(三人为委托) 第二师团:真山羽扇(委托) 第十二师团:安藤古泉(《大阪每日》从军记者)、织田米藏(出征社员)、田中政吉(委托)、近藤信义(出征社员) 梅泽旅团:山崎梅处(出征社员)
第二军	军司令部:森林黑猿(委托说书人)、小杉未醒(委托) 第三师团:畑尾金城(委托)、谷口茂三郎(出征社员)、长谷川如元(委托) 第四师团:松内冷洋(《大阪每日》从军记者)、山中安太郎(委托)、仲小路龟次郎(委托) 第六师团:涩川玄耳(委托) 军政署:绪方远东豚(委托)

---

① 值得研究的是,日本的新闻通讯基地不仅设在了战地及战争波及地区,而且还在英美等国设置。如在英国的是特派记者毛里斯,关注英国对战争的舆论并通过电报发给《大阪每日》,这是日本其他媒体所没有的;日俄谈判前在华盛顿设置通信员也是整个日本媒体中唯一的一家,对了解美国舆论起到了至关重要的作用,特别是其最先得到美国总统参与斡旋日俄媾和的消息,并电报发给《大阪每日》,使得日本国民十分震惊,此后各媒体纷纷要求向美国派遣特派记者,从最初的国民新闻社、报纸新闻社和大和新闻社,到《东京朝日新闻》社、《大阪朝日新闻》社、《时事新报》社、大阪《时事新报》社、《万朝报》社,大力报道媾和新闻。[日]中村谦三:《大阪每日新闻战时事业志》,大阪:大阪每日新闻社,1908 年,第 77—80 页。

② 大阪每日在军中的记者安排,根据《大阪每日新闻的从军记者和通信委托员配属表》制作,参见[日]中村谦三著《大阪每日新闻战时事业志》,大阪:大阪每日新闻社,1908 年,第 48—51 页。

第三军	军司令部:春秋芜城(《大阪每日》从军记者) 第一师团:织田东禹(《大阪每日》从军记者)、川崎SK生(出征社员) 第七师团:森笛川(委托) 第九师团:福村义干(委托) 第十一师团:铃木藏山(《大阪每日》从军记者)、小山浅岳(委托)、矢岛火箭(委托) 后备旅团:村田义徹(出征社员)
第四军	军司令部:入条弥吉(委托画家) 第五师团:池田英(委托)、德泽知惠光(委托) 第八师团:秋元利彦(委托)、津田永胤(委托) 第十师团:大都城一(出征社员)
鸭绿江军	后备第一师团:山田北荘(出征军人) 国民兵备:曾田松江(出征社员)
北韩军	后备第二师团:大町枕戈(出征军人)
桦太军	军司令部:鹈崎一亩(《大阪每日》从军记者)、志贺釖川(委托)

　　这一时期,报纸还大量发行号外,发行范围也空前扩大。《大阪每日新闻》在接到前方来电之前,根据推测事先写好占领辽阳,攻占旅顺,占领奉天的报道,印好号外,空出日期,当电报一来,立即发行。后又在广岛发行《大阪每日山阳号外》,在高松发行《大阪每日赞岐号外》,重要号外由总社打电报在当地印刷,加快发行速度。更有甚者,东京的报童还远赴琦玉、千叶、茨城、神奈川、山梨各县,展开发行号外贩卖大混战。①

---

① ［日］山本文雄、山田实、时野谷浩编:《日本大众传播工具史》,刘明华、郑超然译,西宁:青海人民出版社,1984年,第82—83页。

《大阪朝日新闻》还和《大阪每日新闻》展开了"号外争夺战"。1904 年大阪朝日新闻发行号外 248 回,1905 年发行了 137 回,曾经创下每天发行 4 回号外的纪录。《大阪朝日新闻》社和大推销店为了投递报纸常驻投递员,号外印刷好后,退伍号兵吹起喇叭,身披号衣的投递员则腰系铃铛,走街串巷地大声叫卖,每当有战胜报道时,市民就高呼万岁,提灯游行。①

值得特别提及的是,日俄战争中的战争报道是以"美谈"形式出现的。如关于战死的报道:"这个人战死了,在哪里战死的,这个人在哪里出生的,怎样勇敢战死的。《大阪朝日新闻》还访问遗族,回忆死者是什么样的人,有什么感想之类的。这种报道非常受欢迎,因为很多遗族都希望让更多的人知道自己的孩子、丈夫英勇战死的事情。"②战争美谈的范围相当广泛,也不单纯是勇敢地战死,甚至还有对俄国士兵和日本士兵无差别地看护;日本兵抱起濒死的俄国兵,让他喝自己水壶里仅有的一点水;自知将死的俄国士兵拿出随身携带的妻子和儿子的照片、奖章,请求日本兵帮助他送回俄国等。1904 年 5 月 10 日的《国民新闻》上登载了这个托付奖章的故事,《平民新闻》的从军诗人则在以这个故事为主题的肖像画上赋诗"可怜啊,遗留的妻儿,莫斯科周围的黄昏……"③

---

① ［日］今西光男:《新闻资本这经营的昭和史——朝日新闻笔政·绪方竹虎的苦恼》,东京:朝日新闻社,2007 年,第 97—98 页。
② ［日］长山靖夫:《日俄战争时期的报纸和读者》,《太平洋学会志》,2007 年 3 月,通卷第 96 号(第 29 卷第 1/1 号),第 76—77 页。
③ ［日］长山靖夫:《日俄战争时期的报纸和读者》,《太平洋学会志》,2007 年 3 月,通卷第 96 号(第 29 卷第 1/1 号),第 76—77 页

在 1904 年 11 月日本出版的《战时必要往复文范》中,记载了日俄开战后日本社会的动态,从"通知征兵检查合格(给父母)"到"安慰征兵落选",从"通知入军营(给父母、给朋友)"到"报告出征准备(给陆军部)",从"送出征将士"到"通知仁川海战胜利",涵盖了战时信息传递的各个方面。其中一篇《送新闻记者从军》写道:"报纸被称为是社会的耳目,而从军记者是报纸的耳目,记者的一支笔重千钧。(中略)健笔即可把纵横千军万马,驰骋奋斗的情境跃然纸上……"①也有署名"田中南海"歌颂从军记者的诗歌《送新闻记者某从军》:"欲属貔貅赴□□,频频捷报使人知。万邦环视名誉战,千里远征仁义师。鸭水悬旗冰解日,凤城驱马雪消时。想君铅雨横斜里,代剑挥他笔一枝。"②

面对强大的俄国,日本国内也曾弥漫着害怕战争失败的恐惧,军部也没有必胜信心,政治家和资本家也对战争心存危惧。③但是,报界和"对俄同志会"的宣传鼓动使得对俄开战成为不可避免的态势,国家主义、民族主义情绪蔓延更鼓舞了作战士气。在

① [日]小宫水心:《战时必要往复文范》,大阪:石塚书铺,1904 年,第 21—23 页。
② [日]小宫水心:《战时必要往复文范》,大阪:石塚书铺,1904 年,第 22 页。
③ 推动战争的陆军首脑也没有信心,寺内陆相就认为,战争中不让俄国兵进入朝鲜就要满意,参谋次长田村怡与造也不过是想利用"满洲问题"来谋求充实军备。(见《机密日俄战争史》,第 82 页)而政友会的尾崎行雄直到开战前一直主张满韩利益交换,批判开战论,指出日本和英国关于"满洲"问题的利益不一致,说让中国领有"满洲",和让俄国领有它,对我国来说没有利益上的差别,并做出结论说"纵令有任何情况,勿向朝鲜以外进一步,也勿退一步"(《"满洲"问题》《再论"满洲"问题》,见《尾崎号堂全集》,第 5 卷,第 75、78 页)。转引自[日]远山茂树著《日本近现代史》,第一卷,邹有恒译,北京:商务印书馆,1983 年,第 169 页。

"全民主战"的狂热中,"政府为了压制政党和舆论转向反政府方面,也只有走向开战了"。以至于战争爆发后,国民无不热切期盼战争报道:"1904 年底,正好是日俄战争最激烈的时候,日本全国都处于极度亢奋的状态。即使是在课堂上,发表最新战况的号外新闻一到,教师就停止讲课,和学生一起朗读新闻。"①

　　舆论一经放大,就具有了胁从民众的力量。在这些舆论中,弥漫着国民对政治和社会的不满,以及急需一场战争来改变命运、充当国家主人的冲动,以至于"开战论"竟然"有使空气一新的必要"。②《大阪每日新闻》等报纸竞相组织"犒军和祝捷活动",发放免费报纸、给出征军人免费邮寄,甚至为了让日本国民了解韩国、满洲等远东地区的地理情况,及时了解战争进展,还"急遽制版"发行了远东地图,组织提灯游行、祝捷大会、欢迎得胜归来和欢送出征等。

　　1905 年 1 月 1 日,日军占领了旅顺,俄军投降。2 日,《东京朝日新闻》发行了红色号外。5 月,日本海军打败俄国波罗的海舰队,《大阪朝日新闻》的社论是《大海战的全胜》。

　　从 1901 年 4 月开始,《大阪每日新闻》就开展了各种形式的"犒军","慰问忠勇的陆海军貔貅",截至 1906 年 2 月,总计邮寄

---

① 　汪精卫:《正月的回忆》,见张艳茹《甲午战争及日俄战争时期的日本新闻媒体》,收入于沛主编《中国社会科学院世界历史研究所学术文集》,第六集,南昌:江西人民出版社,2008 年,第 226 页。

② 　[日]二叶亭四迷:《二叶亭四迷全集》,第 12 卷,第 78、80 页。转引自[日]远山茂树著《日本近现代史》,第一卷,邹有恒译,北京:商务印书馆,1983 年,第 165 页。

免费报纸 517 220 份,日平均 739 份,向内地预备医院赠送 25 200 份,日均 50 份。① 虽然耗费了巨额的金钱代价,但是却使报纸的势力范围扩大到了陆海军和军医院。日俄战争爆发后,为了鼓舞士气,《大阪每日新闻》还组织了三次大规模的游行活动:

第一次是 1904 年 2 月 11 日旅顺港大捷后发行了号外,组织游行队伍在《大阪每日新闻》社前"三呼万岁";

第二次是 4 月 17 日俄国舰队司令马卡洛夫的旗舰触雷沉没后,组织了提灯游行;

第三次是 6 月 10 日在大阪主办的"日本海大捷祝贺会"。500 多名《大阪每日新闻》社员,抬着两只假水雷在全市游行,满城轰动,显示了"本社的强大实力"。②

报界煽动"对俄开战论",动员民众在各地召开"军人送别会"和"战胜祝捷会"。仁川海战胜利后的 2 月 10 日,日本国民在东京举行了 2300 人参加的提灯游行。占领九连城后,从 5 月 4 日到 21 日有 57 350 人参加了游行,占领金州等地后的 5 月 30 日到 9 月 1 日有 35 280 人,占领辽阳后的 9 月 5 日到 24 日有 42 969 人,占领旅顺后的 1905 年 1 月 2 日到 23 日有 101 450 人,占领奉天后的 3 月 11 日到 4 月 15 日有 212 800 人,日本海海战胜利后的 5 月 3 日到 6 月 11 日,有 133 870 人参加了提灯游行、持旗游行、祝捷会,甚至每天都要制作 20 000 到 30 000 个游行用的灯笼。

---

① [日]中村谦三:《大阪每日新闻战时事业志》,大阪:大阪每日新闻社,1908 年,第 167—169 页。
② [日]中村谦三:《大阪每日新闻战时事业志》,大阪:大阪每日新闻社,1908 年,第 171—172 页。

《万朝报》主办的提灯大游行日夜不停,报界煽动起来的民众游行集会盛况"堪比宪法发布之日"。①

尽管与俄国的战争取得最后胜利,但是日本也付出了惨重代价:死亡人员 11.8 万,军费支出 17.2 亿日元。② 日俄战争后期的日本已成强弩之末,但不知内情的民众和媒体对战胜俄国获得割地赔款仍然寄予厚望。《时事新报》反对日俄两国具有平等地位,因为:

> 一方是胜利者,一方是失败者,无论如何这都是事实。俄国必须承认战败者的地位再行媾和之事。③

各报社都提出了媾和条件。其中《东京二六新闻》要求割让俄国的沿海州,夺取其太平洋根据地,避免日俄再战的危险。④ 总结各报社要求有四:一是割让沿海州及库页岛;二是让渡俄国在满洲的租借地及放弃一切权利;三是赔款 30 亿元;四是让渡东清铁路之全部及乌苏里铁路之一部分。⑤

由于日俄媾和谈判秘密进行,国外媒体记者可以采访到谈判新闻,而日本报界却因严格的检查制度无法得到内幕消息,因此

---

① [日]片山庆隆:《日俄战争和报纸》,东京:讲谈社,2009 年,第 107—108 页。

② [日]桑田悦、前原透编:《简明日本战史》,军事科学院外国军事研究部译,北京:军事科学院出版社,1989 年,第 14 页。

③ 《不可忘记战败者的地位》,《时事新报》1905 年 6 月 27 日。

④ 《不割让沿海州就不能讲和》,《东京二六新闻》1905 年 6 月 15 日。

⑤ [日]片山庆隆:《日俄战争和报纸》,东京:讲谈社,2009 年,第 176 页。

当不割地、无赔款的《朴茨茅斯条约》内容传回日本后,户水宽人等教授们狂热地反对,通过各种方式鼓吹狂热的帝国主义、殖民主义思潮,主张乘胜"日俄再战"以获得更多"国益",除了御用新闻《国民新闻》《中央新闻》,《大阪每日新闻》《东京朝日新闻》《万朝报》《东京二六新闻》《报知新闻》等几乎日本所有大报均积极呼应,措辞强烈地发表社论,批判妥协政策,把条约的签订视为奇耻大辱,要求追查元老和内阁成员们的责任,撕毁媾和条约。

媾和条约公布的 9 月 1 日,《东京朝日新闻》以《俘虏大得意》《媾和愤激》刊载各地民众的反映;2 日刊登媾和评论占据报纸一个版面的七分之三;3 日发表媾和评论占据了七分之五;4 日除了屈辱媾和问题市民大会报道,报纸三面全页刊载了宣言《今日此处让给诸君》,报道民众的反媾和呼声。① 《大阪每日新闻》也发表了直接诉诸天皇的《叩请天皇陛下不赐命和议》,和反对政府首脑的《追求阁臣元老的责任的告国民书》,激烈地反对媾和。在甲午战争中得到巨大实惠、对战胜俄国具有极大"收获"期待的日本国民们也异常地愤怒——当日俄双方议定的条约内容泄出时,国民宛如一下子掉进了冰窟窿之中,热情瞬间灰飞烟灭:

> 让我们的兄弟和儿子抛尸满洲旷野,究竟为了什么?!我们支付了重税、作出了这样的牺牲,到底为了谁? 工人们本来期望聚在一起喝酒庆贺胜利,但眼见不能分羹一杯,只

---

① ［日］春原昭彦:《日本新闻通史》,东京:新泉社,1985 年,第 116 页。

得叹息苦不堪言。①

1905 年 9 月 3 日，《报知新闻》发表文章《天人不许的罪恶》，控诉政府对国民和军队的出卖：

> 日本无外交，日本的外交已经被桂内阁和小村全权灭亡了，国民和军队被他们出卖了。我辈愤慨他们把国家引进了衰亡。（中略）
>
> 割地和赔偿金必须写入和平条约，然而在外交上始终取屈从主义的元老、内阁和小村全权出卖了国家、出卖了民众，无动于衷、毫不反省的行为是天人都不许的行为。②

9 月 6 日，《大阪朝日新闻》发文猛烈抨击政府，极具煽动性：

> 啊，我等被出卖啦!! 啊，我等被欺骗了!! 哥哥舍弃弟弟，子女不顾父母，奋不顾身地跃入炮火中，冲入刀剑的丛林，都是为了祖国打击敌人。（中略）啊！为什么!! 武臣战斗大捷，文臣对敌投降。我等数万鲜血尸骨，竟化为此大不名誉、大屈辱、给祖宗家国蒙上一大污点的三千年未有之媾

---

① 参见周颂伦著《近代日本社会转型期研究》，长春：东北师范大学出版社，1998年，第 46 页。
② 《天人不许的罪恶》，《报知新闻》1905 年 9 月 3 日。转引自［日］武藤直大编注《那个时代的空气（上）——明治、大正 60 年间的新闻报道》，东京：ラ·テール出版局，2004 年，第 192 页。

和条约!……①

　　继之,国民的愁苦情绪又被媒体抨击"元老大臣醉酒同艺妓戏耍的消息"而群情激奋。《万朝报》痛斥:"此等人(伊藤博文和井上馨等——作者注)胸中无国无民,旁若无人。如果国家大事有必要利用酒色,为何又不将鲜鱼和美女送给战场的军人?"《大阪朝日新闻》等报亦群起而攻之。《报知新闻》也认为"国民和军队都被他们出卖了"②。反媾和国民大会在全国各地开展起来。从 1905 年 8 月 31 日到 10 月 4 日,日本各地的县民、市民、郡民和町民大会共通过了 165 件反对媾和的决议,大规模的集会遍及全国各地,成为大正时代各种市民运动的起点。③

　　在各大报纸中,全国性媒体《时事新报》《每日新闻》《大阪每日新闻》、地方媒体《福冈日日新闻》《九州日日新闻》,以及《万朝报》《大阪朝日新闻》等绝大多数媒体均要求废弃条约,只有御用报纸《国民新闻》和政友会的机关报《中央新闻》支持政府立场,认为:

　　　　没有获得赔偿尽管很遗憾,但是日本不是为了赔偿金才

①　《白骨的悲愤》,《大阪朝日新闻》1905 年 9 月 6 日。转引自[日]武藤直大编注《那个时代的空气(上)——明治、大正 60 年间的新闻报道》,东京:ラ・テール出版局,2004 年,第 192—193 页。

②　以上报界言论宣传引自周颂伦著《近代日本社会转型期研究》,长春:东北师范大学出版社,1998 年,第 46 页。

③　参见[日]松尾尊允著《大正德谟克拉西》,东京:岩波书店,1974 年,第 20—33 页。

发动战争的。日本取得了韩国的保护权、租借了旅顺大连、割让了东清铁路,获得了南库页岛的成果,战争的目的已经达到了。①

1905年9月5日,日俄签署条约当日,东京日比谷公园召开了反对媾和国民大会。被报界鼓动起来的普通民众,热切期望20亿元的赔偿金和俄国沿海洲的割地补偿,"齐唱君之代,三呼天皇和陆海军万岁",大会做出了废弃屈辱条约等三项决议。在向皇宫行进中与警卫队发生冲突,5000名愤怒民众和警察发生了激烈冲突,并袭击了内相、外相官邸,继而又袭击了《国民新闻》社,政府出动了近卫第一师团的三个中队进行镇压,史称"日比谷烧打事件"②。

这一天,《大阪朝日新闻》也激烈地反对缔结和约,攻击政府外交"软弱"。《大阪朝日新闻》全文刊登废弃媾和条约、处决内阁阁员和元老,要求继续战争的"悲歌",还发表记录议和过程的《屈辱日记》。《大阪朝日新闻》的激进态度和行动超过了政府,最后政府被迫命令《大阪朝日新闻》停刊三次。但是,村山龙平态

---

① 《国民新闻》1905年9月1日。

② 日比谷烧打事件:从1905年9月5日开始,东京爆发了持续了3天的暴动,民众袭击首相官邸、内相官邸和政府系报社,共捣毁2个警察署、6个分署和260多个派出所。暴动从东京波及全国各地,在神户(9月7日)、横滨(9月12日)也出现了烧打事件。事件中有1700人被拘捕,308人被起诉,其中职工、车夫、苦力等城市下层阶级占了大多数,最后作为聚众行凶进行审判而被判有罪的有87人。

度坚决地说："只要坚持主张,即使报社垮了也在所不惜。"①6日,东京实施戒严,同日根据紧急敕令,对报纸、杂志进行管制,攻击政府的报纸,均被施以禁发、停刊等处分。

"日比谷烧打事件"与报界自始至终的宣传鼓动紧密相关,从开办战胜祝捷会,到主办提灯大游行,均为报界在组织民众、引导舆论,其政治影响力和社会影响力不容忽视。② 因此,以"日比谷烧打事件"为契机,政府在东京实施了戒严,颁布紧急敕令来严加管制报纸媒体。在半个月时间里,《万朝报》《东京二六新闻》《都新闻》《日本新闻》《人民新闻》《大阪朝日新闻》《大阪日报》《山梨民报》等攻击政府的报纸被禁止发行或停刊。③

三、甲午战争和日俄战争时期的新闻管制

明治政府建立以后,对报界的控制首先是基于一系列的法律法规。这些法律法规包括 1868 年 6 月明治新政府公布的新闻业

---

① ［日］山本文雄、山田实、时野谷浩编:《日本大众传播工具史》,刘明华、郑超然译,西宁:青海人民出版社,1984 年,第 84 页。
② 实际上,日比谷烧打事件是大众传媒煽动的反对媾和运动的结果,更是长期宣传"膨胀主义"的结果。同时也具有反对藩阀专制的特征。参见［日］松尾尊允著《大正德谋克拉西》,东京:岩波书店,1974 年,第 7—20 页。
③ 日俄战争之后的一段时间,日本的媒体运行环境还相对宽松。1906 年 11 月 11 日,东京地区媒体代表集会发起言论拥护运动,除了御用媒体《国民新闻》和《中央新闻》外,联合组织了"新闻通讯社同盟",要求废止针对媒体的两个紧急敕令,并将运动扩大到了全国范围。因此在 11 月 29 日,两个管制媒体的紧急敕令也还是被废止。

第一法令——《太政官布告》,"禁止出版未经批准的一切刊物",牢牢地掌握了批准报纸印行的大权,民间报纸一时销声匿迹。

为了维新与开化,1869 年,政府颁发了《出版条例》,虽采取许可制,却不负责审查内容,并开始奖励发行报刊,同时规定对泄露政务机密或进行诽谤等要加以惩处;1872 年,政府修改《出版条例》,规定了出版审查、许可制、限制内容以及违法罚则等;1875年,政府一方面改报刊发行许可制为申报制,另一方面又加强了对内容的限制,规定对违反者采取禁止发行等行政处分。同年还颁发了《报刊条例》(6 月)和《谗谤律》(8 月),规定禁止宣传改换政府和指责法律的言论,违者处以刑罚;1876 年的附加规章增强了内务卿对破坏国家治安的文章采取禁止发行等行政处分的权力;1880 年,政府又禁止报刊登载败坏风俗的文章;1883 年,政府对《报刊条例》分进行全面修改,如规定发行时要交纳保证金,实际上授予府县知事以行政处分权等,以加强限制;1887 年,政府修改时将许可制放宽为申报制;1897 年,政府废除行政处分权,规定禁止发行属于司法处分权限。① 此外 1880 年 4 月颁发的《集会条例》和 1887 年 12 月颁发的《保安条例》,目的都是对报界言论实施压制与控制。

面对以压制、控制言论为目的的严苛法律,日本报界也曾经奋起抵抗,在报纸上展开激烈批判。结果是以末广铁肠为首的约

---

① 到了 1909 年代的《报刊法》时期,则恢复内务大臣的行政处分权,对于有关军事、外交方面的内容加强了限制。参见[日]竹内理三等编《日本历史词典》,沈仁安、马斌等译,天津:天津人民出版社,1988 年,第 216—217 页。

200 名记者被投入监狱,众多报纸受到停止、禁止发行的处分结束。① 政府的高压政策在甲午战争和日俄战争时期表现得更为明显,对报界的检查与控制被直接置于政府和军部管理之下。甲午战争爆发后,政府禁止报道与军队有关系的新闻,不得批判国家政策,对国债提出质疑的《二六新报》被禁止发行,《平民新闻》也多次遭到弹压,成为废刊。对《东京日日新闻》《大阪每日新闻》《东京朝日新闻》等报纸实施停止发行、禁止印刷等处罚。1894年一年间,共处罚了 140 家报社。②

政府和军部对从军记者的控制和褒奖已经相当规范和严格。1895 年出版的《勋章从军记者佩用者心得》中明确规定,天皇诏敕"为褒奖对国家立功显绩之人,定'勋等赏牌典'以示宠异表彰",按照"勋绩"和"功劳"共设立 8 等赏牌,并"从军记者与将士没有区别,均要在凯旋后论军功之有无再授予勋章,勋章和从军记者仅限于佩用者本人,不能传之子孙"。③ 如一等勋章以宽幅绶带从右肩至左肋斜挎佩戴,四等以下的勋章和从军记者章左肋佩戴,《勋章从军记者佩用者心得》还对勋章在"牌、钮、环、绶",颜色、花纹、装饰,以及勋章年金褫夺及停止发放方面做出详细规定,并对外国勋章和从军记者章做了明确规定,如:第 12 条规定"在喉下佩戴彼我之勋章时,要把彼之勋章佩戴在我勋章位置之下";第 15 条规定"彼之记者章和我从军记者章及褒奖章并列佩

① 参见第一章之第二节。

② ［日］铃木健二:《战争和报纸》,东京:每日新闻社,1995 年,第 27 页。

③ ［日］松本谦堂编:《勋章从军记者佩用者心得》,京都:改进堂,1895 年,第 1—3 页。

戴时,要把彼之记者章佩戴在我从军记者章及褒奖章的左侧位置"。①

　　日本政府和军方还严格控制从军记者对战况的报道。1894年7月29日,《大阪每日新闻》发表了一篇7月23日日军进攻朝鲜王宫的报道,②由于披露了日军主动包围朝鲜王宫并率先发起进攻,从而引起日本政府和军部的恐慌,海军大臣、内务和外务大臣在7月31日紧急联合向内阁提出意见书,请求颁发紧急敕令,审查报纸关于军队军机以及对外不利于国家的报道。③ 于是,元老重臣要求重申对报界实施事前审查,颁发"紧急敕令"④。

　　1894年8月1日,天皇发布《敕令第134号》,规定了报纸、杂志刊载外交及军事事件的内务大臣审核制,以及对发行人、编辑人等相关人员的监禁和罚金处罚。外务省则扩大《敕令第134号》范围和内容,公布了《审查内规》和《审查方法》,严格限定记者的报道内容,其中《审查内规》分为陆军禁止事项、海军禁止项事项、外交禁止事项;《审查方法》则详细规定了受理、提交审查的

_____

① ［日］松本谦堂编:《勋章从军记者佩用者心得》,京都:改进堂,1895年,第17—18页。
② 关于攻占朝鲜王宫的详细情况,参见周彦、赵丽娟《浅谈甲午战争时期日本当局对新闻的控制》,载周彦、李海主编《江桥抗战及近代中日关系研究》,长春:吉林人民出版社,2005年,第533页。
③ 转引自周彦、赵丽娟《浅谈甲午战争时期日本当局对新闻的控制》,载周彦、李海主编《江桥抗战及近代中日关系研究》,长春:吉林人民出版社,2005年,第534页。
④ 所谓"紧急敕令"就是依据《大日本帝国宪法》第3条,在议会闭会期间,根据紧急需要,天皇可以代替法律颁发命令。

内容,以及各省委员、警保局长的职责,并对印章及审查时间等均做了明确要求。据《明治二十七年新闻审查一事》的不完全统计,自 1904 年 6 月 2 日至 9 月 12 日,事前审查的数目为 17 280 件,其中全部禁止的为 1454 件,部分禁止的为 1333 件。①

明治大学讲师、法学士、辩护士鹈泽聪明在《战时法令全书》的序言中,开宗明义宣称,对俄战争是维持正义日本"千载之一遇",并以"举国一致"之坚强决心维护东洋和平,"正义之师"的证明便是日本海军、陆军的连战连捷。②《战时法令全书》记录了甲午战争和日俄战争时期的法律规定 43 项,包括宣战诏敕(第 1 页),内务省训令(第 13 页),外务省训令(第 15 页),戒严令(第 19 页),征发令(第 32 页),海军召集条例、陆军召集条例(第 75 页),军事邮便物敕令(第 117 页),国民军条例(第 129 页),战时宪兵服务规则(第 140 页),内乱外患罪(第 146 页),对神职僧侣的训令(第 153 页),战时大本营条例(第 177 页),军事参议院条例(第 178 页),军令部条例改正(第 184 页),铁道军事输送规定(第 195 页),战时陆军刑法(第 204 页),以及陆海军从军记者心得(第 70 页)等。③

其中,为规范从军记者新闻采访行为而制定的《陆海军从军记者注意事项》,由海军大臣男爵山本权兵卫签署,海军省告示第

① 关于《审查内规》和《审查方法》的具体内容,参见周彦、赵丽娟《浅谈甲午战争时期日本当局对新闻的控制》,载周彦、李海主编《江桥抗战及近代中日关系研究》,长春:吉林人民出版社,2005 年,第 534—536 页。
② [日]鹈泽聪明:《战时法令全书》,东京:一二三馆,1904 年,《序言》第 1—2 页。
③ [日]鹈泽聪明:《战时法令全书》,东京:一二三馆,1904 年,《目次》第 1—4 页。

八号文件(1904 年 2 月 12 日),总计 7 条,内容为:

第一条 海军从军记者须向大本营海军参谋部提出申请并获得其批准;

第二条 从军记者须听从其所属舰队军队指挥官的命令;

第三条 从军记者寄送的关于军事一切文件须经过舰队军队指挥官指名将校的审查;

第四条 舰队军队指挥官有权取消从军记者的从军许可;

第五条 从军记者待遇的必要规程由舰队军队指挥官制定;

第六条 从军记者着西服、戴低圆形(庇附)帽子、左臂缠一寸宽的白色罗绒;

第七条 从军记者须经常携带第一条之许可书,并根据陆海军宪兵之要求出示之。①

陆军大臣寺内正毅于 1904 年 2 月 10 日签署的《陆军从军记者注意事项》(总计 14 条,择要列之)也规定:

第一条 在向陆军省提出申请的从军记者履历书上,须附社主的身份保证书;外国人则需要通过帝国驻本国公使、

---

① [日]鹈泽聪明:《战时法令全书》,东京:一二三馆,1904 年,第 70—71 页

领事,并通过外务省申请;

　　第二条　志愿从军者限定于具有一年以上报社经历并从事实际工作的人员;

　　第三条　(略);

　　第四条　外国人除翻译人员外,需要一名必要的随从人员,其手续与前条相同;

　　第五条　必要时,选择一名从军记者作为数家报社的总代表记者;

　　第六条　批准从军的发给从军许可证;

　　第七条　从军记者分配至高等司令部;

　　第八条　从军记者着西服、左腕缠二寸宽白布,以日本汉字红字书写所属社名。①

　　……

　　鉴于战后媾和中报界利用民意、煽动舆论的巨大影响力和破坏性,1909 年 5 月 5 日,第 25 次议会通过了《改正新闻法》(法律第 41 号)。严格规定了保证金制度,并按照报社所在地区区分,如第 12 条规定东京大阪及其市外 3 里之内为 2000 元,人口超过 70 000 的市或区及其市或区以外 1 里以内的为 1000 元,其他地方为 500 元;15 条规定了保证金的用途是"用于对报纸发行人或编辑的罚金、诉讼费用等";第 23 条规定内务大臣认为新闻纸刊载之事项紊乱安宁秩序或妨害风俗,有权禁止其发行或发布,必要

---

① 　[日]鹈泽聪明:《战时法令全书》,东京:一二三馆,1904 年,第 72—75 页

时可查封;从第 28 条开始至第 45 条为具体的处罚细则。①　其中,第 27 条具有重要意义,该条规定"陆军大臣、海军大臣和外务大臣有权禁止或限制新闻纸刊载有关军事或外交的事项"②。

第 27 条在战争时期被无限扩大,成为日后军方控制报界的法律依据。甲午战争和日俄战争时期,军部和政府对报界的管制已经形成了完整的制度体系,以政府新闻法、天皇敕令、陆海军省训令为基础,从内容审查到禁止事项,直至着装、勋章等,事无巨细地规范了报界及新闻记者的言行,要求其必须与政府和军方保持一致。

在侵华战争时期,政府对报界的管制达到顶峰。

第二节　侵华战争时期:报界的政治动员

战争中的传媒,具有强大的政治动员力量,作为宣传战③的战

---

① 关于 1909 年日本《新闻纸法》的全文内容,参见[日]春原昭彦著《日本新闻通史》,东京:新泉社,1985 年,第 124—129 页。

② [日]春原昭彦:《日本新闻通史》,东京:新泉社,1985 年,第 128 页。

③ "宣传"因其巨大的影响力和战斗力在第一次世界大战中被大规模运用,并取得了显而易见的成功,因此在两次世界大战之间产生了很多以宣传为题目的研究著作。关于宣传战,最为著名的研究者是美国著名政治学家、传播学四大奠基人之一的哈罗德·拉斯韦尔(1902—1977),其博士论文为《世界大战中的宣传技巧》(拉斯韦尔还编著有《宣传与独裁》《世界革命宣传:芝加哥研究》《宣传、传播与公众舆论》等),是宣传战研究最重要的奠基之作,其着重论及了宣传的四个主要目标:1.激起对敌人的仇恨;2.与盟军保持友好关系;3.与中立

略性武器被大力开发、大规模运用。拿破仑曾经一语道破掌控报界的重要意义:"如果我对新闻界不加以控制,三个月之内我就会下台。"①其最为著名的政治动员和宣传战言论"一张报纸抵得上三千毛瑟枪"②,被认为是形象而又生动地阐明了报纸传媒与政治和战争之间密不可分的关系,显示了报纸传媒对战争及政治动员的重要意义。美国著名政治学家、传播学四大奠基人之一哈罗德·拉斯韦尔则进一步认为:"宣传是现代战争中最有力的工具之一。"③在充分研究了第一次世界大战时期的各国报纸内容后,拉斯韦尔指出:"没有一个国家能奢望赢得战争,除非有团结一致的国家做后盾,没有哪个政府能够享有团结一致的后盾,除非它

(接上页)者保持友好关系,而且尽可能与其达成合作;4.瓦解敌人的斗志。在那个把宣传与专制相联系,对"宣传"极端恐惧的年代,这本研究"宣传策略运用"的教科书被评论家称为"一本马基雅维利式的教科书(即教唆权术的书),应当马上予以销毁"。而战时宣传在"一战时被大量使用,功效更是前所未见"。参见[美]哈罗德·拉斯韦尔著《世界大战中的宣传技巧》,张洁、田青译,展江校,北京:中国人民大学出版社,2003年;[美]沃纳·赛佛林、小詹姆斯·坦卡德:《传播理论:起源、方法与应用》,郭镇之、孟颖、赵丽芳、邓理峰、郑宇虹译,北京:华夏出版社,2000年,第106—108页。

①　[加]哈罗德·伊尼斯:《帝国与传播》,何道宽译,北京:中国人民大学出版社,2003年,第170页。

②　长期以来,学术界对拿破仑是否有"毛瑟枪"的言论一直存有争议,但是研究者普遍认为其所表达的意思仍然十分重要,充分展示了政治宣传与媒体的紧密关系。参见史尚静《拿破仑"毛瑟枪"言论考》,《青年记者》,2011年9月下。

③　[美]E·M·罗杰斯:《传播学史:一种传记式的方法》,殷晓蓉译,上海:上海译文出版社,2002年,第222页。

能控制国民的头脑。"①而德国军事理论家克劳塞维茨则早在1832 年就在《战争论》指出:"军事活动绝对不是仅涉及物质因素,它总是还同时涉及具有生命力的精神力量。因此,把两者分开是不可能的。"②

宣传战作为总体战③的一部分,在两次世界大战中均受到各交战国的高度重视,充分显示了宣传在历史进程中的重大作用。以第一次世界大战为分水岭,作为一种有组织、有理论的战略力量,"近代宣传战"登上历史舞台:

> 总体战和总体政治不但要防止不法分子对民族团结的破坏,还必须掌握诸如新闻、广播、电影、各种出版物及其他可利用的手段。只有当政治当局对人类精神和民族精神的法规有清醒认识并加以悉心注意时,才能采取正确措施。维

---

① [美]哈罗德·D·拉斯韦尔:《世界大战中的宣传技巧》,张洁,田青译,北京:中国人民大学出版社,2003 年,第 22 页。

② [德]克劳塞维茨:《战争论》,中国人民解放军军事科学院小组译,北京:商务印书馆,1982 年,第 116 页。

③ 宣传战是总体战的一部分。1929 年,德国纳粹党人希尔首先提出"总体战"理论。1935 年,德国将军、军事战略家鲁登道夫(1865—1937)在《总体战》一书中对这种理论作了较为系统的论述,成为著名的战略思想。总体战理论主张把国家的一切资源,以及军事的、政治的、经济的、意识形态的力量,都动员起来投入战争,并采用极端残酷的手段摧毁和镇压对方的反抗。其中包括对和平居民的恐怖手段和灭绝人性的行为以及战场上的最残酷的作战方法。关于鲁登道夫的总体战理论,参见[德]埃里希·鲁登道夫著《总体战》,戴耀先译,北京:解放军出版社,2005 年;王天成:《二次大战大战略理论研究述要》,《军事历史》,1990 年第 6 期。

持一个民族的强大精神力量,不是通过机械方法所能达到的,必须充满情感地去塑造。①

　　第一次世界大战在世界新闻史上占有举足轻重的地位,其中英国的宣传战表现得最为成功,②北岩勋爵③扮演着极为重要的角色。北岩勋爵的宣传战思想是对内引导舆论,警醒民众;对外国家利益至上,其宣传战思想尤其是其对外宣传战思想对希特勒产生了重要的影响。受其启发,希特勒在第二次世界大战中将德国所有的媒体纳入法西斯控制系统,强力引导德国舆论,为侵略战争做政治动员——纳粹党通过控制媒介进行了狂热的鼓噪和欺骗性宣传,传媒成为希特勒庞大战争机器的推动力。④ 关于报界极尽颠倒黑白之宣传能事,希特勒明白无误地告诫报界:"报纸媒体的任务就是将统治者的意志传播给被统治者,使他们视天堂

① ［德］埃里希·鲁登道夫:《总体战》,戴耀先译,北京:解放军出版社,2005年,第36—37页。

② 关于一战期间英国的宣传战,参见张昆著《简明世界新闻通史》,武汉:武汉大学出版社,1994年,第213、215页。

③ 北岩勋爵(1865—1922),又称诺斯克里末勋爵,原名为艾尔弗莱特·查理士·威廉·哈姆斯沃斯。1896年创办《每日邮报》,被认为是英国现代资产阶级报业的开端,又取得《泰晤士报》控制权,建立了英国最大的报业集团——北岩报团。1918年2月,北岩担任英国政府对敌宣传部总监,由新闻人转变为宣传者,利用一切媒介不惜假造新闻破坏德国形象,鼓舞盟军士气,取得了明显效果。北岩的战时新闻思想对德国和美国产生了深远的影响。

④ 李明:《浅议北岩勋爵的战时新闻思想》,《新闻世界》,2009年第5期。

为地狱。"①在纳粹党纽伦堡会议大厅上，"宣传帮助我们夺取了政权，宣传帮助我们巩固了政权，宣传还将帮助我们取得整个世界"的巨型标语高度概括了宣传对于政治、战争的重要意义。②1933 年 3 月戈培尔就任纳粹德国宣传部长后，对新闻界阐述了报纸的任务：

> 新闻界不仅要发布消息，而且还必须发布指示。（中略）你们将会看到这样一种理想的状况：新闻界被组织得那么好，以至于它在政府的手里可以说是可随意演奏的一架钢琴，是为政府效劳的影响群众的极为重要、极为有意义的工具。③

他还在 1942 年 5 月的日记中记录道："新闻政策是一种武器，其目的在于推动战争，而不是散布消息。"④

其实，早在第一次世界大战尚未结束之时，山县有朋就已经认识到"总体战"的重要意义，即战争"必须动员国民，竭尽全力，

---

① ［德］希特勒：《我的奋斗》。转引自郝明工著《无冕国度的对舞：中外新闻比较研究》，昆明：云南人民出版社，2002 年，第 203 页。

② ［苏］谢列兹涅夫等编：《心理战》，张俊英译，长春：吉林人民出版社，1981 年，第 48 页。

③ 郑超然、程曼丽、王泰玄：《外国新闻传播史》，北京：中国人民大学出版社，2000 年，第 175 页。

④ ［苏］苏珊·L·卡拉瑟斯：《西方传媒与战争》，张毓强等译，北京：新华出版社，2002 年，第 97 页。

依靠上下一统,举国一致之力"①。受到德国军事体制的影响,1915 年 12 月,日本陆军省就设立了临时军事调查委员会,着手进行总体战研究。在大正时期就显示出巨大影响力的报界使日本政府和军部深刻认识到,"国民精神的消长与战争的胜负之间存在着极其密切的联系"②,必须通过相应的舆论政策,"强化国民总动员的整合",驱使国民为"诸项军国事务的运营以及纯正的劳军作出贡献";③"必须卓有成效地利用报刊新闻的宣传鼓动功能",即"创办有力报纸,作为统一舆论的斗争机关,作为军部的思想宣传机关","努力使全国报纸每天大量刊载特种词,在全体国民面前造成一种改造的大势"。④ 因此,从 20 世纪 20 年代开始,参谋本部陆续开始将沃尔达·尼古拉依的《世界战争中的情报服务、新闻与舆论》等许多在德国出版的研究宣传的书籍译成了

---

① ［日］德富猪一郎编著:《公爵山县有朋传》,下卷,山县有朋公纪念事业会 1933 年。转引自［日］纐缬厚著《我们的战争责任——历史检讨与现实省思》,申荷丽译,黄大慧审校,北京:人民日报出版社,2011 年,第 5 页。

② ［日］关东军司令部编:《国家总动员研究资料》,"新京"(长春),关东军司令部,昭和十二年(1937),第 92 页。参见于森:《日本新闻媒体的角色转变与社会动因分析——以大正时期和黑暗峡谷时期为例》,《国际新闻界》,2011 年第 9 期。

③ ［日］家永三郎:《太平洋战争》,东京:岩波书店,2002 年,第 157 页。

④ 参见复旦大学历史系日本史组:《日本帝国主义对外侵略史料选编(1931—1945)》,上海:上海人民出版社,1975 年,第 129—130、236 页。经盛鸿:《恶魔的吹鼓手与辩护士——战时日本新闻传媒与南京大屠杀》,南京:南京出版社,2008 年,第 1 页。［日］内川芳美编:《现代史史料·日中战争(4)》,东京:みすず书房,1983 年,第 80 页。

日文。①

　　在1934年10月1日，陆军"新闻班"颁发了总体战研究的最终成果——陆军手册《国防的本义及其强化的提倡》。这本陆军手册出自陆军"统制派"领袖军务局长永田铁山的构想，②以"战斗是创造之父，文化之母"③开篇，从此形成了把国民的主体性和自主性作为系统资源进行动员的总体战系统，使"思想战"、情报宣传成为兵器和部队的同义语。④ 这本小册子，甚至发行了从未有过的60万册之多。"军部给国民启蒙注力"，内容包括了"对正义的维持必须具有热烈的意识和必胜的信念"，以及"必须保持对建国理念、皇国使命的信念；必须涵养彻底的尽忠报国精神、为国家之生存发展而舍弃自己的精神；排除无视国家的国际主义、个人主义、自由主义思想，真正地统一举国一致精神"等等。⑤

　　在纳粹德国的战争理论启发下，日本政府实施的国家总体战（即总力战，以下均称总体战），利用新闻法律、法西斯政策和各种

---

① ［日］左藤卓己：《现代传媒史》，诸葛蔚东译，北京：北京大学出版社，2004年，第137页。

② 关于永田铁山的总体战构想，参见［日］永田铁山著《国家总动员》，大阪：大阪每日新闻社，1928年。

③ ［日］前坂俊之：《兵是凶器：战争和新闻，1926—1935》，东京：社会思想社，1989年，第229页。

④ ［日］左藤卓己：《现代传媒史》，诸葛蔚东译，北京：北京大学出版社，2004年，第138页。

⑤ "九一八事变"以来，日本陆军主张"事变的正当性"，以各种小册子向国民展开宣传，1931年有18种，1932年扩大到37种，1933年是33种。参见［日］前坂俊之著《兵是凶器：战争和新闻，1926—1935》，东京：社会思想社，1989年，第229—230页。

政治动员活动,开动国家机器动员了全社会的资源和力量。报界则在 1937 年全面侵华战争爆发后开始无条件地支持、参与对外侵略战争,军部设置了军报道部,统一领导战时传媒宣传,各报纸和新闻社派遣大量从军记者进入中国战场。1941 年 10 月,东条内阁诞生后,大力加强军队对传媒机构的控制,大本营陆军报道部模仿纳粹党的 PK 部队(宣传中队)征用新闻记者和摄影师、作家组成了“军事宣传班”,规定战争中的报道均由“军事宣传班”编写。“军事宣传班”的指挥者是现役军人,被征用的记者和作家属于军队文职人员,必须服从军人班长和宣传班内军官的指挥。从军记者和作家均身着军队文职军服,戴战斗帽,腰挎军刀,月薪也由军队支付,不准擅自行动。新闻稿和照片要送交大本营军事报道部,经审查后再分发给各报社发表。① 在集经济战、思想战、宣传战之合力的总体战体制下,不独新闻记者,作家、画家、摄影记者、诗人,甚至历史学家也加入了支持侵略战争的行列。②

---

① ［日］小俣行男:《日本随军记者见闻录——太平洋战争》(《台北已经笼罩在“开战”的气氛中》),周晓萌译,沈英甲校,北京:世界知识出版社,1988 年,第 22—23 页。

② “九一八事变”爆发后,日本国内以侵华战争为题材的绘画、宣传画和写真集——从中国前线拍摄的战场摄影集大量出版。关于写真集和从军作家在战争前线的活跃情况,以及“宣抚文学”“宣抚报道”的宣传战,参见王向远著《日本对中国的文化侵略——学者、文化人的侵华战争》,北京:昆仑出版社,2005年,第 209—210 页。王向远:《“笔部队”和侵华战争——对日本侵华文学的研究与批判》,北京:昆仑出版社,2005 年,第 153 页。王启生:《二战期间日本“史学家”为侵略战争服务手法剖析》,《厦门大学学报》,1987 年 1 期。画家川端龙子画的《不动的火焰》,参见［日］小俣行男著《日本随军记者见闻录——太平洋战争》,周晓萌译,沈英甲校,北京:世界知识出版社,1988 年,第 81 页。

从军记者与日本士兵的"枪部队"并称为"笔部队"，报界狂热宣传"大日本皇军"的"赫赫战功"和建立"大东亚共荣圈"的必要性，已经成为日本军国主义战车上名副其实、不可或缺的战争部件。记者领到"随军执照"后，报社一般会刊出记者照片和随军通告，甚至由社长亲自送行。① 1937 年 9 月 21 日，《福岛民友新闻》"刀笔并用"地报道了从军记者市野的凛然出征：

> 本社政治部长市野直治，作为支那战区的随军记者，担负着穿过硝烟将皇军战况发回祖国的重任，不日他将精神饱满地奔赴战地。20 日早他将在家乡二本松町群众的欢呼声中由当地出发。眼下，他正忙于出征前的准备。
>
> "我要用这个来猛砍敌人！"虽说腰间的日本刀是最靠得住的，但是这位笔战的勇士不久便要向诸位读者挥笔纵谈，报道战况。
>
> 市野的眉宇间已透出担负重任的凛然决心。②

---

① 关于从军记者的"出征"，1936 年进入《读卖新闻》的小俣行男，在 1938 年 1 月成为从军记者后写道："从陆军省一得到'随军执照'，第二天晨报第一版就刊登了我和摄影师船越的照片及一则增派两名记者的通告。其中这样报道：华北方面军南下，华中派遣军开始北上，到处都翻滚着同中国军队决战的风云，因此决定派遣两名特派员。上面决定派船越去北京，我去上海。出发时，正力松太郎社长到东京车站送行。"参见 [日] 小俣行男著《日本随军记者见闻录——南京大屠杀》，周晓萌译，张晓华校，北京：世界知识出版社，1985 年，第 2 页。

② 《随军记者市野出征在即》，《福岛民友新闻》1937 年 9 月 21 日，赵冬梅译。参见张生、曹大臣、雷国山编，雷国山等译《南京大屠杀史料集 34　日本军国教育百人斩与驻宁领馆史料》，南京：江苏人民出版社，2007 年，第 103 页。

一、宣传战研究及战争指导

日本的宣传战,按其宣传对象不同可分为两个方面。一方面是对中国的宣传战,即对中国文化人和上层阶级以及沦陷区普通百姓的宣传战,基本上是"大东亚主义""大东亚共荣圈""皇道文化"等欺骗性宣传和"宣抚"。① 另一方面是对日本国内的宣传

---

① 宣抚,即"宣传""安抚",语出中国唐朝"宣抚使"制度,是指从中央到地方进行地方安定工作的高级军事司令官。日本故意取唐朝"宣抚使"的意义,意为把中国沦陷区作为日本的"地方"加以巩固和安定。特指面向中国普通百姓的宣传活动,是日本在中国沦陷区的所谓"思想宣传战"的主要形式和途径,在日军的"思想宣传战"中占有十分重要的地位。

关于"宣抚"的目的和任务,小山荣三在《战时宣传论》中的论述十分详尽:

一、民心的安定镇抚:1.避难民的招还;2.对于事变的正确认识;3.良民生命财产的保护;4.难民救恤;5.医疗救护;6.开设民众议事所。

二、治安维持:1.治安维持会的组成与指导;2.自卫团的组织训练;3.土匪的怀柔。

三、军事协力:1.这种情报的收集;2.人夫车马的供给、物资的调配;3.道路桥梁的修补架设;4.兵器、弹药、弹夹的收集。

四、铁道爱护工作:1.铁道爱护村的组织;2.情报联络网的设立;3.担任区域线路巡查的实施;4.沿线高秆植物的刈除及种植的禁止;5.爱护(铁路)思想的彻底普及。

五、经济实业的复兴:1.促进商铺、工厂的开业;2.金票流通的宣传;3.促进农作物收获运输;4.市场的开设;5.物资交流的斡旋;6.金融斡旋。

六、教育文化的促进:1.抗日教育的铲除;2.学校的开设;3.日、满、支亲和精神的彻底普及;4.日本语的普及奖励;5.青少年队的结成指导;6.报纸的发行。

参见[日]小山荣三著《战时宣传论》,东京:三省堂,1942年,第145—146页。转引自王向远著《日本对中国的文化侵略——学者、文化人的侵华战争》,北京:昆仑出版社,2005年,第235页。

战,将报界纳入国家总体战体制,宣传、鼓动国民无条件支持战争。本书重点关注日本报界在国内的宣传战。

1936 年 8 月 7 日,在五相会议(指首相、外相、陆相、海相、藏相的联席会议)决定的《国策基准》(日本为发动全面侵华战争和太平洋战争以称霸亚太地区的侵略方案,首次提出了南进政策,"确立帝国在东亚大陆之地位,同时向南方海洋扩张发展")第三点中规定:

> 为使政治行政机构之刷新改善及财政经济政策之确立,其他诸般措施运营适应上述基本国策,应就下述事项采取适当措施:
>
> 指导、统一国内舆论,巩固国民共克时艰之觉悟。①

并且,因此项内容的意义极为重要而列在了《国策基准》的第一位。

宣传战作为战争宣传的战略性武器受到政府和军方的高度重视,并逐步纳入总体战体制中。有组织、有计划地宣传战研究,始于 1938 年原德国最高统帅部副参谋长鲁登道夫的《总体战》被译成日文出版。到 1940 年的两年时间里,内阁情报部翻译出版了外国的有关战时宣传、谋略、谍报、防谍方面的 15 本研究资料——"情报宣传研究资料"作为外务省内部使用,这些宣传战资

---

① [日]外务省编:《日本外交年表和主要文书(1840—1945)》,下卷,1969 年,第 344—345 页。

料中还有介绍第一次世界大战中德国对国内宣传和防谍的《不依靠武器的世界大战》(海恩斯·载曼)、介绍英国宣传战的《克尔之家的秘密》,英国揭露德国战时残暴的《这也是武士吗》等。[①]其中德国人写的宣传战资料占压倒多数,如《大战期间法国对德国的宣传》(基奥·富比尔)、《大战期间德国的谍报及宣传》(尼古拉中校)、《世界大战和宣传》(赫尔曼·范德尔香克)、《战争还是和平》(奥特·克里格)。[②] 在这些宣传战理论和实践的影响启发下,日本学界和文化界人士把"宣传战"作为战争中的重要组成部分,仔细总结了"德国是宣传战中的论理派""美国是宣传战中的报道派""英国是宣传战中的谋略派"等强国宣传战特点,开始大力研究日本的宣传战略——甚至深入中国内地,调查研究,提出了一大批对华"宣传战"理论。同时,日本政府也在逐步强化对国内舆论宣传的控制,在不同的时期指导出台了一系列的宣传"大纲"和"纲要",全面统制国内舆论。

从 30 年代末期开始,日本法西斯学者和文人的宣传战研究著作陆续出笼。主要有田中丰的《战争和宣传》、井上哲次郎的《东洋文化与支那的将来》、水野正次的《总力战和宣传战》、《大东亚战争的思想战略——思想战纲要》、丸山学的《大陆的思想战》、华北宣传联盟编辑的《蓦进华北的剿共·思想战体形的确立》、竹田光次的《大东亚战争和思想战》、奥村喜和男的《大东亚

---

① ［日］池田德真:《宣传战史》,朴世俁译,北京:新华出版社,1984 年,第 33、52—87 页。

② ［日］池田德真:《宣传战史》,朴世俁译,北京:新华出版社,1984 年,第 66 页。

战争和思想战》、鹿子光信的《大东亚战皇国思想体系论》、小西铁男的《思想宣传战》、精神科学研究所编辑的《大东亚战争下的思想战略草案》、国策研究会的《大东亚战争文化体制论》、社会教育协会的《大东亚战争和思想战》、《围绕支那的文化战》等等。同时,侵华日军也制定出了"思想战"计划,如"北支那方面军参谋本部"在1940年5月出台了题为《极密 在华北的思想宣传战指导纲要》,内容包括"思想战"的各个方面,如宣传、教化、民众组织、情报搜集、对中共等抗日"思想策动"团体的剿灭、对抗日集会、结社、言论、著作的取缔等等。① 日本新闻传播学界的知名学者如小山荣三、米山桂三等人,从太平洋战争爆发前就强调必须学习德国的宣传战战略,并鼓吹宣传战——小山荣三的《战时宣传论》论述了"战争与宣传""宣传与眼泪对策""民族政策与宣传"的重要意义,米山桂三在《思想斗争与宣传》中探讨了"南方宣传工作"的构想及其复杂性。

这些学者和文人除了发表宣传战的研究成果之外,还在太平洋战争爆发前,应内阁情报部邀请在内阁总理大臣官邸举行了多次秘密的"思想战讲习会"。1938年2月的"思想战讲习会"内容就包括:

横沟光晖:《国家和情报宣传》;

藤泽亲雄:《日本精神和思想战》;

---

① 参见王向远著《日本对中国的文化侵略——学者、文化人的侵华战争》,北京:昆仑出版社,2005年,第186—187页。

安东义良:《国际思想战的状况》;

矢野征记:《支那事变和国际形势》;

高嶋辰彦:《战争指导和思想战》;

清水盛明:《战争和宣传》;

多田督知:《日本战争论的梗概》;

小川贯玺:《支那事变和美英》;

雨宫巽:《支那的抗日思想战》;

白滨宏:《间谍战的现状和防谍》;

犬冢惟重:《关于自由结社》;

富田健治:《思想战和警察》;

清水重夫:《关于"人民战线"》;

平野利:《思想犯罪的现状》;

平田勋:《马克思主义的克服》;

阿原谦藏:《学生思想问题》;

小野秀雄:《思想战和新闻学》;

绪方竹虎:《思想战和报纸》;

小林一三:《思想战和电影、戏剧》;

增田义一:《思想战和出版业》;

岩永裕吉:《思想战和通信机关》;

田村谦治郎:《思想战中电台的功能》。①

---

① 以上内容参见[日]荻野富士夫编并解题《情报局关系极秘资料·编辑复刻版》,东京:不二出版,2003 年,第 121、127、137、141、154、166、185、220、225、233、239、265、271、277、288、296、301、308、313、320、325、332 页。

在 1939 年 2 月 20 日—25 日的"思想战讲习会"上,来自内阁情报部、东京帝国大学和参谋本部等部门的 8 名宣传战专家主讲,参加者分为文官和武官系统总计近百人。文官系统包括与情报宣传有关的负责人、中央官厅及地方高等文官、地方课长、教育课长、社会教育课长、外事课长;武官系统包括军司令官,防卫司令官、师团长指定的情报宣传主任官等陆军将校,镇守府长官或要港部司令官认可的海军将校。

主讲内容包括:内阁情报部长横沟光晖的《思想战的理论与实际》;外务省欧亚局长井上庚二郎的《国际思想战的现状》;东京帝国大学名誉教授、法学博士笕克彦的《国体的本意和神的精神》;企划院产业部长植村甲五郎的《国家总动员的现状和将来》;内阁情报部委员、陆军情报部长、陆军炮兵大佐清水盛明的《支那事变与宣传》;参谋本部课长、陆军步兵大佐川俣雄人的《苏联事情和防共》;内阁情报部委员日高信六郎的《新支那建设的基调》;海军少将关根郡平的《关于海防思想问题》。① 其中内阁情报部长横沟光晖在《思想战的理论与实际》中解读了思想战的现实意义:

> (思想战即是)在战时向对方宣传正义在我,使其认识我
> 方的威力从而丧失战意,或是引导第三方的态度使其有利于

---

① 以上"思想战讲座"的内容参见[日]荻野富士夫编并解题《情报局关系极秘资料·编辑复刻版》,东京:不二出版,2003 年,第 3、15、32、43、58 页。

我,达到战争之目的的手段。①

内阁情报部委员、陆军情报部长、陆军炮兵大佐清水盛明在
《支那事变与宣传》中把宣传战视为"总体战的神经",他认为:

> 近代战的特征是国家总体战。规模广大,长期持久,必
> 须历尽举国进入惨淡战争的苦恼,因此发扬举国一致、举国
> 一体之精神以至最后献身是必要的。②

从 1940 年 2 月 23 日开始,总计 6 天的思想战讲座由内阁情
报部主办,内容是外务省情报部长须磨弥太郎的《伴随着外交战
的思想战》,从外交的角度解读思想战的意义和作用;内阁情报部
参与菊池宽的《思想战与文艺》、安冈正笃的《日本精神和思想
战》、人口问题研究所研究官小山荣三的《思想战与宣传》、海军大
佐松田千代的《美国的对日动向及其海军》、兴亚院政务部长铃木
贞一的《更生新支那政权的现在与将来》、内阁情报部代理部长横
沟光晖的《思想战概论》等。③ 其中,人口问题研究所研究官小山
荣三在《思想战与宣传》中认为,宣传的功能至少有三个:

---

① ［日］荻野富士夫编并解题:《情报局关系极秘资料·编辑复刻版》,东京:不二
出版,2003 年,第 4 页。

② ［日］荻野富士夫编并解题:《情报局关系极秘资料·编辑复刻版》,东京:不二
出版,2003 年,第 33 页。

③ 以上"思想战讲座"的内容参见［日］荻野富士夫编并解题《情报局关系极秘资
料·编辑复刻版》,东京:不二出版,2003 年,第 65、75、79、84、107、98、114 页。

第一,在自己国家内部建立强固的国家意识;第二,对抗自己国家外部扰乱时,防止内部扰乱;第三,对外国、肯定自己的正确主张,宣传自己的对外主张是不可或缺的。①

小山荣三将宣传细分为宣传过程与价值实现两个阶段。其中,宣传过程阶段又包括了宣传活动、宣传作用、宣传效果三个部分。进而又细致研究到要"抓住对方的心"就必须"了解对方的情况",对不同的对象,要根据其生活环境、历史、性格、利害关系等使用不同的语言展开宣传等等,对宣传技术、宣传构造的研究不仅涉及宣传对象的区别,而且还包括了时间、空间上的集中宣传,宣传媒体的选择、宣传内容的构成等。如在宣传内容构成上,就分为:

1.振作宣传——战斗的、鼓舞的、观念充实;

2.防御宣传——防卫反战的、扰乱的宣传;

(以上是对本国国民的宣传)

3.宣抚宣传——和平的(去除敌国国民的不安);

4.扰乱宣传——煽动的(对敌缺陷的利用);

(以上对敌国民的工作)

5.教示宣传——包括对自己国家同情、对敌国反感的宣

---

① ［日］荻野富士夫编并解题:《情报局关系极秘资料·编辑复刻版》,东京:不二出版,2003年,第87页。

传(对中立国工作)。①

关于战争宣传的极端重要意义,水野正次在《大东亚战争的思想战略——思想战纲要》中认为:

> 战争的目的,就在于宣扬皇道,使不服从者服从之,在于(日本)国体的防卫。强调我国国体的本义。对此,无论如何反复强调都不过分。
>
> 在战时,宣传必须是政治的。为什么呢?因为全体国民必须和军队一样聚精会神地集中于战争目的的实现。此外没有其他的政治目的。所以,宣传作为指导战争的总体的政治艺术,必须确认完成战争目的是战时唯一的使命,对于这一点,今天必须确立它的最有力的地位和权威。②

1936 年 9 月,为强化宣传成果,内阁情报委员会出台《关于对支问题的对外宣传方针》《关于日支问题的对内宣传方针》,其中《关于日支问题的对内宣传方针》规定:

> 1.南京政府成立以来所执行的内外政策,在指导精神上,

---

① [日]荻野富士夫编并解题:《情报局关系极秘资料·编辑复刻版》,东京:不二出版,2003 年,第 84—96 页。

② [日]水野正次:《大东亚战争的思想战略——思想战纲要》,东京:霞关书房,1942 年,第 30—31 页。转引自王向远著《日本对中国的文化侵略——学者、文化人的侵华战争》,北京:昆仑出版社,2005 年,第 191、193 页。

与我帝国确保东亚和平为使命的国策是根本不相容的。其结果,导致排日侮日的各种事件频发,如今对帝国的在支权益是否能够存立也造成了威胁。对此,我们不能容忍他们以惯用手段玩弄辞令、敷衍了事。比起具体事件的解决,更重要的是要南京政府的政策从根本上加以改变,这一点要对国民彻底讲清;

2.为了对支问题的根本解决,国民要加强团结,沉着冷静。要酿成这样的气氛:根据情况必须诉诸最后的手段时也要决然而行。①

到1938年1月时,日本内阁情报部又颁布了《极密 对于支那事变的宣传方策大纲》。其中在"对内宣传"一章的第一和第二条中规定:

1.统一舆论,务求举国一致。……确保东亚永久之和平,以实现帝国上下坚定不移的决心;

2.如今其他国家对支那抗日势力的援助的事实已经明了,事变可能要长期化,要加强思想战。

在第五章"宣传实施所应注意的事项"中规定:

---

① 《关于对支问题的对外宣传方针》《关于日支问题的对内宣传方针》,转引自王向远著《日本对中国的文化侵略——学者、文化人的侵华战争》,北京:昆仑出版社,2005年,第196—198页。

　　1.对内宣传应当避免消极的悲观的态度,要给国民以信心,在不知不觉中充实国力以支持长期战争;

　　2.要注意对内自我宣传的东西不能直接用来对外宣传。①

　　1941 年 12 月 7 日,日军偷袭美国军事基地珍珠港,太平洋战争爆发。8 日,日本政府即发布了《对日英美战争情报宣传方策大纲》(以下简称《方策大纲》)。《方策大纲》共分为八个部分,即目的、基本要纲、国内舆论的指导、对轴心国宣传、对敌国宣传、对南方诸国宣传、对中立国宣传等。详细区分了宣传对象和宣传重点,确定了"确保完成战争之目的,与当前军队作战相呼应,引导内外形势"的宣传目的,使宣传战进入了一个新的阶段。如在"目的"的具体要求方面就有如下五点:

　　1.巩固国内团结以赴举国困难,共振精神以永保必胜之信念;

　　2.基于满华两国不可分割之关系,确保与轴心国合作;

　　3.使敌国丧失战意,阻止敌国间合作,使之产生隔阂;

　　4.确保南方诸民族与我同一步调与合作;

---

① 关于"对外宣传""对支宣传",以及"宣传实施所应注意的事项",参见王向远著《日本对中国的文化侵略——学者、文化人的侵华战争》,北京:昆仑出版社,2005 年,第 199—202 页。

5.防止、遏制中立国与敌国连横,进而使其与我同一步调。①

"基本要纲"部分,规定宣传活动要着重阐明"开战的大义名分""必胜的道义根基""国民坚定必胜信念,强化对国力的自信力",以及"在拥护人类公正、生存,确立世界恒久和平旗帜下展开的世界思想战"。

《方策大纲》不仅是一部完整的战争宣传指导方案,也是日本军国主义政府在面临一场空前的世界大战时做出的宣传动员。在"要领"部分还阐述了"敌国对我生存压制的历史",称"迫于明治以来的人口饱和压力而进行的海外求生存是自然的、和平的发展,却经常受到日俄战争特别是华盛顿会议以来敌国的妨碍",并继续以强盗逻辑解读"满洲支那事变的原因及事态扩大的情况""建设大东亚共荣圈的必要性""日美谈判的经过",最后强调"具有必胜信念的实力"和"敌国战略上的弱点"。②

《方策大纲》对"国内舆论的指导"以"反抗暴戾敌国之压迫""拥护皇国之权威及在大东亚之生存"为基调,特别是将宣传战定位在"值此兴废存亡之歧路,豪赌二千六百年之光辉历史,执破邪

① [日]北山节郎编:《太平洋战争放送宣传资料》第1卷部外秘《海外放送讲演集》,第二号(昭和十七年六月)附属资料《对日英美战争情报宣传方策大纲》,东京:绿荫书房,1997年,第288页。

② 参见[日]北山节郎编《太平洋战争放送宣传资料》第1卷部外秘《海外放送讲演集》,第二号(昭和十七年六月)附属资料《对日英美战争情报宣传方策大纲》,东京:绿荫书房,1997年,第288—290页。

显正之干戈,依靠国民之全努力完成战争之目的"的高度,既突出了宣传战研究的成果,更具有极强的煽动性。如在"要领"部分指出近代战争的特征是:国民的精神力、经济力也是直接战争行为的对象,所以国土也是战场。敌人企图以空袭达到动摇国民精神的目的,为此要防止恐怖心理,把损失降低到最低限度。特别是要防止空袭时流言蜚语的传播,统一发布损失报告,勿使国民陷入恐怖而将其引导为发扬同仇敌忾。船舶的损失报道会影响到全部战局,损失过大会引起人心不安混乱,要格外留意。

"要领"还指出随着战争的进展,国民生活的困窘日益严重,但是为了完成"皇国之大使命"要自觉"当然甘受",要把"万民之痛苦"引导到"刺激敌忾心""昂扬战意"的舆论上来,"要适时报道敌国方面的国民生活困窘"等等。①

《方策大纲》把"对满支宣传""对轴心国宣传""对敌国宣传""对南方诸国宣传""对中立国宣传"作为对外宣传部分。如"对满支宣传"的"要领"是:这场战争是由于美英利己的世界霸权野心,排除其对东亚的掠夺,拥护大东亚的共存,因此宣传重点在于"唤起其对满支和皇国不可分割命运的自觉","打破对敌国武力、经济力的盲信,响应大本营发表,迅速生动地报道皇军作战的战果";"对皇军占领地之外的支那民众,报道日支合作的发展","蒋政权的抗日行动完全是美英的走狗,民众受涂炭之苦,要助长

---

① 参见[日]北山节郎编《太平洋战争放送宣传资料》第1卷部外秘《海外放送讲演集》,第二号(昭和十七年六月)附属资料《对日英美战争情报宣传方策大纲》,东京:绿荫书房,1997年,第290—292页。

满支民众的反感情绪"。①

　　为适应不同的战争形势,日本政府的宣传战思路也在不断调整。战争后期,面对军事上的惨败和不可避免的战败,日本政府加强了对宣传战的指导,事无巨细,悉数安排。在《最高战争领导会议决定第五号文件》之《德国屈服时的国内措施纲要》(1944 年 9 月 21 日)中规定:

　　第一　方针

　　在德国屈服情况下,应采取指导措施,制止国内动摇,同时,狠下决心,使一亿国民全部投入战斗,以日本一国的力量,为完成战争而向前迈进。

　　第二　要领

　　一、发表帝国政府的声明

　　帝国根据大东亚战争目的的本意,阐明结合大东亚各国把战争进行到底的意志。为了表明这一见解,在废除三国同盟时,发表一项声明。

　　二、舆论指导

　　按照下列方针进行舆论指导:

　　(一)我国必须遵照诏书的指示,独自把战争进行到底。

　　(二)配合当时的外交政策,及时进行有关德国和苏联的

――――――――――――

① 　关于"对轴心国宣传""对敌国宣传""对南方诸国宣传""对中立国宣传"的方针与要领,参见[日]北山节郎编《太平洋战争放送宣传资料》第 1 卷部外秘《海外放送讲演集》,第二号(昭和十七年六月)附属资料《对日英美战争情报宣传方策大纲》,东京:绿荫书房,1997 年,第 294—299 页。

新闻报道。

(三)由于德国屈服,敌人必然加紧反攻,我国必须引导国民进一步提高觉悟,并根据下列观点,切实宣传:德国的屈服不一定会对帝国的战争领导产生大的影响,也要注意防止国民产生畏惧的心理。①

1945年4月,在侵略战争的最后阶段,德国法西斯已处于崩溃前夕。日本政府为防止因德国投降而在国内可能发生的动摇,于4月30日通过了《在德国屈服情况下的对策纲要》(《最高战争领导会议决定第25号》),其中关于宣传的规定就有:

一、在德国屈服的情况下,抑制国内的动摇,与领导精心处理,在一亿坚如铁石的团结之下,确立必胜信心,保卫帝国领土,采取新措施,务求达到战争圆满结束。

二、要领(略)。

第一,(略)。

第二,国内措施

1.在一亿"国民"特攻战方面,力图迅速实施彻底之必胜政策。

2.帝国应将此宗旨加以阐明,即:基于大东亚战争目的,

---

① [日]参谋本部:《战败的记录》1967年,第181—185页。转引自复旦大学历史系编译《1931—1945日本帝国主义对外侵略史料选编》,上海:上海人民出版社,1983年,第480—482页。

应集结大东亚诸国,向战争圆满结束迈进。

3.(略)。

4.维持治安

(1)为了防止反战乃至和平气氛抬头,目前应采取适当措施,加强对反政府言论和行动的取缔,同时防止其他危险行动;

(2)严密警戒和取缔从海外来的各种阴谋活动。①

二、总体战体制与报界总动员体制的建立

由于报界对舆论形成、民众意见引导具有强大的力量,因此与报界政治动员相伴随的必然是严格管制。明治宪法第 29 条规定"日本臣民在法律的范围内,有言论、著作、印行、集会及结社的自由",但是限制这些自由的法律却包括了《新闻纸条例》(1875)、《谗谤律》(1875)、《集会条例》(1880)、《保安条例》(1887)、《出版条例》(1887)、《出版法》(1893)、《军事机密保护法》(1899)、《治安警察法》(1900)、《报纸法》(1909)等等。一战结束后,又增加了与普通选举法同时颁布的《维持治安法》(1925)。最直接也最具强制意义的则是 1909 年政府公布的《报纸法》第 27 条:陆军大臣、海军大臣、外交大臣,有权制止命令有关军事、外交等新闻稿件的发表。

---

① [日]参谋本部:《战败的记录》,东京:原书房,1967 年,第 254—255 页。

(一)总体战体制中的报界法制控制

战时宣传受到军部的控制与指导,并以军部管理为中心,这是早在 1920 年军部组建临时军事调查委员会时,就已经开始研究制订的国家总体战战略。历经 10 年的国防思想宣传研究后,在 1930 年 6 月,国防思想普及委员会(委员长由陆军省次官担任)制定了《昭和五年度国防思想普及的相关计划》,要求必须利用各种舆论宣传工具密切国民与军队的关系——"通过采取积极的手段促进对陆军军备的相关认识与理解"。①

"九一八事变"爆发后,为加快日本政府的法西斯化步伐,青年将校和法西斯暴徒自 1932 年起连续发动了刺杀事件,并将暴力行动扩大到报纸媒体和新闻记者。如刺杀《时事新报》记者(1934 年 3 月),重伤《朝日新闻》编辑总务(1934 年 4 月),刺伤《读卖新闻》社社长(1935 年 2 月),袭击《朝日新闻》社(1936 年 2 月),等等,逐步建立起了报界的法西斯专制体制。

媒体之成为国防力量的一部分,1934 年 10 月陆军省制定的《综合国策大纲》,陆军省新闻班将其以《国防本义及其强化之提倡》的题目公开出版发行,强调"通讯、情报、宣传"也是国防力量,并提出了国防国策强化方案,尽快建立思想战、宣传战的中枢指

---

① [日]纐缬厚:《总体战体制研究:日本陆军的国家总动员构想》,东京:三一书房,1981 年,第 175 页。

挥机构,构建完整齐备的思想战体系。① 1936 年 4 月,陆军省新
闻班力主学习纳粹德国,统一控制媒体,发布了"积极的新闻政策
案";同年 5 月,内阁情报局提出计划,决定将"全国电影协会""全
国出版业协会"等文化机构组织起来,实施彻底的文化统制。②

　　总体战体制之明确建立是在日本发动全面侵华战争爆发前
的"五相会议"上。1936 年 8 月 7 日,"五相会议"(陆相寺内寿
一、海相永野修身、首相兼外相广田弘毅、藏相马场瑛一)制定了
"国策基准",分别规定了大陆政策和海军政策的基本方针,其中
大陆政策的基本方针是:"谋求满洲国的健全发展,巩固日满国防
消除北方苏联的威胁,并防范英美。实现日满华三国的紧密合
作。"海洋政策方针在于"向南洋、特别是向外南洋方向,谋求我国
民族的经济发展"。同一天,"五相会议"还决定了"帝国外交方
针",即为了对抗苏联同德国合作。"五相会议"的决策是:"要走
上拿出全国一切力量来扩充军需工业,实现国家总动员体制的
道路。"③

　　1937 年 7 月 7 日,"卢沟桥事变"爆发。日本政府迅速强化军
国主义体制,对报界开始实施严厉管制,召集报社负责人迅速制订
宣传对策,要求"举国一致"投入侵华战争,并将其逐步纳入总体战
体制中。8 日,即事变爆发的第二天,公布内务大臣有权对"扰乱社

---

① 　[日]内川芳美:《传媒法政策史研究》,东京:有斐阁,1989 年,第 230 页。

② 　[日]内川芳美:《传媒法政策史研究》,东京:有斐阁,1989 年,第 179 页。

③ 　五相会议制定的《国策的基准》成为日本帝国主义总体战的根本国策。参见
　　[日]藤原彰著《日本近现代史》,第三卷,伊文成、李树藩、南昌龙、赵春元译,邹
　　有恒校,北京:商务印书馆,1983 年,第 53 页。

会秩序的稿件"禁止发表,并有权对当事人进行处分。11 日,首相近卫文麿召集新闻社、通讯社、电台的代表 40 多人"恳谈",要求新闻媒体共同协力,宣扬举国一致为战争尽力。13 日,首相近卫文麿又召集《中央公论》《日本评论》《改造》《文艺春秋》等杂志社代表"恳谈",并提出同样要求。① 与此同时,内务省警保局向各地发出了《处理有关时局报告的文件》,规定要注意并加以取缔反战反军演说、离间军民的报道,除陆军省外,在华日军的报道一概不许发表。② 17 日,情报委员会确定了《宣传方策》,规定:

　　要特别留意迅速地发布正确、详细的新闻。(中略) 要具体地对内对外报道支那方面的不法、非人道行为。③

　　22 日,日本政府制定了《宣传实施要领》,开始实施报道审查;28 日,陆军省公布了《新闻报道取缔要领》,规定:

　　1.国防、作战、用兵的准备或者有关实施事项;
　　2.编制、装备或有关动员事项;
　　3.兵团新设、编制改变及有关部队配置事项;

① 　王向远:《"笔部队"和侵华战争》,北京:昆仑出版社,2005 年,第 83 页。
② 　《出版警察报》,1937 年 9 月第 108 号,第 10 页。转引自《侵华日军南京大屠杀史国际学术研讨会论文集》,合肥:安徽大学出版社,1998 年,第 142 页。
③ 　[日]有山辉雄:《战时体制和国民化》,载[日]赤泽史朗、粟屋宪太郎、丰下楢彦、森武麻吕、吉田裕编《战时下的宣传和文化》,东京:现代史料出版,2001 年,第 28 页。

4.军事设施(未发表、无标识或施工中的)有关事项;

5.根据国民征用令陆军有关征用人员、任务、行动目的等有关的事项;

6.军事动员及工厂管理有关事项;

7.陆军作业厅或民间公司等有关陆军关系作业事项;

8.实验兵器、器材有关事项;

9.特殊演习或实验有关事项;

10.船舶、飞机事故有关事项;

11.将校的晋级、任命有关事项;

12.能够推测前述内容的事项或直接间接的有关军事上事项。①

同时,《新闻报道取缔要领》严格规定了"告发""严重注意""警告""注意"等处分标准,并明确要求"要深刻理解新闻的报道使命和近代战中宣传战的真相"。②《要领》还规定:有军旗的部队、高级将官照片、司令部名称、特殊部队照片以及装甲车、战车等军力、军事动向的内容一律禁止报道;中国士兵或中国人被逮捕、讯问等报道照片,给人以虐待感的照片禁止报道,但如果是关

---

① 　[日]山中恒:《报纸美化战争——战时国家情报机构史》,东京:小学馆,2001
　　年,第222—223页。

② 　7月31日陆军省的《新闻报道取缔要领》,参见[日]有山辉雄、西山武典编《近
　　代日本媒体史资料集成·情报局宣传统制关系资料》,第二卷,东京:柏书房,
　　1999年,第9页。

于中国士兵残虐行为的报道则无妨。①

　　根据《新闻纸法》第 27 条之规定,陆军大臣有权禁止新闻报道的发表。因此,陆军省在 7 月 31 日发布了《陆军省令第 24 号》规定:"有关军队行动、军机军略之事项禁止媒体报道,但是得到陆军大臣之许可的则不在此限。"②

　　1937 年 7 月,政府和军部连续发布对媒体宣传的管制法令,以至到 8 月底为止,陆军省、海军省、内务省一共发出了 23 次有关新闻报道的通令。这种情况实属前所未有,表明了政府对总体战开始后的宣传战的高度重视。8 月 13 日,日军大举进攻上海。16 日,海军省发布了《海军省令第 22 号》:"根据新闻纸法第 27 条之规定,禁止报纸刊载当前舰队、舰船、飞机、部队行动及其他军机军略事项,但是得到海军大臣之许可的则不在此限。"③陆海军省相继实施了传媒宣传的事前许可制。

　　此后的报界管制措施日益走向极端化。1941 年 1 月 11 日,日本政府公布《新闻纸等揭载限制令》,严格控制报界的舆论宣传,举凡"官厅之机密""军事之秘密""军用资源之秘密""外交及财政经济政策"等均禁止或限制宣传。④ 1941 年 12 月 7 日,日本海军偷袭珍珠港,太平洋战争爆发。为强化报业统制,12 月 13 日

---

① ［日］山中恒:《报纸美化战争——战时国家情报机构史》,东京:小学馆,2001年,第 225 页。

② ［日］中园裕:《新闻检阅制度运用论》,大阪:清文堂,2006 年,第 194 页。

③ ［日］中园裕:《新闻检阅制度运用论》,大阪:清文堂,2006 年,第 197 页。

④ 《新闻纸等揭载制限令》(1941 年 1 月 11 日),参见［日］角家文雄编《昭和时代——十五年战争资料集》,东京:学阳书房,1973 年,第 214—215 页。

又公布了《新闻事业令》①,12 月 19 日再公布《言论、集会、结社等临时取缔法》②,严格控制宣传报道。可以说,整个二战前的日本报界"除极短的期间外,几乎始终被置于相关法律、政策的高压之下,其苛烈程度,在整个近代史上也是少见的"。③

(二)传媒管理机构的变化、升级

传媒管理机构的逐步变化和规格的升级,反映了政府和军部对媒体控制的强化。1917 年,外务省设置了临时调查部,1921 年设立了情报部,1919 年陆军省设情报科,1920 年改称新闻班。④

————————————

① 《新闻事业令》(1941)规定,报纸发行由申报备案制改为许可制(第三条);必要时政府可要求报社进行"事业转让或公司合并"(第四条)。

② 《言论、集会、结社等临时取缔法》(1941)强化了《新闻纸法》(1909)"镇压言论、思想、出版自由,规定政府有权检查报刊,禁止刊载对政府不利之报道,或批判文字,违者严罚之"的法律效力,"改申报制为许可制","制造流言蜚语、散步蛊惑人心要处以体刑",各报社要设置专门的报道审查部门"查阅部",主管部门有权停止出版物的发行。[日]角家文雄编:《昭和时代——十五年战争资料集》,东京:学阳书房,1973 年,第 215—216 页。

③ 从 1868 年明治维新到 1874 年自由民权运动的几年时间,大众传媒"打破顽固狭隘的思想,担任文明开化先导",被称为作明治政府和报界的"蜜月期"。只可惜,这段"蜜月期"太过短暂。从 1874 年 1 月起,双方便"蜜月决裂"了。此后日本媒体进入了重重管制的"厄运期",一直到昭和前半期,是日本新闻史上最黑暗的时期。其黑暗的程度,甚至比封建时代有过之而无不及。特别是 1931 年日本军阀发动侵华战争之后,对言论的压迫日甚一日,最终达到"登峰造极"的地步。参见张国良《日本新闻法制的历史和现状(上)》,《新闻大学》,1995 年春。

④ 当时陆军新闻班的负责人依次是秦真次、樱井忠温、冈村宁次等人。参见[日]平栉孝著《大本营报道部》,东京:图书出版社,1980 年,第 14—15 页。

"九一八事变"后,成立了时局同志会,负责陆军和外务省的情报工作,1932 年再改组为情报委员会,到 1936 年变为内阁情报委员会。

内阁情报委员会

非正式的情报委员会成立于 1932 年 9 月,到 1936 年 7 月开始列入官制,成立了由外务次官、陆军和海军(各 2 名)、文部和内务(各 1 名)等省派出人员联合组成的非正式情报委员会,"统一确立、实施宣传方针,统一发布政府权威者的声明和谈话,操纵在京外国使臣和联络报道机关,以及承制散发对英法等西方国家的宣传小册子"①。在情报局管制第一条中明确规定:情报委员会归属内阁总理大臣管理,掌管各厅有关情报重要事务的联络调整;第二条规定:内阁情报委员会委员长由内阁书记官担任,并明确规定了专职书记官 3 人,专职书记 4 人。其中,陆军次官梅津美治郎、外务省情报部长天羽英二、陆军少将矶谷廉介、海军次官长谷川清、海军少将野田清等曾任内阁情报委员会常务,干事长为情报委员会事务官横沟光晖,在干事、事务官一级也有陆海军现役军人充任情报官员,具体承担着"以国策遂行为基础的情报联络与调整、内外宣传报道的联络调整以及启发宣传的联络与调整"等职能。②

---

① ［日］获野富士夫编并解题:《情报局关系极秘资料·编辑复刻版》,东京:不二出版,2003 年,第 18 页。

② 关于情报委员会的成立情况、组织、功能、事务规程、官制及人员,参见［日］获野富士夫编并解题《情报局关系极秘资料·编辑复刻版》,东京:不二出版,2003 年,第 17—45 页。

内阁情报部

1937 年 9 月 25 日,为了使全国媒体"举国一致",情报委员会升格为内阁情报部,超越各省厅统一掌管情报宣传政策,直接对首相负责。其三大职能是:1.情报是推行国策之基础,本部负责联络调整情报事务;2.联络和调整有关内外报道的各省事务;3.联络和调整有关启发宣传之各省事务。后来又增加了有权处理与各省无关的情报收集、报道及启发宣传事务,职能远远超过情报委员会。第一任部长是横沟光晖,常务包括 3 名陆海军人(陆军炮兵中佐清水盛明、陆军步兵大尉多田督知、海军少佐佐藤丰三郎),委员包括内阁中内务省、外务省等各省官员和陆海军人共计 45 名,在参与人员中补充了一些民间媒体宣传专家,如古野伊之助(同盟社社长)、绪方竹虎(《朝日新闻》主笔)、高石真五郎(《大阪每日新闻》)、野间清治、增田义一等人。① 根据内务省、外务省、陆军省、海军省协商制定的《新闻指导要领》,不仅管理媒体取缔,而且对于报道稿件的是否刊登和各社的编辑方针、人员任用等都有最终决定权。

在内阁情报部指导下,内务省对各地分散的报纸进行了整合,情报部内部通过庶务班、调查班、整理班、编辑班控制了全国各媒体,组织开展了国民精神总动员运动。

内阁情报局

为强化战时体制,对宣传实行更加有力的一元化控制,1940

---

①　关于内阁情报部的组织、功能、官制及人员,参见[日]荻野富士夫编并解题《情报局关系极秘资料·编辑复刻版》,东京:不二出版,2003 年,第 4—15 页。

年12月,内阁和军队的所有情报部门合并为"内阁情报局",增加了原来通信省负责的广播内容管理和对日本广播协会监督,对包括报纸在内的所有媒体实施直接控制,控制范围包括报刊、广播、通讯社等等一切宣传载体。其四大职能是:1.处理有关推行国策方面的事项,统一收集情报,指挥报道及启发宣传;2.依据国家总动员法,管制报纸及其他出版物;3.指导或取缔电台广播事项;4.对电影、唱片、戏剧及其他文艺活动中有关推行国策事项,给以指导或予以取缔。① 总裁由曾任外交官的伊藤述史担任,新闻界的久富达夫为次长,其他内阁、内务省官僚及新闻记者为情报官。太平洋战争爆发后,超过半数的情报局主管由现役军人担任。

1941年5月28日,在"统制言论报道协力政府"的要求下,经同盟社社长古野伊之助斡旋,成立了新闻联盟。理事长为中外新闻的田中都吉,理事包括绪方竹虎(《朝日新闻》)、正力松太郎(《读卖新闻》)、田中都吉(《中外新闻》)、三木武吉(《报知新闻》)、古野伊之助(同盟社)、高石真五郎(《大阪每日新闻》,后为山田润二)等人,同时还有监事、编辑委员长、政经部会委员长、业务委员长等,其中参与理事为情报局次长奥村喜和男,情报局第二部长吉积正雄和警保局的三好和夫。②

截至日本战败前夕的1945年6月,日本政府建立了完全以军

① ［日］山本文雄、山田实、时野谷浩编:《日本大众传播工具史》,刘明华、郑超然译,西宁:青海人民出版社,1984年,第167页。

② 关于内阁情报局的组织、功能、各部课业务、官制及人员,参见［日］荻野富士夫编并解题《情报局关系极秘资料·编辑复刻版》,东京:不二出版,2003年,第47—74页。

部为主导的宣传战体制,即大本营控制下的海军报道部和陆军报道部总揽了全国全部的新闻宣传,通过陆海军省记者俱乐部统领全国各传媒公司。作为政府机构的情报局、内务省、各府县特高部门,外务省、邮电省已经处于附属地位。参见下图:

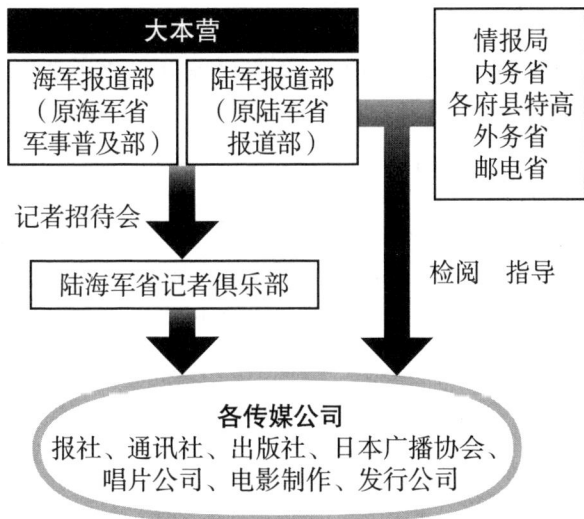

注:大本营的陆军报道部和海军报道部在 1945 年 6 月统一合并成为大本营报道部。①

---

① 图片、文字资料参见[日]日本读卖新闻战争责任检证委员会撰《检证战争责任:从"九一八事变"到太平洋战争》,日本朋友含公会、郑钧、范菲、赵军、伊藤鸿、林一二三译,竹内实、步平校译,北京:新华出版社 2007 年,第 123 页。

（三）国民精神强化运动

在不断强化法律控制、调整升级舆论控制机构的过程中，日本政府又采取了一系列法西斯手段——通过开展"国体明征运动"、国民精神总动员运动、国家总动员运动、组建大政翼赞会，彻底控制了民众思想和社会舆论，逐步确立并强化了军事法西斯"总体战"体制。

"国体明征运动"①

为进一步强化舆论控制，统一国民思想，政府于 1935 年 8 月发起"国体明征运动"。"国体明征运动"缘起于"天皇机关说"。1935 年 2 月 18 日，在乡军人菊池武夫（中将）议员指责美浓部达吉的"天皇机关说"违反国体，但是美浓部在 2 月 25 日的贵族院

---

① "国体明征"起源于 1911 年明治末期大正初年的学术争论——"天皇机关说"与"天皇主权说"之争，最初是基于对 1889 年明治宪法确立的天皇制国家体制的不同解释的学术之争，主要代表人物是主张在宪法学上天皇是国家的机关、统治权在于国民的东京帝国大学教授美浓部达吉；和主张天皇是国家主权的主体，继承穗积八束学说的上杉慎吉，双方在 1912 年和 1913 年多次展开争论，最终美浓部的理论为议会政治打下了基础，被学术界认为是定论，美浓部因而被选为贵族院议员。

"个人的辩解"①中赢得了贵族院和报界的支持，《东京朝日新闻》
对"美浓部辩护"做出了善意的评论：

> 阐述得有条有理，全场肃然倾听。大约经过一小时的雄
> 辩，当他离开讲坛时，贵族院响起了罕见的掌声。②
> 博士出于学者的良心发现，痛感对自己的学说具有坚持
> 到底的责任，我等认为，如果今后这个问题要在议会讨论的
> 话，希望能够考虑采取十分慎重的态度。③

但是，这使得问题进一步被扩大，并被政治化。以此为开端，
民间右翼团体、在乡军人会与以推翻内阁为目标的政党——政友
会联合起来，采用了散发反对"天皇机关说"的小册子、组织全国

---

① 菊池武夫攻击美浓部"天皇机关说"为叛逆的报道，以及其在贵族院就"天皇机
　关说"演讲的内容，被《东京朝日新闻》《东京日日新闻》《大阪每日新闻》等媒
　体全文速记并报道，参见［日］角家文雄编《昭和时代——十五年战争资料集》，
　东京：学阳书房，1973 年，第 83 页。《菊池武夫攻击美浓部的天皇机关说为叛
　逆》(《大阪每日新闻》1935 年 2 月 19 日)、《美浓部详细阐述自己的学说，会场
　响起掌声，截取只言片语就成为反逆者，是什么事啊》(《东京朝日新闻》1935
　年 2 月 26 日)、《军部、右翼团体猛烈反击　美浓部学说弄错国体》(《大阪每日
　新闻》1935 年 2 月 26 日)。参见［日］武藤直大编注《那个时代的空气
　(上)——昭和前期 20 年的新闻报道》，东京：ラ・テール出版局，2004 年，132—
　137 页。
② 《东京朝日新闻》，1935 年 2 月 26 日早刊。转引自［日］藤原彰著《日本近现代
　史》，第三卷，伊文成、李树藩、南昌龙、赵春元译，邹有恒校，北京：商务印书馆，
　1983 年，第 46 页。
③ ［日］角家文雄编：《昭和时代——十五年战争资料集》，东京：学阳书房，1973
　年，第 70—81 页。

性的集会、陆军向全军散发"天皇机关说"违反国体的教育总监训辞等各种手段,右翼团体甚至向美浓部递交自杀建议书,疯狂攻击美浓部及其"天皇机关说",并迅速将其演变成包括了军部、右翼组织、拥护国体联合会、国民协会、生产党、爱国政治同盟、新日本国民同盟、取消政党联盟以及政友会、右派官僚为主的大规模反政府打倒内阁运动。①

1935 年 2 月 28 日,在乡军人出身的众议院议员江藤源九郎(陆军少将)以"天皇机关说"犯有不敬罪,②向东京地方检察院告发了美浓部。按照新闻检查当局的检查标准,美浓部的"天皇机关说"至少触犯了 7 条:1.煽动直接行动;2.触动了军部势力;3.煽动激进变革;4.著作导致不稳定;5.牵强附会之说冒渎皇室尊严;6.诽谤现行宪法;7.导致社会不安。③ 4 月 4 日,教育总监真崎甚三郎在军部内部发出了排斥"天皇机关说"的训示,8 月 3 日和 10 月 15 日,政府两次发表"国体明征"声明:

> 所谓"天皇机关说",胡乱援引外国事例、学说拟制我国国体,谓统治权主体不在天皇而在国家,天皇乃国家机关。有悖我神圣国体,甚至搞乱其本义,必须严肃铲除之。(中

---

① 参见[日]堀幸雄著《战前日本国家主义运动史》,熊达云译,北京:社会科学文献出版社,2010 年,第 227—239 页。

② 关于江藤源九郎以"天皇机关说"违反皇统连续、亿兆尽忠之国体、迷惑忠良国民的"告发事实",参见[日]前坂俊之著《兵是凶器:战争和新闻,1926—1935》,东京:社会思想社,1989 年,第 238 页。

③ 参见[日]中园裕著《新闻检阅制度运用论》,大阪:清文堂,2006 年,第 151 页。

略)以期使国体愈益明征,效全力以收其实绩。①

"天皇机关说"此时被提起并被扩大,其最直接的原因还是阻碍了日本的法西斯化、总体战化进程,阻碍、刺激了军部和右翼团体的战争动员计划。最后,由政府出面明确认定了日本的统治权主体在于天皇。

1937 年 3 月 30 日,文部省思想局编撰并下发了《国体之本义》,以"肇国""圣德""臣节""国史一贯之精神""国民性""祭祀和道德""国民文化"等为题目,阐述"大日本帝国由万世一系之天皇皇祖奉敕永远统治之,此为我万古不易之国体"。《国体之本义》成为中等学校教育的圣典。② "国体明征运动"的实质是疯狂右翼以天皇和国体为旗号实施"铲除异端"的思想镇压,以确立国民对天皇的绝对服从和思想统一,从而彻底击垮了自由民权运动和大正民主运动以来,日本民众中渐趋萌芽发展的自由主义、民主主义意识,也摧毁了议会政治的基础。"国体明征运动"是日本走上法西斯主义道路的里程碑事件。

---

① 8 月 3 日的第一次声明:"若夫统治权非存于天皇,天皇乃旨在行使统治权之机关之论,完全是对我国万邦无比之国体之本义错误理解。至于近时围绕宪法学说,关于国体之本义,出现如此议论,诚不胜遗憾。"遭到了右翼分子和军部的不满,认为政府声明不彻底。于是在第二次声明中采取了极为严厉的措辞。[日]堀幸雄:《战前日本国家主义运动史》,熊达云译,北京:社会科学文献出版社,2010 年,第 238 页。

② 参见[日]角家文雄编《昭和时代——十五年战争资料集》,东京:学阳书房,1973 年,第 112—125 页。

国民精神总动员运动

"七七事变"爆发后,为持续进行侵略战争,加强军国主义法西斯统治,1937 年 8 月 24 日,内阁通过了《国民精神总动员实施纲要》,确立了实施宗旨:"以举国一致、坚忍不拔之精神,对处当下之时局,今后将继续共克时艰,愈发扶翼皇运"。① 9 月,近卫内阁发起了支持战争的教育运动——国民精神总动员运动,目标是举国一致、尽忠报国和坚忍持久。10 月,国民精神总动员中央联盟作为内阁外围团体成立,统领国民精神总动员运动。1938 年 4 月,在乡军人会、全国神职会、日本劳动组合会议、全国町村长会、大日本联合青年团、大日本"国防妇人会"等 74 个团体加入,后增加到 94 个团体。在这场"官办国民运动"中,海军大将有马良橘为会长,理事、评议员均为官僚、政界和财界的实力人物。指导部门是内阁情报部、内务省和文部省,道、府、县"以地方长官为中心,组织官民合作的地方实行委员会";市、町、村"以市、町、村长为中心对各种团体全面进行总动员"。1940 年 4 月,米内内阁改组机构,建立了由米内为首的"国民精神总动员本部"和地方行政长官为首的地方本部,完全由官方直接领导,全面协助政府进行战争动员。

国民精神总动员运动的三大口号,是 1937 年 9 月 9 日在日比谷公会堂召开国民大会时提出的"举国一致,尽忠报国,坚忍持久"。运动内容包括召开讲演会,散发传单、张贴宣传画,参拜神

---

① 　[日]山中恒:《报纸美化战争——战时国家情报机构史》,东京:小学馆,2001 年,第 241 页。

社、皇陵,举行奉读敕语仪式和阵亡者慰灵祭等。如《大阪每日新闻》报道的《近卫首相在日比谷喊出第一声举国一致》(1937 年 9 月 12 日),《东京日日新闻》报道的《内阁情报部悬赏征集国民歌》(1937 年 9 月 22 日),以及《中外商业新报》报道的《妇人团体大同团结强化铳后保护》,等等。① 该运动要求一亿一心、忠君爱国、支持战争,后来逐渐转变为支持战争经济的运动,如要求"节约消费""反对奢侈""储蓄报国",强调购买爱国公债、一户献纳一物和增加农业生产等。

国家总动员运动②

为全面实行经济统制、国民统制和精神统制,第 73 届议会通过了包括《国家总动员法》《电力国家管理法》等在内的 86 项法案和预算案。《国家总动员法》(1938 年 4 月 1 日开始实施)是一部范围广泛的授权立法,旨在强调战争、事变时为了达到国防目的,统制、运用人力资源,以最大限度地发挥国家力量(第 1 条)。③《国家总动员法》的关键在于议会将统制和运用人力、物力资源,即将对军事动员以外的全部国家资源(人的资源为精神力、智力、

① 参见[日]武藤直大编注《那时的空气——昭和前期 20 年间的新闻报道》,东京:ラ・テール出版局,2004 年,第 170—172 页。关于爱国歌曲的募集情况,参见[日]山中恒著《报纸美化战争——战时国家情报机构史》,东京:小学馆,2001 年,第 245—249 页。

② 日本的总动员计划由来已久,早在 1920 年,对德国"总体战"做过深入研究的永田铁山就提出了《国家总动员意见书》,被两度出任陆军大臣的宇垣一成称赞为比德国鲁登道夫将军的总体战论更为精彩。其后,日本逐渐实施的国家总动员计划,永田的建议不仅多被采纳,并且也是主要推动者。

③ [日]堀幸雄:《战前日本国家主义运动史》,熊达云译,北京:社会科学文献出版社,2010 年,第 361 页。

劳动力等无形资源,物的资源主要指物资、设备及其他有形的资源)的动员权力授予政府,"使议会放弃了审议权,成为授予政府无限权限的空白委任状"。① 据此可以不经议会表决以敕令行之(第 4 条至第 26 条):政府在战时可统制劳务、物资、资金、设备、事业、物价、出版等,平时也可下令调查职业能力、培养技术人才和保存物资等。此后,为集中全力支持战争,政府开始频繁地颁布各项命令,强制进行战时动员。政府"以这次议会为契机,一举过渡到战时体制,严格施行起经济统制来"②。

与《国家总动员法》有关的敕令还包括了《新闻事业令》《报纸等限制登载令》等。《国家总动员法》第 20 条规定:只要国家在总动员上有必要时,无论任何报道、评论,政府均可以自由限制。违反前项限制或禁止之新闻纸及其他出版物,对国家总动员有障碍者,政府可禁止其颁布或发行,并可扣押之,在此项场合,其原版亦一并没收之。第 39 条规定:违反根据第 20 条第一项规定之限制或禁止时,新闻纸方面,其发行人及编辑人,其他出版物方面,其发行者及著作者,应处 2 年以下之徒刑或禁锢,或 2000 元以下之罚金。新闻纸方面,除编辑人外,其担当实际编辑者及揭载稿件之署名者,其惩罚与前项同。③

---

① ［日］藤原彰:《日本近现代史》,第三卷,伊文成、李树藩、南昌龙、赵春元译,邹有恒校,北京:商务印书馆,1983 年,第 71 页。
② ［日］藤原彰:《日本近现代史》,第三卷,伊文成、李树藩、南昌龙、赵春元译,邹有恒校,北京:商务印书馆,1983 年,第 65 页。
③ ［日］商工经营研究会编:《国家总动员关系法令总览》,大阪:大同书院,1939 年,第 281 页。

国家权力的行使在内阁,但是左右内阁的则是军部,这是法西斯体制开始建立的主要标志之一。

大政翼赞会

1940 年 10 月 12 日,近卫内阁仿照德国和意大利的法西斯体制,为创造"国防国家",急需打造一党独裁体制,在全国建立了国家总动员体制,解散政友会、社会大众党、民政党等全部政党组织,推行一国一党,吸收了桥本欣五郎、绪方竹虎、武藤章等军界和传媒人士参与,成立了以近卫文麿为总裁的法西斯组织——大政翼赞会;宗旨是"实践翼赞大政的臣道,上意下达,下情上通,密切配合政府"。①

大政翼赞会是国家总体战体制的核心组织。由总理大臣亲任总裁,各地支部长均由都道府县知事兼任,从中央到地方分设大政翼赞协议会,设置有道府县支部、市区町(镇)村支部、街道居委会、邻里组等组织。上意下达,开展法西斯精神总动员,引导国民的思想精神运动,大力推行军国主义法西斯教育。在 1942 年 4 月的众议院议员选举中,由军部、财界人士组成的"翼赞政治体制协议会"选定了和众议院定数相同的推荐候补人数,并令之参加选举,使得整个选举成了"翼赞选举"。选举结束后又迅速成立了"基于国体之本义,团结全国之政治力,决心向完成大东亚战争迈

---

① 因为解散了所有政党,所以大政翼赞会代行了"政党职能"。1942 年 5 月 15 日东条内阁会议决定的大政翼赞会功能有襄助国政、实践"臣道",统一国民思想,尽职奉公,下达上级意旨,下察民间动向等,具体内容参见《日本史料集成》第 594 页,《大政翼赞会的功能改革》。转引自顾林《"大政翼赞会"功能的革新》,《历史教学》,1986 年第 6 期。

进"并"与大政翼赞会保持紧密联系、决心共同努力确保大政翼赞运动之彻底"的翼赞政治会,①总裁为阿部信行,其"言论关系"包括《朝日新闻》社会长上野精一、《朝日新闻》社长村山义举、《大阪每日新闻》社长奥村信太郎、《国民新闻》代表董事田中齐、《都新闻》社长福田英助、《读卖新闻》编辑局长宫崎光男、《报知新闻》编辑局长后藤喜间太、《国民新闻》编辑局长志田胜、《都新闻》编辑局长渡部英夫、《中外商业》社长村上幸平、《中外商业》编辑局长小田岛定吉、同盟通信社编辑局长松本重治。② 在地方一级的翼赞选举中,报纸媒体的负责人也有入选,如 1942 年 3 月 20 日成立的翼赞政治体制协议会茨城县支部 15 名会员中有媒体两人——茨城新闻社长中崎宪和县商报副会长佐野伊卫门。③

　　"翼赞政治会"成立后,大日本产业报国会④、农业报国联盟、

---

① 此为翼赞政治会纲领中的第一条和第三条。第二条和第四条为:"恪守宪法之条章,决心确立翼赞议会;确立大东亚共荣圈,决心建设世界新秩序。"参见[日]吉见义明、横关至著《资料日本现代史·翼赞选举》,东京:大月书店,1981年,第293—294 页。

② [日]吉见义明、横关至:《资料日本现代史·翼赞选举》,东京:大月书店 1981年,第 283 页。

③ [日]雨宫昭一:《翼赞体制的另一面——以茨城为中心》,《资料日本现代史月报·翼赞选举(附录)》,东京:大月书店,1981 年,第 7—8 页。

④ 大日本产业报国会,日本战时统制工人的半官方团体。1938 年爱知县产业报国联盟在全国范围发起建立产业报国会运动,1940 年 11 月 23 日正式成立,总裁由厚生大臣兼任。各地方的工矿企业均设立,1941 年会员达 5000 万人。以发展产业,辅佐皇运为纲领,1942 年 5 月被列为大政翼赞会的下属团体,专事胁迫工人增加生产,并负责分配物资。

商业报国会、大日本言论报国会①等各领域的报国会,到 1944 年时相继解散后加入大政翼赞会。包括大日本青少年团②、大日本"国防妇人会"③、帝国在乡军人会、大日本文学报国会④等所有民间团体都被编入官办国民运动组织里,形成了与政府、大政翼赞会三位一体的翼赞政治体制,标志着日本彻底进入了"一君万民""万民翼赞"的军事法西斯"总体战体制"。

①　大日本言论报国会,日本战时进行军国主义宣传的半官方文化团体。1942 年 12 月 23 日成立,会长德富苏峰,会员以评论家协会为主,1949 年总人数 917 人,信奉"言论报国"的宗旨,与日本内阁情报局、军部密切配合,在全国范围内举办"击破美英思想战"大型演讲会,编辑出版《日本思想战丛书》。

②　大日本联合青年团,日本战时统制青年的半官方团体。1925 年 4 月由东京联合青年团团长后藤新平发起成立,以加强对青年的法西斯统治、宣传军国主义思想为宗旨。1934 年改名为"大日本青年团",1941 年 1 月与大日本联合女子青年团、大日本少年团联盟、帝国少年团协会合并为大日本青少年团,成为近卫新体制运动的一翼。

③　大日本国防妇人会,日本战时统制妇女的半官方团体。1931 年日本发动"九一八事变"后,在大阪和东京等地成立。1934 年 4 月成立全国本部,会长武藤能妇子,主要干部均由陆、海军大臣及现役将官的妻子担任,以妇女与政府齐心协力共扬皇道为宗旨,主要从事援助伤残军人及阵亡士兵家属、募集慰问品、开展防空训练等活动。1941 年会员达 100 多万人。1942 年并入大日本妇女会,1945 年编入国民义勇队。

④　大日本文学报国会,日本战时进行军国主义宣传的半官方文化团体。1942 年 6 月由日本内阁情报局发起组成,机关报为《文学报国》,曾通过筹办全国规模的"大东亚文学者会议"和"文学报国演讲会"胁迫文学家进行军国主义宣传,美化侵略战争。

(四)报界管制措施的变化

根据国家总动员法,媒体被置于政府军部之下。而且从 1940
年 5 月开始,内阁直接管理新闻纸分配;报纸裁撤力度也空前加
大,1938—1940 年间的 739 种日刊报纸,到 1941 年时裁减至 108
种;同年 9 月,根据"一县一报"方针更减至 54 种。[①] 全国性报纸
只有合并后的《朝日新闻》和《每日新闻》,区域性报纸合并后仅
有东京地区的《东京新闻》、大阪地区的《大阪新闻》、名古屋(中
部地区)的《中部日本新闻》和福冈(九州地区)的《西日本新闻》
(参见下表)。

"一县一报"体制的具体内容[②]

发行范围	报纸种类
东京五报	《朝日新闻》(《东京朝日新闻》和《大阪朝日新闻》合并而成) 《每日新闻》(《东京日日新闻》和《大阪每日新闻》合并而成) 《读卖报知》(《读卖报知》和《报知新闻》合并而成) 《东京新闻》(《都新闻》和《国民新闻》合并而成) 《日本产业经济新闻》(《中外商业新报》和多家业界专业报纸合并而成)

---

① 　[日]日本读卖新闻战争责任检证委员会撰:《检证战争责任:从"九一八事变"
　　到太平洋战争》,日本朋友舍公会、郑钧、范菲、赵军、伊藤鸿、林一二三译,竹内
　　实、步平校译,北京:新华出版社,2007 年,第 122 页。
② 　参见[日]中国裕著《新闻检阅制度运用论》,大阪:清文堂,2006 年,第 324 页。

续表

发行范围	报纸种类
大阪三报	《朝日新闻》(《东京朝日新闻》和《大阪朝日新闻》合并而成)
	《每日新闻》(《东京日日新闻》和《大阪每日新闻》合并而成)
	《大阪新闻》(《晚刊大阪新闻》和《大阪时事新报》合并而成)
爱知一报	《中部日本新闻》(《新爱知》和《名古屋新闻》合并而成)
福冈三报	《西日本新闻》(《福冈日日新闻》和《九州日报》合并而成)
	《朝日新闻》和《大阪每日新闻》的各分社继续存在

在 1938 年至 1941 年,报社也进行了重组合并,从 13 075 家减少到了 5190 家,4 年间几乎减少了三分之二。参见下表:

昭和十三年(1938)到十六年(1941)报社合并情况①

年度	报社合并数
昭和十二年(1937)4 月末	13 075 家
昭和十三年(1938)5 月末	13 429 家
昭和十四年(1939)5 月末	11 038 家
昭和十五年(1940)4 月末	8124 家
昭和十六年(1941)4 月末	5190 家

1942 年 2 月,由政府统制的"日本报业会"成立,政府对报业的控制达到了顶点。情报局总裁天羽英二在日本报业会机关报

---

① 参见[日]山本文雄、山田实,时野谷浩编《日本大众传播工具史》,刘明华、郑超然译,西宁:青海人民出版社,1984 年,第 169 页。

《日本新闻报》①创刊号(1943 年 6 月 26 日)上要求:"展示报纸作为皇国喉舌的性格,对前所未有的国家重大事态当机立断作出应对,真正意义上完成决战体制,这是从今往后努力的目标。"每日新闻总编辑长高田元三郎在创刊号上说:"不仅仅是协助执行既定的国策,还要积极参与制定国策立案——拥有这种觉悟和气概是很有必要的。"《日本新闻报》上充斥着如何与国家及军部协作共同指导舆论导向,如"让斗志昂扬,让士气高涨……报纸才是可以承担这一任务的载体"(第二号《朝日新闻》东京总社编辑局长香月保),"报纸的指导理念必须要把国体观念贯彻到底"(第十九号《读卖新闻》的正力松太郎社长),等等。②

在战争后期,《朝日新闻》社副社长绪方竹虎进入小矶内阁任情报局总裁。《日本新闻报》整版报道了绪方竹虎入阁的消息,各报负责人也纷纷附和:"由于媒体人士悉知战争指导的方向,这样就能够脚踏实地地进行言论指导(正力松太郎)";"成为情报宣

---

① 在昭和十六年(1941)5 月,为了进行新闻纸和资材自主分配的协议,新闻报界设立了一个全国性的组织"日本报业联盟"。根据报纸事业条令,该联盟被迫解散,随之于 1942 年 2 月变成了由政府统制的"日本报业会"。该报每刊四版每星期发行三次,至战争结束时刊号达到 270 号。该报一味强调如何与国家及军部协作共同指导舆论导向,而根本就看不到和军部对峙探讨追究战争是非善恶的姿态。随着战局的不断恶化,该机关报和军部的一体化倾向也愈演愈烈。[日]日本读卖新闻战争责任检证委员会撰:《检证战争责任:从"九一八事变"到太平洋战争》,日本朋友舍公会、郑钧、范菲、赵军、伊藤鸿、林一二三译,竹内实、步平校译,北京:新华出版社,2007 年,第 122—123 页。

② [日]日本读卖新闻战争责任检证委员会撰:《检证战争责任:从"九一八事变"到太平洋战争》,日本朋友舍公会、郑钧、范菲、赵军、伊藤鸿、林一二三译,竹内实、步平校译,北京:新华出版社,2007 年,第 122 页。

传的主管者,这一点具有非常重大的意义,但是改变报道姿态的动作根本就不可能实现(东京新闻编辑局长山根真治郎)。"①

　　军部要求发动全面侵略战争的"国策"与"国论"必须完全一致,报界必须全面、无条件地支持战争。"即使以整个世界为敌也毫不畏惧"②,这是陆军省新闻负责人本间雅晴对"言论报道机关"的要求。

　　(五)新闻管制更为严格

　　报界形成总体战体制与严格的新闻法制管控密切相关。早在1909年5月6日颁发的《新闻法》中的第27条,就明确规定了"陆海军大臣和外务大臣,有权发布命令禁止或限制报纸对有关军事或外交事项的刊载"。同时第23条还规定"内务大臣对报纸刊载之事项,认为其紊乱安宁秩序或妨害风俗时,有权禁止报纸发行,必要时可以没收"。③ 20世纪20年代大规模战争爆发以前,日本新闻审查制度的标准大致可以划分为以下危害国体、危害治安、左翼运动、军事外交4种类型,总计12项:

① ［日］日本读卖新闻战争责任检证委员会撰:《检证战争责任:从"九一八事变"到太平洋战争》,日本朋友舍公会、郑钧、范菲、赵军、伊藤鸿、林一二三译,竹内实、步平校译,北京:新华出版社,2007年,第123页。
② ［日］内川芳美、新井直之:《日本新闻事业史》,北京:新华出版社,1986年,第51页。
③ ［日］中国裕:《新闻检阅制度运用论》,大阪:清文堂,2006年,第20—21页。

1.冒犯皇室尊严的("白虹事件"、"虎门事件"、大正天皇的病情);

2.诅咒国体的("白虹事件");

3.憧憬革命或暗示革命的(俄国革命、"白虹事件");

4.煽动暴动或有诱发暴动之虞的(大正政变、米骚动、普选运动、关东大震灾);

5.教唆暗杀或有诱发暗杀之虞的(原首相遭难事件、关东大震灾、"虎门事件");

6.宣传无政府主义、共产主义、其他过激不稳主义思想的(俄国革命、第一次共产党检举、"龟户事件"、"大杉事件");

7.阶级斗争或有诱发怠工之虞的(大正政变、米骚动、普选运动、"虎门事件");

8.煽动同盟罢工或有诱发怠工之虞的(大正政变、米骚动);

9.报道虚假事实或夸大事实导致人心惑乱,引发明显社会不安定的(米骚动、关东大震灾);

10.有危害国交之虞的(第一次世界大战、西伯利亚出兵、王希天虐杀事件);

11.刊载军事或外交秘密事项的(第一次世界大战、西伯利亚出兵);

12.对朝鲜、中国台湾的统治有害的("三一运动"、朝鲜人大虐杀、"虎门事件")。①

---

① ［日］中园裕:《新闻检阅制度运用论》,大阪:清文堂,2006 年,第 49—50 页。

但是在经历了金融恐慌、"三一五事件"后,日本新闻审查转入了以治安维持法体制和特高警察体制为核心的新闻"特高检查体制",在全国建立了特高警察网,在各厅县府道设立了特高课,警保局大幅度增加检查人员,每月发行专门研究出版物论调的《出版警察报》,因此在应对"四一六事件"、出兵山东、炸死张作霖事件,以及伦敦裁军会议、滨口首相遇刺等事件中,特高警察检查体制发挥了很大的威力。如在出兵山东造成"济南惨案"后,紧急制止了媒体"刊载残杀尸体状况、渲染残虐程度"的写真报道,对军队计划、编制报道实施了警告措施;在 1928 年 6 月 4 日关东军高级参谋河本大佐炸死张作霖后,陆军强硬要求不能以此"动摇日本在满洲的基础","发表真相将对国家有害",因此政府检查当局禁止媒体报道"日本方面的真相"。① 直到 1930 年前后,日本政府完成了"特高检查体制",即单独抽出"紊乱安宁秩序"一条确定了新的审查标准②。以维持国内治安为中心,具有条文化和

---

① [日]中国裕:《新闻检阅制度运用论》,大阪:清文堂,2006 年,第 58 页。

② 新的审查标准侧重维持国内治安,内容包括:1.冒犯皇室尊严的事项(宫中某重大事件、"白虹事件"、"虎门事件"、大正天皇的病情);2.否认君主制的事项("白虹事件"、共产主义和无政府主义运动);3.宣传共产主义、无政府主义的理论乃至战略、战术,或煽动其实施运动、或支持此种革命团体事项(俄国革命、第一次共产党检举、"龟户事件"、"大杉事件");4.高调宣传法律裁判等国家权力机关的阶级性,或其他明显歪曲之的事项(共产主义、社会主义和无政府主义运动);5.煽动恐怖主义、直接行动、大众暴动等事项(大正政变、原首相遭难事件、米骚动、关东大震灾、普选运动、"虎门事件"、滨口首相遭难事件);6.煽动殖民地独立运动的事项["三一运动"、关东大震灾期间的朝鲜人大虐

扩大化的趋势,其中强化了检查当局对审查内容的随意性解释和操作,表明日本已经彻底抛弃了新闻法制对报界的管制,代之以简单化、随意性的"特高体制"实施报界管制。这是 20 世纪 20 年代末期日本新闻管制向法西斯新闻管制转变的重要标志。

　　"七七事变"前,内务省警保局图书科承担新闻审查任务;"七七事变"事变爆发后,为迷惑民众,欺骗舆论,防止泄露军事秘密,改由陆军省、海军省、内阁情报局共同承担。为此,军部采取了极为严格的新闻审查制度,公布了《军事机密保护法》修改条令,其中规定:"新闻记者由于业务关系所获得的军事机密如擅自泄露于众,可判处死刑、无期和 4 年以上徒刑。"媒体内部印制下发了《新闻刊登禁止事项要览》,人手一册。

　　1937 年 7 月 28 日,陆海军省公布《报纸登载事项许可与否判定要领》,规定禁止刊登 14 类照片,如飞机场图片,军官、军旗的图片、坦克名称及图片,等等。凡刊载照片必须由陆军省、海军省和情报局批准。

(接上页)杀)];7.不合法地否认议会制度的事项(共产主义、社会主义运动);8.动摇军队存在基础的事项(济南事件、张作霖爆杀事件);9.毁损外国君主、总统或派遣到我国的外国使节的名誉,为此造成国交上重大障碍的事项(王希天虐杀事件、张作霖爆杀事件);10.军事外交上的重大机密事项(第一次世界大战、西伯利亚出兵、山东出兵);11.煽动犯罪、或包庇或救助犯罪人、刑事被告人的事项(关东大震灾、朝鲜人大虐杀、"龟户事件"、"大杉事件");12.对重要人犯的搜查造成障碍、引起社会不安的事项[特别是日本共产党残存党员检举事件("三一五事件""四一六事件")];13.扰乱财界及其他引起社会显著不安的事项(金融恐慌)。参见[日]中园裕著《新闻检阅制度运用论》,大阪:清文堂,2006 年,第 61—62 页。

1937 年 8 月 24 日,日本内阁通过了《国民精神总动员实施纲要》,确立了"统一国家舆论以收举国一致之实"的舆论指导原则。同年 9 月 9 日,陆军省新闻报道班发布了《报纸可否登载事项审订纲要》。对于当时严格的新闻审查制度,原《东京日日新闻》摄影部记者左藤振寿回忆说:

> 当时作为摄影记者,我们被明确地告知不论是中国士兵还是日本士兵的尸体都是不能拍摄的。关于武器装备的照片也是要严格审查的,但我想换个角度拍摄也许能通过严格审查,结果这些怀着侥幸心理拍的照片都没有通过。还有一次,我在战场上拍了一组抢救伤员的照片,我给这组照片起的题目是《战友爱》。心想,这样的照片肯定能发表。但是没有想到它们却被判为"不许可"发表。理由是这组照片容易引起厌战情绪,丧失战斗意志。①

总体战体制之下,报界受到空前严厉的控制与检查,从军记者的采访活动受到军部的严格管制,这是不容置疑的。从军记者丸山静雄在战后摇身一变成为"东南亚报道的特派员",对于战争

① 日本战败后,军部下令"必须将战争见证的资料全部烧毁"。但每日新闻社大阪总部保存了所有照片,成为日本唯一的一套战时图片史料。1977 年 1 月,每日新闻社推出大型丛书《一亿人的昭和史》,其第 10 册《"不许可"写真史》里首次将掩盖战争罪行的"不许可"照片公诸于世。1988 年 12 月,每日新闻社又推出了两册《"不许可"写真集》,成为日军侵华的有力证据。参见《侵华日军:"不许可"照片背后的真相》,http://mil. news. sina. com. cn/2006 - 12 - 19/ 0845421200.html(2011-6-11)。

时期与战后的新闻采访活动,他仍然深有感触:

> 在担任从军记者时,无论去什么地方,都要事先征得军方的同意。不论是乘飞机、轮船、火车还是汽车等,所有的交通工具都要依靠军方的提供。即使是很短的一段路程,也必须去恳求将校,才能搭车。而与此相比,特派员的生活是自由的……没有过从军体验的人是难以理解的。①

以 1937 年"七七事变"爆发为分界线,日本报界对战争的支持,或者说是报界在政府和军部的管制下,已经变成了真正的自觉与自愿。1941 年 5 月 28 日,新闻界为推进言论报道统制、协助政府,自愿成立了"日本新闻联盟",自觉地支持政府的统制政策。从联盟人员的构成就可见一斑:

> 理事长:田中都吉(中外商业);
> 理事:绪方竹虎(朝日)、正力松太郎(读卖)、田中都吉、三木武吉(报知)、古野伊之助(同盟)、高石真五郎—后是山田润二(每日)、东季彦(北海タイムス)、一力次郎(河北)、森一兵(名古屋)、大岛一郎(新爱知)、杉山荣(合同)、永江真乡(福日)
> 监事:福田英助(都)、山本实一(中国)
> 编辑委员长:高田元三郎(东日)业务委员长:石井光次

---

① ［日］丸山静雄:《亚细亚特派员五十年》,东京:青木书店,1988 年,第 90 页。

郎(朝日)

　　参与理事:奥村喜和男(情报局次长)、吉积正雄(情报局第二部长)、三好重夫(警保局)①

　　这个全部由报界人士组成的"共同机关"(自治统制团体),实际由古野伊之助斡旋、倡导,以终止新闻社之间盈利竞争为目的,使报界彻底加入了国家总体战体制,同时也是为了在联盟内推进"一县一报"来支持政府的新闻统制政策。到1942年2月5日,全国"有力新闻社代表百余名及情报局总裁等齐聚一堂",成立了"日本新闻会",从而彻底完成了战时言论统制,田中都吉被总理大臣指定为会长,"新闻会"也被时人称为"统制会"。此时,报界与战争动员的关系,正如日本传媒学者佐藤卓己所说:

　　　　(1937年以后)大多数被称为所谓镇压言论自由的事例,都是战后媒体方面为了逃避责任炮制出来的。鉴于"尽可能给我们多一些再多一些纸张"的想法,向情报局展开招待应酬攻势的,都是那些大出版社、大报社。虽然有统制的一方和被统制的一方,但在这里还存在一个同谋共犯关系的问题。②

————————

①　[日]春原昭彦:《日本新闻通史》,东京:新泉社1985年,第218页.

②　[日]日本读卖新闻战争责任检证委员会撰:《检证战争责任:从"九一八事变"到太平洋战争》,日本朋友舍公会、郑钧、范菲、赵军、伊藤鸿、林一二三译,竹内实、步平校译,北京:新华出版社2007年,第127页.

第三节　报界的宣传战

　　"九一八事变"爆发后，日本报界支持军部对中国采取强硬措施。以《东京朝日新闻》《大阪朝日新闻》《大阪每日新闻》《东京日日新闻》为代表的大报社，凭借雄厚的财力向侵华日军各部队派出了大量的从军记者，积极配合政府和军部的对外扩张政策，连篇累牍地刊载支持战争的言论，及时报道"连续胜利"的战况。其中《每日新闻》更是"满洲权益论的热心后援者"，"九一八事变"甚至被称为"《每日新闻》后援、关东军主办"①。各地方报刊也不甘示弱，如《名古屋新闻》《新爱知》等也迅速行动起来，将支持战争的舆论传播到日本全国各个角落。

一、从军记者的狂热宣传行动，与军方"直接协作"，是侵略战争的直接参与者

　　报界全面进入战争状态后，动员了大批记者参与战争报道，仅《朝日新闻》《每日新闻》等大报派往东北、上海的记者就超过300人，随着战事的扩大，每天出一页新闻图片号外，②报道战事

---

① ［日］前坂俊之：《兵是凶器：战争和新闻，1926—1935》，东京：社会思想社，1989年，第93页。

② ［日］山本文雄、山田实、时野谷浩编：《日本大众传播工具史》，刘明华、郑超然译，西宁：青海人民出版社，1984年，第141—142页。

和传递信息甚至出动飞机①、汽车、摩托艇和坦克，电报的数量相比往昔也是成倍增加。《东京日日新闻》社的摄影记者佐藤振寿在其从军日记中记述了紧张的报道情况：

> 记者们白天去司令部和联队本部采访，傍晚回来后便忙着赶写稿件，然后用无线电报发出稿。……无线电技师在烛光下拼命地按着无线电发报机的键钮，或许是稿件太多，嘀嘀嗒嗒的声音到 12 时还响着。②

---

① 当时《每日新闻》有 9 架飞机，《朝日新闻》有 8 架飞机，压倒了其他各报。包括《读卖新闻》在内的地方报纸也利用飞机传递信息。昭和初期的报道战已实现机械化。飞机作为最先进、最快捷的交通工具被用于报道战，是从报道大正天皇驾崩开始的。昭和二年二月七日，举行大正天皇葬礼，当时为了抢时间，《朝日》用飞机将新闻图片送回报社。这是东京、大阪之间划时代的第一次夜间飞行。《大阪每日》和《电通》也是用飞机传递新闻照片的。人们说，昭和时代的报道战是"飞机参战"的时代。昭和三年六月五日，《朝日》的"初风号"将张作霖遇难新闻照片，从平壤送到大阪。一千三百公里的距离，仅飞行七个小时五十九分钟，后又用飞机将那张照片从大阪送到东京，在一天时间内，中国奉天（辽宁）发生的事情，东京、大阪就能用新闻照片报道出来了。在报道昭和三年十一月的皇宫大典的时候，飞机尤其活跃。从十一月六日到二十六日，在二十天时间内，《朝日》的飞机不仅飞遍本州岛的主要城市，而且飞往四国、九州岛，朝鲜的大邱、京城、平壤各地，将报道和印有大幅照片的号外散播四面八方。其航空总时数达到二百一十七个小时二十六分。《大阪每日》也用飞机将号外运往全国各地。关于报道大典时各报和通讯社的机械化设施，以《大阪每日》为例：在京都活动的报社人员 130 人，飞机 18 架。太平洋战争以前，拥有飞机的报社是《朝日新闻》《大阪每日新闻》《读卖新闻》《报知新闻》《北海时报》。参见[日]山本文雄、山田实、时野谷浩编《日本大众传播工具史》，刘明华、郑超然译，西宁：青海人民出版社，1984 年，第 134—135、141—142 页。
② 王卫星编：《南京大屠杀史料集 10 日军官兵与随军记者回忆》，南京：江苏人民出版社、凤凰出版社，2006 年，第 438—439、452 页。

　　各报从军记者不畏生死、情绪亢奋地采写新闻报道，努力传递战争信息，在交通工具方面得到了军部的大力支持：

　　　　对于北宁方面战况的通信，以铁道通信为基础是很困难的。各社特派员必须依靠飞机，冒险到前线在旱地着陆送稿。在大阪每日主要由羽太飞行员执行这个任务。①

　　报刊和通讯社采用了当时最先进的传播方式，如无线电发报、传真和飞机运送稿件，快速报道日军战况。② 1941 年 4 月 15 日，《读卖新闻》从军记者小俣行男③乘坐中型攻击机在轰炸杭州的战斗中，拍摄了"燃烧的村镇"，体会了高空的缺氧晕厥，并把这次大机群编队轰炸用一整版刊登在了 4 月 17 日的《读卖新闻》上。

　　同年 12 月 6 日，小俣行男带着"该是推翻鸦片战争以来英国对香港统治的时候了！""推翻暴虐的英国，解放中国人民的日子

① 亢志文、谢春河编著：《日本侵华的铁证——日本记者镜头下的"九一八事变"》，长春：吉林文史出版社，2005 年，第 162 页。

② 乘坐军机频繁出现在战争前线采访报道，甚至直接参与战争的从军记者，在小俣行男的《日本随军记者见闻录——太平洋战争》中多次披露，显示了日军对从军记者报道的高度重视和从军记者自身的战斗人员定位。

③ 小俣行男，1912 年出生于日本山梨县大月市，1936 年进入《读卖新闻》社；从 1938 年 1 月到 1942 年 8 月，以《读卖新闻》从军记者身份随日军经历了日本侵华战争和太平洋战争。著有《战争与记者》《渡越波涛》《日本随军记者见闻录——南京大屠杀》《日本随军记者见闻录——太平洋战争》等。

到了!"等内容和画着漫画的传单,乘坐轰炸机在香港上空"成捆成捆地往下扔",并轰炸香港无线电通信设施和停泊在周围的英国舰只。① 摩托车是日本机械化部队特有的作战装备,也配备给了从军记者们作为交通工具,目的在于最大限度地提高宣传报道的速度。

　　《朝日新闻》社社用飞机的高性能甚至超过了军方。"七七事变"后,朝日新闻在上海设立报道据点,派遣了记者、摄影记者、无线电技师、航空部员等137人。社用机6架,20名航空部员,还拥有飞行距离高达2400公里的"神风""朝风"号高性能飞机,当时日本陆军到中国内地进行军事侦察都没有如此高性能的飞机。为此,1937年9月,陆军曾征用"神风""朝风"号飞机航空部员,在中国北部执行侦察飞行。但是在战争蔓延至上海后,朝日社机也不能自由飞行与传递信息。于是"为了保持对其他媒体的压倒性优势",必须"活用"航空部队,朝日主动要求海军征用社机,保证了战况报道、照片以及输送记者和物资的顺利进行。随着战线扩大,朝日社机的航线也在扩大,不仅是南京、九江、汉口等大都市,甚至还飞到了台湾。从1938年10月日军攻陷武汉三镇到1939年11月,大约一年的时间,34名航空部员总计飞行了524次,飞行时间1595小时,飞行距离33万6千公里。而且"海军征用"的社机还享受特权,装备、燃料全部免费,在"公用"以外的

① 《座机单擎返航》《卷入太平洋战争——以散发传单人员身份乘轰炸机前往香港》,参见[日]小俣行男著《日本随军记者见闻录——太平洋战争》,周晓萌译,沈英甲校,北京:世界知识出版社,1988年,第6—8、29—30页。

"社用"也和"公用"一样待遇,航空部员和海军航空兵在"同一个锅里吃饭",互称"同志",能够自由使用海军的无线电,其"输送活动"已经成为军事行动的一环。①

《大阪每日新闻》社的记者经常乘坐被夸耀为"新兵器"的摩托车活跃在辽西前线。《朝日新闻》社机"神风号"飞行员饭沼正明(被称为"《朝日新闻》的饭沼"曾经首次驾驶日本国产飞机"神风号"完成访问欧洲的飞行,被誉为英雄)甚至"在马来西亚上空壮烈战死"。② 在日本报纸和战线写真集上,从军记者以拍发"沾满鲜血的战地记事"为敬业精神之最高表现。记者经常搭乘战机观战,与地面部队"直接协作",有的甚至携带照相机爬上飞机后座取代投弹手位置,在战场上"用毛毯蒙住头,打开手电筒写起稿子……刚写完,联络员接过稿子就跑下山,跳上等在那里的汽车送往居銮"。在乘轰炸机采访"轰炸衡阳"时,文部省社会部记者高田一郎再也没有回来,新潟地方报社的记者中仓五六也在乘船去长沙采访的时候"战死在湖上"。③ 整个二战期间,被派往各战

---

① ［日］今西光男：《占领期的朝日新闻与战争责任——村山长举与绪方竹虎》,东京：朝日新闻社,2008 年,第39—41 页。

② 实际上是其判断失误,在飞机螺旋桨刚刚转动时就拉杆起飞坠机身死,《朝日新闻》社认为"死于事故"未免有点可悲,与军方交涉后宣布"在马来西亚战场战死在飞机上"。《西贡—曼谷,992 公里之行》,参见［日］小俣行男著《日本随军记者见闻录——太平洋战争》,周晓萌译,沈英甲校,北京：世界知识出版社,1988 年,第43 页。

③ 《拂晓敌前登陆》《怀抱友人遗骨》,参见［日］小俣行男著《日本随军记者见闻录——太平洋战争》,周晓萌译,沈英甲校,北京：世界知识出版社,1988 年,第74、16—17 页。

区的日本从军记者总数至今不能做出准确统计,据全日本新闻联编辑的《从军记者》一书的粗略计算,仅阵亡、失踪者即已超过250人。①

　　为拍摄侵华日军中的当红话剧演员、参与进攻上海的友田恭助,《读卖新闻》从军记者真柄冒着枪林弹雨用摄影机近距离拍下了他中弹死亡的全部过程;摄影记者森还偶然拍摄到一架断翼战机成功返回地面,因记录了这一空战"奇迹"而受到表彰。② 有的从军记者为了拍到真实的战场画面,甚至在十米距离内拍摄日军的肉搏战镜头。《读卖新闻》从军记者藤泽在上海马桥宅战斗中,拍到冲上中国军队阵地的日军军曹用战刀砍死一名中国士兵的血腥镜头,在冬日的寒冷空气里,死者身上喷溅的热血形成的雾气依然清晰可见。③ 在进攻新加坡的战斗中,《大阪每日新闻》从

---

① 《侵华战争中的日军"笔部队"》,新华网 http://news.xinhuanet.com/mil/2005-06/08/content_3059403.htm(2007-8-15)。

② [日]小俣行男:《日本随军记者见闻录——南京大屠杀》,周晓萌译;张晓华校,北京:世界知识出版社,1985 年,第 14—16 页。

③ 此类照片和公开发表的写真集,战后在日本和中国被大量发现,成为日本侵华暴行不容抵赖的证据。2004 年 6 月,在武汉发现的两本日军侵华图册,分别名为《画报跃进之日本——日支战线实写特辑号》和《支那事变写真贴》。小画册《支那事变写真贴》出版于 1935 年 5 月,并附有"特派员决死摄影""读卖新闻社"字样。大画册出版于 1937 年 11 月,真实再现了 1937 年至 1938 年间,日军侵华一线的作战状况和军事策略。

　　参见《武汉发现两册日本战地记者一线拍摄的侵华画册》,http://news.xinhuanet.com/newmedia/2004-06/03/content_1506443.htm(2007-8-15)。

　　2005 年 9 月,在山西发现日本战地记者植田国境子撰写的名为《进击三百八十里》的日文版战地实录。全书 38 章 270 页,10 万余字,详细记载了日本昭

军记者被炸死,从军记者小俣行男在枪林弹雨中写成了《新加坡市西北角血战记》。① 因此在《读卖新闻》社 1938 年 5 月编辑出版的《特派员决死摄影——支那事变写真帖》前言中,才有"尽忠的皇军推崇'一死报国',《读卖新闻》记者崇尚'一死报道'"的勇武之说。

在战事最激烈的时候,日本陆军报道部每日编印前线报纸,从军记者经常搭乘运输机给前线地面部队空投报纸,有时甚至把空中侦察到的中国军队情况写个纸条塞进通信筒,按照地面标记投给日军,从军记者不仅报道战争,宣传战争,而且亲身参与战争。总之,这一时期的日本报纸致力于制造战争舆论,在推动日本民众滋长战争意识方面发挥了重大的作用,已经是日本军国主义战车上的一个重要部件。

(接上页)和十二年(1937)从"卢沟桥事变"到攻打山西的激战场面,该书还配发了18 幅鲜为人知的战地摄影照片和 6 幅日军与中国部队在山西的战斗要图。

参见《山西发现日本记者撰写的战地实录》,http://news.xinhuanet.com/collection/2005-09/08/content_3459859.htm(2007-8-15)。

2007 年 7 月,中国现代史学理事史义军先生将两册《每日新闻》社印制的《不许可写真》图集移交给昌平区档案馆保存。这两册图集收集了日本记者 1937 年至 1943 年拍摄的近 1400 张侵华日军战时照片,这些照片没有通过当局的新闻审查,被盖上"不许可"红印,予以封存。

参见《揭示侵华日军掩盖史实真相——日本战地记者》与《不许可写真图集征集到昌平区档案馆》,http://www.bjcpdag.gov.cn/DongTai/dongtai_114.asp(2007-8-15)。

① 《"啊! 俺还活着"——在武吉智马密集炮火下的两小时》《新加坡郊外继续进行着激战》,参见[日]小俣行男著《日本随军记者见闻录——太平洋战争》,周晓萌译,沈英甲校,北京:世界知识出版社 1988 年,第 87—97 页。

二、细致的战胜报道, 鼓舞日军士气, 更为 "铳后" 国民营造了 "皇军" 战无不胜的社会氛围

"九一八事变"①后,为了引导国民支持战争,在中国东北地区 "保家卫国",日本报界将关东军发动的这一事变描绘成完全正当合理的行动。1931 年 9 月 19 日,即 "九一八事变" 发生后的第二天,《大阪朝日新闻》就出版号外专刊报道 "九一八事变":

> 深夜突然隆隆音响,支那兵爆破铁路
>
> (奉天特电 19 日发)9 月 18 日晚上 10 时半,在支那将官指挥下,有 3400 名支那兵有计划地袭击了我铁道守备队。我军应战,导致了日支兵开战。

---

① 1931 年 9 月 18 日晚 10 时 20 分,奉天(今沈阳)北郊柳条湖的满铁线路发生爆炸,日本关东军声称是中国军队的破坏,开始进攻北大营的中国军队兵营。对这件事,日本各报号外都宣传说是中国南方的便衣队干的。但是没有多久,由外务、陆海军、关东厅组成的张作霖爆炸特别委员会,便明确爆炸事件是关东军高级参谋河本大作导演的,是按照河本大作的计划制造的一次谋杀事件。这是举世周知的事实。中国自不必说,连欧美报纸都已大量刊载了这一消息。但是日本政府却禁止日本报纸透露真实情况。日本政府之所以能顺利避开国民的指责,与强化新闻统治是分不开的。当时政府对新闻的指示是:"最近,关于满洲事件的宣传,将为日本国外交造成重大障碍,有害帝国利益。"以此为理由,严禁报纸登载有关报道。报纸仅报道 "满洲重大事件",但是不报道事实真相,直到太平洋战争爆发之后,民众仍被蒙在鼓里。参见[日]山本文雄、山田实、时野谷浩编《日本大众传播工具史》,刘明华、郑超然译,西宁:青海人民出版社,1984 年,第 140—141 页。

　　北大营方面的支那军队，直到午前 3 时半，还在以大炮猛烈炮击日军，展开顽强地抵抗，开始了猛烈战斗。

　　在我满铁铁路，文官屯、虎石台中间一点柳条沟处一地点上，大约 300 名支那兵安置了强烈的炸弹，爆破了我满铁线的一段。突发这件大事的同时，受到支那兵猛烈攻击的我方所属满铁守备队的监视兵及时报告虎石台驻屯的河岛中队长，河岛中队长马上率兵乘军用列车迅速到达现场。这时粗暴的支那兵向守备队猛烈开炮。于是，向驻扎在奉天的全体日兵下达总动员令。

　　在满洲，日支兵力武装冲突，进行激战。从三方发起总攻击，占领了奉天城内。全部支那人已逃避，无人影。①

战争是最大的新闻。《大阪朝日新闻》的报道尽管漏洞很多，但是却成功地调动了国内社会舆论，其对战事的详尽报道显示了报界对战争新闻的狂热。1931 年 9 月 20 日的号外详尽报道了日军进攻沈阳的战况：

　　令人害怕的沉默，如废墟一般的奉天——从飞机上观看的第一报
　　水泄不通的我军森严警备网
　　(平壤特电)我军借用了由鹤原飞行员驾驶，伊藤司机同乘的日本空运大型客机，所属平壤飞行第六联队，19 日午后

---

①　《大阪朝日新闻·号外》，1931 年 9 月 19 日。

3 时,与先发的侦察班一起,迅速飞到奉天,20 日早晨,由奉天返回平壤,午前 10 时 48 分着陆。装载多枚炸弹后,立即返回奉天。另外,奉天机场有比我们先到的陆军侦察机,在一个中队的支援下,毫不费力就占领了机场。机场里有完整的 70 架飞机,也有坦克车。散乱着支那兵的军服、鞋、帽子等,可见受了我军攻击,仓皇逃跑了。①

报界对民众的战争宣传,不仅是及时报道信息,鼓动民众节俭奉公,更有对民众的思想教育。《大阪朝日新闻·号外》1932 年 1 月 3 日在宣传战争的目的是"维护世界和平"时,也不忘提醒民众理解和感激在战争中牺牲的士兵:

> (在奉天 3 日大江特派员发)如果真正做到安全和平的世界乐土,充分形成农、工、商业的经济发展之前,绝不能放松军队警备的力量。在满民众三千万,首先要依靠军队的力量保护他们。这次行动造成的光荣牺牲的将士人数相当多,其牺牲在某种意义上。比起日俄战争时更加尊贵。国民在这一点上,更应加深感激,铭记在心。②

在侵略者心中,为侵略战争而战死的将士们也是"光荣牺牲""尊贵的",国民都应该"加深感激""铭记在心",表现了赤裸裸的

---

① 《大阪朝日新闻·号外》,1931 年 9 月 20 日。
② 《大阪朝日新闻·号外》,1932 年 1 月 3 日。

强盗逻辑。

从军记者具体而细致地向日军及国内传递一个接一个"鼓舞士气"的胜利信息,在军部的指导下报道"辉煌战绩"。如《读卖新闻》对"无锡即将陷落"的报道:

> [本社上海特电](21日发)在攻克常熟、苏州之后,我军未作休息,立即向南京方向猛追。我军兵分两路,常熟——苏州——无锡,不顾泥泞,以如入无人之境之势继续前进。根据飞机侦察,先头部队已在无锡城内肉搏,呈一气攻下无锡的态势,估计一两天内无锡即将陷落。另一方面,占领嘉兴、南浔镇的杭州湾登陆部队,穿过太湖南侧的泥泞道路迅猛前进,于20日占领湖州(吴兴)以后,以惊人的速度向南京挺进。①

太平洋战争爆发后,日军在前期取得了连续胜利,日本媒体声称"我海军航空队银翼长翔,先发制敌,不仅开战即令敌胆寒,而且对今后作战具有极重大之意义"②。开始大肆报道战绩,从军记者图文并茂、声情并茂地宣传报道日军在东南亚地区作战的勇武。

1941年12月10日,《朝日新闻》宣布战况《我奇袭作战的大

---

① 《读卖新闻》,1937年11月22日早报。
② 《夏威夷奇袭之意义》,参见[日]早濑贯著《太平洋战争与朝日新闻——战争宣传研究》,东京:新人物往来社。2001年,第13页。

战果确认——白宫当局甚为惊愕,死伤三千,损害超过预想》称:

> 根据来自华盛顿的情报,白宫当局承认了七日日本陆海军在夏威夷、菲律宾群岛大奇袭作战的赫赫战果。在珍珠港的两艘战舰沉没,数艘破损,一艘驱逐舰被爆破,数艘小型战舰受损。夏威夷群岛的美国陆海空军基地被破坏,多架飞机在地面被击毁……"①

12 月 19 日,《朝日新闻》再次发布《我无敌海军的大战果——击沉战舰五艘击毁四艘》,宣称美国全部的主力战舰已经半数"溃灭",美国的野心现今已完全绝望。② 1942 年 2 月 10 日《读卖新闻》晨版用整整一版的篇幅报道了"敌前登陆新加坡岛"的消息。继大本营发表了《马来亚方面帝国陆军部队从昨天(8日)起清除了敌人的抵抗成功地渡过了柔佛海峡,开始对坚固的新加坡要塞实施攻击》之后,又刊登了"小俣、南、山一崎、大村、三轮、宫崎等六名特派记者"撰写的《日军按预定计划,于 9 日上午零点抢渡柔佛海峡,成功地完成了敌前登陆》的报道等。

> 吾等誓死也要登陆(本社三位特派记者的随军报道)
> 冒敌火网登陆艇疾进,星空下升起"成功"的信号
> (特派记者南、小俣、三轮 9 日发自新加坡岛○○[此处

---

① 《朝日新闻》,1941 年 12 月 10 日。

② 《朝日新闻》,1941 年 12 月 19 日。

为军事保密隐去真实地点,下同,作者加])啊! 那瞬间来到了。我们○○艇似出膛的炮弹,风驰电掣般地飞驶到新加坡岛的岸边,登陆成功了! 这一世纪性的敌前登陆是于当地时间 9 日上午零时 16 分在幽幽的星光下完成的。记者们(南、小俣两记者、三轮摄影师)搭乘在这场登陆战中两次登陆的九谷部队的○○艇,参加了背水一战的敌前登陆。现在我们从敌人的老巢——新加坡,把我军历史性敌前登陆作战的最新报道送到后方。

群威群胆扑向敌机场

(特派记者小俣、南、三轮发自新加坡岛○○高地)

灿烂的晨晖降临,已是 9 日的清晨。火光烛天的实里打军港的大重油罐黑烟滚滚,一轮火球般的太阳从黑烟中冉冉升起,金光灿烂,生动地辉映出我精锐○○、○○、○○部队向○○机场挺进的雄姿。哦,听到了,响亮的嗓音,是从○○河边传来的发起冲锋的口令声。透过碉堡上方绿色橡胶林的缝隙,快速挺进的太阳旗映在朝阳下。现在,记者们沉着地踏着湿润的晨露,随着○○、○○部队的勇士爬上了长满橡胶林的山丘。那里景色分外凄凉,林立的橡胶树枝断叶落,树干崩裂,土地被炮弹炸得像犁过一样。堑壕、碉堡、敌兵被炸得支离破碎,散落在被炸翻的红土地上。昨晚登陆前后,这里曾遭到了规模空前的炮击。渡柔佛海峡时开始了炮战,炮弹以十分钟发射几千发的密度把沿岸的敌人阵地炸上了天,树木被掀倒,高地要塞上的敌炮兵阵地炸飞了。记者

在密集的弹雨中登陆了。敌人疯狂射击,阵地上震耳欲聋,
无论是突破马其诺防线还是摩尔曼斯克的激战都未曾有过
如此激烈的炮战。海岸边的敌人阵地被炸翻了,敌人的防御
阵地也被摧毁了,仅在瞬间,两支攻占部队登上了要塞,勇猛
地向前突进。①

这些新闻报道具体到人和时间,其细致入微的"真实性"极大
地鼓舞了日军的侵略士气,更为"铳后"国民营造"皇军"战无不
胜的社会氛围发挥了重要作用。

三、欺骗性宣传,配合政府和军方实施宣传战,
负有不可推卸的战争罪责

为鼓舞前方士气,欺骗后方百姓,在日本军方严厉的新闻审
查制度和一切为了战争胜利的命令下,从军记者的报道已经完全
无视基本事实:

和纳粹的报刊宣传一样,日本新闻媒介在战争报道方
面,也善于歪曲事实、掩盖事实、欺骗民众。不过,在战争的
不同阶段,新闻媒介歪曲、捏造事实的做法,程度上也有较大

---

① 《迂回爬上要塞》,参见[日]小俣行男著《日本随军记者见闻录——太平洋战
争》,周晓萌译,沈英甲校,北京:世界知识出版社,1988年,第76—78页。

的区别。①

各大新闻媒体的报道上通篇都是"节节胜利",敌人遭受重大损失,每篇都有精确的数字佐证,甚至报纸上连"士兵"二字也必须要用"勇士"来代替,报上随处可见"粉碎敌军攻击""强力推进增强战斗力""冰天雪地中激战的皇军士兵""保卫帝国的生命线"②等煽动性的新闻标题,支持战争的论调越来越高,"报喜不报忧"更是宣传之常态,甚至当日军第十、第五师团在台儿庄遭到惨败时,日本国内报纸还在大肆宣传徐州会战的胜利。

1941年9月6日,天皇召集御前会议(参加者有首相、外相、藏相、陆海军两相以及陆军参谋总长、海军军令部总长、枢密院议长等)决定对美开战,日本报界对全体国民刻意隐瞒了这个"重要国务",却开始大肆宣扬苏联威胁,并声称日本的北上决心;由于美国驱逐舰遭到德国潜艇攻击,又宣传德美之间的紧张气氛,如《美国终于要参战了》(《朝日新闻》1941年9月10日)、《德美开战必至》(《朝日新闻》1941年9月14日)、《美国已经手扣扳机》(《东京日日》1941年9月17日)等等。③

此时,日本报界还大张旗鼓地纪念"满洲事变10周年",如《朝日新闻》社策划了《事变10周年和跃进满洲国》,17日晚刊出版了《固守满洲》写真集,同日早刊题目是《建国10年满洲国的发

①　张昆:《简明世界新闻通史》,武汉:武汉大学出版社,1994年,第234页。
②　[日]山本文雄、山田实、时野谷浩编:《日本大众传播工具史》,刘明华、郑超然译,西宁:青海人民出版社,1984年,第144页。
③　[日]铃木健二:《战争和报纸》,东京:每日新闻社,1995年,第136—137页。

展》;19 日早刊和各报一样刊载了陆相东条英机的广播演说内容,继续宣传"柳条湖畔意外的爆炸声,没想到成为事变爆发的直接动机""国民看到满洲国的独立""必须继续完成这历史的圣荣"。① 报界接连制造和平假象,《朝日新闻》还炮制了《日美继续谈判的关键》《关于日美谈判美国方面的希望越发高涨》(1941 年 10 月 25 日)等宣传战文章,《每日新闻》也宣传《美国方面采取对日融合政策》,而对接连召开 8 次、讨论是否对美开战的大本营政府联席会议秘而不宣。② 11 月 25 日,《朝日新闻》晚刊引用外交当局谈话公布了"本月内,撤侨船'龙田丸'一旦准备完毕即将出航"的消息;11 月 27 日的晚刊更是引用外交与邮电当局谈话,公布了撤侨船行程:12 月 2 日自横滨出发,14 日抵达洛杉矶;16 日在洛杉矶出发,24 日抵达巴尔博亚港。12 月 2 日,豪华游船"龙田丸"离开横滨赴美国洛杉矶,报界奉命进行特急宣传活动。《朝日新闻》晚刊以大字标题《第二次赴美撤侨,龙田丸起航驶向波澜壮阔的太平洋》报道了启航盛况。同时为了提醒注意,在"龙田丸"驶离横滨后的第四天,东京报界再次报道"龙田丸"航行日程更改:12 月 14 日抵达洛杉矶,16 日从洛杉矶起航,19 日抵达(墨西哥)曼萨尼略;22 日从曼萨尼略起航,26 日抵达巴尔博来港;28 日从巴尔博亚港起航回国。③ 当然,报界发表的"外交当局谈话"

---

① [日]铃木健二:《战争和报纸》,东京:每日新闻社,1995 年,第 137 页。

② [日]铃木健二:《战争和报纸》,东京:每日新闻社,1995 年,第 151 页。

③ 当然,"龙田丸"只是日本偷袭珍珠港、发动太平洋战争的一艘伴动船。偷袭成功后,"龙田丸"闻讯立即按照原定计划返航了。[日]实松让:《偷袭珍珠港前的 365 天》,史人译,上海:上海译文出版社,1980 年,第 284—286 页。

和"外交与邮电当局谈话"都是大本营海军部授意,目的是为了让美国放心,暗示日美两国之间至少在12月底之前都是安全的。

即便是到12月5日,《朝日新闻》社还配合大本营海军部接待了横须贺水雷学校见习生(换成了蓝制服、白绑腿的水兵装束,戴上了"大日本帝国海军"标志的军帽)的参观,以掩盖机动部队驶往夏威夷,大搞"要欺骗敌人,首先要欺骗自己人"的把戏,并"按照大本营海军部希望报纸予以报道的意愿"在17日晚刊以《三千海军勇士来社参考》报道说:

> 在波涛汹涌的太平洋上夜以继日地进行紧张训练的大约三千名海军勇士,于5日清晨在境、岩重两位大尉的率领下分批抵达东京。他们排着整齐的队伍前往二重桥广场朝拜宫城;在他们参拜了明治神宫和靖国神社之后,于上午十时来我社参观。
>
> 我社编辑部主任野村秀雄在七楼礼堂致欢迎辞后,他们在报社内参观了大约一个小时。勇士们以惊奇的眼光观看了高速传送机,并对屋顶上的信鸽很感兴趣,随后,他们又参观了日比谷的广播会馆。下午为自由活动,勇士们愉快地度过了这一天,直至傍晚时分才归队。①

报界的"太平洋和平"宣传麻痹了美军,在取得偷袭珍珠港的

---

① [日]实松让:《偷袭珍珠港前的365天》,史人译,上海:上海译文出版社,1980年,第304—305页。

巨大胜利后,内阁情报局要求全国媒体必须刊发大本营发表的报道,禁止使用其他来源的报道,并要求一律禁止刊发对日军不利的事项,但是允许发布充满同仇敌忾之情的报道。

　　到了太平洋战争的中、后期,日军在战场上损失惨重,但报界仍然按照"大本营发表"的信息报道战况,歪曲事实,千方百计地掩盖事实真相,并令人难以置信地夸大战果,缩小损失,愚弄民众。如中途岛海战中日军遭到重创,大本营海军报道部拟发表:损失了 2 艘航母、重伤 1 艘航母、轻伤 1 艘航母,1 艘巡洋舰被击沉,但是作战部强硬反对如此报道战况,只允许发表损失 1 艘航母、重伤 1 艘、1 艘巡洋舰被击沉,35 架飞机下落不明。实际损失情况是:4 艘航母被击沉、1 艘战舰轻伤、1 艘巡洋舰沉没、1 艘巡洋舰重伤、2 艘驱逐舰轻伤、损失 1 艘潜水艇、42 架飞机被击落、轻伤 280 架、死伤 3200 人。中途岛海战不仅是太平洋战争的转折点,也是"大本营发表"与事实严重不符的开端。① 此后,"大本营发表"成为战时虚假报道的代名词:

　　　　自 1942 年 6 月 5 日至 7 日的中途岛海战失利之后,便开始发布虚假的战报,对战果的夸张率平均为 6 倍,损失则为 1/5,就商业性船只来说,则只是损失的 1/16。并且对东京所遭受的空袭,也反复强调损失轻微,尽管房屋已被烧毁,只是

---

① ［日］中国裕:《新闻检阅制度运用论》,大阪:清文堂,2006 年,第 351 页。

在广岛受到原子弹的攻击后,才初次报道受到了相当大的损失。①

　　报纸上充斥着战况对日本有利的虚假信息,如为了鼓舞士气,长期对"山本五十六的战死"(1943 年 4 月 18 日在所罗门群岛上空被美军击落)秘而不宣;在 6 月 28 日情报局仍然以实施"鉴于内外情势之重大,愈加奋起奔赴举国国难之念"的舆论指导为目标,并称"今明两年是决战之年,应认清此重大时局,为战斗之胜利扫清容易及乐观气氛"。

　　特别是在 1944 年 10 月 19 日的"台湾海空战"中,日本航空部队与美军航母舰队大战,遭遇了又一次惨败,但是新闻却声称取得了日俄战争日本海海战以来的又一个大胜利,战果辉煌:

　　　　击沉航空母舰 11 艘,战舰 2 艘,巡洋舰 3 艘,巡洋舰或驱逐舰 1 艘。击坏航空母舰 8 艘,战舰 2 艘,巡洋舰 4 艘,巡洋舰或驱逐舰 1 艘,舰种不详 13 艘。其他根据火焰、火柱确认不止 12 艘,击毁敌机 120 架(含在基地击毁)。
　　　　日本损失战机失踪 320 架。②

　　对于如此辉煌的战绩,连天皇都颁发了嘉奖圣谕。但事实是

---

① 　[日]山本文雄编著:《日本大众传播史》,东京:东海大学出版会,1998 年,第 198 页。
② 　[日]辻泰明、NHK 取材班:《虚幻的大战果——大本营发表的真相》,东京:日本放送出版协会,2002 年,第 11 页。

日军并未击沉一艘敌舰，相反倒是损失了过半的航空部队。

　　在 10 月 24—25 日的莱特湾海战中，日军遭到毁灭性打击，彻底失去了制海权和制空权。但是《朝日新闻》的"大本营发表"还是宣布取得了"赫赫战果"，击沉美军航空母舰 8 艘、巡洋舰 3 艘、驱逐舰 2 艘，击毁战机 500 架，击伤 7 艘航空母舰，等等，宣称日军仅仅损失 6 艘舰艇。①

　　"大本营发表"不仅是虚假报道的代名词，更是欺骗性宣传的同义语。战时报界以虚假信息配合政府和军方实施宣传战，鼓舞前线日军士气，欺骗后方百姓，负有不可推卸的战争罪责。

四、直接组织战争动员活动，掀起援战狂潮，更是不可忽视的战争力量

　　战时报界不仅报道战争、煽动战争，而且还直接主办或承办社会活动来动员民众。如会同地方行政机构、在乡军人、青年团等团体，积极组织国民为侵华战场的日军官兵祈祷、拥军慰问、集会游行，召开演讲会、报告会，欢送军队出征、征集战争歌曲等。据日本学者江口圭一统计，在 1931 年 9 月至 1932 年 9 月的一年间，爱知县共举行了 505 次与满洲事变有关的各类集会，其中由该地主要报纸单独举行的就有 52 次，与其他团体合办了 34 次。②《大阪朝日新闻》和《东京日日新闻》则直接派出了前线慰问团，

---

① 《朝日新闻》，1944 年 10 月 27 日。

② 张昆：《十五年战争与日本报纸》，《日本研究》，1991 年第 2 期。

在国内展开捐款捐物、放映战争电影等宣传活动，为侵华日军"武勋"举行宣讲会、展览会，鼓动青年参军等活动。

1931 年 9 月 20 日，即"九一八事变"爆发后的第二天，《东京日日新闻》就发表了措辞强硬的社论《满洲交战状态——日本是正当防卫》，此后又陆续发表了《满洲事变的本质——错误的支那抗议》（9 月 23 日）、《联盟的通告和我声明》（9 月 25 日）、《第三者批判的价值——事件的真相清楚了吗》（9 月 26 日）、《时局极其重大——需要国民的觉悟》（9 月 27 日）、《只有强硬——对支冲突的基调》（10 月 1 日）、《最终的对支抗议——这是国民的心声》（10 月 10 日）、《不要迷惑于第三者的插嘴——正义的立场》（10 月 13 日）、《堂堂我主张——国论一致的表现》（10 月 15 日）、《不能轻易撤军》（10 月 23 日）、《蛮横的决议案——理事会没有诚意》（10 月 24 日）等等，对政府的不扩大方针提出质疑。[1]

《大阪朝日新闻》也在 9 月 20 日发出了报道《请看本社号外，大阪府大津町细见氏的委托，给战死者赠送慰问金》，此举被日本学者江口圭一认为是"掀开狂热慰问运动的第一人"。此后《大阪每日新闻》和《东京日日新闻》策划了《满洲慰问特使派》，《大阪朝日新闻》和《东京朝日新闻》策划了"支出现金 1 万元调配 2 万个慰问袋立即送往战场"的活动。经过两社的"激烈竞争"，最后到 1932 年 9 月，"九一八事变"一周年的时候，陆军省共收到了慰

---

[1]　参见［日］前坂俊之《兵是凶器：战争和新闻，1926—1935》，东京：社会思想社，1989 年，第 94 页。

问金 4 582 700 元,慰问袋 1 884 900 个。①

1931 年 9 月 26 日,《东京日日新闻》报道了捐款捐物的情况:

> 满洲事变爆发后,南陆相、金谷参谋长的房间自不待言,
> 连报社的桌上也堆满了从全国送来的血书、慰问袋。截至 25
> 日共收到慰问信 2 万余封,现金 2 千余元。②

1932 年 12 月 19 日,日本电报通信社、《报知新闻》社、《东京
日日新闻》社、《东京朝日新闻》社、《中外商业新报》社、《大阪每
日新闻》社、《大阪朝日新闻》社、《读卖新闻》社、《国民新闻》社、
《都新闻》社、《时事新报》社、新闻联合社等日本全国 132 家报社
在《朝日新闻》上发表共同宣言,公开支持伪满洲国的成立,表现
出坚决支持扩张国策:

> 满洲的政治安定是维持远东和平的绝对条件。(中略)
> 全体国民来支持满洲国的行为是理所当然的,不仅仅是日
> 本,真正希望世界和平的文明诸国,都能够承认满洲国,切实
> 负起协助其成长的义务也非过言。然而国际联盟中的各国,
> 现在对满洲的现状还缺乏研究。(中略)危及满洲国存立的

---

① [日]奥武则:《大众新闻和国民国家——人气·投票·慈善·丑闻》,东京:平
    凡社,2000 年,第 236 页。

② [日]日本历史学研究会编:《太平洋战争史·满洲事变》,东京:东洋经济新报
    社,1954 年,第 333 页。转引自史桂芳著《近代日本人的中国观与中日关系》,
    北京:社会科学文献出版社,2009 年,第 186 页。

解决方案是断然不能接受的。①

到了"七七事变"爆发时,日本报界已经公开发出战争号召,指责中国方面"不断刺激日本必将酿成未来之不幸事件"②,为了彻底解决"除了依靠实力别无他法"③。解决当前局面的办法"只有彻底取缔中国的排日抗日运动,否则日支关系就没有希望得到好转",强烈主张"日本使用武力已是迫不得已"。④ 为了配合发动侵略战争,引导社会舆论、影响国内民众,1941 年日本陆军组建了陆军宣传队,其成员包括知名的作家、新闻记者、摄影师、画家,以及宗教界、演艺界和广播电影工作者等各界人士。⑤ 这支特殊的部队被《朝日新闻》称为"文化尖兵"。

> 这些班员们都是接到一纸命令而被征用的。可以说是网罗了有益于建设和拥有一技之长的各界专家……在整个战线的各个战区,他们从事文化建设的工作,有的负责对世

---

① 《东京朝日新闻》1932 年 12 月 19 日。转引自[日]朝日新闻取材班编《战后 50 年媒体的检证》,东京:三一书房,1996 年,第 31—32 页。

② 《东京日日新闻》,1937 年 7 月 11 日。

③ 《东京日日新闻》,1937 年 7 月 20 日。

④ 《读卖新闻》,1937 年 7 月 21 日。

⑤ 1937 年 7 月,日本侵华战争全面爆发后,日本政府要求各新闻通讯社、杂志社支持战争,向中国战场派出记者和作家,以战争文学来宣传和支持战争。包括大众文学巨匠吉川英治、《主妇之友》特派女作家吉屋贺子、《中央公论》特派作家林房雄、尾崎士郎、石川达三,《日本评论》的榊山润、《文艺春秋》派出的岸田国士等等。关于从军作家,即"笔部队"在军队中的宣传活动,参见[日]樱本富雄著《文化人的大东亚战争 PK 部队在行动》,东京:青木书店,1993 年。

界进行有策略的宣传,有的在报道战线上……勇敢地战斗……为了加强作为领导者的日本民族发挥推动力,他们是肩负着建设新东亚重任的大和民族的"文化尖兵"。他们是"没有武器的战斗部队"。①

从 1937 年 7 月 20 日开始,《朝日新闻》社面向读者开展了"军用机献纳运动",动员各地的报纸贩卖店,张贴标语"举国赤诚,无敌空军""一千架、两千架,用我们的手",一个月时间就汇集了 461 万 9 千元,给军方捐助了总计 60 架轰炸机、战斗机和侦察机,12 月份又追加献纳了 30 架。②

1941 年 12 月,《朝日新闻》社号召包括社长在内的全体社员为军队"献金",12 日刊出"社告"《强化军用机献纳运动》,声称"面对旷古未有的太平洋作战,需要全体国民的赤诚参加"。

本社自昭和十二年七月支那事变("卢沟桥事变"——引者注)以来,即提倡军用机献纳运动,记录了全日本同胞的航空报国热忱。至本日已经积累了七百四十余万巨资,作为赤心之结晶献纳给了陆海军,"全日本号"军机达到一百六十架。(中略)为了向大东亚共荣圈的圣业迈进,本社要达成"一千机、二千机规模"的目标,希望各位国民赞同爱国机献

① 《"文化尖兵"的军报道员》,载《朝日新闻》1942 年 1 月 23 日。
② [日]今西光男:《新闻资本与经营的昭和史——朝日新闻笔政·绪方竹虎的苦恼》,东京:朝日新闻社,2007 年,第 164—165 页。

纳运动,出资建设强力无比的大空军。①

同时也刊出了《朝日新闻》社献纳的资金数额:报社献金 10 万元,村山长举献金 1 万元,上野精一献金 1 万元。

到了战争后期,日本国力渐渐不支,因此报界开始号召民众节衣缩食支持战争。1942 年 1 月 31 日,《东京日日新闻》公布了家庭用酱油的新配给方法,持特配券购买,经常活动的女护士、家庭临时女佣可适当增加比例。②

1943 年 7 月 14 日,《每日新闻》以《一日一户节约五十粒米,全国一年就有五千余石——数字所见的一亿常见御奉公》,列举了要在玄米、米、电灯、煤气、旅行、衣物、旧报纸、钢铁等方面厉行节约,精打细算:

> 一户一日炊事之时流失和扔掉残饭五十粒(全国一千四百三十二万户),那么一日全国就扔掉了一百三十七石九斗五升二合,一年就扔掉了五千零三十二石。
>
> 全国各家庭如果把旧报纸一张一张节约起来,一天就可以达到富士山的两倍,可卖三万七千五百二十三元,两天就可以买一架军用飞机。③

---

① 《朝日新闻》,1941 年 12 月 12 日。

② 《东京日日新闻》,1942 年 1 月 31 日。

③ 《每日新闻》,1943 年 7 月 14 日。

战时日本媒体致力于在物质和精神两方面对普通国民实施战争总动员,将战争与普通民众的日常生活紧密联系起来。媒体宣传使军部发动侵略战争的意志渗透到国民意识中,在社会上掀起了一轮又一轮的援战狂潮,是不可忽视的战争力量。

五、南京宣传战

日本报界的南京宣传战包括两个方面:一方面是战胜宣传,宣传日军战功;另一方面是否认南京大屠杀宣传,针对的是外国媒体的大屠杀报道。

在进攻南京的战役中,松井石根的上海派遣军和第十军指挥官们为争夺"攻入南京的头功"而纷纷鼓动士兵向南京进发。为了报道攻占南京的战况,日本政府组织了 100 多个记者、作家到南京采访。1937 年 12 月 1 日,大本营规定:"宣传谋略及一般谍报由方面军司令部所属少将负责。但报道以'报道部发表'的形式,将另做指示。"[①]在"对外宣传"的"具体宣传纲要"中又规定:应宣传帝国军队有纪律的行动、武士道的态度以及在占领地的仁慈行为。[②] 曾任松井石根秘书的田中正明如此记述"南京报道的盛况":"120 名新闻、杂志、影摄影师和从军记者采访,大宅壮一、木村毅等著名文学家也赶到南京。大宅是《东京日日新闻》特派

---

① ［日］臼井胜美,稻叶正夫编辑、解说:《现代史数据9》《日中战争2》,东京:みずず书房,1964 年,第 217 页。

② ［日］山中恒:《报纸美化战争——战时国家情报机构史》,东京:小学馆,2001年,第 283 页。

记者团团长,带领该社 30 余名特派记者和摄影记者占据了南京市内的旧分社,在狭小的南京城内争抢特快消息。"①《朝日新闻》社派出了战地记者 80 多人,《大阪每日新闻》社有 70 多人,甚至动用飞机传送消息,为把全国的注意力都集中到南京而积极策划报道活动:

　　　　大报社自然不必说,就连地方上的小报社也是这样,如果没有从军记者的报道,就没有读者。当上海联络船一靠岸,记者便抢着"敌前登陆",带着纸笔、照相机、食物,背着背包,一派神情严肃的样子,或搭乘军队的卡车,或坐船,或步行穿越布满地雷的长达 680 华里的江南原野,气势汹汹涌向南京城。
　　　　记者、摄影师、无线电技师、联络员、汽车司机加在一起超过二百人,形成一条报道日军进攻南京消息的新闻阵线。②

对日军进攻南京连战连胜的报道,极大地鼓舞、煽动了日本国民的战争狂热情绪。日本朝野则津津乐道这场战争游戏,准备提灯游行来庆贺这场即将到来的胜利,后方整个国民的战争狂热

---

① 　[日]田中正明:《南京大屠杀之虚构》,北京:世界知识出版社,1985 年,第 190 页。转引自经盛鸿、开云《侵华日军在南京大屠杀期间对新闻舆论的控制与利用》,《南京师大学报》,2004 年第 6 期,第 131 页。
② 　报纸匿名月评:《向南京!向南京!》,《文艺春秋》,1938 年 1 月号;南京战史编辑委员会编:《南京战史资料集Ⅱ》,东京:偕行社,1993 年,第 660 页。转引自[日]笠原十九司著《难民区百日》,李广廉、王志君译,南京:南京师范大学出版社,2005 年,第 17—18 页。

煽动、激励着日本士兵的强行军。媒体也与之密切配合,使得国民对早日攻占南京的期待越来越强烈。

1937年12月12日星期日,《东京朝日新闻》以《观看最先登上南京城头从爆破口突入的敢死队员,瞬间竖起日章旗挥舞旗帜的英姿》报道了南京光华门外的激烈战斗:

> [南京光华门外11日特派员平松、藤本发] 最先登上南京城头的殊荣落在了胁坂部队将士的头上,光彩夺目。当得知9日凌晨5时部队主力逼近南京城墙以来,记者(平松、藤本两特派员)就在附近的陆军兵营一角万分紧张地观看展现在眼前的极为壮烈的激战,并终于从心底发出占领城内的欢呼。此时此刻的激动和喜悦令人终生难忘。……
>
> 彻夜射击的敌弹围绕在我勇士的身边,迫击炮弹、野炮弹不停地爆炸,令勇士们寸步难行,也令我们胆战心惊。……早上7时,当太阳从东方升起的时候,空军展开了大规模轰炸,巨弹准确地命中城墙和城门附近敌重炮阵地,敌兵被炸上了天。我将士冒着敌人的弹雨,高喊:"太棒了! 太棒了!"①

《东京朝日新闻》(1937年11月21日)对于从军记者的英勇也有描述:

---

① 转引自王卫星编《南京大屠杀史料集59 〈东京朝日新闻〉与〈读卖新闻〉报道》,王卫星、李斌等译,南京:江苏人民出版社,2010年,第191—192页。

我们和全身湿透的警戒兵一边守护者飘扬在平门上的日章旗，一边在通往城门的铁路道口用随手收集来的木片燃起篝火取暖并烘烤衣服，同时等待在后方待机的富士井部队长等入城。此时，无数败残兵和看起来是当地逃难的人群沿着右侧的道路向西而去，起首有两三名士兵毫无顾忌地一边指着我们，一边走了过来。我们一边提防着，一边仔细观察，他们是扛着枪过来的，但因为不像要抵抗的样子，所以记者干脆也站了起来。对方一边微笑，一边走近我们。记者大声吼道："举起手来！"同时用手势示意，没想到对方拿着枪举起手走了过来。正在铁路道口警备的勇士中有两人和记者共三人将他们押进警戒的小屋。由于人手少，大家忙得晕头转向。我们让先来的投降兵和我们一起收集枪支，并拉出枪栓扔进水沟里，将装满子弹挂在胸前的子弹带卸下，堆在旁边。没过多久，就看到部队本部过来了。记者将这数十名投降兵交给了警备兵，然后抢先进入了城门。①

[南京城南方 12 日本社前线通信本部发]福冈日日新闻摄影记者比山国雄，于 12 日中午 12 时 50 分左右，在距离新华门 200 米处勇敢地拍摄时，遭到敌方的枪击，光荣阵亡。②

---

① 转引自王卫星编《南京大屠杀史料集 59 〈东京朝日新闻〉与〈读卖新闻〉报道》，王卫星、李斌等译，南京：江苏人民出版社，2010 年，第 48 页。

② 《东京朝日新闻》1937 年 12 月 13 日。王卫星编：《南京大屠杀史料集 59 〈东京朝日新闻〉与〈读卖新闻〉报道》，王卫星、李斌等译，南京：江苏人民出版社，2010 年，第 205 页。

日本报界从 12 月 5 日起就开始传播南京败陷已成定局的消息。三大报以《完成包围南京的态势，皇军斗志高昂，决心一举攻克》(《朝日新闻》)、《何时攻陷南京？》(《读卖新闻》)、《取消承认国民政府，同时声明攻克南京》(《东京日日新闻》)为题报道,《读卖新闻》8 日晚刊则以《各路皇军云集南京》《攻陷时刻已在旦夕之间》展开报道。

南京陷落后,报界欣喜若狂,《东京朝日新闻》以《啊,历史性的不朽一页！瞧那干杯的喜悦,帝国首都满是欢声笑语》报道了全国的狂热庆祝活动：

终于来了,期待已久的快报终于来了！南京完全陷落！帝国首都当夜的兴奋首先通过本社《朝日新闻》的快报引发。"上海军晚上 10 点发布：我南京攻击军本日即 13 日傍晚完全占领了南京。"在数寄屋桥(日本东京市内银座附近的一座桥——译者注)上,在市内电车的车站上,在尾张町的十字路口,人们都被这一消息所吸引,停下了脚步。看到这一消息的人们在一瞬间都不由地高呼"万岁"。看起来像是参加完提灯笼游行并准备回家的青年们大叫着："喂,我们再去干一杯！"深夜的银座街头欢声笑语仍在继续,人们沉浸在"完全占领"的喜悦之中。当晚,广播电台收到"完全占领南京"的电报是在 10 时 30 分左右,仅差两三分钟,没能赶上当晚的"即时新闻"节目,因此 14 日早上 6 时 30 分,广播电台将"广播体操"时间改为"即时播报",将这一辉煌的重要新闻播发了出去。①

《读卖新闻》报道说:

由于是史无前例地成功攻占敌首都,14 日夜,帝都东京淹没在庆祝胜利的旗海和万岁的呼喊声中。整座城市灯火通明,呈现出激动和欢乐的场面。下午 4 时,在九段的靖国神社前,以集中的东京实业组合联合会的 50 000 会员为先头,在靖国神社、神宫外苑、芝、清澄、上野等各公园集合的市政人员、市立学中学、防护团员等 15 000 人,在九之内大厦街集合的保险协会的 5000 人,在东京银行区集合的 7500 人,以及其他各公立私立学校的学生、各区街道居民会等团体,于傍晚 5 时左右一起点亮了庆祝胜利的红灯笼,以演奏雄壮行进曲的乐队为先头,向宫城前广场前进,开始了欢天喜地的"百万人提灯大游行"。正因为人们此前一直迫切等待着南京陷落公报的发布,所以积蓄起来的兴奋如同决堤的潮水奔涌而出。参加游行的男女老少和旁观的市民们一起高呼"万岁""万岁",狂热的提灯大火龙从市内的四面八方汇集到了宫城前。从宫城前大广场到三宅坂、九之内一带,完全化为了灯火的海洋。

① 《东京朝日新闻》1937 年 12 月 14 日。见王卫星编《南京大屠杀史料集 59〈东京朝日新闻〉与〈读卖新闻〉报道》,王卫星、李斌等译,南京:江苏人民出版社,2010 年,第 222 页。

尤其是庆祝队伍中有友邦德国卡尔·蔡司公司的 60 名外国员工,他们和市民们一起兴奋地呼喊"万岁"的模样更是大放异彩。

连平日里不露感情的日本银行今晚也有千名职员参加了游行,创造了"自日清战争以来首次"的纪录。

回荡在灯火海洋浪头上的"天皇陛下万岁"的欢呼声传到了皇宫,直达后宫。据说陛下夸奖了民众的赤诚,非常高兴。原本只有在四大节日时才会点亮的二重桥的两排灯笼也特地被点亮了,胜利的光辉照耀着皇宫。在门廊附近,宫内官挥舞着灯笼,回应着民众的赤诚,市民中更加感动。

灯火的洪流从宫城前涌到大本营陆军部、陆军省、海军省。在大本营陆军部参谋本部前,两盏高高挂起的灯笼灯火通明,与游行队伍的"万岁"声相呼应。部员们金色的丝缎肩章也显得格外闪亮。陆军省正面阳台贴出了上书"多谢后援"几个两尺见方的大字,新闻班的窗口则通过扩音器不断地播放着唱片里的军歌。杉山陆军大臣 8 时许从在首相官邸举行的重要会议上赶了过来。因为市民们的热情,他没有吃晚饭就来到了阳台上,以坚定的姿态挥手致意。新闻班的上田大尉感慨万千地说:"汇集了这么多人的提灯游行我还是第一次见到。"海军省也在大门处竖起了军舰旗,并高高挂起了灯笼。约五十名海军省的信号兵极富海军特色地合着市民们的欢呼声挥舞着灯笼。军事普及部报道班的松岛中佐和恤兵部的石渊少佐站在答礼台上不停地挥着手。

就这样,灯火的洪流带着人们难以消退的兴奋,从银座、新宿等街道来到本社前,整座城市都在庆祝胜利,市民们呈现出了前所未有的喜悦。①

12月14日,《东京日日新闻》以头版、头条报道了日本军占领南京的新闻《日军完全占领南京城》,并以《皇军大部队勇猛突入东西南各城门——展开包围下的大歼灭战》《猛击下关阻断退路》《完全占领浦口》《突入镇江对岸登陆》等为题报道战况。12月17日,《东京朝日新闻》浓墨重彩地报道了日军的"南京入城式":

> [今井特派记者南京17日电]在群情激昂的今天,一亿同胞都沉浸在欢欣鼓舞之中。今天,在南京城头震耳欲聋的"万岁"欢呼声中,举行了威武雄壮的入城式。这支英雄的部队,在开赴中支进行圣战后的四个月里,就取得了如此辉煌的战果,攻克了敌人的首都,为制服全中国、保卫东亚和平奠定了坚实的基础。眺望那在国民政府大楼上迎风飘扬的太阳旗,谁能不热泪盈眶呢。
>
> 要将亲眼看到的盛大的入城式实况传回故乡,记者手中的笔也因感慨和兴奋而颤抖起来。南京天空晴朗,万里无云……②

---

① 《读卖新闻》1937年12月15日。参见王卫星编《南京大屠杀史料集59 〈东京朝日新闻〉与〈读卖新闻〉报道》,王卫星、李斌等译,南京:江苏人民出版社,2010年,第446—447页。

② 《朝日新闻》,1937年12月18日晚刊。

　　《朝日新闻》社为了配合日军攻陷南京,在国内营造举国欢庆、人人参与的氛围,向国民征集"皇军大捷之歌"的歌词,到1938年2月10日为止,东京、大阪各报社共征集到歌词35 991首。最后入选的歌词作者得到了1500日元的奖金(当时日本公务员的薪金为75日元,相当于其20个月的收入)和纪念牌,歌词如下:

> 首都南京终被陷落,
>
> 施放枪炮的战士可以歇歇手,
>
> 队长开心地笑了,
>
> 回首城墙,
>
> 天皇的尊荣如朝日,
>
> 皇军大捷万万岁。
>
> ——《东京朝日新闻》1937年12月19日①

　　各师团都想最先攻陷南京以给家乡带来荣誉,简直就像参加国民体育大会一样。② 但是南京城并未攻陷,日本国民却已经提前庆祝了。原因是日本各媒体把已经处于溃灭状态的胁坂部队到达光华门城下当作了"占领南京城"。

　　12月11日,在南京城的复廓阵地激战中,日军遭到守军的顽强抵抗,死伤惨重。但是这一天的《读卖新闻》却以《占领首都》

---

① 《东京朝日新闻》1937年12月19日。转引自[日]笠原十九司著《难民区百日》,李广廉、王志君译,南京:南京师范大学出版社,2005年,第81页。

② [日]笠原十九司:《难民区百日》,李广廉、王志君译,南京:南京师范大学出版社,2005年,第18页。

《令人激动的十日》报道占领南京。《东京朝日新闻》也登载了"南京攻略战大地图",把 12 月 10 日报道为占领南京的日子。于是 11 日夜晚,东京的提灯游行庆贺就开始了,各大报纷纷报道"占领南京"。

　　1937 年 11 月日军进攻南京以来,日本报界的 120 多名从军记者蜂拥而至,仅《东京日日新闻》就有 30 多名文字记者和摄影记者。① 媒体上的大标题均为《目标直指南京——斗志昂扬的杭州湾登陆部队》(《东京朝日新闻》1937 年 11 月 21 日星期日)、《皇军奋勇作战,各地奏响凯歌,完全占领宜兴、常州,继续向南京迅猛追击》(《东京朝日新闻》1937 年 11 月 30 日星期二晚刊)、《掌握太湖制水权,逼近距南京三十余里处,给蒋以致命打击》(《东京朝日新闻》1937 年 11 月 26 日星期五)、《我舰艇进抵南京,威风凛凛地压制了扬子江》(《东京朝日新闻》1937 年 12 月 14 日星期二)、《突破南京的最后防线日趋临近,我军斗志昂扬,大有气吞汉口、重庆之势》(《读卖新闻》1937 年 12 月 3 日星期五第二晚刊)、《报道战线　被率先登上南京城所感动,只身一人登上城门,拼命挥舞日章旗,铁石心肠的胁坂部队长感动落泪》(《读卖新闻》1937 年 12 月 13 日星期一)、《碧空如洗,万里无云,万岁呼声响彻天地,以朝香宫殿下为先头,光耀战史的阅兵大画卷》(《读卖新闻》1937 年 12 月 18 日星期六晚刊)等等极具煽动性的文字。

　　上海派遣军司令官松井石根大将非常重视战时宣传。1937

---

① 　[日]田中正明:《"南京大屠杀"之虚构》,北京:世界知识出版社,1985 年,第 190—192 页。

年 10 月 9 日，松井石根约见一路随军报道的记者们谈话，表达了"要以对付紧急事态的态度努力做好其通讯报道工作，并积极配合做好支持我军的工作"的意思。① 继任"上海派遣军"司令官的朝香宫鸠彦王也于同年 12 月 20 日晚召见参谋长饭沼守，指示"要在报纸上大肆报道建立战功的部队和个人等"②。

　　参与南京战报道并进入南京的日本主要媒体有日本官方通讯社同盟社，以及《读卖新闻》、《东京朝日新闻》、《东京日日新闻》（《每日新闻》的前身）、《大阪朝日新闻》、《大阪每日新闻》等媒体，其中《东京朝日新闻》社有 80 多人，《大阪每日新闻》社有 70 多人。③ 在整个大屠杀期间，由于日军实行了严格的新闻审查制度，故从军记者、摄影师、作家笔下的报道、影像记录并没有多少大屠杀内容，日军的大屠杀暴行不仅不能被公开报道，而且被严厉禁止转载。在战后的回忆录中，《读卖新闻》随军记者小俣行男坦言：

　　　　在战场上听到的尽是一些见不得人的暴行，但这些事是绝对不能写的。只让写些什么在战场上邂逅的友情和前后

---

① 王卫星编：《南京大屠杀史料集 8　日军官兵日记》，南京：江苏人民出版社、凤凰出版社，2005 年，第 92 页。
② 王卫星编：《南京大屠杀史料集 8　日军官兵日记》，南京：江苏人民出版社、凤凰出版社，2005 年，第 211 页。
③ 张生编：《南京大屠杀史料集 6　外国媒体报道与德国使馆报告》，南京：江苏人民出版社、凤凰出版社，2005 年，第 256 页。

方的佳话等,这类军中的所谓美谈。①

于是,从军记者、摄影师、作家与评论家按照军方的指使,虚假报道南京秩序恢复,掩盖大屠杀暴行。正如英国《曼彻斯特卫报》记者田伯烈在当时所指出的:

     日本军队占领南京以后的情形,日本报纸上很少记载,或者简直可以说没有什么记载,翻阅在日本出版的英文报纸,关于日军在南京及其他城市的种种暴行,也看不出什么痕迹。日本报纸却想把南京粉饰为太平安静的地方。②

但是大屠杀是掩盖不住的。时任外务省东亚局局长的石射猪太郎后来在回忆录中说:"南京在岁暮的 13 日陷落。跟随我军回到南京的福井领事的电信报告和随即上海领事发来的书面报告,让人慨叹。因为进入南京的日本军有对中国人掠夺、强奸、放火、屠杀的情报。宪兵有也太少,起不到取缔的作用。据报告,因为试图制止,连福井领事周围也有危险。他在 1938 年 1 月 6 日的日记中记载:从上海来信,详细报告了我军在南京的暴行,掠夺、

①   [日]小俣行男:《日本随军记者见闻录——南京大屠杀》,周晓萌译,张本华校,北京:世界知识出版社,1985 年,第 12—13 页。

②   南京图书馆编:《侵华日军南京大屠杀史料》,南京:江苏古籍出版社,1997 年,第 260 页。

强奸,惨不忍睹。呜呼,这是皇军吗?"①

　　1938年1月7日,大本营陆军部幕僚长载仁亲王发出的《军内部机密文书》也涉及"深深反省""军内部的真实情况""由于军纪风纪发生了禁忌事态""一人之失态决定全队之真价,一队之过错伤害全军之圣业""严正军纪,战友相诫"等等隐晦的内容,披露了南京暴行的原因乃是日军军纪败坏所致。时任《朝日新闻》纽约特派员的森恭三也记录道:

　　　　美国报纸对日军制造的南京大屠杀作了大量报道,我作为纽约特派员,当然将那些新闻发回本部,但是从东京邮送来的报纸却一行也未刊登。不仅如此,而且从东京的编辑部发来的都是诸如"以台湾为基地出发的海军航空队越洋轰炸中国本土成功,对此次划时期壮举的美国反响,立即来电"之类的指令。②

　　《每日新闻》特派记者铃木二郎在战后回忆日军南京大屠杀时说:

　　　　南京大屠杀后来引起了国际舆论的震惊。当时处于硝烟、尸体和血河中的我,由于一时的"责任感",对战争这种行

---

① ［日］石射猪太郎:《外交官的一生——对中国外交的回想》,东京:太平出版社,1974年,第267页。

② ［日］森恭三:《我的朝日新闻社史》,东京:田畑书店,1981年,第24页。

为的错觉,以及对国际战争法的无知,尽管是件耻辱的事,却仍没有感觉到。目睹南京大屠杀以前,也就是在上海、南京之间随军的一个月期间,也屡屡目睹过屠杀。因常常在残酷的战斗与战场上,置身于大批的尸体和血腥中,神经都处于麻木状态了。还不能不承认,每当看见眼前大批倒下的日军战死者,便会腾起一种一心想对敌报复的复仇心理,就会闪出嗜虐心理。①

1937 年年底,《中央公论》特派记者石川达三②跟随第 16 师团("百人斩"杀人竞赛就发生在该师团)实地采访,他从上海出发,经过苏州到达南京,目睹了了日军进攻南京及攻陷南京后实施暴行的全过程。回到日本后,他用 12 天时间完成了纪实小说《活着的士兵》,刊载于《中央公论》1938 年 3 月号上:

---

① 王卫星编:《南京大屠杀史料集 10　日军官兵与随军记者回忆》,南京:江苏人民出版社,2006 年,第 521—522 页。

② 石川达三(1905—1985),日本著名作家,曾任《国民日报》编辑,1936 年获得日本首届"芥川龙之介文学奖"。1937 年 12 月 29 日,作为日本《中央公论》特派记者赴南京采访,1938 年 1 月 8 日到达南京。当时日军在南京的屠杀暴行虽有收敛,但还在继续。在南京留守的第 16 师团是一支最凶悍、杀害中国军民最多的部队,师团长中岛今朝吾中将被称之为"魔鬼"。石川达三在该师团采访了 7 天——他深入日军士兵中,采访调查第 16 师团从华北奉调华中,直到南京紫金山、中山门的杀伐历史及种种"故事",并到南京城内外发生重要战事与大屠杀暴行的实地考察,身临其境,加深认识,加强感受。他说:"我去南京时决心不见军官和军队首脑。我和下士官、士兵在一起生活,倾听他们的谈话,详细了解他们的日常生活。军官对外人总是说谎话,装饰门面。我想看到战争的真实情况便深入到士兵中去。"参见[日]石川达三著《活着的士兵——南京大屠杀(1938)》,金中译,北京:文化艺术出版社,1994 年,第 2 页。

一个日军下士抓住一个不明身份的中国青年,不加询问,让此青年坐在河岸上,然后挥刀砍下其脑袋,将其尸身扔进河中。

把江门到最后也没有受到日本军的攻击。城内的败残兵以此为溃退的唯一的门,逃往下关码头。前面是水,没有可渡的舟船,没有可逃的陆路。他们抱着桌子、圆木、门板,所有的浮物,横渡浩渺的长江,向着对岸的浦口游去。其人数凡五万,在已呈黑压压的江水中渡行。而正当对岸已可见时,等着的却是先已到达的日本兵机枪鸣叫着开了火……①

这篇纪实小说虽然已经被编辑部删除了一些"敏感内容",但是因为"描述了下层官兵参加进攻南京战役与占领南京后对中国军民大屠杀的种种令人发指的暴行,并剖析了他们厌战的心态",《中央公论》当即被政府查禁,石川达三被判处刑罚。② 此后再也没有关于大屠杀的真实报道,"石川达三事件"成为日本侵华战争

① [日]石川达三:《活着的士兵——南京大屠杀(1938)》,金中译,北京:文化艺术出版社,1994年,第24页。

② 《活着的士兵》刊于《中央公论》1938年3月号,虽然被编辑部删除了不少内容,带有很多"空铅",但是在杂志出版后送审时,仍因"有反军的内容,不利于时局稳定"而被当局查禁。石川达三以"违反新闻法"被追究刑事责任。1938年8月4日,石川达三与《中央公论》的编辑、发行人都以"将虚构作为事实,紊乱安宁秩序"的罪名,受到日本当局起诉。1938年9月5日,石川达三被判监禁4个月、缓期3年执行。判决书称他的作品"记述皇军士兵对非战斗人员的杀戮、掠夺,表现了日军的军规废弛状况,扰乱安宁秩序"。

期间第一个也是唯一一个"笔祸"事件。随之兴起的就是所谓"国策派"的"战争文学",石川达三再次来到中国武汉战场,"戴罪立功"完成的长篇特写《武汉作战》,以及火野苇平的《麦子与士兵》、上田广的《黄尘》等都属于此。这些报道都颠倒黑白,把推行"三光"政策的"皇军"描写成了"中国老百姓箪食壶浆笑脸相迎"的"仁义之师",把侵略战争美化成为"建立王道乐土"的"圣战"。①

关于英美、中国香港、新加坡媒体对南京大屠杀的报道,在日本《出版警察报》(战时内务省警保局主办)第 111、112 号"被禁止进口报纸"的目录中可见部分内容,时间范围是 1937 年 12 月到 1938 年 2 月。其中有:1937 年 12 月份 *The Shanghai Evening Post & Mercury*(上海)25 日《目击者说在南京日本军的暴行是事实》、*The North China Daily News*(上海)25 日《攻占首都后立即强奸、掠夺》、*The China Press*(上海)25 日《日本军野蛮行为的确证》、*The North China Herald*(上海)29 日《占领首都时的强奸掠夺》、*The China Critic*(上海)30 日《南京的强奸》、*South China Morning Post*(香港)25 日《南京陷落的恐怖活动》,1938 年 2 月份 *The Manchester Guardian*(曼彻斯特)7 日《南京的恐怖主义》,等等。②

---

① [日]石川达三:《活着的士兵——南京大屠杀(1938)》,金中译,北京:文化艺术出版社,1994 年,第 2—4 页。

② 参见程兆奇《南京大屠杀是东京审判的编造么?》,见 http://jds.cass.cn/Item/538.aspx(2012-7-14)。转引自[日]洞富雄著《南京大屠杀的证明》,东京:朝日新闻社,1986 年,第 225—227 页。

此外，美国《时代周刊》也刊载了关于日军轰炸南京和大屠杀的报道。①

当时占领南京的日军严密封锁了关于大屠杀的一切消息，并对日本报纸以及英美等国家的媒体实施严厉管制。② 在宣传策略上，日本报纸着力"报道"的是日军进军中国的"善行"和中国抗日的"暴行"。③ 在占领南京当日（12 月 13 日），日本外务省即发布了《外务省令第 22 号》，规定："根据新闻纸法第 27 条，给当前国交带来影响的事项，外务大臣可命令禁止其在报纸上刊载。"④

南京大屠杀的报道在国内被封锁了，对引进的出版物也

① 关于美国报刊日军轰炸南京和日军南京大屠杀的报道，参见杨夏鸣译《美国〈时代周刊〉1937—1941 年有关日军轰炸南京和大屠杀的报道》，《民国档案》，2006 年第 4 期。

② 关于南京大屠杀期间的新闻管制，包括严厉防范、严格禁止本国新闻传媒对日军南京大屠杀的真实情况作任何报道，对日本随军记者与作家关于"南京战"的新闻报道的写作与发表作了种种严格的规定与审查措施；对日本随军记者、摄影师、作家拍摄的"南京战事"的新闻图片与电影新闻纪录片进行严格的审查与控制；对西方记者或中国记者写的有关日军南京大屠杀的报道通讯等，更严禁日本各新闻传媒转载或刊登片言只字；严防日本回国官兵有关日军南京大屠杀暴行的"流言（小道新闻）"的流传。参见经盛鸿著《恶魔的吹鼓手与辩护士——战时日本新闻传媒与南京大屠杀》，南京：南京出版社 2008 年，第 301—312 页。

③ 关于日本报纸在日军攻占南京后，图文并茂地报道南京迅速恢复和平、安居乐业，南京居民获得日军"解放"后的"欣喜与感激"等，参见［日］田中正明著《"南京大屠杀"之虚构》，北京：世界知识出版社，1985 年，第 202—207 页；［德］拉贝：《拉贝日记》，南京：江苏人民出版社，1997 年，第 381 页。

④ ［日］中园裕：《新闻检阅制度运用论》，大阪：清文堂，2006 年，第 202 页。

在税务机关实施了严格的新闻检查制,所以在国内,事件几
乎没有暴露出来。在月刊《出版警察报》的《外来出版物取缔
情况》中有《因支那事变关系皇军之威信失坠的禁止处分状
况细别》,其《禁止标准别》计有 8 事项,其中有《我军对无辜
人民实施的残虐行为》的项目,刊载关于南京大屠杀报道的
并被禁止的外来出版物即在该项目中。①

在战争结束 40 年后,仍有日本学者根据当时国内的新闻报
道认为日本无罪、南京大屠杀是虚构的。《"南京大屠杀"之虚
构》的作者田中正明认为,尽管当时有新闻检查,但是翻遍了战时
最有名的三家报纸全部版面(指 1937 年 12 月至 1938 年 2 月《朝
日新闻》《每日新闻》《读卖新闻》的新闻报道),却没有发现"只言
片语"关于杀人、强奸的报道,反而是"《朝日新闻》极为忠实地报
道了《欢迎皇军全城沸腾,南京恢复和平》的情景,并多次刊登占
半个版面的'照片专辑'"。② 而且他还认为,就是"为了名誉,《朝
日新闻》的照片也不会做假"③,况且当时中国沦陷区也并无相关
报道,④所以断言"南京大屠杀是中国人虚构"。田中正明的荒谬

① [日]中园裕:《新闻检阅制度运用论》,大版:清文堂,2006 年,第 203 页。

② [日]田中正明:《"南京大屠杀"之虚构》,北京:世界知识出版社,1985 年,第 12 页。

③ [日]田中正明:《"南京大屠杀"之虚构》,北京:世界知识出版社,1985 年,第
207 页。

④ 实际上,南京大屠杀之后,国共双方媒体均有报道。参见经盛鸿著《战时中国
新闻传媒与南京大屠杀》,南京:南京出版社,2010 年。

之处在于对日本军国主义战时宣传政策的曲解，对虚假报道、粉饰太平宣传本质的错误认识，实在不值一驳。

小　结

十九世纪末二十世纪初，日本凭借两场"以国运相赌"的侵略战争——甲午战争和日俄战争，奠定了"对世界文明做出贡献"的亚洲强国地位，这一时期的日本报界中也同样弥漫着"大国主义情绪"。

1901 年 1 月 1 日，《东京日日新闻》发表了法学博士阪谷芳郎①的文章《日本国民贡献的事业》，文章列举了在 1896 年以来的 5 年时间里，日本给世界文明、社会福利做出的巨大贡献：

值此祝贺新春之际，我列举一下明治二十九年以来的五年间，日本对世界文明、社会福利做出贡献的事业，以思考未来应该不能算是毫无益处吧。

平定台湾的土匪，改善卫生状况，开辟了邮政、电信、电话、铁路、轻便铁道，整顿了警察、货币、银行、租税及其他行政事业，把拥有 2500 平方公里土地和 300 多万人口的一个大

---

① 阪谷芳郎(1863—1941)，明治、大正、昭和前期的财政家、政治家，子爵、法学博士，曾任大藏大臣、东京市长、贵族院议员等。

岛,融入了文明社会,实在是伟大的事业。日本帝国为此不止耗费了一亿数千万元。

开辟了欧美、豪州(澳大利亚——引者注)三大陆的定期航线,增进了世界公路交通之便利。

在冲绳八重山诸岛开辟了电气通信,以及开辟的台湾轮船周航线路,使文明的足迹首次遍及不能到达之地。

开辟了到达扬子江和苏州、杭州的航运,开辟了南清北清沿海的定期航线,或者说是扩展了具有我国秩序的邮政制度,方便了文明人种的商业和旅行。这些在将来,都毫无疑问地会给支那大帝国的开发带来很大的便利。

开辟了朝鲜半岛的电气通信,开辟了京仁铁路,普及了银行和邮政制度,开通了定期航线,设立了测候所,在京城及其他要地驻扎军队、维持治安。这样一来,在拥有2000万人口的大半岛上取得文明的工商业进步,应该给予我帝国的事业以安全保障。

最后应该特别提及的是,我国民数年间几经争论终于决定了二次征税,投下数亿元终于拥有了五十万陆军,二十六万吨海军(军舰)。

这支军队是为了维持东洋和平,这在本次北清事变中已经成为明证。在维护东洋和平、促进世界文明及工商业进步、在无用的骚乱中减轻负担,均具有极大的价值,已经毋庸赘言。

我希望,我4500万同胞协力一致、愈加奋力,为世界文明、人类幸福做出越来越大的贡献。①

法学博士阪谷芳郎首先列举的"平定台湾土匪",无疑是日本实施侵略战争的结果。其自豪地把与欧美及豪州(澳大利亚)三个大陆的定期航线,特别是对陆海军扩充及其拥有强大军队的作用,定义为"维护世界和平"。表明了日本民众对日本在新世纪的进取方向、奋斗目标已经明了,可以视为日本迈向新世纪的宣言书。

但是,在同年的 1 月 22 日,《万朝报》则忧心忡忡地发表了《即将到来的一大危险,俄国占领满洲搅乱东亚和平》,表达了对日本未来发展的不安:

> 俄国之占领满洲永远是搅乱东业和平的要因,其给我国的独立、和平、利益造成危害自不待言。我们切望国民一致协力,举全力不要发展成如此事态。
>
> 对此最大的危险迫近,解决方法其一是新日俄协商,即以伊藤首相为首的一派倡导的把满洲交给俄国,代价是我国得到朝鲜。(中略)
>
> 这样想来,至少了解俄国东亚政策的人会不得不认为这是对我国独立、平安、利益的一大危机,如果露骨地说,俄国

----

① ［日］阪谷芳郎:《日本国民贡献的事业》,《东京日日新闻》(1901 年 1 月 1 日)。转引自［日］武藤直大编注《那个时代的空气(上)——明治、大正 60 年间的新闻报道》,东京:ラ・テール出版局,2004 年,第 167 页。

的东亚政策就是蚕食与侵略。和对东欧、中亚的政策一样，用尽全部手段方法企图蚕食、侵略。（中略）

俄国先前在征清战争中就妨害了日本的东洋和平，迫使归还了辽东半岛，而后又自己占据之。最近几次宣称对满洲并无他意，现在却与清国缔结占领满洲的密约。为了避开我国的反对，与我国暂时商讨把朝鲜置于日本实际控制下的密约，欺骗日本人心，目的在于先占领满洲后，再把手伸向朝鲜、夺取之，这是俄国一贯的做法，历史可以明示。这难道不是东洋和我国的一大危险吗？①

在这个交织着"对世界贡献的自豪"与"未来日本发展的不安"的 20 世纪初，日本报界的力量迅速壮大，对社会舆论尤其是对政治形势的影响也日益突出：

与明治二十三年议会开设一起，全国的报纸展现出了作为政治报纸的姿态。也有新闻记者当选为众议院议员，在议员中的一些重要人物也大多直接或间接与报纸有关联，众议院和报刊内外呼应制造舆论。②

---

① 《即将到来的一大危险俄国占领满洲搅乱东亚和平》，《万朝报》(1901 年 1 月 22 日)，转引自[日]武藤直大编注《那个时代的空气(上)——明治、大正 60 年间的新闻报道》，东京：ラ・テール出版局，2004 年，第 169—170 页。

② [日]矢岛佑利、野村兼太郎编：《明治文化史·思想言论篇》，东京：原书房，1979 年，第 694 页。

特别是在被欧美列强判定为是一场"无谋的、战则必败"的日俄战争中,报界派出了大量的记者、摄影师和从军画家,并第一次正式组成了从军写真班(大本营陆地测量部)派驻到各个部队。因为照相机的性能还不高,不能拍摄激烈战斗的场面,所以从军画家的画作就更显出强烈的现场感。[①] 19 世纪末 20 世纪初,由于教育基本普及,普通日本百姓也喜欢看报纸,尤其是新闻,如善用粗体字刊登社会新闻的《万朝报》和《二六新报》在东京地区十分畅销。

日俄战争给报界带来了巨大的变化,由于全体国民都对战争极为关注,实力强大、能迅速提供新闻信息[②]的《朝日新闻》和《读卖新闻》扩张到了各县,超过了只能传递本地新闻和生活信息的当地报纸。日俄问题是当时各家报纸争夺的重头新闻,只要是战争的报道,各报都不敢懈怠,事无巨细,迅速准确,一天出版几次,如果再出版"号外"还能吸引几万读者。[③]《日本新闻》《万朝报》《东京日日新闻》《东京二六新闻》《时事新报》《报知新闻》《国民新闻》《读卖新闻》《每日新闻》等报纸媒体,从极力主张开战到狂

---

① 　[日]太平洋战争研究会编:《图说从军画家描绘的日俄战争》,东京:河出书房新社,2005 年,第 4 页。

② 　只有大报才有实力派出从军记者、拥有与政府要员对话的权利,并当面阐述自己的见解影响政府,如《朝日新闻》的主笔池边三山。日俄战争前一年的 10 月,《朝日新闻》甚至为了能够迅速获得新闻而专门铺设了从福冈和广岛之间的电话线。在佐世保安排记者随时待命,一旦战争爆发,立即乘军舰出港。参见长山靖夫《日俄战争时期的新闻和读者》,《太平洋学会志》,2007 年 3 月,通卷第 96 号(第 29 卷第 1/1 号),76 页。

③ 　[日]横井圆二(无邻):《战时成功事业》,东京:东京事业研究所,1904 年,第 48 页。

热支持战争,再到反对签订和约,在发挥动员、煽动作用方面,其言辞和行动的激进甚至超过政府和军方。其对政府决策的影响,对极端民族主义、国家主义的形成有推波助澜的作用。

在20世纪20年代末期,日本报界在资本主义企业化后迅猛发展,也获得了极为崇高的社会地位和政治地位。政府、政党以及一般民众对报纸的言论报道都很关心,甚至裕仁天皇也说:"一不看报,就犹如电灯熄灭。"1928年裕仁天皇登基时,许多新闻记者获准参加了典礼;1929年巡幸大阪时,《大阪朝日新闻》社长村山龙平和《大阪每日新闻》社长本山彦一甚至被邀请与天皇共同进餐,也可见报纸媒体地位之尊崇。①

甲午战争时期,虽然也有一些和平主义者提出了反战的主张,但是影响力非常微弱;日俄战争时期也有过反战呼声,"九一八事变"前的日本报界从经济立场出发,也在坚持主张裁军,如《东京朝日新闻》编辑局长高原操、论说委员兼调查部长藤田进一郎、经济部长和田信夫等人的主张就与军部立场形成了尖锐对立。但是在"九一八事变"中,报界突然转向,致力于把"变形的事实"强化成为"既成的事实"——9月19日,各报争相发出特别号外,强化"九一八事变"是"东北军有计划地行动",实际上奉天总领事林久治郎的秘密电报已经向日本外相币原揭露了"事件是关东军的谋略"②,《东京朝日新闻》仍然发表社论了《必须严肃地维

---

① 参见宁新著《日本报业简史》,北京:中国社会科学出版社,1981年,第72页。
② [日]池田一之:《记者们的满洲事变——日本新闻宣传的旋转点》,东京:人间科学新社,2000年,第13页。

护权益》(9 月 20 日),声称"因为暴戾的支那军之一部破坏了满铁线路,所以被迫实施自卫权"。《东京日日新闻》则以《满洲进入交战状态,日本是正当防卫》报道:"支那军队意欲何为? 18 日夜,突然爆破满铁线,且袭击我铁路守备部队。"①在"国家面临紧要关头",报界放弃裁军主张,决心与国家站在一起《东京朝日新闻》社在 10 月 12 日下午 1 时至 8 时召开主要领导大会,集体决定:当国家处于重大时机,作为日本国民支持军部、统一国内舆论乃理所当然。故决定收敛对军部及军事行动的发难与批判,并积极支持之。②

　　日本报界鼓吹"ABCD 包围圈论"(指美国、英国、中国、荷兰对日本的经济封锁),大力宣传对外发动战争的必要性和意义,致力于使侵略战争正当化,即强调新秩序与旧秩序的对立,日本发动"圣战"的目的是解放英美的亚洲殖民地,建立"大东亚共荣圈"。③ 到了全面侵华战争时期,报界已经自觉自愿服务于法西斯对内对外政策宣传,成为宣传战的武器——在煽动侵略战争方面不遗余力,狂热的报道战争消息,吹嘘日本"皇军"的"赫赫战功"和"大东亚共荣圈"迷梦,成为军国主义、法西斯主义的帮凶。

　　作为战争工具,战争宣传、国民动员的"吹鼓手"和"辩护

---

① [日]池田一之:《记者们的满洲事变——日本新闻宣传的旋转点》,东京:人间科学新社,2000 年,第 14—15 页。
② [日]藤原彰:《资料日本现代史　满洲事变和国民动员》,东京:大月书店,1983年,第 94 页。
③ [日]内川芳美、新井直之编:《日本的新闻事业》,东京:有斐阁,1983 年,第 85 页。

士",日本报界负有不可推卸的战争责任。日本学者津田道夫①在
小学二年级时参加了"庆贺南京陷落"的游行:

> 以 1937 年 7 月 7 日的卢沟桥事变为契机,日本帝国主义
> 对中国开始了全面的侵略战争。当时,我上小学二年级。我
> 父母亲都是学校的教师,我至今仍记得战况在家里也是话
> 题。还是孩子的我,和朋友们一起唱着"握紧,惩罚的枪和
> 剑"等并不明白歌词意义的战时歌曲,学着军人的样子度过
> 每一天。到了 11 月,对"南京陷落"的期待在日本大众中愈
> 发高涨。媒体也积极参与迎合时局、鼓吹战争的大合唱。
>
> 12 月 7 日,"祝南京陷落""皇军大胜"的旗帜和大幅标
> 语早早地飘悬于东京的各处,在狂热的大众的推动下,政府
> 在 12 月 11 日星期六就提早举行了占领南京的庆祝活动(日
> 本军占领南京实际在 12 月 13 日)。这天下午,埼玉县久喜町
> (现在的久喜市)的小学生也参加了游行,其中就有我。晚
> 上,父亲带我去看灯笼游行,大街上人山人海,刻意造成的灯
> 笼的波涛,我今天还记忆犹新。
>
> 此后数日,全日本都沉浸在庆贺的气氛中。②

---

① 津田道夫(1929—),50 年代曾当选为日共中央委员,月刊《教育与人权》主编。
　著作有《现在托洛茨基主义》《现代马克思主义》《黑格尔和马克思》《(增补)日
　本民族主义论》《(增补)国家论的复权》《国家与革命的理论》《认识和教育》
　《残疾人教育运动》《昭和思想史上的神田茂夫》等。
② [日]津田道夫:《南京大屠杀和日本人的精神构造》,程兆奇、刘燕译,北京:新
　星出版社,2005 年,《序言》第 1 页。

作为一位"具有忏悔精神的日本知识分子",津田道夫"永远不能原谅自己在小学二年级的时候,提着灯笼参加了庆贺攻陷南京的游行",他说,在所有日本人加害中国人的罪行中有我的一份。在《南京大屠杀和日本人的精神构造》中,他表示:"在任何意义上都不代表日本国家,但作为一个日本知识人,或者更应该说作为一个日本人,我想通过本书向中国人民表示谢罪。"①

从军记者在进行战地报道时,固然受到军方新闻管制的束缚,但是其中绝大多数媒体和记者自觉自愿地卷入战争狂热却是不争的事实。战时《朝日新闻》从军记者、战后成为传播学者的酒井寅吉这样描述马来人对"救世主日本"的热烈欢迎:

> 有一天,无数张传单犹如骤雨一般撒在他们的头上,在精美的彩色传单上,画着一位被英国人踩在脚下,正在挣脱铁链的马来青年,传单上写着:"在英美恶魔的桎梏下哭泣的亚洲民族,自由与解放的一天到来了! 救世主日本军即将来到你们的眼前,解救你们。"
>
> 高举日之丸(太阳旗——引者注)的"救世主"们对着土著居民总是面带微笑。既没有暴行,也没有掠夺。在他们出现的当天和第二天,国王就发出了公告,接着成立了治安维持会,发行了新的货币,特制的精美的传单每天都在大街上

---

① [日]津田道夫:《南京大屠杀和日本人的精神构造》,程兆奇、刘燕译,北京:新星出版社,2005 年,《序言》第 5 页,《译后记》第 214 页。

散发，大街上放映着电影，唱片里奏出欢快的乐曲。这真是一场目不暇接的快乐的革命。①

日本高举"打倒鬼畜美英、解放东亚"的旗号，实际上是企图做新的掠夺者，这在当时的报界是昭然若揭的事实。但是日本的一些报界人士，在战时从事宣传战，战后却变身为"反战和平人士"或成为学者。如从军记者出身的酒井寅吉在战后变成了日本传播学学者，其旧著《马来战记》，大加赞颂日本侵略东南亚各国，他对那场"圣战"的"壮丽"记忆犹新，并津津乐道：

> 对于这篇旧作，即使到了今天，我仍然能够保持着当时的同样的心情阅读，我并不存在着诸如战争"罪恶感"的心理压力。
>
> 到了今天，恐怕难以启齿的是：那确是一场"圣战"。其证据是，那场战争与在大陆的战争是有所不同的。我们所到之处，都有当地居民夹道欢呼，那呼声是不加掩饰的……所谓"圣战"，也就是如此吧。
>
> 大英帝国失败的一瞬间，曾经像战神一般威风凛凛的敌将白思华道出了"同意无条件投降"一语，其声音虽然已过十八年，但今天仍然回旋在我耳边，而这个回旋的声音对我而

---

① ［日］酒井寅吉：《马来战记》，东京：朝日新闻社，1942年，第12—13页。

言,绝不令我感到悔恨,这究竟是怎么一回事啊!①

　　津田道夫"永远不能原谅自己在小学二年级的时候,提着灯笼参加了庆贺攻陷南京的游行","向中国人民表示谢罪";从军记者酒井寅吉却坚持认为"那确是一场'圣战'",甚至"绝不令我感到悔恨"。

①　[日]酒井寅吉:《马来战线从军的回忆——抓住"轰动世界的特种类(新闻)"的昭南事件的记者》,《九》,1959年2月号,第30—32页。

第四章 战争时期：报人的政治动员

在日本近代史上，身兼新闻记者和政治家双重角色，并从新闻界转入政界发展的并不少见，其中《朝日新闻》社副社长兼主笔绪方竹虎和《东洋经济新报》社长石桥湛山是其中的佼佼者。① 作为有影响力的报人，二人的报界生涯丰富多彩，政治经历也波澜壮阔，最终发展为迥然不同的两种方向。

1911 年 7 月，绪方竹虎从早稻田大学政经科毕业，在好友中野正刚②的邀请下进入《大阪朝日新闻》社。从记者做起，绪方竹

---

① 早期还有西南战争从军记者、后成为首相的犬养毅、原敬和成为议员的尾崎行雄等人，这些转入政界发展的报人基本上都脱离了新闻界，成为纯粹的政治人物。

② 中野正刚(1886—1943)，日本著名记者、政治家。比绪方竹虎早一年在修猷馆学习，后入早稻田大学。比绪方竹虎早两年入《朝日新闻》社。日本侵华战争爆发后，中野正刚热情赞扬侵华，但是在东条英机压制国民言论、搞"一国一党"的翼赞政治会后，中野正刚开始"转向"，特别是在 1942 年中途岛海战日军惨败、1943 年初日军撤出瓜岛后，战局呈现败势，中野正刚开始反对东条英机。1943 年元旦，中野正刚在《朝日新闻》发表了有名的《战时宰相论》，引证法国、俄国、德国和中国历史上的名将名相，批判东条英机。1943 年 9 月 6 日，东条英机以"违反出版法"为名逮捕了中野正刚的亲信三田村，继之逮捕中野正刚。10 月 27 日，中野正刚在家中剖腹自杀。绪方竹虎和中野正刚的关系，彼时人称为"竹马之友"，二人关系亲密。但二人政治见解完全不同，会面时约定只限于谈论"骑马的事情"，如果议论政治，二人就会爆发冲突。参见［日］三好彻著《绪方竹虎评传》，东京：岩波书店，1990 年，第 133 页。

虎历任《大阪朝日新闻》东京通信部部长、《东京朝日新闻》社整理部长、政治部长兼支那部长；1925 年 2 月，绪方竹虎担任《东京朝日新闻》社的编辑局长兼政治部长、支那部长；1928 年任董事，1934 年成为报社主笔，同年 5 月成为常务董事。1937 年 1 月，《东京朝日新闻》社副社长下村宏成为贵族院议员，离开《东京朝日新闻》社后，绪方竹虎正式成为报社代表，"为实现编辑一体化，废除了东西朝日的主笔，承担了东西编辑局长在论说、编辑方面的一切责任"，"绪方竹虎作为常务董事，代表《东京朝日新闻》，同时也是主笔兼局长"，形成了《朝日新闻》的"主笔一人制"，在朝日内部创立了"天皇制"和"内阁责任制"——"社长是天皇，主笔是首相"①的格局，开创了《朝日新闻》的绪方竹虎时代。

　　绪方竹虎的新闻生涯始终与政治保持紧密关系。如在早稻田大学政治经济专业学习期间就结识了右翼组织玄洋社的首脑头山满，并与政界要人三浦梧楼、犬养毅、古岛一雄等人密切联系。在《朝日新闻》期间，又同军方建立了密切联系，如与海相米内光政"称兄道弟""推心置腹"，与陆军次官杉山元、军务局长小矶国昭、军事课长永田铁山等人过从甚密，"超越报社主笔，以各种形式参与政治"。② 从 1925 年到 1940 年，绪方竹虎担任了许多政府职务：如重要产业统制委员会委员、内阁情报部参与、议会制度审议会临时委员、中央失业对策委员会委员、保险院保险制度

① 　[日]今西光男：《新闻资本与经营的昭和史——朝日新闻笔政·绪方竹虎的苦恼》，东京：朝日新闻社，2007 年，第 141—142 页。
② 　[日]三好彻：《绪方竹虎评传》，东京：岩波书店，1990 年，第 122 页。

调查会委员、中央社会事业委员会委员、伤痍军人保护对策委员会委员、医药制度调查会委员、国语审议会委员、兴亚委员会委员、中小产业调查会委员、军人援护对策审议会委员、新体制准备委员。

绪方竹虎坚持走"上层路线",不是把自己仅仅定位为新闻人,而是媒体经营者与"国益"维护者。绪方竹虎以《朝日新闻》主笔身份参与了第四次东久迩稔彦的"和平外交",并最终在战争后期进入内阁成为情报局总裁和国务大臣,利用报界人脉、亲自参与组织实施了对华"和平外交"("缪斌密谈"),完成了从新闻人到政治家的过渡。因此,在 1945 年 12 月被认定为甲级战犯嫌疑,1946 年 8 月被开除公职。

1908 年 12 月,石桥湛山从早稻田大学毕业,在老师岛村抱月①的介绍下进入《东京每日新闻》社。1911 年 1 月转入《东洋经济新报》社,直到日本战败为止的 30 余年里,石桥湛山长期在《东洋经济新报》任职,历任记者、总编辑和社长。他以《东洋经济新报》为阵地,向日本的扩张主义势力及其侵略理论发起攻击,发表反战社论《战争竟无休止乎?》(1914 年 8 月 25 日,第 679 号)、《反驳侵略领土论》(1914 年 10 月 15 日,第 684 号)、《不可占领南洋》(1914 年 11 月 5 日,第 686 号)、《决不可占领青岛》(1914 年 11 月 15 日,第 687 号)、《再论不可占领青岛》(1914 年 11 月

---

① 岛村抱月(1871—1918),日本文艺评论家、美学家、戏剧导演,日本新剧运动先驱,后放弃大学教授的职务和家庭,组织剧团,投身新剧运动。石桥湛山深受岛村抱月无所畏惧、身体力行的改革精神之熏陶。

25 日,第 688 号)等,坚决反对政府参加第一次世界大战。

第一次世界大战后,日本夺取了德国在中国山东的利权,国民欢欣鼓舞,只有石桥湛山和《东洋经济新报》主张不要刺激英美各国,反对日本继承德国在山东的特权,主张日本要尊重中国的感情,强烈主张:"要毫无领土野心,以与资本家投资事业完全相同的精神,努力开发中国。"①他在社论《日中新条约的价值何在》中反对"二十一条",并从日本国家富强的角度论说占领旅顺对日本完全没有意义,即使占领大连、南满铁道、安奉铁道也并非有利,因此应该尽可能早日将其还给中国,而且放弃这些中国领土还能减少负担。

1921 年 7 月 23 日,太平洋会议之前,石桥湛山在《东洋经济新报》发表社论《放弃一切的觉悟——我对太平洋会议的态度》,主张日本应该和裁军提案一同"放弃一切",即允许朝鲜等殖民地"自由",全部放弃满洲、山东等在中国的日本特殊利益。但是这种"放弃一切"、主张"大日本主义是个幻想"的"小日本主义"思想,在日本举国狂热、疯狂扩张的政治社会氛围里,根本不可能为政府和更多民众接受。"九一八事变"爆发后,在国内媒体几乎一边倒的"侵略有理"叫嚣声中,石桥湛山及其《东洋经济新报》的"满蒙放弃论""放弃一切论"仅仅是极少数自由知识分子的微弱呼声。

反对侵略,反对占有海外殖民地,反对"二十一条",主张"放

---

① 　[日]石桥湛山全集编纂委员会编:《石桥湛山全集》,第一卷,东京:东洋经济新报社,1971 年,第 398—399 页。

弃一切"的"小日本主义",石桥湛山始终以独立新闻人的立场,坚持"小日本主义"发展道路,发表了大量反对日本军国主义侵略扩张的社论,成为近代日本少有的反战人士,并于 1956 年成为日本首相。

第一节　"情报局时代"的绪方竹虎及其对华"和平外交"

一、绪方竹虎其人：从《朝日新闻》主笔到情报局总裁

绪方竹虎(1888 年 1 月 30 日—1956 年 1 月 28 日),近代日本著名记者、政治家。其父绪方道平是山形县书记官。"绪方"是其祖父大户郁藏与绪方洪庵结拜为义兄弟后改的姓氏。① 绪方竹虎12 岁学习剑道,后入福冈县立中学修猷馆学习,与后来的著名记者中野正刚成为上下届同学。从修猷馆毕业后,绪方竹虎为从事中国贸易进入了东京高等商业学校(今一桥大学前身)学习,不久即听从中野正刚的建议进入了早稻田大学政治经济专业,在此期间结识了右翼组织玄洋社的首脑头山满,并与政界要人三浦梧楼、犬养毅、古岛一雄等人建立了密切联系。

1911 年 7 月,绪方竹虎从早稻田大学政经科毕业,在中野正刚邀请下进入《大阪朝日新闻》社。虽然其直接上司是通信部长

---

① ［日］绪方四十郎:《遥远的昭和:父亲绪方竹虎和我》,东京:朝日新闻社,2005年,第 33 页。

弓削田精一，但是绪方竹虎却对主笔池边三山①的才华非常仰慕——池边三山是《朝日新闻》的革新派，与保守派弓削田精一尖锐对立。如此"头脑中的理想的人是革新派池边三山，给他现实指导的是保守派的弓削田，这种二律背反造成了绪方的'清浊并吞'的特性"②。同样，尽管绪方竹虎厌恶右翼分子，但是却"尊敬头山无私的人格"，与"右翼总帅"私交甚密。

绪方竹虎不是那种"脑筋灵活的敏感型记者"，但是在"大正年号的新闻争夺战"中还是依靠学生时代与政界要人建立的密切关系，抢先从枢密院顾问——"山县有朋也不能无视的实力者"三浦梧楼那里得到了"大正新年号"。③ 此举压过了其他报社，为《朝日新闻》拔得头筹。20世纪20年代前后，日本出现了大正民主运动，在犬养毅、尾崎咢堂、中野正刚、黑岩泪香(《万朝报》)、松山忠二郎(《朝日新闻》)等报人积极参与的拥护宪政运动中，尽管有亲友的劝导，但是绪方竹虎也并未过多地参加进来。④

"白虹贯日"事件是《朝日新闻》创刊以来遭遇到的最大危机，受到政府严厉制裁的《朝日新闻》不得已而向政府低头，大批

---

① 东京朝日主笔池边三山是与大阪朝日主笔鸟居素川并列的著名新闻人，绪方竹虎进入《朝日新闻》既有中野正刚的原因，也有欣赏池边文章的原因。但是在绪方竹虎进入《朝日新闻》的两个月前，因与弓削田精一的矛盾，池边三山已经辞职。参见［日］三好彻著《绪方竹虎评传》，东京：岩波书店，1990年，第16—17页。

② ［日］三好彻：《绪方竹虎评传》，东京：岩波书店，1990年，第18页。

③ ［日］今西光男：《新闻资本与经营的昭和史——朝日新闻笔政·绪方竹虎的苦恼》，东京：朝日新闻社，2007年，第40页。

④ ［日］三好彻：《绪方竹虎评传》，东京：岩波书店，1990年，第29—30页。

精英被迫离职。此时绪方竹虎进入了"论说班",跟随前辈西村天囚潜心学习新闻报道。1919年,《朝日新闻》社组建股份公司,西村辞职,上野社长、本多相继病死,这些人都是绪方竹虎的恩人——绪方竹虎心生迷茫,萌生了出国留学之念。

　　1920年3月,绪方竹虎经美国赴英国伦敦大学留学。在美滞留期间经《朝日新闻》社纽约特派员美士路昌一大力推荐,在国外重回"日本新闻舞台"——作为日本记者采访了华盛顿裁军会议。当时日本关于国际报道的情况是:巴黎和会之后的日本政府和媒体开始高度重视国际会议,为报道华盛顿会议,日本的各大媒体派遣了强大的报道力量。《朝日新闻》由米田率领,派出了下村宏、铃木文四郎、神尾茂等人,《每日新闻》派出了楠山义太郎、高田元三郎等5名记者,《时事新报》派出了后藤武男、伊藤正德等4人,《中外商业新报》《中央新闻》《万朝报》《国民新闻》《报知新闻》《都新闻》《东京二六新闻》《读卖新闻》,以及《山阳新闻》《新爱知》等地方报纸也都派出了1至3名记者。[①] 由于米田突患急病,绪方竹虎临时担任了报道的指挥工作,出色地完成了报道任务,表现出卓越的组织才干——华盛顿裁军会议报道提高了绪方竹虎的信心和威望。

　　1922年7月,绪方竹虎回到日本,在神户港口意外地受到《大阪朝日新闻》冈也养之助、原田栋一郎等几乎是全体干部的欢迎,"受到感动"的绪方竹虎立即接受了"《大阪朝日新闻》东京通信部部长"的职务。此后,1923年4月任《东京朝日新闻》社整理部

---

① 　[日]三好彻:《绪方竹虎评传》,东京:岩波书店,1990年,第38—39页。

长，同年 9 月任政治部长；1925 年，绪方竹虎担任了《东京朝日新闻》社的编辑局长兼政治部长、支那部长；1928 年 5 月任董事，1934 年成为报社主笔，同年 5 月成为常务董事。

　　成为报社主笔的绪方竹虎表现出了强烈的政治意识——在1934 年 9 月，绪方竹虎成立了"东亚问题调查会"，其章程明确规定要"致力于收集、整理、保存、调查有关东亚的资料"①，旨在成为与日本陆海军、"满铁"、大企业一起研究东亚问题的智囊机构，其真正目的则是"协助国策"②。"东亚问题调查会"的首任会长为下村宏（11 月即改为绪方竹虎亲自担任），每月召开一次例会，调查会干事为神尾茂，常任干事大西斋、武内文彬、太田宇之助、尾崎秀实、嘉治隆一、波多野乾一等朝日骨干。③

　　"二·二六事件"之后，广田内阁拟邀请《东京朝日新闻》社

①　[日]嘉治隆一：《明治以后的五大记者——兆民·鼎轩·雪岭·如是闲·竹虎》，东京：朝日新闻社，1973 年，第 355 页。

②　[日]小尾俊人：《佐尔格事件（二）》，东京：みすず书房，1962 年，第 219 页。

③　调查会成立后出版了《朝日东亚年报》《朝日东亚报告》《最新支那要人传》等，前两者网罗了中国各地及周边地区的政治、经济、军事、外交、地理、交通、人口等各方面的情报，后者对 350 名当时中国的重要人物一一进行了详细介绍，报社记者搜集情报的能力可见一斑。调查会的组成人员战前大都曾在东亚同文书院学习，毕业后进入《东京朝日新闻》社前往中国北京、南京、上海等地担任特派员，后成为东亚部长或论说委员，与军部、"满铁"、外务省往来密切，战后依然活跃在日本的媒体、官方机构或教育领域。甚至可以说，这些人的情报活动所带来的影响一直波及 20 世纪 70 年代。参见李松雷《北大新闻学茶座（27）——早稻田大学土屋礼子教授谈"20 世纪前半期日本报社有关东亚的组织机构与人脉"》，《国际新闻界》，2013 年第 3 期。

副社长下村宏①入阁任拓殖相,遭到军方的强硬反对。1937 年 1月,下村宏成为贵族院议员,离开了《朝日新闻》社。下村宏离开后,绪方竹虎正式成为报社代表。此后,在绪方竹虎强力推动下,"为实现编辑一体化,废除了东西朝日的主笔,承担了东西编辑局长在论说、编辑方面的一切责任","绪方竹虎作为常务董事,代表东京朝日新闻,同时也是主笔兼局长",形成了《朝日新闻》的"主笔一人制",在朝日内部创立了"天皇制"和"内阁责任制"——"社长是天皇,主笔是首相"②的格局,开创了《朝日新闻》的绪方竹虎时代。

"笔政一体化"体制建立后,以绪方竹虎为代表的《朝日新闻》社开始全面支持近卫内阁的"新体制运动"。"七七事变"后,《朝日新闻》更是为侵略战争寻找借口"早已无法容忍与支那之间的不愉快关系,希望从麻烦中解脱出来",③从而积极支持政府退出国联,成为政府扩军备战的积极支持者。绪方竹虎和军方也建立了极为密切的联系——其与海相米内光政"称兄道弟""推心置腹"地交流意见:"七七事变"爆发后,日本政府主张"不扩大方针",但是陆军随后挑起了"上海事变",要求增派内地师团到上海

---

① 下村宏(1875—1957)字海南,本籍和歌山,明治、大正、昭和时代的官僚、报纸经营者、政治家。1898 年毕业于东京帝大法律科系入递信省,1915 年任台湾总督府民政长官,1921 年任满回日本后加入《大阪朝日新闻》社,1930 年起担任专务理事、副社长等职,1937 年任贵族院议员,1943 年任日本放送协会(NHK)会长等,1945 年任国务大臣兼情报局总裁,战后则成为拓殖大学校长。

② [日]今西光男:《新闻资本与经营的昭和史——朝日新闻笔政·绪方竹虎的苦恼》,东京:朝日新闻社,2007 年,第 141—142 页。

③ 《东京朝日新闻》1937 年 7 月 13 日。

参战,苦闷中的海相米内光政对来访的记者绪方竹虎以"机密情报"相抱怨:"这个时候使用后备陆战队,而且还是送给陆军,真是令人不满意啊。"①8月15日,日本政府发表公开声明:"膺惩支那军之暴戾、促使南京政府反省。"日本海军开始登陆进攻南京,战局迅速扩大。与战争同步,此时的《朝日新闻》全力以赴报道事变,陆续向战场派出从军记者,到1937年底已经达到137人。②"新闻报国"和"朝日精神"成为战时《朝日新闻》最吸引人的广告语。这一年的9月,绪方竹虎与高石真五郎(《大阪每日新闻》主笔)、古野伊之助(同盟通信社骨干)等媒体人被指名为"内阁情报部参与",在"国家总动员"国策下,"言论报国"成为各媒体的不二选择,绪方竹虎等人又成为"敕任官",参与讨论新闻法案并使之必须通过。

1939年12月到1940年1月,绪方竹虎和记者嘉治隆一到中国各地旅行、考察,从九州出发,途经上海、汉口、南京、台北、上海、徐州、济南、北京、天津、奉天等地,并从朝鲜釜山回国。此次中国之行,绪方竹虎在天津会见了天津军司令官本间雅晴中将,这位前驻英武官、有着"文人风骨的军人"向绪方竹虎和嘉治隆一透露了近卫"不以蒋介石为对手"的内幕——通过德国大使陶德曼开展的"对华和平外交"。这两件本属于军事机密的内容,竟然毫不避讳《东京朝日新闻》主笔身份的绪方竹虎,可见在日本军方

---

① [日]三好彻:《绪方竹虎评传》,东京:岩波书店,1990年,第115—116页。
② [日]今西光男:《新闻资本与经营的昭和史——朝日新闻笔政·绪方竹虎的苦恼》,东京:朝日新闻社,2007年,第163页。

眼里,绪方竹虎已经不仅仅是一个新闻记者,而是"说什么话都放心"的可以信赖的朋友,他似乎开始"超越报社主笔,以各种形式参与政治"。① 绪方竹虎也与陆军次官杉山元、军务局长小矶国昭、军事课长永田铁山以及第八课长影佐帧昭等陆军将领也保持着密切关系。②

1940年,《朝日新闻》成立了总揽东京本社、大阪本社、中部本社和西部本社的四社编辑局,设编辑会议,主笔绪方竹虎成为《朝日新闻》社最具权势的编辑决策者——议长,承担了报社的全部言论责任——"对世界的批判都是主动地亲力亲为",实际上成为《朝日新闻》在社会上的代表。对此绪方竹虎自己也坦承:

> 如果追究《朝日新闻》的战争责任的话,我应该承担90%的责任。③

就在这一年,绪方竹虎参加了"近卫新体制运动",出任"大政翼赞会总务"。包括绪方竹虎在内的很多《朝日新闻》社中坚力量和年轻记者也参加了近卫文麿组织的"昭和研究会",并成为骨干成员。④

---

① ［日］三好彻:《绪方竹虎评传》,东京:岩波书店,1990年,第122页。
② ［日］今西光男:《新闻资本与经营的昭和史——朝日新闻笔政·绪方竹虎的苦恼》,东京:朝日新闻社,2007年,第91页。
③ ［日］三好彻:《绪方竹虎评传》,东京:岩波书店,1990年,第109—110页。
④ ［日］今西光男:《新闻资本与经营的昭和史——朝日新闻笔政·绪方竹虎的苦恼》,东京:朝日新闻社,2007年,第162页。

1911 年至 1944 年,绪方竹虎在《朝日新闻》社任职,经历了《朝日新闻》在大正民主运动时期——批判桂内阁、拥护宪政的辉煌时期,也见证了《朝日新闻》"对俄主战"、反对媾和,以及在"白虹贯日事件"之后的"转向";第一次世界大战后,《朝日新闻》支持裁军、反对出兵西伯利亚、主张实施普通选举;满洲事变后,更是主张"对外强硬论"。在这一时期,绪方竹虎在《朝日新闻》的影响力无人能及。

1943 年,绪方竹虎开始担任《朝日新闻》社副社长,由于其权力日益集中,遭到了社主村山长举等人的反对,特别是在 1941 年 10 月受到尾崎秀实"佐尔格事件"的牵连,绪方竹虎辞去了报纸主笔和编辑负责人职务。当然,给绪方竹虎以沉重打击的是师友中野正刚在 1943 年 1 月发表了《战时宰相论》,因此触怒了首相东条,《朝日新闻》被迫停刊;9 月,中野正刚在自宅剖腹自杀,绪方竹虎担任丧礼主持人,因拒绝"东条之名的供物"而与东条内阁的关系越来越恶化,也极大地动摇了"朝日新闻之脸"绪方竹虎的威信和社内体制。①

1944 年 7 月,绪方竹虎离开《朝日新闻》社,进入小矶国昭内阁任国务大臣兼情报局总裁、大政翼赞会副总裁。此后的绪方竹虎积极支持日本对外扩张,参与并亲自组织了两次对汪精卫的诱降工作——第四次和第五次诱降工作,从一个报人转向为积极支

---

① 参见[日]绪方四十郎著《遥远的昭和:父亲绪方竹虎和我》,东京:朝日新闻社,2005 年,第 89 页;[日]今西光男:《新闻资本与经营的昭和史——朝日新闻笔政·绪方竹虎的苦恼》,东京:朝日新闻社,2007 年,第 234 页。

持侵略扩张并亲力亲为的法西斯政治家。

　　绪方竹虎在战争后期离开报界,进入政界任情报局总裁,固然是报社内部斗争的结果和绪方竹虎的个人选择,但也是政府为加强对报界控制、强化舆论宣传、消除负面影响的重要举措,绪方竹虎是众多加入法西斯政府的报人之一,具有超强的舆论宣传能和丰富的报纸传媒管理经验,以至于小矶内阁被评价为"新颖的、有进步的内阁"①。1937 年 12 月至 1945 年 4 月,日本总计 5 次对中国实施"和平外交"策略。② 其中绪方竹虎以报人《朝日新闻》

---

① [日]清泽洌:《暗黑日记》,东京:东洋经济新报社,1954 年,第 164 页。

② 第一次是"陶德曼外交"。1937 年 12 月 28 日,日本借助德使陶德曼提出条件:1.中国应抛弃容共、反日以及反满政策,并与日本及满洲国合作,共同实行反共。2.设非武装区,成立特殊政权。3.日满中缔结经济合作协定。4.中国必须向日本赔款。由于日本的"和平条件"太过苛刻,遭到蒋介石的拒绝:"日本所提出的条件,等于征服中国而灭绝之。与其屈服于日而亡,不如战败而亡。必须以严词驳答而拒之。"参见中华民国外交问题研究会编《中日外交史料丛编(四) 卢沟桥事变前后的中日关系》,台北:中华民国外交问题研究会发行1966 年,第 496—497 页;[日]外务省编:《日本外交年表并主要文书》,下卷,东京:原书房 1966 年,第 380—381 页;[日]产经新闻主编:《蒋介石秘录》,第 12 卷,1976 年,第 103 页。

　　第二次是宇垣一成对华政策。宇垣一成大将进入近卫内阁任外相后,为打开日苏张鼓峰事件及英国宣布借款给中国的国际形势,1938 年 6 月开始对中国的"和平工作",基本条件是:1.基于国际形势的理解,恢复日中两国的善邻友好关系。2.共同协助,彻底扫除共产主义。3.基于共存共荣的原则,加强日中经济提携。但是由于与军部的"对汪工作"发生了冲突,在陆军大臣板垣征四郎排挤下,宇垣辞职下野,和谈不了了之。参见[日]宇垣一成著《宇垣日记》,东京:朝日新闻社,1954 年,第 310 页。

　　第三次是铃木卓尔"香港会谈",又称"桐工作"。汪伪政权成立后,日本提出了八项"和平条件",1.承认满洲国。2.放弃抗日容共政策。3.共同防共。

主笔身份参与了第四次东久迩稔彦的"和平外交"，以国务大臣身份主持了第五次小矶内阁的"和平外交"，其从政期间的主要政治活动——对华"和平外交"，依然利用了其在报界的人脉关系。

二、绪方竹虎的对华"和平外交"

　　战争时期，《朝日新闻》社有超过 100 名的从军记者在中国战场活动，报道了大量的战争新闻；《朝日新闻》社内部还有中国问题调查机构——东亚问题调查会，经常有中国政局的研究报告出台，而且绪方竹虎与小矶国昭、杉山元等陆军要人接触密切，所以对时局，绪方竹虎"比任何人都了解中国国民党政权的动向和大陆的战况"。作为新闻人，"忧虑日本前途"的绪方竹虎秘密组织了与中国的"和平工作"，"完全背离了新闻记者的本分"。

　　《朝日新闻》主笔绪方竹虎最早参与的对华"和平外交"是 1938 年夏秋之际的"宇垣外交"。7 月 8 日，绪方竹虎派遣《大阪朝日新闻》编辑局顾问神尾茂到香港联系曾经留日、深受蒋介石信任的《大公报》主编张季鸾（当时外相宇垣一成联络的是国民政

（接上页）4.经济提携。5.取消治外法权。6.聘请日人顾问。7.蒋汪协力合作。8.撤退在华日军。由于双方始终处于密谈和试探阶段，十月，日本军部下令停止工作。"和平条件"的内容，参见［日］今井武夫著《支那事变之回想》，东京：みすゞ书房 1964 年，第 127 页。

　　第四次是东久迩的"和平活动"，与中国方面的联络人即是《朝日新闻》主笔绪方竹虎。

　　第五次是"缪斌密谈"，绪方竹虎全程参与，即是本文论及的主要内容。

府行政院院长、外交部部长孔祥熙),双方避开日中两国的特务机关,会谈了"国民政府方面的和平条件",并通过机密路线传递给绪方竹虎。对此次"和平工作",绪方竹虎提供了很多的援助,包括使用《朝日新闻》社的飞机和通信手段,但是"和平工作"在日军进攻武汉的8月28日后,陷入停滞,由于日本坚持以"蒋介石下野"为先决条件,加之陆军省强烈反对,"宇垣外交"在9月30日,由于宇垣的辞职而宣告失败。

但是,绪方竹虎并未停止"和平工作",他多次拜访"因爱好骑马而结下亲交"的东久迩,与其讨论时局对策。到了1941年7月25日,美国宣布冻结日本在美全部财产;8月1日,罗斯福总统下令禁止向日本输出石油。在此情况下,日本军部开始筹划对美作战,9月6日的御前会议通过了对美开战议案——"帝国国策遂行要领"。"对华和平"再次成为日本外交问题,首相近卫主张在中国战场实施"对华和谈",并将"对蒋工作"的具体事宜交由东久迩负责。为避免"好战右翼的反对",在少壮派军人桥本欣五郎建议下,东久迩考虑的人选是"右翼长老头山满"——头山满曾经在中国辛亥革命爆发时,随犬养毅来到上海支援孙中山、黄兴等人,孙中山逃亡到日本时,曾经受到头山满照顾,因而成为第一人选。

绪方竹虎是头山满访蒋的联络人。9月24日,东久迩在自宅召见头山满,委以"和谈"重任。次日晨,头山满在自宅会见绪方竹虎(头山满是绪方竹虎夫妇的婚姻介绍人,私交甚好),对东久迩的邀请表示感谢,并将有蒋介石签名的照片转交给绪方竹虎。

下午,绪方竹虎将照片给了东久迩。① 但是"头山特使构想"遭到了东条的反对而受挫:"现在已经不是那个时期了,那件事情请停止吧。"②10 月 16 日,近卫内阁总辞职,继之的东条内阁,以"不能对不起英灵"为由拒绝撤兵,彻底否定了"派遣头山满去见蒋介石的全面和平会谈"。

第四次对华"和平外交"虽然有绪方竹虎的直接参与,但他只是以报人身份充当联络人,并未发挥出太大的作用。此时绪方竹虎领导下的《朝日新闻》,在太平洋战争爆发后颁布的言论出版集会结社等临时取缔法的强大约束下,只能原封不动地刊登"大本营发表"。由于"佐尔格事件",1942 年 6 月,绪方竹虎辞去了董事长、主笔职务。

1943 年六七月间,绪方竹虎到中国长途旅行。在上海,绪方竹虎经《朝日新闻》社上海支局长田村真作介绍,会见了南京国民政府考试院副院长缪斌,"缪斌常驻上海,依靠无线电与重庆联络,这也是南京政府默许的行为"③。绪方竹虎对缪斌"蒋介石不可能立刻与日本握手言和,但是中日停战可以使日美终止战争"的言论,以及对"这个奇妙的人物有深刻的印象"(缪斌与何应钦是儿女亲家,而何应钦是陆军最高司令官——引者注),但是并未

---

①　[日]今西光男:《占领期的朝日新闻和战争责任——村山长举和绪方竹虎》,东京:朝日新闻社,2008 年,第 193—194 页。

②　[日]今西光男:《占领期的朝日新闻和战争责任——村山长举和绪方竹虎》,东京:朝日新闻社,2008 年,第 194 页。

③　[日]三好彻:《绪方竹虎评传》,东京:岩波书店,1990 年,第 141—142 页。

进一步交流。① 此次会面成为日后绪方竹虎直接策划第四次对华"和平外交"的基础。

1944年7月18日,东条内阁总辞职。7月22日,重臣会议决定由朝鲜总督小矶国昭组建新内阁,绪方竹虎离开《朝日新闻》社入阁成为国务大臣,并兼情报局总裁。绪方竹虎为何"转变信念"从"新闻人"转入政界,他在战后的战犯自辩书中承认:

> 到昭和十三年国家总动员法颁布的时候,已经毫无办法了。假如新闻记者不曲笔、不说应该说的事,也不觉得痛苦,如果说对所谓的新体制运动、日支事变、三国同盟、大东亚战争还有几分辩解的话,那就是最晚赞成的,除此之外别无他物。②

由于身份转变,绪方竹虎不再反对言论统制,而是专注于促使国民战意高昂:

> 言论政策的根本应该由阁议决定,但是作为我自己,还是希望考虑思想战的重要性、民意的畅达。把战局的实情、内外形势告知国民,结局是使国民战意高昂。如果此前的做法有欠缺的话,那么现在我已经适应、看清楚这些。③

---

① [日]三好彻:《绪方竹虎评传》,东京:岩波书店,1990年,第143页。

② [日]今西光男:《新闻资本与经营的昭和史——朝日新闻笔政·绪方竹虎的苦恼》,东京:朝日新闻社,2007年,第283页。

③ [日]三好彻:《绪方竹虎评传》,东京:岩波书店,1990年,第162页。

　　绪方竹虎希望"将战争的实际情况告知国民,同时使他们畅所欲言",并以此为情报局总裁的工作根本。① 但是绪方竹虎入阁时,美军已经在塞班岛登陆(1944年6月),日军节节败退。最重要的战争信息已经全部掌握在陆海军情报部手中,发布的信息都是夸大战果、掩盖战败,作为战时体制下的统帅机关——大本营统揽了军事战略,情报局总裁绪方竹虎根本得不到正确的情报,"甚至连军人首相小矶国昭也不了解详细的军事作战情况"②。绪方竹虎对首相小矶国昭提出要求参加由首相、外相、陆相、海相、参谋总长、军令部长组成的最高战争指导会议,"即使没有发言权,也能抓住战局的实相",结果被陆军生硬拒绝。③

　　此时,为在军事上加强对美作战,挽救危机,小矶国昭内阁确立的外交方针是:

　　　　一、增进日苏亲密友好,使苏联居于中立,以期调解日本与美英的敌对状态。

　　　　二、展开对重庆国民政府的和平工作。在这二者中,以

---

① 　[日]嘉治隆一:《绪方竹虎》,东京:时事通信社,1962年,第231—232页。
② 　[日]今西光男:《新闻资本与经营的昭和史——朝日新闻笔政·绪方竹虎的苦恼》,东京:朝日新闻社,2007年,第290页。
③ 　[日]今西光男:《新闻资本与经营的昭和史——朝日新闻笔政·绪方竹虎的苦恼》,东京:朝日新闻社,2007年,第291页。

前者为优先。①

本来外相重光葵希望通过莫斯科大使佐藤尚武与苏联外长莫洛托夫会谈，并以前首相广田弘毅为特使，但是 9 月 16 日，这项"增进日苏亲密友好"的要求被莫洛托夫拒绝。第二项"对华和平观众"开始成为重要工作，即第五次"和平外交"——"缪斌密谈"。

与此同时，考虑到战争不能取胜，绪方竹虎"向小矶国昭进言，与重庆直接谈判"，并筹划招缪斌到东京，启用原外相宇垣一成为驻华大使。1944 年秋，宇垣一成在《朝日新闻》常务董事美士路昌一陪同下访问中国。但是由于外务省的抵抗，"宇垣特使"构想最终遭遇"顿挫"。②

绪方竹虎曾经作为报人参与了第四次"东久迩和平外交"，在其中充当了"配角"，但是在第五次"缪斌和平外交"中，绪方竹虎是主要的发起者，是这幕"政治戏剧"的"主角"。9 月 28 日，绪方竹虎对东久迩提出了"对华和平外交"构想：

> 我国当前有两大计划：一是有无再继续派人赴苏的方法，如无，对苏外交暂时搁置。二是推进对重庆的和平外交。

① 东久迩在 1944 年 9 月 11 日的日记中记载："对重庆，对苏联的外交，是同时推进呢？还是个别地推进呢？各有其法。以我之见，应以苏联为先。"［日］东久迩稔彦：《东久迩日记》，东京：德间书店，1968 年，第 143 页。

② ［日］今西光男：《新闻资本与经营的昭和史——朝日新闻笔政·绪方竹虎的苦恼》，东京：朝日新闻社，2007 年，第 295—297 页。

对苏外交,完全是以个人为本位的。前外相松冈访苏时,与今日之情况完全不同。现在苏联对德作战已取得极大优势,日本即使想与之打交道,苏联未必能够接受。而且,与苏联关系密切的中共军队正向满洲国的热河省扩展势力,不久将会波及全满洲。将来日本与苏联的关系定会困难起来。再从思想上来说,与苏联的亲善外交大有检讨的必要。

再者,蒋介石很担心长此以往,中国将为美国势力所浸透,成为美国化的中国。更害怕日美两国军队在中国大陆上交战,会使中国化为焦土。现在他虽然依靠美国,但内心却焦虑不安。在此情况下,对重庆的和平工作当有成功的希望。因此,由以上诸点观之,暂时放弃对苏的亲善外交,推进对重庆的和平工作最为得策。①

而且绪方竹虎认为,日美战争处在日中战争的延长线上,要谋求和平应该首先和中国开始对话。② 绪方竹虎的意见得到东久迩的大力支持。绪方竹虎继续利用曾任《朝日新闻》主笔时与很多驻华记者建立的密切关系,通过驻上海记者田村真作与缪斌建立起联系,并顺利打通了与重庆军统的"和平通道"。据小矶国昭回忆:

昭和十九年九月,绪方国务大臣提出关于重庆政权意向

<hr>

① ［日］东久迩稔彦:《东久迩日记》,东京:德间书店,1968 年,第 151—152 页。
② ［日］三好彻:《绪方竹虎评传》,东京:岩波书店,1990 年,第 168—169 页。

的报告，其内容是：有位名叫缪斌的中国人，经常与重庆保持着联系，并持有重庆政权的具体和平方案，祈邀缪至东京一谈如何？询及此事的由来，谓这是绪方国务大臣的亲信、驻沪朝日新闻记者的报告，并附有缪的著述《中日和平论》一书。一读之后，知其大意是：除强调日中善邻友好外，并谓蒋介石的真正意图是：日本如战败覆灭，其祸害将会波及中国，如中共抬头，苏联入侵，英美瓜分等。为早日防止这些问题的发生，希望日本在未陷入悲境之前，能与重庆当局商讨不损于中国面目的和平。

我对这一问题极为关切，将它拿到战争指导会议上作一简单地说明，但是出席会议的人们中，有人对此似乎表示难以赞成。①

小矶国昭完全赞同绪方的对华"和平工作"计划，但因阁僚中有人反对而有所顾虑。因此，在邀请缪斌访日时，为避开外务、陆军两大臣的耳目，派遣了私人代表与缪斌接触；1945年1月，田村在上海与缪斌展开会谈。② 但是，蒋介石严厉批判日本陆军支持

---

① ［日］小矶国昭：《葛山鸿爪——小矶国昭自传》，东京：九之内出版，1968年，第811—812页。
② 缪斌和谈再启，原因是"小矶国昭的陆军士官学校同学、精通中国事情的山县初男大佐从中国考察归来。山县在上海偶遇缪斌，被其国际形势分析之锐利和中日和评论之热情演讲所打动。看到了山县报告的小矶国昭对绪方竹虎谈起这件事，决定把缪斌招至东京，通过缪斌开展和平工作。"参见［日］今西光男著《新闻资本与经营的昭和史——朝日新闻笔政·绪方竹虎的苦恼》，东京：朝日新闻社，2007年，第301页。

的汪精卫政权是"日本的傀儡政权"，对日谈判的前提是必须取消之，而对于外务省和军部来说，南京政府才是日本承认的唯一的中国政府。因此"和谈"遭到陆军的阻拦，缪斌的随行人员和无线电台在上海机场被日本宪兵阻拦，未能登机。3月16日，缪斌到达东京，由最先实施"和平接触"的绪方竹虎出面到羽田机场迎接。在东京麻布广尾町迎宾馆，缪斌向绪方竹虎出示了"中日和解方案"，绪方竹虎表示同意，并愿竭尽其力来促进和平的实现。

为了得到天皇的支持，缪斌还先行拜会了东久迩。据3月18日东久迩宫日记记载：

> 缪斌于16日搭机来东京。先与绪方情报局总裁会谈，交换了各种意见。在拜访小矶首相之前，一定要先与我会面。我答应了他。缪的日语甚佳，会面时，只有我与他一人对谈。他说：日本的政治家、军人、外交官都没有信用。有信用者只是天皇一人。但由于不能拜谒天皇，故求见我陈述他的意见。(中略)关于重庆与日本的全面和平，我们谈得很仔细。
>
> 我对他说：关于日支全面和平的确立，非日支两国所能为，希望蒋介石根据日支和平，首先出面来终止世界大战，促进世界和平才是。缪对我的提案，颇有同感。①

缪斌与绪方、东久迩就和平问题交换意见后，将和平方案转

---

① ［日］东久迩稔彦：《东久迩日记》，东京：德间书店，1968年，第180—181页。

达首相小矶。重庆提案计有六条,内容如下:

    1.满洲处理问题另议;

    2.日军由中国全面撤退;

    3.重庆政府立即设留守政府于南京,在三个月以内还都;

    4.南京留守政府,由重庆方面派人员组成之;

    5.现在南京政府的要人,由日本政府收容之;

    6.日本与英美媾和。①

    因急于推进和谈,绪方竹虎对小矶国昭表示:自己可以视情况去重庆谈判,于是小矶国昭在 3 月 21 日的最高战争指导会议上,破例让绪方竹虎出席并在会议上提出方案供讨论。但在最高会议上(首相、外相、陆相、海相、陆军参谋总长、海军军令部总长出席),"和平方案"遭到了内阁成员的激烈反对——陆相杉山元质疑"缪斌的谈判资格",海相米内光政责备首相"为了收集情报而没有弄清楚对方的真实身份就与其会面是不合适的",外相重光葵认为"和平方案"是"侵犯了天皇委任外交的责任",陆军参谋总长梅津美治郎则称"撤兵有给美军开辟道路的危险",而绪方的提案"也没有得到期待的小矶国昭的坚持"。② 这似乎与缪斌在与小矶国昭会谈后,对绪方竹虎评价小矶国昭相吻合:"总理大

①　[日]小矶国昭:《葛山鸿爪——小矶国昭自传》,东京:九之内出版,1968 年,第812 页。

②　[日]三好彻:《绪方竹虎评传》,东京:岩波书店,1990 年,第 191—192 页。

臣给人的印象是什么绝对权都没有。"①3月27日,《朝日新闻》记者田村真作及太田照彦二人至东久迩宫处,报告缪斌的提案说:

> 　　由缪斌中介的日支全面和平问题,在最高战争会议上提出时,重光外务大臣认为小矶首相的做法,干涉了外务省的外交大权,竭力表示反对。杉山陆军省大臣、米内海军省大臣、梅津参谋总长都对缪斌的中介是否可以信任表示怀疑,保留他们的意见。支那派遣军总司令特地派遣副参谋长回东京宣传反对运动。同时,缪的和谈密使代表权至3月底为期,所剩时间有限。如何是好?②

　　而且内大臣木户也于当日到东久迩宫处表示反对"缪斌和平工作",并将"缪斌议和"直接上奏天皇。4月3日,天皇召见陆相、海相、外相,听取三人的"反对和谈意见",并亲自出面,命令首相小矶国昭停止与缪斌的"和平工作",要求缪斌立即离开日本,第五次"对华和谈"无果而终。对此,外相重光葵以"缪斌来日搅烦圣虑,本人拙笨失职"为由提出辞呈。4月5日,小矶国昭被迫辞职,内阁瓦解。

　　第五次对华"和平工作"也是国务大臣、情报局总裁绪方竹虎一手策划。绪方竹虎利用传媒人牵线搭桥,起初得到了东久迩的

---

① 参见[日]今西光男:《新闻资本与经营的昭和史——朝日新闻笔政·绪方竹虎的苦恼》,东京:朝日新闻社,2007年,第303—304页。

② [日]东久迩稔彦:《东久迩日记》,东京:德间书店,1968年,第182页。

大力支持,小矶国昭是在前台的执行者。尽管在缪斌初到日本时,大使馆武官今井武夫少将就写信给绪方,告之"缪斌是不能相信的人物"①。但是,绪方竹虎还是坚持反对木户、重光等人对缪斌"信用""真实身份"等问题的怀疑,坚称"缪持有蒋介石的复写电文及各种证据,可知缪的和平提案,确是重庆方面的意见"②,极力想促成对华"和平外交",以解决日本面临的危急,通过"和平方式"重新确立中日两国的关系,以求日本尚存余生之地,这是绪方竹虎的真实目的。

但是,如果接受"日军从中国全面撤退"等 6 项"和平条件"——绪方竹虎的"外交思想"必然违背 1943 年 9 月 5 日最高会议确定的"对重庆工作基本方针 8 条":

　　1.和平后,保持中国善意中立,撤退在华美军;

　　2.关于汪蒋关系,承认蒋回到南京和建立统一政府,具体调整任凭双方直接交涉;

　　3.废除日华同盟条约,和新的统一政府缔结友好条约,不干涉内政问题(延安);

　　4.如果在华美英军撤退,日本也完全撤兵;

　　5.满洲国维持现状;

　　6.蒙疆是中国内政问题;

　　7.香港归还中国;

---

① ［日］三好彻:《绪方竹虎评传》,东京:岩波书店,1990 年,第 178—179 页。

② ［日］田村真作:《缪斌工作》,东京:三荣书房,1953 年,等 1761—77 页。

　　8.将来的保障问题。①

　　对比缪斌的"和平方案",可见日本最后的核心利益在于"满洲维持现状",即把占领满洲变成"既成事实"。而在蒋看来,不收回"满洲"则不能称之为"和平"。这是"和平方案"与军部,尤其是陆军对立的根本原因,也是所谓"和平外交"必然失败的根本原因。

　　绪方竹虎在日本败局即将显现之际,分析国际国内形势,主张对日本较为有利的"和谈",显然是错误地估计了国际形势,即便日本政府能够同意、开启"和谈",也不可能如愿。当然,绪方竹虎作为一个专业的报人进入政府高层,不了解官僚机构的行事风格、"对外务官僚研究不足","不是一个成熟的政治家",而他的对手都是老奸巨猾、与宫中具有密切关系的政客,这也是其必然失败的原因之一。

　　第五次对华"和平工作"是绪方竹虎政治生涯中的一件大事。虽然其已经不是报人,但他利用与报界和报人的关系,在其中起到了举足轻重的作用。在后续的铃木贯太郎内阁中,绪方竹虎任内阁顾问。日本投降后,绪方竹虎在"败战处理内阁"——东久迩稔彦内阁中任国务大臣,并兼内阁书记官、情报局总裁,②同时为贵族院议员。在这个由"礼服、军服、国民服、官员服组成"的"败

---

① 　[日]三好彻:《绪方竹虎评传》,东京:岩波书店,1990年,第193—194页。
② 　东久迩内阁主要成员包括陆军大臣下村定,海军大臣米内光政,外务大臣笔政一体化重光葵,近卫文麿以副首相身份任国务大臣,绪方竹虎以国务大臣身份兼任内阁书记官长与情报局总裁,石原莞尔任内阁特别顾问。

战处理内阁"中,也集中了一批"朝日新闻人",如文部大臣前田多门、总理大臣秘书太田照彦原是《朝日新闻》论说委员,内阁书记官长秘书官中村正吾原是《朝日新闻》记者,内阁参与田村真作原来也是《朝日新闻》记者,被称为是"绪方朝日内阁"。①

1945年10月,东久迩内阁总辞职;12月,绪方被认定为甲级战犯嫌疑。1946年8月,绪方竹虎被开除公职。

三、绪方竹虎评价

在绪方竹虎的新闻生涯中,始终与军方、政府保持着极为密切的联系,关于媒体评论与权力的关系问题,在绪方竹虎对鸟居素川的批判中可见一斑:此前的《大阪朝日新闻》主笔鸟居素川远离权力中心,不与政治家交往,所以能够据实客观评论,形成"一时之盛观"。但是,故意地和现实社会保持距离,对社会上的人们来说是清高,因为不是与人们相亲相同,所以社论中的批判就只能是辛辣,就如同从墙壁的枪眼实施偷袭,而笔剑之斫在于慑服天下之俗论。②

可见绪方竹虎眼中的"世间、社会、人类的相亲相通"乃是与"社会上层"的相亲相通,因为在绪方竹虎的新闻生涯中,与达官显贵交往来获取新闻信息,或是谋求报业发展的行动是一以贯之

---

① [日]今西光男:《占领期的朝日新闻和战争责任——村山长举和绪方竹虎》,东京:朝日新闻社,2008年,第18—20页。

② [日]今西光男:《新闻资本与经营的昭和史——朝日新闻笔政·绪方竹虎的苦恼》,东京:朝日新闻社,2007年,116页。

的。在绪方竹虎看来,新闻媒体的作用并非独立的批判和反映社情民意,朝日最大的问题是生存问题:"躲避政府弹压舆论、右翼爪牙的暴力袭击和军部的攻击,必须牢牢抓住权力的动向",特别是要关注军部的动向,为了"权益拥护""国策遂行",在不断推进中央集权化、统制强化,军部压力也与日俱增,因此为了维持过百万发行量大报社的生存,必须对社论实施统制。① 也就是说,在军部、右翼压力下,为了"国益",媒体与政治的结合是必然的结果。正如绪方竹虎所说:

　　　　即便是全部的媒体一致战斗,也不能断言说能够解决,这不是个难解的问题吗? 在军国主义化的时代洪流中,报纸怎么能够抵抗呢?②

　　这是绪方竹虎作为报纸经营者,而不是从一个报人的角度考虑问题的结果。绪方竹虎并不是一个有新闻理想的报人,而是一个报纸经营者——报界商人,所以能够迅速地转变为政治家。在近代日本报史上,绪方竹虎是个传奇人物,他是头山满1881年创建的超国家主义团体、右翼组织——玄洋社的成员,被判绞刑的甲级战犯广田弘毅也是玄洋社成员,广田弘毅是头山满的葬仪委员长,绪方竹虎是副委员长。

---

① 　[日]今西光男:《新闻资本与经营的昭和史——朝日新闻笔政·绪方竹虎的苦恼》,东京:朝日新闻社,2007年,118页。

② 　[日]今西光男:《新闻资本与经营的昭和史——朝日新闻笔政·绪方竹虎的苦恼》,东京:朝日新闻社,2007年,119页。

　　从 1911 到 1944 年,绪方竹虎活跃于新闻界,身处政治动员的前沿;1944 年以后,绪方竹虎由新闻界进入政界,以报人的身份入阁任国务大臣,并兼任情报局总裁,积极参与外交事务,积极支持对外侵略扩张国策。绪方竹虎的新闻活动是那个时期绝大多数报人的缩影,以报人身份进入战时内阁,主掌情报局,其积极参与法西斯政府的"政治活动"也符合那个时期绝大多数日本人的表现。当时日本新闻媒体和记者在中国境内极为活跃,当绪方竹虎通过驻华新闻记者与重庆政府接触时,绪方竹虎"已经丧失了纯粹的新闻人的立场"①,而不仅仅是新闻记者、报社主笔,已经成为不折不扣的战争参与者。

第二节　"《东洋经济新报》时代"的石桥湛山及其"小日本主义"

　　明治维新以来,日本国内从未停止过关于立国路线的论争。② 虽然影响日本国家路线的主导方向一直是"大日本主义""军国主义""大亚细亚主义",但是一些有识之士也在坚持探索另一种国

---

① ［日］三好彻:《绪方竹虎评传》,东京:岩波书店,1990 年,第 126 页。
② "大国"的道路还是"小国"的道路?"东方的普鲁士"还是"东方的瑞士"?"大日本主义"还是"小日本主义"?这两种立国路线的论争贯穿战前日本近代史。尽管在现实选择中,前者压倒了后者,但后者毕竟在日本历史上起过进步作用。参见吕万和《大日本主义乎? 小日本主义乎?——战前日本"立国路线"的论争》,《日本学刊》,1991 年第 1 期。祝曙光:《近代日本国家发展道路的另一种选择》,《探索与争鸣》,2009 年第 6 期。

家发展模式，如著名思想家、评论家、新闻记者石桥湛山以《东洋经济新报》为阵地提出的"小日本主义"。

　　作为与"大日本主义"相对立而存在的"小日本主义"，石桥湛山认为，"大日本主义"鼓吹既要防卫"主权线"（指日本本土），又要保护"利益线"（与日本经济利益相关的外国及其海域），实质上就是军国主义、国家主义，核心是"军事立国论"；而"小日本主义"则是产业主义、自由主义，核心是"产业立国论"。① 石桥湛山坚持主张日本应该放弃满洲等一切海外殖民统治区，要解决"国土狭小、资源贫乏和人口过剩"问题，应该发展自身实力，走以日本四岛为基本领土的"小日本主义道路"，而不是追求获得他国资源和市场的"大日本主义道路"。

　　在战前日本军国主义和"大日本主义"的疯狂肆虐下，"小日本主义"根本无法阻挡也不可能阻挡日本的侵略扩张国策。"小日本主义"只能作为一个"参照物"——与侵略扩张不同的另一种国家发展道路的构想而存在；也只能证明这样一段历史事实——代表产业资产阶级利益的个别媒体人士，在20世纪上半期曾经发出了与主流声音不同的另一种声音。但是随着日本在二战中惨败、"大日本主义"幻想破灭，以及战后民主化改造，特别是在20世纪90年代后期兴起的"石桥湛山研究热潮"，依然表明自明治以来日本究竟要走"小日本主义"道路，还是要走"大日本主义"道路的争论，仍然在继续。

---

① ［日］田中彰：《小国主义》，东京：岩波书店：1999年，第120页。

一、石桥湛山其人：从军曹到资产阶级自由派代言人

石桥湛山(1884 年 9 月 25 日—1973 年 4 月 25 日)，日本著名记者、政治家和教育家，曾任第 55 届日本内阁总理大臣。[1] 出生于东京日莲宗佛门世家，其父亲是日莲宗学问僧杉田湛誓。石桥湛山幼名省三，随母姓石桥，中学毕业后改名湛山，11 岁时加入日莲宗，一生未脱离僧籍。

中学时代的石桥湛山就读于山梨县立第一中学，1902 年 3 月中学毕业时，已经深受校长、基督徒大岛正健的美式民主主义及个人主义影响。1903 年 9 月，石桥湛山入早稻田大学高等预科学习，1904 年 9 月进入早稻田大学文学科，受到恩师、自由主义和个人主义评论家田中正堂[2]的实用主义教育。石桥湛山十分珍惜这

---

[1] 日本战败后，石桥湛山从新闻界转入政界，1945 年加入日本自由党任顾问。1946 年任第一届吉田茂内阁大藏大臣，后兼任经济安定本部总务长官、物价厅长官等职。50 年代初期历任国际电气公司董事长、立正大学理事长兼校长。1954 年因反对首相吉田茂而脱离自由党，同鸠山一郎等人组成日本民主党。同年 12 月出任鸠山内阁(1954—1956)通商产业大臣，1956 年 12 月，当选为自由民主党总裁，并出任日本首相。石桥湛山一上台就宣布要寻求同中华人民共和国建交，多项政策受到日本民众欢迎。次年 2 月 25 日因病辞职，任期仅为 65 天。1959 年和 1963 年两次访问中国，致力于日中、日苏友好事业，促进相互间的经济、政治联系。1960—1961 年任日苏协会会长。1964 年、1972 年和 1973 年，连续当选日本国际贸易促进协会总裁，一贯主张自由经济主义。1972 年 12 月当选为促进恢复日中邦交议员联盟顾问。

[2] 田中正堂曾留学美国，是美国著名哲学家、教育家，实用主义哲学创始人杜威的弟子，也是日本著名的哲学家，其实用主义和言传身教对石桥湛山影响很大。

段教育,并十分感激恩师对其人生道路、思维方式的指引。①

　　1907 年 7 月,石桥湛山从早稻田大学文学科毕业后,作为"特长研究生"进入宗教研究班学习;1908 年 12 月,大学毕业后经老师岛村抱月的介绍进入《东京每日新闻》社,开始其传媒生涯。但是 1909 年 8 月,石桥湛山离开了《每日新闻》社,12 月即应召入伍,"不得已当了一年志愿兵"②,进入东京麻布步兵第三联队,并在 1910 年 11 月晋级为军曹(中士)。③ 在此期间,由于石桥湛山的思想比较激进,一度被怀疑为社会主义者而受到监视;在目睹军队内部的专制和愚昧、严格的等级制度和压迫后,石桥湛山对战争充满了厌恶感:

　　　　我对军队感兴趣的是把它当作一个社会缩影来看,把它当作一个教育机关来观察,但对作为军队的本来面目的战争,一直怀着厌恶感。④

　　1911 年 1 月,石桥湛山离开军队后转入《东洋经济新报》社,负责编辑《东洋时论》。直到日本战败为止的 30 余年里,石桥湛

---

① ［日］石桥湛山全集编纂委员会编:《石桥湛山全集》,第十五卷,东京:东洋经济新报社,1971,第 46、48 页。

② ［日］石桥湛山全集编纂委员会编:《石桥湛山全集》,第十五卷,东京:东洋经济新报社,1971 年,第 70 页。

③ 1911 年 9 月,石桥湛山被征召入军队受训 3 个月,成为见习士官;1913 年晋级为陆军步兵少尉。

④ ［日］石桥湛山全集编纂委员会编:《石桥湛山全集》,第十五卷,东京:东洋经济新报社,1971 年,第 84 页。

山长期在《东洋经济新报》社任职,历任记者、总编辑和社长,他以《东洋经济新报》为阵地,向日本的扩张主义势力及其侵略理论发起攻击,发表了大量反对日本军国主义侵略扩张的社论,成为日本少有的反战人士。

其实早在大正民主运动时期,石桥湛山就和《东洋经济新报》的前辈们一起投身到了争自由、要民主的社会运动中,在内政方面坚持民主主义,要求实施民主化改革,如在政治方面实施普通选举,在产业方面实施自由开放政策,在对外政策方面实行工商主义政策,等等。① 石桥湛山是产业资产阶级自由派的代言人,他在外交方面始终反对干涉中国内政,针对政府逐步加强的对外侵略扩张政策,他从日本产业资本主义发展的要求出发,主张自由竞争下的加工贸易立国论,发表了大量的时政文章。

作为舆论领袖,他同情朝鲜的“三一独立运动”。1912 年,石桥在《东洋经济新报》的姊妹杂志《东洋时论》上发表了两篇短评《大日本主义的幻想》和《满洲放弃论》,批判“大日本主义”和军备扩张主义,主张“小日本主义”和非帝国主义;公开谴责日本政府侵略中国东北是愚蠢、危险的行为,还撰文《愚蠢的建设神宫建议》反对建设神宫;1914 年第一次世界大战爆发,日本向德国宣战并占领青岛,计划接收德国在中国山东的权利,石桥湛山在日本举国欢腾庆祝胜利之时接连发表社论,反对移民,反对发动战争,反对占有青岛,1915 年他又发表文章反对日华新条约,反对大隈

---

① ［日］井上清:《日本的军国主义》,第 3 册,马黎明译,北京:商务印书馆,1985年,第 143 页。

内阁迫使袁世凯签订的"二十一条",认为签订条约是日本的最大失败,对日本国民也是重大的损失,强烈要求政府抛弃帝国主义。1918年日本出兵西伯利亚,干涉苏维埃革命,石桥也明确表示了反对的立场。

在日本国内"大日本主义""大亚洲主义"理论甚嚣尘上之时,他发表《大日本主义的幻想》,呼吁日本放弃殖民统治区。坚持认为:"我国国民根本解决满蒙问题的第一要件,就是正视支那要求建立统一国家的要求。"①"我国应尽快承认他们的要求,不是在嘴上讲友善,而是实际上支援他们的志向。"②"放弃满洲,放弃山东,放弃对中国的一切压迫是最好的也是唯一的道路。"③

1931年9月18日,日本开始武力侵占中国东北。日本政府开动所有宣传机器,为侵略行为涂脂抹粉。在法西斯势力甚嚣尘上的白色恐怖下,石桥仍然不为所动,在事变发生的第九天,就在《解决满蒙问题的根本方针是什么》中明确指出,满蒙终究是中国的领土,日本想用武力解决满蒙问题,显然不可能达到目的。1937年,日本开始全面侵华战争后,《东洋经济新报》受到严格管制,总体战体制之下,石桥仍然为自由主义者们提供"论说之地",石桥自己也经常匿名发表评论文章,冷静分析时局,以婉转、隐晦的方式,对战争提出批评,启蒙读者。

1945年8月18日,日本宣布无条件投降。8月25日,石桥发

---

① [日]江口圭一:《日本帝国主义史论》,东京:青木书店,1975年,第222页。

② [日]江口圭一:《日本帝国主义史论》,东京:青木书店,1975年,第223页。

③ [日]石桥湛山全集编纂委员会编:《石桥湛山全集》,第一卷,东京:东洋经济新报社,1971年,第13页。

表评论《更正日本的出路,前途一片光明》,再次论述了其极具先见性的主张:以科学立国重建国家,日本的将来必定是光明的。①
10 月 13 日,他又在《东洋经济新报》上发表《靖国神社废止论》,主张废止靖国神社,②表现出他在战前和战后一贯的和平反战态度。

二、东洋经济新报时代:"小日本主义"及其影响

东洋经济新报社创建于 1895 年 11 月 15 日,《东洋经济新报》(后更名为《周刊东洋经济》)同时创刊,民政党总裁町田忠志任社长。③《东洋经济新报》初为旬刊,1919 年 10 月后改为周刊,1897 年自由主义经济学家天野为之④任主编,为了促进产业资本的发展大力主张发展市场经济,也曾得到涩泽荣一、朝吹英二等

① 〔日〕石桥湛山:《更正日本的出路,前途一片光明》,《东洋经济新报》1945 年 8 月 25 日社论。
② 〔日〕石桥湛山:《石桥湛山评论选集》,东京:东洋经济新报社,1990 年版,第 391—392 页。
③ 《东洋经济新报》的所有制形态很是特殊。1907 年规定一切权利归植松考昭 (1907—1921 年任该刊第三任主编)、三浦铁太郎(1912—1925 年任第四任主编)等 4 名社员,称"合名会社"。1921 年改组为全体从业人员持股的法人株式会社,至 1932 年资金积累额达 7 万日元,分作了 1400 股,从业人员(当时约 40 余人)持股额仅占 1%(14 股,共 70 日元),99%的股份(1386 股,共 69 300 日元)以主编名义保管,作为共同财产。这种所有制形态就决定了个主编对报社及报纸导向的绝对控制地位。参见吕万和《大日本主义乎? 小日本主义乎?——战前日本"立国路线"的论争》,《日本学刊》,1919 年第 1 期。
④ 天野为之(1861—1938)近代日本著名的经济学家、记者、政治家和教育家,曾任《东洋经济新报》社主编(1907 年前),众议院议员,早稻田职业学校校长。

产业资本家的资助。在植松考昭①、三浦铁太郎②、石桥湛山等相继担任主编成为《东洋经济新报》灵魂人物,特别是在 1912 年三浦铁太郎、石桥湛山时期,作为日本历史上最为著名的经济类媒体,《东洋经济新报》不仅提供经济信息,为经济界人士所重视,更注重政治方面的报道,在国际国内发生重大事件时,旗帜鲜明地发出产业界声音,同时为确保国民言论自由而始终站在自由主义立场,宣扬个人主义和自由主义。其实就政治言论而言,早在 1902—1903 年间,《东洋经济新报》就曾经质问陆海军大臣现役武官制和参谋本部独立于政府之外的军事体制。

《东洋经济新报》在日俄战争前后的政治主张是"对内立宪主义,对外帝国主义",即主张在国内实行英国式立宪政治,对外支持出兵镇压义和团、占领朝鲜。但是在植松考昭、三浦铁太郎等人成为报纸主编后,开始转为批判元老政治和帝国主义,彻底取消纳税资格制度,实施基本普选。

1911 年 1 月,石桥湛山进入《东洋经济新报》后,潜心研究日

---

① 植松考昭(1876—1912),明治时代的记者、评论家,东京专门学校(早稻田大学)毕业,1898 年进入《东洋经济新报》社,1903 年成为该报主编,倡导自由主义经济,反对殖民地经营,最早从经济角度批判日本的大陆发展政策,主张放弃殖民地,著有《自由贸易乎保护贸易乎?》《明治史传》等。

② 三浦铁太郎(1894—1972),近代日本著名记者、评论家。1893 年毕业于东京专门学校,1899 年进入其老师天野为之经营的《东洋经济新报》社,1910 年创办《东洋时论》任编辑长,1912 年任主编,1924 年和 1925 年先后退出《东洋经济新报》主编和报社董事长职位,由石桥湛山接任。他长期坚持批判帝国主义,倡导"小日本主义",其综合考虑了日本经济、国际关系、国防困难、其他民族反抗的"小日本主义"思想被石桥湛山继承并发扬光大。

本政治、经济问题,针对国际政治形式和国内经济发展的需要,与植松、三浦等人一同创办了《东洋经济新报》的姊妹刊物《东洋时论》,并长期担任《东洋时论》的编辑,他继续以平民政治和自由主义为旗帜,以社会思想评论为中心,"否定阻碍个人主义发展的旧道德,忠君爱国主义剥夺了国民自主之力,不过是增长了奴隶性,武士道不教授给人劳动的神圣,却灌输不健全的金钱观,猛烈攻击家族主义道德。① 主张个人解放是宪政的基本前提,主张市民自由,宣扬个人主义。在这一时期,石桥湛山撰写了《代议政治原理》,他认为:"无论在哪个国家,'最高统治权'均在于人民,只有代议政治才是国家主权得以发挥的最佳方式。"由此观之,石桥湛山的"国民主权论思想"具有鲜明的向专制政治宣战的战斗性。

1912 年 10 月《东洋时论》停刊后,石桥湛山转入了具有"自由主义和反帝国主义、反对战争传统"的《东洋经济新报》任编辑,与《东洋经济新报》的前辈们积极投身大正民主运动——此后的30 余年,三浦铁太郎及其政治理想的继承者石桥湛山始终坚持"小日本主义"理想,身体力行,建言立说,孤军奋战,带领《东洋经济新报》动员广大民众,走上了反对战争、反对对外侵略扩张的和平主义道路。

1913 年 4 月起,三浦铁太郎在石桥湛山的短评《大日本主义的幻想》和《满洲放弃论》基础上展开论述,发表了一系列的"小

---

① 《个人主义和忠君爱国》1910 年 9 月号,《武士道不教授人劳动的神圣》1910 年 11 月号。参见[日]松尾尊允著《大正德谟克拉西》,东京:岩波书店,1974 年,第 77—78 页。

日本主义"政治主张——《放弃满洲乎？扩张军备乎？》《大日本主义乎？小日本主义乎？》(1913年4月15日—6月15日连续6期连载)等社论,均旗帜鲜明地反对"大日本主义",指出"大日本主义是依靠领土扩张和保护政策,把军事力量和武力征服放在首位的军国主义、专制主义、国家主义",主张立足于产业主义、自由主义、个人主义的"小日本主义",即"通过改革内政,促进个人自由和活力,以达到国利民福之目的"。①

正是基于此,《东洋经济新报》全面批判"大日本主义",即日本帝国主义,否定政府的帝国主义国策——强烈主张"满洲放弃论""移民不要论",反对日本参加一战,反对扩大对中国的侵略,反对占领青岛和提出"二十一条"要求,反对出兵西伯利亚,这在当时日本国内舆论空前支持政府参加一战,视一战为发展之"天佑良机"的历史时期里备受瞩目,成为日本报界最突出的一个异类。

石桥湛山继承了三浦铁太郎的立场,并发展了他的"小日本主义"政治主张。他把政治与经济自由主义相结合,以19世纪后半期在英国流行的"小英国主义"为范本——借鉴了大英帝国在19世纪末期殖民地经营方面急剧衰落的历史事实,坚持认为同样是小国的日本经营朝鲜等殖民地也会超出国力,因而主张放弃殖民地经营,减少军事负担,专注于建立"通商国家"。增田弘将石

---

① 　[日]三浦铁太郎:《大日本主义乎？小日本主义乎？》,《东洋经济新报》(1913
　　年4月15日至6月15日),转自吕万和《大日本主义乎？小日本主义乎？——
　　战前日本立国路线的论争》,《日本学刊》,1991年第1期。

桥湛山的"小日本主义"概括如下：

　　第一，只要日本继续保持在中国东北南部的殖民地及其他各种特权，中华民族的反日感情就不会消失，这将成为阻碍两国发展政治、外交、经济、贸易关系的主要原因。

　　第二，"满清"等殖民地并不具有一般人所想象的那种价值，即可以成为解决日本天然资源不足的人口过剩压力的出路。而且，日本拥有海外的殖民地，对国内资本也没有什么好处。

　　第三，维持殖民地将会增加军费开支，压迫国家财政，最终导致国民生活恶化，进而有爆发毫无益处的战争之危险。

　　第四，(日本)如果拥有殖民地，将与其他国家，特别是与美国发生对立，导致日本在国际上的孤立。

　　第五，由于民族主义的高涨，殖民地的分离和独立是不可避免的。①

　　石桥湛山的"小日本主义"是彻底的"小日本主义"，他主张放弃一切侵略行动，放弃殖民地经营，走产业立国道路。第一次世界大战爆发前，石桥湛山针对国际国内形势和日本国家发展的考量，主张日本领土应该限定在原有四岛及其周围小岛，反对侵略亚洲各国,反对建立殖民地,并从产业立国的角度出发,主张协助中国发展经济。《东洋经济新报》同国内大部分媒体积极支持对德宣战不同,①石桥湛山在《警告好战态度》的社论中认为,当

①　日本对德国宣战后,"舆论界"狂热支持政府参战,从"大正政变"以前就站在攻击军阀、反对扩充军备的前列、坚持反对军部大臣武官制、反对统帅权独立,并在内政方面极力主张民主改革和政党政治的三宅雪岭,在主其主编的《日本及日本人》杂志上竟然也积极主张参战,1914 年 8 月 15 日刊登了题为《日英同盟与日本的义务》的评论,认为当前正是确立日本"东洋霸权"地位的绝好机会:

"欧洲战乱或许扩展成为世界动乱。即便不扩展成为世界动乱,也必将波及东洋,给以重大影响。当此时机,承担日英同盟的义务,终归会使日本得以取得置喙于世界利害问题的地位,在日后收拾时局时,日本可以东洋霸权国家占据获得有力发言权的地位。当局的声明,可谓极得时宜。近来,欧洲各国对东洋压迫过甚,甚至连日本应得的胜利成果也没能得到。国民对此记忆犹新。现在正值欧洲多事之秋,正是我们多年努力取得总收获的时机。以鄙人观之,我们倘若失掉这个机会,将永远成为世界的落伍者。"

《中央公论》在 9 月号的前言中竟也说日本对德宣战《谁不觉得大快人心呢!》,文中说:"德帝在东亚实现其雄图的策源地基础,即将完成。德国势力已在经济和政治方面势将控制山东、河南,并因地形关系,要塞化的胶州湾势必形成对北京的威胁。正如德国本土是欧洲的祸源,胶州湾实危害远东百年。呜呼,天乎! 命乎! 德国皇帝将不得不放弃其倾注多年精力所经营的宝贵成果,我帝国将一举根除远东和平的一大危害。谁不觉得大快人心呢!"

在内政上与帝国主义分子德富苏峰主编的《国民新闻》针锋相对、大正政变时高唱打倒军阀的急先锋《大阪朝日新闻》,竟然也竭力鼓吹参战和帝国主义狂热。在政府尚未秘密决定对德参战以前的 8 月 6 日就发表了社论《欧洲战乱与日本》,为日本参战大造舆论说,英国参战"祸乱波及东方国家时,日本将不得不采取必要措施,履行同盟的义务",在 7 日的社论《战争之价值》中声称这次大战是实现世界和平理想的一个过程,是不可避免的。该报还在 8 月 12 日的社论中暗示政府要在对德最后通牒尚未发出时赶快占领青岛说:

"同东亚及中国大陆本无任何领土利害关系的德国,在中国占有防御地带以至策源地的租借地,纯属侵略行为。在平时大大危害和平。如德国无所反省,为了东亚和平,青岛难免要作眼中钉加以处理。"

前正面临着欧洲战乱波及东亚的危险,如果东亚变成战场,日本也将参战,而这种情况:

> 不管从任何方面来考虑,都对我国不利。如果可能,最理想的是,让他们那些交战国不在东亚采取一切军事行动,把战祸坚决局限在欧洲。如果难以办到的话,则我国目前所应采取的唯一方策,就是倾注全力缩小、缩短东亚的混乱状态。当前我国若稍许采取一些军事行动,其目的绝不可越出这一范围。①

对于国内报界激烈的主战、参战言论,石桥湛山警告说,如果日本企图乘此机会"实现侵略野心,则必将造成使日本陷于危险境地之重大事件",而"部分好战之徒,竟想驱使人民走向这种无益而又极其危险的事业。对国家来说,实属害群之马。对国家心

(接上页)该报在 13 日的社论中还进一步煽动战争狂热说,日本切断德国所占青岛要塞这个"东洋和平的祸源","完全出于道义",如第三国(指美国)介入进来,"为了道义,也毫无忌惮地把它击退"。

　　在对德最后通牒中规定的答复期限的 23 日,该报又发表社论:估计日本将对德宣战,认为那时议会和政党应举国一致通过军费,自不待言,还应确定对内对外的根本政策。社论说:"这岂不是时刻迫近的天赐良机,让我们来最充分地利用它,积极发展国运。我们既要力戒轻举妄动,同时也要警戒不能抓住天赐良机的那种深谋远虑。"

　　参见[日]井上清著《日本的军国主义》,第 3 册,马黎明译,北京:商务印书馆,1985 年,第 137、139、140 页。
① [日]石桥湛山全集编纂委员会编:《石桥湛山全集》,第一卷,东京:东洋经济新报社,1971 年,第 358 页。

怀危险思想的正是他们"。这些怀有危险思想的人们主张要趁此机会"在东亚努力获取利权"，但是，"他们到底说要在哪里、如何努力获得利权呢？请看现在胶州湾的贸易情况如何呢？过去德国向该地投入了多少资本不得而知，由于开发该地而得到了利益的究竟是谁呢，实际并非德国，而是中国和日本。现在胶州湾贸易的七八成难道不是由日本商品占着吗？既然这样，假使我国占领该地，岂能得到比此更大的利益吗？至于说担心德国在该地拥有基地会威胁东亚和平，正如前述，愚蠢透顶，不足为惧。而且并不限于胶州湾，欧美势力打进东亚，其投资越大，则我国所得利益越多。这是我们一贯的论点，过去已一再论证"。①

尽管《东洋经济新报》从经济角度没能给日本参加一战以充分合理的理由，但是日本对德宣战后，还是在不到两个月时间内，日本海军占领了赤道以北德属南洋群岛；1914 年 11 月 7 日，陆军攻陷青岛，占领了山东铁路。如《大阪朝日新闻》等报刊继续大肆宣扬"帝国军队的威力"，日本国民白天举旗游行，夜晚提灯游行，沉醉于疯狂的军国主义扩张侵略的胜利之中。

面对举国狂热，《东洋经济新报》始终反对夺取中国利权，又接连发表了石桥湛山的《战争竟无休止乎？》(1914 年 8 月 25 日，第 679 号)、《反驳侵略领土论》(1914 年 10 月 15 日，第 684 号)、《不可占领南洋》(1914 年 11 月 5 日，第 686 号)、《决不可占领青岛》(1914 年 11 月 15 日，第 687 号)、《再论不可占领青岛》(1914

---

① ［日］石桥湛山全集编纂委员会编：《石桥湛山全集》，第一卷，东京：东洋经济新报社，1971 年，第 360 页。

年11月25日,第688号)等社论,坚决反对参战。

社论《战争竟无休止乎?》首先从理论上否定了侵略战争——人们常说"反正生意人离不开算盘。而且,人类是盘算之后有活力,利害以外有感情",战争是无休止的。这就是说,我国将不惜巨额国帑和亿万生灵,企图采取重大的行动。然而,我国真的有进行战争的必要吗?"所谓举国一致的精神,确是国民的一个美德,我们相信这点,决不落后于他人。不过,举国一致,也有多少种,所谓盲目的雷同、虚伪和随声附和,是最应唾弃的国民的堕落。因此,我们至今仍然敢于坚持反对战争。在不久的将来,战争或许还不会停止。这正如文明社会里会有盗窃的可能一样。"但是,也正如靠盗窃可得利一时,而他们的生活毕竟不会幸福一样,战争也是一种"无益而极其愚蠢的勾当"。

为什么说战争愚蠢而且无益呢?我们说,因为战争绝不会带来任何有形或无形的利益。社会上有人认为,战争的结果,可以扩张领土或获得赔款,这就会给国家增加财富,这是荒谬绝伦的想法。事实胜于雄辩,我国通过甲午战争攫取了台湾,通过日俄战争吞并了库页岛和朝鲜,究竟得到多少利益?诚然,我国得以在台湾兴办了一些事业,在朝鲜、库页岛也正在兴办各种事业。然而,这并不是由于战争兼并,而是由于投入了巨额资本。假如不兼并这些地区而投入这些资本,也一定会取得这些结果。如果说在他国领土上难以进行投资,那就应该把它投入国内。投资所得,可能并不低于台湾和朝鲜。至于获得赔款,毕竟只会给接受赔款国的经济界带来混乱。①

在 11 月 15 日和 25 日的社论中,石桥湛山强烈反对日本占领青岛和在亚洲扩张领土,反对列强在亚洲各地建立殖民地,破坏东亚和平:

> 我们一贯认为不应当向亚洲大陆扩张领土,而且应当尽快放弃满洲。至于现在又在中国山东的一隅取得领土,更是害上加害、险上加险,必须断然加以反对。
>
> 占领青岛,如果说我国能够取得什么结果的话,那就是中国人民的强烈反感和列强的嫉恨。
>
> 所谓德国占领青岛,危害东洋和平;而日本占领青岛,却无害东洋和平,其理由何在? 如果说中国以外的国家占领中国部分领土,会启瓜分中国之端,或破坏列强在中国机会均等的原则,导致以中国为舞台的国际关系趋于恶化,那么,日本占领该地,将与德国占领青岛危害和平一样,也必然会危害和平。
>
> 不仅是占领青岛,其他如日本在南满洲,英国在威海卫,法国在广州湾,都是有害于东洋和平的。
>
> 不可向亚洲大陆扩张领土,满洲亦应及早放弃。

----

① ［日］石桥湛山:《战争竟无休止乎?》,《东洋经济新报》1914 年 8 月 25 日,第 679 号。转引自［日］井上清:《日本的军国主义》,第 3 册,北京:商务印书馆,1985 年,第 153 页。

再在中国山东省的一角霸占领土，真是祸上加祸，危险上更加危险，必须坚决反对。①

特别是在日本提出灭亡中国的"二十一条"时，《东洋经济新报》发表石桥湛山的社论《日中新条约的价值何在》（1915 年 6 月 15 日），反对签订"二十一条"，认为这会妨碍日本走向富强：

旅顺现在对我国完全是无用之地，即使大连、南满铁道、安奉铁道，长期在我国手中也并非对我国有利。应该尽可能早日还给中国，这只会增进我国的利益，不会减少利益，而且放弃这些地方还能减少我国负担……我们认为由于新条约的签订，进一步向大陆发展我帝国主义，是很不利的……邻邦中国的迅速富强将会增进我国的富强。②

《东洋经济新报》还发表了石桥湛山的社论《所谓对华"二十一条"要求的历史与将来》，反对租借旅顺、大连，经营南满、安奉铁路等，社论认为：

日本迅速改变以往的对华政策，努力打开新局面，是为

---

① ［日］石桥湛山：《决不可占领青岛》，《东洋经济新报》1914 年 11 月 15 日，第 687 号；《再论不可占领青岛》，《东洋经济新报》1914 年 11 月 25 日，第 688 号。转引自［日］井上清：《日本的军国主义》，第 3 册，北京：商务印书馆，1985 年，第 156-157 页。

② ［日］石桥湛山：《日中新条约的价值何在》，《东洋经济新报》1915 年 6 月 15 日。

明智之举。该吐出来的东西就应尽早吐出来，这是个人处世之道。国家也是一样。从日中未来的关系大局出发，日本应该取消"二十一条"。①

但是，一战后日本夺取了德国在中国山东的权利，日本民众欢欣鼓舞；针对随后爆发的中国五四运动，日本国内绝大多数媒体都持诋毁态度。② 只有《东洋经济新报》主张不要刺激英美各国，要尊重中国的感情，反对继承德国在山东的特权；要考虑中国的利益，放弃满洲、旅顺、青岛，采用和平手段发展与中国的关系。

1915年2月5日，《东洋经济新报》发表石桥湛山的社论《莫做俄德第二》，站在反对侵华、维护日中友好的立场上批判政府提出灭亡中国的"二十一条"，与主张早日签订"二十一条"的《大阪朝日新闻》《日本及日本人》《中央公论》等报纸针锋相对。③ "大隈内阁就根本解决满洲问题，同中国政府进行了多次交涉"，"政府之本意在于将满洲与朝鲜一样吞并为我国领土"。但是如果这样做，必将引起全体中国人的反抗，并且导致与欧美列强的对立，就如同俄国失去满洲、德国失去青岛，日本也终将失去一切。因

① ［日］石桥湛山：《所谓对华"二十一条"要求的历史与将来》，《东洋经济新报》1923年4月号。
② 参见王润泽《政治、外交与媒体：1919年日本报纸关于五四运动的报道研究》，《安徽大学学报》，2011年第4期。
③ 参见［日］井上清著《日本的军国主义》，第3册，马黎明译，北京：商务印书馆，1985年，第158—168页。

此"要毫无领土野心,像资本家投资事业一样地努力开发中国"。①

日本的"二十一条"要求引起了中国民众的强烈反对,排日情绪高涨,在日本媒体大肆叫嚣"中国没有诚意""没有信用"时,《东洋经济新报》认为中国排日是对日本的"蛮横的报复",指出日本"对中国新闻界横加干涉",要求取缔排日,而对美国的排日舆论却不吭一声。"日本国民欺软怕硬的根性"着实可怜。主张若想取得中国的好感,"首先要尊敬中国"。② 当日本舆论界谴责政府"外交失败"时,《东洋经济新报》也加以谴责,但是谴责的角度正好相反:"然而,并不像社会上有些人所说的那样,不采取强硬态度造成了失败,恰恰相反,强硬地'赤膊上阵'才造成了外交上的失败";要纠正"轻兵之弊"。③

1915 年 5 月 5 日,中日谈判进入最后阶段(1915 年 5 月 9 日,中国政府接受日本政府的最后通牒,承认了"二十一条"),《东洋经济新报》发表了社论《贻留祸根的外交政策》,社论指出:

我们对政府当局和国民对待外交的态度和行动不胜忧虑。断然实行露骨的侵略领土政策,轻率的举国一致论,将

① [日]石桥湛山全集编纂委员会编:《石桥湛山全集》,第一卷,东洋经济新报社,1971 年,第398—399 页。
② 《东洋经济新报》1915 年 3 月 15 日"小评论"。[日]井上清:《日本的军国主义》,第 3 册,马黎明译,北京:商务印书馆,1985 年,第 168 页。
③ 《东洋经济新报》1915 年 4 月 5 日"小评论"。[日]井上清:《日本的军国主义》,第 3 册,马黎明译,北京:商务印书馆,1985 年,第 169 页。

导致全世界与日本为敌,必将给帝国贻下百年祸根。①

　　1921 年的华盛顿会议前的 7 月 23 日,《东洋经济新报》发表
石桥湛山的社论《放弃一切的觉悟——我对太平洋会议的态度》,
主张应该和裁军提案一同"放弃一切",即允许朝鲜等殖民地"自
由",全部放弃满洲、山东等日本在中国的特殊利益。在"大日本
主义""大亚洲主义"侵略理论甚嚣尘上之时,1921 年 7 月起,石
桥湛山连续发表长文《大日本主义的幻想》(7 月 30 日、8 月 6 日、
8 月 13 日),反对日本发动对外侵略战争,指出现在的领土扩张政
策只能造成经济损失,国防沉重,与四邻为敌。主张"国民与国民
的交往是永远的",日本"不要做将来后悔的事"。但是这种"小
日本主义"的言论在日本举国上下狂热扩张的大氛围里,已经不
可能为日本政府和更多的民众接受,且影响甚为微弱。

　　"九一八事变"后,日本武力侵占沈阳,随后又侵占了整个东
北。日本舆论界更是积极支持军部在中国采取行动,大力宣传
"军国美谈",鼓动国民支持战争。只有石桥湛山仍然坚持反战、
反对侵略中国立场,坚持在《东洋经济新报》发表文章。他在社论
《解决满蒙问题的根本方针是什么》(1931 年 9 月 26 日至 10 月
10 日连载)中指出,现在已经不是向中国提出"二十一条"要求的
1915 年,不可能保持日本在中国满蒙的所谓特殊权益。社论还从
人口、资源、国防等各个方面逐条批判松冈洋右等法西斯分子狂
热鼓吹的"无满蒙即无日本"的"生命线"论,强调日本必"与中国

────────────

① 　[日]石桥湛山:《贻留祸根的外交政策》,《东洋经济新报》,1915 年 5 月 5 日社论。

全体国民为敌"，"与世界列强为敌"，"终将蹈德意志帝国之覆辙"。①

　　石桥湛山一贯秉持"小日本主义"，反对对外发动侵略战争，反对石原莞尔提出的"满蒙领有论"，早在1915年进入《东洋经济新报》时就主张日本无需殖民地，倡导"抛弃帝国主义"。② 1921年七八月间，他发表了系列文章《大日本主义的幻象》，反对合并其他民族和国民，原来已经合并的要逐渐地解放，恢复其独立和自治。针对朝鲜的"三一独立运动"，他评论说：

　　　　他们绝不会满足在日本人的统治下如何能得到善政，为了得到独立和自治，他们是绝对不会停止反抗的。③

　　1923年4月，他在《东洋经济新报》社论中说：

　　　　"二十一条"要求之条款，最后必须取消。日本租借旅顺大连、经营南满与安奉两条铁路及自由处理汉冶萍公司，于国际关系极不和谐。此前之所以能够实行此政策，是由于支

---

① ［日］石桥湛山全集编纂委员会：《石桥湛山全集》，第四卷，东洋经济新报社，1971年，第23页。

② 参见［日］石桥湛山：《石桥湛山全集》，东京：东洋经济新报社，1971年，第406—407、410—411页。

③ ［日］石桥湛山：《大日本主义的幻象》，《东洋经济新报》1921年7月30日、8月6日，8月13日）；《对朝鲜人暴动的理解》，《东洋经济新报》1919年5月15日。转引自［日］松尾尊允著《大正德谟克拉西》，东京：岩波书店，1974年，第305页。

那国民尚未觉醒。但是其觉醒之时，绝不会认同此等事情。支那国民现已觉醒，日本无论如何努力，也难敌支那国民之觉醒。所以日本宜早日改变既往之对支政策，以打开新局面。①

但是在国内媒体几乎一边倒的"侵略有理"声中，《东洋经济新报》的反对声音仅仅是极少数自由知识分子的呼声，丝毫不能影响政府和民众。绝大多数报纸媒体在政府和军部控制下开动宣传机器，极力宣传战争势在必行，媒体上随处可见要求民众支持军部、支持战争的鼓动。"九一八事变"前夕，《大阪每日新闻》在《军部和国民》社论中要求国民做军队的坚强后盾：

> 国民与军队经常互相配合，以完成国防大任。正如古语所云，二者如鸟之双翼、车之两轮。如果双方不协调，鸟不能飞，车不能转。无论军备多么精良，军人多么勇敢，没有国民的后援，恐怕连弱敌也不能制胜。
> 现在的战争实际上不只是军人的战争。②

---

① ［日］石桥湛山：《石桥湛山全集》，第四卷，东京：东洋经济新报社，1971年，第159页。
② 《军部和国民》，《大阪每日新闻》1931年8月28日。转引自史桂芳著《近代日本人的中国观与中日关系》，北京：社会科学文献出版社，2009年，第184页。

三、石桥湛山评价

石桥湛山的反战和平理念不仅体现在他的"小日本主义"理论中。早在 1912 年,他就在 9 月号的《东洋时论》上发表了社论《愚蠢的建设神宫建议》,主张日本为世界和平做出贡献:

> 在东京的某个地方建明治神宫实在是愚蠢至极的事情,这肯定不是先帝陛下的意思,而且这样做也不能永远地纪念先帝陛下(明治天皇——引者注)。如果真要纪念先帝陛下的话,首先必须要考虑完成先帝未竟的事业(宪政、产业、民众的福利——引者注)。但是,如果要想用什么形式做表现的纪念物的话,没有比设立"明治奖金"更为合适的。①

石桥湛山"日本为世界和平做出贡献"的想法显然过于天真,距离当时日本的国情十分遥远。② 一战结束后,日本不仅没有放弃海外殖民地,反而取得战败国德国在中国山东的利益,针对随后爆发的五四爱国运动,日本国内绝大多数媒体都持诋毁态度,只有《东洋经济新报》主张不要刺激英美各国,反对日本继承德国在山东的特权。但是这种"小日本主义"的主张在日本举国上下

---

① 　[日]石桥湛山:《愚蠢的建设神宫建议》,《东洋时论》1912 年 9 月号社论。

② 　但是在 88 年后,即 2000 年,早稻田大学设立了"石桥湛山纪念早稻田新闻大奖",以早稻田大学毕业生石桥湛山的名字命名,目的是表彰对社会做出贡献的新闻活动,培养优秀的评论家,营造自由开放的舆论环境。

狂热扩张的社会氛围里,影响力极为微弱,根本不可能为政府和更多的民众所接受。也正是基于此,尽管《东洋经济新报》以高度的爱国热情反对战争、反对领土扩张主义,但是对社会舆论也没能产生太大的影响。也正是因为对舆论没有影响,一点也没有打击政府,政府才让它随便云云。①

以"小日本主义"对抗"大日本主义",以"放弃满洲论"来抵挡受到甲午战争、日俄战争胜利之鼓舞的政府和军部,抵挡其侵略朝鲜、侵略中国东北、占领全中国、乃至于占领亚洲的野心与冲动,无异于螳臂当车。尽管石桥湛山等人以大量的统计资料证明日本占领殖民地在经济上没有价值,②只能导致军费增加、国民生活恶化,最终引发国家之间的战争,所谓"大日本主义"只是个"幻想";而且石桥湛山早在1920年就在《日美冲突的危险》中分析说日美两国终将在中国爆发冲突,但是在"九一八事变"后日本举国上下狂热扩张的社会大氛围中——绝大多数报纸媒体均鼓吹战争,"小日本主义"失去了现实中的群众基础。正如江口圭一在《日本帝国主义史论》中的总结:

　　"九一八事变"爆发后,军队的强力宣传和报界的单方面

---

① 　[日]井上清:《日本的军国主义》第3册,马黎明译,北京:商务印书馆,1985年,第158页。

② 　如1920年,日本与朝鲜以及中国台湾和"满洲"加起来的贸易总额不过9亿日元,而日本同美国的贸易总额有14.38亿日元,与印度有5.87亿日元,与英国有3.3亿日元。而且,朝鲜以及中国台湾和"满洲"几乎没有类似铁、煤炭、石油、棉花等等工业上必须的资源。[日]若宫启文:《和解与民族主义》,吴寄南译,上海:上海译文出版社,2008年,第106—107页。

报道,在国民中传播了支持事变的情绪和行动。而 10 月 24
日的国联表决更是明确了日本在国际上的孤立——成为激
化"盲目排外思想"的契机。在大危机中的严重不安与不满,
使得对中国及欧美列强的敌意成为宣泄口——狂热地支持
扩大战争的关东军,是对外侵略的一个重要条件。①

　　石桥湛山大力宣传的"小日本主义"未能对社会舆论和国策
产生多少影响,"小日本主义"没有也不可能成为当时日本社会舆
论的主流。当然,作为报人、舆论领袖的石桥湛山,其大力宣传的
"小日本主义"思想并非单纯出自道德和人道主义,而是完全站在
功利主义立场,以"功利"思想确定外交取向,衡量多方利益,以协
调日本的国际关系,实际上是主张以最小代价取得最大利益。②
其一贯主张的和平主义、爱国主义乃是基于日本国家利益的长远
选择。

　　从 1911 年进入《东洋经济新报》到 1945 年日本战败,石桥湛
山作为日本资产阶级民主派在文化界的代表,在 30 余年的报界
生涯中,始终以《东洋经济新报》为阵地,高举"小日本主义"旗
帜,孤军奋战,与"举国一致"的扩张侵略浪潮做斗争,其传播反战
和平思想,反对侵华,反对侵略的精神实属难能可贵。即便是在
日本发动全面侵华战争后,面对国内法西斯专制已经不能自由发

---

① 　[日]江口圭一:《日本帝国主义史论》,东京:青木书店,1975 年,第 229 页。
② 　关于石桥湛山"小国主义"的"功利"思想研究,参见苑崇利《对石桥湛山"功
利"外交思想的考察》,《日本学刊》,2008 年第 4 期。

表言论的时候,石桥湛山也从未改变立场,而是坚持婉转地批判战争。北冈伸一在《清泽洌》(中公新书,1987)中说:

> "九一八事变"后,日本的自由主义者包括《朝日新闻》的从业人员在内,几乎清一色地变成了这场事变的支持派,唯独清泽洌和石桥仍然坚持其少数派的立场。到日美开战后,在清泽洌周围的自由主义知识分子中,一贯反对战争的只有石桥湛山和马场恒吾(新闻记者)。①

二战后,"小日本主义"思想得到一定程度的发展——被"石田博英、宇都宫德马、三木武夫率领的鸽派所继承,并对池田勇人、宫泽喜一等人产生了影响"②。特别是在 1990 年代初期泡沫经济之后,在传媒"第二次战败"的热议中,日本社会重新反思"富国"与"强兵"的发展历史,再次对石桥湛山在战前进行的反战、反

---

① ［日］若宫启文:《和解与民族主义》,吴寄南译,上海:上海译文出版社,2008年,第 108 页。
② 1993 年从自民党分裂出来的议员组织了一个名叫"先驱新党"的袖珍政党,其党首武村正义撰写了《小,然而是熠熠发光的日本》,其中反映了"小日本主义"的思想,但这一理论在 90 年代未能占据日本社会的主流。成为该党精神支柱的田中秀征原先是石田博英的秘书,是一个醉心于石桥思想的人。［日］若宫启文:《和解与民族主义》,吴寄南译,上海:上海译文出版社,2008 年,第 111—112 页。

侵略活动做了深度研究与高度评价。① 如著名记者、作家船桥洋一提出，日本必须在和平、发展、人权等领域发挥强大作用，"经济力量必然成为军事力量这一'历史法则'是不存在的。决不能把日本的经济力量变为军事力量，而应把它发展成为全球性民生大国"等主张，可以视为是对 100 年前石桥湛山"小日本主义"理论的一种回应。② 这是石桥湛山"小日本主义"思想的强大生命力所在。

　　不论是在战前，还是战后，面对日本近代化的命题——"国土狭小、资源缺乏、人口过剩"，石桥湛山的"小日本主义"均给出了正确的答案。虽然并非直接指挥日本经济高速增长的政治家，但是石桥湛山的"小日本主义"却给日本的政治、经济发展奠定了"以人为中心"的基本理念——日本的复兴建设要依靠开发人的智力、唤起人的内在能量，这才是日本"成功的经验"。③

　　石桥湛山还积极为中日友好奔走，在 20 世纪 50 年代被中国人民熟知，"是日本有远见的政治家"。1960 年 8 月，为了批判日本政府敌视中国的政策，希望改善中日关系，石桥湛山指出："人

---

① 对石桥湛山的研究与评价始于 1984 年松尾尊允主编、出版的《石桥湛山评论集》，1990 年代，各种"小日本主义"思想被重新发掘、整理出版。如姜克实著《石桥湛山》(九善出版社，1994 年)、佐高信著《好的日本主义的政治家》(东洋经济新报社，1994 年)、增田弘著《石桥湛山》(中公新书，1995 年)、半藤一利著《斗争的石桥湛山》(东洋经济新报社，1995 年)、井出孙六著《石桥湛山和小国主义》(岩波书店，2000 年)等。

② [日]船桥洋一编著：《日本战略宣言——面向民生大国》，东京：讲谈社，1991 年，第 53 页。

③ 姜克实：《晚年的石桥湛山与和平主义》，东京：明石书店，2006 年，第 226 页。

口占世界 1/4 的邻近大国,目前正处在以日本明治维新那样的势头进行建设途中。那种期待中国不久破产,或者等着对手低头的态度,难道是健康的外交吗?"①但战后以来,日本的大国意识滋长,以鸠山一郎和岸信介为源头的自民党内鹰派派阀,依然是"大日本主义"存续的主要载体,"大日本主义"与"小日本主义"的斗争依然在继续。②

回顾历史,展望未来,石桥湛山等人带给日本的选择——"大日本"还是"小日本",一直都是日本面临的最重要的选择。

小　结

绪方竹虎和石桥湛山,分别代表了日本对外侵略扩张时期两种媒体人士的两种选择。绪方竹虎是大多数日本人的代表,也是当时大多数日本报人的代表,他们或是迫于政治高压,改变新闻理想,或是自觉与政府站在一起,积极维护"国益",宣传、鼓动对外侵略战争;石桥湛山是当时极少数日本人的代表,也是很少一部分具有"世界眼光"和"和平发展"理念的日本报人的代表,他

---

① 《朝日新闻》,1960 年 8 月 8 日—9 日号
② 日本战败后,小日本主义在战后发展中起到了很大作用,但是近年来随着国际形势的变化,两者又有相向而行,互相趋同的倾向,斗争——轮流坐庄——趋同,鹰派——鸽派——雕派,"大日本主义"与"小日本主义"日益趋同为"新型大国主义"。参见廉德瑰《大日主义与小日本主义的斗争与趋同》,见《"大国"日本与中日关系》,上海:上海人民出版社,2010 年,第 79—85 页。

们关注长远的"国益",主张各国共同发展,反对侵略扩张国策。

如前文所述,近代日本报纸自诞生之日起,就与政治建立了紧密的联系,并有很多思想家、政治家创建了自己的报纸、长期担任报社主笔、主编。如主张"与支那和朝鲜交往之法也不必是因为邻国而特别客气,而只应以西洋人对待其方式处置",要"把旅顺变为直布罗陀,把金州大连湾变为日本领有的北支那之香港"的福泽谕吉;提出"大日本膨胀论",鼓吹大日本国人口、国土要膨胀,极力宣传对中国开战的帝国主义者德富苏峰;大力宣扬卢梭的人民主权思想、主张自由主义和否认富国与强兵相关联的中江兆民。

关于"在什么阶层里有法西斯主义和战争的积极支持者",丸山真男说,除了"小工厂主、城镇工厂老板、土木工程承包商、零售商店店主、木匠师傅、小地主、上层自耕农、小学校和青年学校的教员、村公所职员、一般下级官员、僧侣和神官"这样的"法西斯主义社会基础",还有所谓中间阶级的另一群体,即"城市中依靠工资生活者阶级、所谓文化人乃至新闻记者及其他自由职业者(教授和律师)与学生层中的一部分人"。① 其实,这一部分人中的新闻记者乃是当时日本社会的精英群体,作为意见领袖,他们背靠报界,掌握着强大的宣传工具。在思考、选择和支持政府走上什么样的国家发展道路上,绪方竹虎和石桥湛山等人同他们的前辈报人一样,分成了截然对立的两个阵营——支持侵略扩张战争和

---

① [日]加藤周一:《日本文化的杂种性》,杨铁婴译,长春:吉林人民出版社,1991年,第137页。

反对侵略扩张战争。

　　在明治、大正乃至昭和前期，政府掌控报界更多的是依靠法制，扶持与规制相结合，尽管报界言论一度被压缩到最小范围，但是尚有一定的自由，还有一些批判政府和军部的声音。如在1931年5月16日，"九一八事变"前夕，东西两《朝日新闻》还在鼓吹"军缩"，连续22次刊发"行政财政整理座谈会"的内容。"行政财政整理座谈会"的参加人涵盖了政界、商界和学界，有藏相井上准之助、政友会干事长久原房之助、文相田中隆三、贵族院议员藤原银次郎、国民同志会会长武藤山治、东大教授美浓部达吉、东京商大教授上田贞次郎等16人，《东京朝日新闻》编辑局长绪方竹虎是座谈会的主持人。话题包括行政组织改革、陆海军制改革、恩给法改正、减俸与减员，以及管业整理、补助费整理等议题。这次史无前例的大讨论，一经连载报道就引起了强烈反响。尽管军方没有代表出席，但是会议讨论的有关军政改革、军备缩减等议题，如"征兵征发事务委托给市町村、连队区司令部全部废止也没有关系"（贵族院议员有吉忠一）、"（为节约军费）陆海军经理部、经营部最好委托给军人以外的民间经营者"（武藤山治）、"军部大臣文官制不能实施就是因为陆海军的反对"（美浓部达吉）等等，还是给军方特别是陆军有关人员以强烈的刺激。①

　　但是到"九一八事变"后，日本国内形势骤变，政府与报界的平衡被"举国一致"地对外侵略战争打破。冒险坚持理想？还是

---

①　[日]今西光男：《新闻资本与经营的昭和史——朝日新闻笔政·绪方竹虎的苦恼》，东京：朝日新闻社，2007年，第91—92页。

向残酷的现实妥协？报人在何去何从的选择中，绝大多数选择了屈从政府、军部和右翼势力，彻底变成军国主义的御用工具。如绪方竹虎领导的《朝日新闻》，曾经积极参加民主运动、力主裁军，也同其他报纸媒体一道鼓吹侵略扩张，做军部的宣传工具。根据事变后30分钟的日本电报通讯社、联合通讯社的电报消息，9月19日，《朝日新闻》以《奉军爆破满铁线》《日支两军开启战端》《我铁道守备队应战》等组织报道。同时，朝日在沈阳、大连、北京、上海等地的特派记者全面启动。后援人员乘《朝日新闻》社用飞机从大阪飞至汉城，20日清晨即到达沈阳，在"爆破现场"拍摄了生动逼真的照片和电影（无声），然后立即乘坐《朝日》社机空运大阪。照片制作成号外，电影则在20日夜特别公映，震惊了观众。① 甚至绪方竹虎本人也在战争后期进入内阁，直接为侵略战争服务。但是也有一部分报人自始至终坚持宣传自己的主张，如宣传"小日本主义"思想的石桥湛山。

　　毕业于同一所大学，几乎在同一时期进入报界，却走上不同的人生道路——一个是战犯嫌疑，一个是反战人士。在战后，二人均活跃在日本政治舞台上，或者说战时支持侵略战争、入阁成为情报局总裁的"战犯嫌疑"绪方竹虎也依然活跃在战后日本的政治舞台上，这不能不说是日本特有的政治现象。

　　石桥湛山虽然做过首相，但是任期很短，他的以和平主义为内核的"小日本主义"思想始终处于政界非主流地位。绪方竹虎

---

① ［日］今西光男：《新闻资本与经营的昭和史——朝日新闻笔政·绪方竹虎的苦恼》，东京：朝日新闻社，2007年，第95—96页。

则在 1945 年 12 月被认定为甲级战犯嫌疑,1946 年 8 月被开除公职。但是在 1947 年 9 月解除战犯嫌疑,1951 年再入政界,历任第 4 次吉田茂内阁国务大臣兼内阁官房长官、第 5 次吉田茂内阁国务大臣(副总理)兼北海道开发厅长官、日本自由党第 3 代总裁、自民党总裁代行委员。① 与战前更具“连续性”的是,绪方竹虎在战后又以美国和英国情报部门为蓝本建立了名为“调查室”的小型情报机关(即现在内阁情报调查室的前身),由于其战前曾任情报局总裁,故被当时的主流媒体抨击为“特高言论统制的复活”②。因此,不论是作为报人的绪方竹虎,还是作为政治家的绪方竹虎,其一生虽复杂多变,但却不脱一条主线,即谋求日本国家利益的最大化。

　　绪方竹虎在担任第四次吉田内阁官房长官后,终于承认了自己作为《朝日新闻》主笔的战争责任,承认了报界对军部法西斯的

---

① 　其后,绪方竹虎的仕途轨迹是 1954 年吉田茂辞去党内职务,绪方竹虎成为自由党总裁,后在与吉田茂及其继任者池田勇人争夺领导权时导致自由党分裂,成为吉田政权垮台的主要原因之一。1955 年,绪方竹虎推动自由、民主两大保守政党合并,为自由民主党创党元老、绪方派领袖。

② 　1950 年朝鲜战争爆发后,世界局势变化,美国迅速调整对日政策,在中国问题上鼓励日本与台湾缔结和约。于是绪方竹虎在 1952 年 5 月 7 日亲赴台北,三次晋谒蒋介石,“双方谈话,极为深入”。历访张群、陈诚、王世杰、叶公超、董显光、张群、黄少谷、严家淦、叶公超、沈昌焕,以及阎锡山、孙立人、黄震球、汤恩伯、彭孟缉等。正如中国文化大学教授、日本问题专家宋越伦所说,绪方访华,实为战后“中日关系”之基础,其后大野伴睦(绪方自由党之总务会长)与张道藩两代表团之互访,石井光次郎(绪方自由党之干事长)访问团之访台、“中日合作策进会”之成立,以及滩尾弘吉“日华关系议员恳谈会”之功能,岸、佐藤两首相之访台等等,无一不是根源于绪方访台之线。参见台湾《中外杂志》1995 年 1 月号,宋越伦文,转自《台湾周刊》2002 年第 5 期。

抵抗欠缺彻底。他在《一个老兵的切愿》中承认：

> 我最近经常想，报纸为什么没能防止太平洋战争。对此
> 自问，我的自答是，日本的大报早已洞察了以军部为中心的
> 国内形势，如果真正下决心努力防止这个悲惨结局的话，恐
> 怕还是有可能的。当然，前提条件是保护言论自由，大报必
> 须结成共同战线。普选以后，报纸没能统一步调有很多的理
> 由，但是各编集者的努力不足也是事实。①

---

① 绪方竹虎的这篇文章发表在 1952 年 12 月号的《报纸广播读本》（文艺春秋发
    行）上，参见［日］三好徹著《绪方竹虎评传》，东京：岩波书店，1990 年，第 4 页。

第五章 政治动员思维在战后的延续

1945 年 8 月 15 日,日本政府宣布无条件投降。但是天皇颁布的《终战诏书》①并没有"投降"二字,没有"战败"字样,也没有承认对外发动的是侵略战争,而是把美军使用原子弹表述为"频伤无辜,其状之惨不可预测",没有丝毫反省侵略战争之意。随后,由美国支配的 GHQ(盟军最高司令部)操纵了日本的民主化改革,由于改革的不彻底以及战后国际冷战局势的形成,作为"战争一份子"的日本报界,没有被彻底追究战争责任——只是经过短暂整肃便得以保留。报界的政治动员思维并木因战败而终止,而是延续了下来,突出体现在对战争责任及侵略历史的认识问题上。

日本报界的战争责任问题,是日本报界在对外侵略战争中协助政府和军队,开展政治动员、实施宣传战的责任问题,即通过狂热的战争宣传、细致的战胜报道、虚假的欺骗性宣传,以及直接组织战争动员活动将国民和国家引导进入战争状态的责任问题。战后 60 余年来,以《朝日新闻》为代表的少数日本报纸媒体也在利用各种方式追究战争责任:如向国民征集战时感言、派遣记者

---

① 关于《终战诏书》译文,参见[日]小森阳一著《天皇的玉音放送》,陈多友译,北京:生活·读书·新知三联书店,2004 年,第 44—45 页。

4

4

到中国等被侵略的亚洲国家和地区展开战争调查、跟踪报道,反省侵略历史。但是,追究战争责任一直未能成为战后日本社会的主流舆论,追究报界的战争责任更是无从谈起。

日本报界的历史认识问题,既是日本报界能否正视国际判决、督促政府履行国际条约,能否正确认识近代日本发动侵略战争和殖民统治历史的问题,也是日本报界在表述战争和殖民统治历史时,能否客观、公正报道的问题。现实情况是日本报界在表述历史问题时往往"不自觉地流露"错误的历史认识,从而经常受到周边国家和地区的关注,遭到严厉批判。

20世纪80年代以来,随着日本经济和政治影响力日益扩大,特别是冷战结束后,日本国内出现了总体保守化趋势。[1] 日本政要屡次在历史认识问题做"政治剖腹",一再向世界各国,尤其是中国、韩国等亚洲国家"证言"其在历史认识问题上冥顽不化的真实意图。[2] 在首相及阁僚参拜靖国神社、慰安妇问题的承认、道歉

---

[1]　卓南生认为:1993年日本政坛重组,出现了"非自民党联合政府",很多人以为这可能是一种"大改革"。但恰恰相反,1993年细川护熙上台、1994年村山富市政权诞生,意味着日本整个政坛全面保守化,社会党是最大的输家。在这以后,日本政坛由保守派和革新派的"保革对峙",进入了保守派同保守派的"保保对峙"的时代。一个重要的标志就是朝野主流势力都要抛弃和平宪法。参见卓南生《日本会成为亚洲的孤儿吗?》,《环球时报》,2005年7月8日。

[2]　如1986年9月,文部大臣藤尾正行在《文艺春秋》上撰文:日军在南京进行的屠杀是"为了排除抵抗",并否认日本有战犯;1988年,国士厅长官奥野诚亮对记者说:"日本没有侵略意图","白种人把亚洲变成了殖民地,但只有日本遭到指责。究竟谁是侵略者? 是白种人";1994年5月3日,法务大臣永野茂门发表了解放殖民地、建立"大东亚共荣圈"、否认侵略战争历史和不承认南京大屠杀的言论;1994年8月12日,环境厅长官樱井新关于"不应只认为日本坏"和

与赔偿,以及历史教科书修改、南京大屠杀等一系列问题上的所
谓"纷争",也表明日本国内在如何对待侵略战争、侵略历史的问
题上,确实存在着"重大的分歧"。

　　特别值得重视的是,每年 8 月 15 日——世界反法西斯战争
胜利纪念日,也是日本战败纪念日,日本主流政治家和报界对侵
略战争和侵略历史的"各自表态",集中、真实地反映了日本国内
混乱的历史认识。同时,在日本政府为防止产生"自虐史观"而刻
意忽视历史教育的背后,是日本国民对中国有亲近感的民众比例
在逐年下降,从 20 世纪 70、80 年代的 75%左右开始下降。① 回答
"喜欢中国"日本人数由 1988 年的 57%,1992 年的 40%,1997 年
的 29%,一直下降到 2002 年的 19%;而对中国"没有亲近感"的则
从 1986 年的 24.8%上升到 2002 年的 49.1%。② 2002 年是中日邦

（接上页）"亚洲国家托日本的福才从欧洲殖民者手中获得独立"等公然为军国主义
　　歌功颂德的言论;以及 1994 年 10 月 24 日通产相桥本龙太郎、1995 年 8 月 9 日
　　村山富市第二任内阁文部大臣岛村宜伸、1995 年 10 月 11 日总务厅长官江藤
　　隆美等人发表过的否认侵略战争历史、美化侵略战争的言论;等等。
① 　[日]IMC 根据 1978—2000 年 10 月日本总理府舆论调查结果整理。转引自诸
　　葛蔚东著《战后日本舆论、学界与中国》,北京:中国社会科学出版社,2003 年,
　　第 52 页。
② 　从 1975—2002 年,日本围绕外交舆论、日本人的和平观、日本人的国际感觉、国
　　际社会中日本人——90 年代的选择、日本人的中国观、日本人的亚洲观等问
　　题,调查由媒体、日本总理府,以及高校和个人组织,此外,还包括中国、韩国、
　　美国的媒体、高校与日本的联合调查,如日美中三国舆论与媒体的调查、中国
　　青年对日意识调查、日中韩三国调查、中日关系共同舆论调查等。参见鲁义著
　　《中日相互理解还有多远——关于两国民众相互认识的比较研究》,北京:世界
　　知识出版社,2006 年,第 58—89 页。

交正常化 30 周年,日本的舆论调查结果显示,日本国民对中国有信任感的只有 38.3%,不信任或不太信任的占了 55.3%①;2005 年达到历史最低点 32.4%,没有亲近感的则高达 63.4%。到了 2008 年,有亲近感的比例再降低至 31.8%,没有亲近感的比例升高到了 66.6%。② 另据《中国日报》与"日本言论 NPO"共同组织的对中日两国民间感情的民意调查结果,2008 年日本对中国印象不好的受访者达到了 75.6%。③ 2011 年 12 月 3 日,日本公布的外交舆论调查结果显示,回答对中国"有亲近感"的比例为 26.3%,"没有亲近感"的比例为 71.4%,"不认为日中关系良好"的比例依然维持在 76.3% 的高位。④

　　中日关系及日本民众对中国的"好感"降至历史最低点,有学者认为与日本报界的负面炒作、刻意误导有很大关系。因为不论是过去还是现在,日本报界在政治动员中都扮演着非常特殊和极为重要的角色:日本报界不仅是新闻信息的报道者和评论者,而且是政治事务的深度参与者,报界本身就是政治体制中不可或缺

---

① 　《读卖新闻》2002 年 9 月 11 日。

② 　日本总理府历年外交舆论调查显示,1978 年中日缔结和平条约后,日本对中国抱有亲近感的人连续两年上升,最高时达到近 80%。从 1985 年起,日本对中国有亲近感的人开始减少,但仍保持在 70% 以上。然而,以 1989 年为分界,日本人对中国有亲近感的人出现明显下滑,与对中国没有亲近感的人几乎各占一半。这种状况一直持续到 2001 年,即小泉执政之初。从那时起,日本对中国没有亲近感的人开始超过有亲近感的人。参见刘江永《日本媒体与中日关系》,《对外传播》,2009 年第 3 期;日本内阁府调查:《厌华意识扩大,63.4%没有亲近感》,《产经新闻》,2005 年 12 月 25 日。

③ 　转引自刘江永《日本媒体与中日关系》,《对外传播》,2009 年第 3 期。

④ 　参 http://world.people.com.cn/GB/16485663.html(2012-9-24)。

的重要组成部分,其职责是为其国内外政策服务。① 作为媒体大国,日本报界左右社会舆论,甚至"私制宪法"影响政府决策,使日本政治都具有"追随舆论"的特征。②

战后日本报界传播内容的多元化也是日本社会多元化发展的具体表现。如何通过报纸传媒让日本人和战后日本年轻一代正确认识历史,即对第二次世界大战中日本发起的侵略战争有一个基本的、正确的理解和责任担当,不仅是一个重要的历史问题,也是一个亟待解决的现实问题。

当然,如何承担战争责任? 对曾经参与侵略战争的历史应该有怎样的认识? 这不仅是日本报界必须面对的问题,也是日本社会和全体日本人必须面对的问题。战后日本学者对战争责任的研究涉及诸多领域,特别是 20 世纪八九十年代以来,更呈现多样

---

① 关于日本大众传媒深度参与政治事务、以"国益"为中心的报道立场以及在误导民众、对华负面报道呈上升趋势、将历史教育和反日教育划等号、有关对日示威事件的报道刻意夸张等问题,参见金赢《浅析日本新闻媒体中的厌华情绪》,《日本学刊》,2005 年第 2 期;徐家驹:《日本大众媒体对中日关系的负面影响及其思考》,《国际关系学院学报》,2007 年第 2 期;刘江永:《日本媒体与中日关系》,《对外传播》,2009 年第 3 期;鲁义:《中日关系现状与两国媒体的作用》,《日本研究》,2006 年第 1 期。

② 1994 年,渡边恒雄带领保守势力重镇《读卖新闻》,鼓吹复兴民族主义,力主修宪,率先发表私家版《宪法修正草案》,鼓吹承认自卫队为合宪的军队。在一些主流媒体的积极跟进中,极大地削弱了民众的护宪力量,影响了日本政坛动向。

化趋势,①其中关于报界战争责任的研究也有逐步深入的趋势。如池田一之《报纸犯下的战争责任——战中派记者的证言》(经济往来社,1981年),日本记者协会编集《大众传媒的历史责任和未来责任——追问战争报道·历史认识·企业主义》(高文研,1995年),早濑贯《太平洋战争和朝日新闻》(新人物往来社,2001年),高崎隆治《新潮社的战争责任》(第三文明社,2003年),今西光男《占领期的朝日新闻与战争责任——村山长举和绪方竹虎》(《朝日新闻》社,2008年),《读卖新闻》战争责任检证委员会编《检证战争责任》(中公文库,2009年),吉田则昭《战时统制和新闻学——1940年代媒体史》(昭和堂,2010年),等等,均从不同侧

---

① 如高桥彦博的《民众方面的战争责任》(青木书店,1989年);加藤周一的《战后一代战争责任》(かもがわ出版,1994年);户村政博的《日本向何处去—天皇和神道的战争责任》(キリスト新闻社,1989年);阿部猛的《近代诗歌的失败——诗人的战争责任》(大原新生社,1980年);长浜功的《教育的战争责任》(明石书店,1984年);冈野幸江、长谷川启、渡边澄子、北田幸惠编集的《女性的战争责任》(东京堂,2004年);井上清的《天皇的战争责任》(岩波书店,1991年);儿岛襄的《天皇和战争责任》(文艺春秋,1991年);渡边信夫、安藤肇、山口阳一、高桑照雄、岩崎孝志著,信州夏期宣教讲座编集的《教会的战争责任·战后责任》(いのちのことば社,2008年);吉田裕的《现代历史学和战争责任》(青木书店,1997年);吉本隆明、武井昭夫的《文学家的战争责任》(淡路书房,1956年);日本基督徒和平会编集的《基督徒的战争责任与和平运动》(かもがわ出版,1992年);三浦永光的《战争牺牲者与日本的战争责任》(明石书店,1995年);安彦一惠、鱼住洋一、中冈成文的《战争责任与我们——围绕历史主体的论争》(ナカニシヤ出版,1999年);粟屋宪太郎、田中宏、广渡清吾、三岛宪一、望田幸男、山口定的《战争责任·战后责任——日本和德国为什么不同》(朝日新闻社,1999年);荒井信一的《战争责任论》(岩波书店,1995年);高桥哲哉《战后责任论》的(讲谈社,1999年);等等。

面、不同主体展开研究,表现了日本学者对报界战争责任和历史
认识问题的高度关注。这些研究表明,战时日本报界是其"总体战
体制"的一部分,报界的战争责任和历史认识问题与日本的战争责
任和历史认识问题既是整体与局部的不可分割的关系,也是与日本
各界、各团体、各责任个体并列的战争责任问题和历史认识问题。

　　战争已过去 70 余年,日本社会对如何正确认识战争责任和
理解历史认识问题,还有着诸多的暧昧与混杂。从"总体战体制"
和"贯战史"的角度看,如此现实困境,也与 70 余年前的战前日本
有惊人地相似,以至有学者仍然感到:

> 　　昭和初期的二十年(1926—1945——引者注)是民主主
> 义和法西斯主义,或者说是民主主义和军国主义混杂的时
> 代,但是在平成二十年(1989—2008——引者注)竟有许多类
> 似的感觉。①

第一节　日本报界的战争责任问题

一、缘起与发展

1945 年 8 月 15 日,《朝日新闻》刊发了天皇的终战诏书,同时

---

① 　[日]纐缬厚:《我们的战争责任——历史检讨与现实省思》,申荷丽译,黄大慧
　　审校,北京:人民日报出版社,2011 年,第 5 页。

配发社论《一亿相哭之秋》。社论告诫民众"今后几年或是几十年都将是苦难的时代",并发起号召:

> 只要坚持举国一家、护持国体,坚信神州不灭,冷静应对,就能开拓前途,到达苦难的彼岸。只要发挥我国独有的特攻队精神,以解放被压迫民族、再建无压迫无隶属的民族国家为目标,就一定能够获得大东亚战争中的荣誉。不管战争的结果如何,这些精神将永远是我国民性的美果。①

社论还说,"一亿臣子拜读从未有过之意义重大的诏书,感慨之情笔舌难尽","同胞相哭直面君国之新事态,实在是对不起天皇和天地神明"。可见《朝日新闻》"一亿相哭"的对象并不是战争中的"牺牲",所称的"对不起"也只是"对不起天皇和天地神明",即与战时论调无异,②此时《朝日新闻》还完全没有顾及媒体自身的战争责任问题。

8月20日,《朝日新闻》社论继续宣传"一亿总忏悔论",认为今日之战败,是过去战争指导之失败,面对现实,这个苦果不能不由全体国民一起来分尝。③ 到了8月23日,《朝日新闻》终于刊出

---

① 《一亿相哭之秋》,《朝日新闻》1945年8月15日。参见[日]早濑贯著《太平洋战争与朝日新闻——战争宣传研究》,东京:新人物往来社,2001年,第436—437页。

② [日]塚本三夫:《实录:侵略战争和报纸》,东京:新日本出版社,1986年,第30页。

③ 《朝日新闻》,1945年8月20日。

《罪己书》——这被认为是报界"民主化运动"的思想先驱：

　　吾人决不以为，对自己过去的错误持暧昧态度就可以完事。在很多场合，虽有身不由己的情况，也不是举不出一定的理由加以说明，但现在回头看，有必要虚心坦诚地进行反省，是不是除了我们走过的这条路以外，就没有别的路可走？即使没有别的路，是不是只有我们现在的这一种？①

　　《朝日新闻》以"充分的觉悟"承认了"对操纵国民走向、舆论、民意等具有最密切关系的言论机关，其责任极其重大，并决心清醒认识过去自己的错误"。② 但是社论也认为，不能把战败的责任归于特定的个人，而应由一亿国民共同承担——只是其责任有厚薄、深浅而已。③ 从而使战争领导者、关系重大如报界的战争责任问题被刻意暧昧化。尽管还没有涉及如何承担战争责任问题，但这是报纸媒体第一次公开承认了自己应该负有战争责任。
　　与《朝日新闻》最初的态度形成鲜明对比，《每日新闻》西部本社表现出了极大的勇气和担当——在日本接受《波茨坦宣言》的 1945 年 8 月 12 日，西部本社编辑局长高杉幸二郎就提出了辞

---

①　《朝日新闻》1945 年 8 月 23 日社论。转引自张国良著《现代日本大众传播史》，上海：学林出版社，1992 年，第 7 页。

②　[日]朝日新闻取材班编：《战后 50 年媒体的检证》，东京：三一书房，1996 年，第 11、14 页。

③　[日]安田将三、石桥孝太郎：《朝日新闻的战争责任》，东京：太田出版，1995 年，第 222 页。

职,社长奥村信太郎也认识到了报界的战争责任问题:

> 本社解散,《每日新闻》废刊。如果这样还不行的话,董事会和高级干部应该立即总辞职。
>
> 歌颂、煽动战争的大报的责任,必须以最大的形式向国民谢罪。①

8月15日,《每日新闻》以白纸发行——两面全是白纸,之后一面的三分之一是白纸,并如此发行了5天。高杉幸二郎还对战后日本报界的"骤然转向"表示了不满:

> 昨天还高唱妖魔化美英,不停地叫嚷焦土决战的报纸,在相同的编辑之手就来了个一百八十度大转弯,这种聪明无论如何在良心上也是过不去的。在报纸上原样登载终战诏书和事实经过的报道,这是我的良心许可的最大限度,这种结果就是不得已只好发行有一半以上白纸的新闻。②

报界的战争责任问题与日本政府的战争责任问题息息相关。8月16日,日本政府组成了专司投降事务的东久迩内阁。28日,新首相东久迩稔彦在会见新闻记者时首次谈到日本的战争责任

---

① ［日］铃木健二:《战争和报纸》,东京:每日新闻社,1995年,第169页。［日］安田将三、石桥孝太郎:《朝日新闻的战争责任》,东京:太田出版,1995年,第228页。

② ［日］铃木健二:《战争和报纸》,东京:每日新闻社,1995年,第170页。

问题:"战败的原因不仅在于政府政策的错误,另外还在于国民道德的沦丧。因此国民全体都必须彻底反省。我相信全体国民的总忏悔是我国再建的第一步。"①"将全体的总忏悔作为我国再建的第一步",实际上是把战败的屈辱转移到国民身上,通过令其自省,达到转移战争责任的目的。9月4日,东久迩又在第八十八次帝国议会的施政演说中把战争责任推卸给全体日本国民:"今天我们回顾过去,不是追究谁的责任问题,所有国民都要冷静反省,只有总忏悔、洗净邪心,才能将过去作为未来之借鉴。"②

其实早在8月25日,内阁情报局总裁绪方竹虎就已经发布了广播讲话《面对联合军的进驻》,非常清楚地表达了"一亿总忏悔"论调:

> 我们要下定决心,绝对不能失去冷静沉着和毅然的态度,绝对不能乱了步伐,全体国民要步调一致,谨遵圣旨,当前最要紧的事是应该一亿总忏悔。
>
> 事已至此,我们必须要以从未有过的虔诚态度对上御一人真诚道歉、反省,全体同胞都要深刻反省,必须集中一亿的力量,一个人也不能落伍,相扶前行。③

---

① [日]东久迩:《日本再建的方针》,《朝日新闻》1945年8月30日。
② [日]千本秀树:《天皇制的侵略责任和战后责任》,东京:青木书店,1991年,第146页。
③ [日]今西光男:《占领期的朝日新闻与战争责任——村山长举与绪方竹虎》,东京:朝日新闻社,2008年,第30页。

"一亿总忏悔论"遭到民众强烈反对,特别是那些"被一张红纸召集、听从长官命令战死的士兵和被卷入战争死掉的民众遗属都严厉地批判:难道牺牲的战死者也要忏悔吗?"①"一亿总忏悔论"主张的是国民向国家和天皇忏悔,而不是向亚洲被害国的国民谢罪,本来责任最大的人却呼吁责任最轻的人忏悔;而所有人都有战争责任就意味着所有人都没有责任,这是日本民众无法接受的。9月8日,《每日新闻》刊载了一封民众来信,对"一亿总忏悔论"展开愤怒声讨:

　　　　让一个人不停地反省,让一个人不断地忏悔,这不是对整个国民开刀吗?直到天皇宣布停战前,我们不都是在拼命地努力吗?分配不公正啦、各种事业上的消极和失误啦,所有窗口的不明朗啦,导致战斗力低下的,难道不是那些官僚吗?而现在那些达官贵人们有哪一个说"应当反省""应当忏悔"了呢?你们难道不扪心问一问自己:能让那些特攻队和其他战死者的遗属们,让那些在工厂战死的遗属们同罪孽深重的官僚们一起忏悔、一起反省吗?②

　　就在东久迩发布"一亿总忏悔论"的当天,即8月28日,美军先遣部队到达厚木机场。之后,GHQ迅速颁发了五大改革指令,

①　[日]今西光男:《占领期的朝日新闻与战争责任——村山长举与绪方竹虎》,东京:朝日新闻社,2008年,第31页。

②　《每日新闻》1945年9月8日。转引自步平著《跨越战后:日本的战争责任认识·前言》,北京:社会科学文献出版社,2011年,《前言》第92页。

逮捕审查战犯嫌疑者。① 以此为契机,报界也在 9 月 10 日 GHQ 公布《关于言论及新闻自由的备忘录》的同时,迅速逆转了报道方向——开始彻底否定"一亿总忏悔论"②,抨击东条等军阀重臣,一时间,"报纸成为战争责任的追究者"③。实际上,此时报纸追究的还只是报纸以外的"其他人"的战争责任,关于报界自身的战争责任问题,却因战时组织宣传战的报界领导者依然在位而无法推进。但是,1945 年 9 月 29 日"麦克阿瑟与日本天皇会晤的照片"却成为 GHQ 改造日本新闻管理体制的导火索。

9 月 27 日,裕仁天皇拜见了驻日美军最高统帅麦克阿瑟。29 日,日本报纸刊发了两人的大幅照片:麦克阿瑟身材高大、悠闲傲慢,与身材短小、木然僵立的天皇形成鲜明对比,外务省以"损害天皇威严"为由禁止照片发表;内务省也在 GHQ 支持发布照片后仍然禁止发行和扣押了报纸;内阁情报局也勒令报纸禁止发行。但是 GHQ 以日本政府无权进行新闻检查为由,责令情报局取消"发禁处分",直接命令《朝日新闻》、《读卖新闻》和《每日新闻》刊出了照片。以此为契机,GHQ 迅速颁布了《撤销报纸、电

---

① 9 月 11 日,东条英机、岸信介、本间雅晴等 39 人以"危害和平罪"被逮捕;12 月 2 日,皇族梨本宫守、平沼骐一郎、广田弘毅等 59 人被收容;26 日又对近卫文麿、木户孝一等人发出逮捕指令。到 1945 年末,被逮捕的甲级战犯嫌疑人已经超过百人,大规模逮捕战犯标志着日本社会"天皇制的支柱已被摧毁"。

② 关于"一亿总忏悔"的欺骗性,特别是批判知识分子的战争责任、批判知识分子说"什么也不让知道"的欺骗性,参见[日]加藤周一著《日本文化的杂种性》,杨铁婴译,长春:吉林人民出版社,1991 年,第 137—138 页。

③ [日]山本文雄编著:《日本大众传媒史(增补版)》,诸葛蔚东译,桂林:广西师范大学出版社,2007 年,第 198 页。

影、通讯等一切限制法》,为了彻底消除日本政府对媒体和舆论界的控制,在10月份又发出了《废止治安维持法》《立刻释放政治犯》等一系列指令。①

为了明确战争责任,《朝日新闻》社长村山义举、会长上野精一等首脑人物在社内要求现任干部全部下台的呼声中自动离职;《每日新闻》也在最高层干部离任后,对编辑大换班;《读卖新闻》在社长正力松太郎拒绝社内民主化改革和追究干部战争责任后出现工潮,铃木东民②等报纸从业人员掌握了报纸编辑制作权。10月25日,《读卖新闻》甚至发表了《论报纸之罪》,高调追究社长以下的干部的战争责任。三大报的民主化运动很快就波及日本各地的报纸,在53家日报中有44家更换了主要负责人。③

尽管把"战败责任"偷换为"战败原因"、把战争责任均摊或转嫁给全体国民的"一亿总忏悔论"没有被日本国民接受,但是国

---

① 参见[日]朝日新闻取材班编《战后50年媒体的检证》,东京:三一书房,1996年,第15页。[日]春原昭彦:《日本新闻通史》,东京:新泉社,1985年,第230—231页。

② 铃木东民,出生于1895年,1923年进入《大阪朝日新闻》社,1933年因报道国会纵火案,作为"反纳粹人物"受到处分而离职。1935年进入《读卖新闻》社任论说委员;1944年10月,特高警察镇压舆论,因横滨事件受到牵连被停职处分。日本战败后,铃木复职为论说委员,是著名的"批判纳粹的自由主义者"。

③ [日]山本文雄编著:《日本大众传媒史(增补版)》,诸葛蔚东译,桂林:广西师范大学出版社,2007年,第204页。

民却基本接受了 GHQ 大力宣传的"太平洋战争史观"①。这种完
全以美国和西方国家利益为基础、以美式价值观评价日本侵略战
争的"太平洋战争史观"——只追究以军部为中心的"军国主义
者"的战争责任,而把天皇、宫中集团、财界人士、新闻界人士等作
为"稳健派"与"军国主义者"的对立势力看待,"忽略了追究战时
体制下舆论机构、社会团体对侵略战争的责任,以及普通民众应
该如何正确认识战争等问题",给"追究战争责任"造成了深远的
影响。② 而最先提出的"一亿总忏悔论",则从一开始就模糊了
"战争责任"和"败战责任"的界限,继之庇护天皇、政治家、右翼、
财阀的"指导者战争责任观"又成为美国主导的东京审判指导方
针,削弱了对日本法西斯国家战争机器的彻底追究,也模糊了参

---

① 美国的"太平洋战争史观"主要包括以下几个方面:一、日本对外发动的侵略战
　争始于 1931 年的"九一八事变",经"七七事变"到最后发动太平洋战争,对外
　的侵略战争是连续性的;二、日本侵略的主要目标是在中国;三、美国为战胜日
　本帝国主义做出了"最大贡献";四、以军部为中心的军国主义者是侵略战争的
　主要责任者,天皇、宫中派(天皇身边的重臣)、财界、舆论界等属于"稳健派",
　是军国主义的"对立势力";五、强调日本军国主义者"隐瞒了事实","欺瞒了
　民众"。美国占领军利用 NHK 连续播放《真相是这样的》长篇系列报道,同时
　通过各新闻媒体连载《太平洋战争史——不真实的军国日本的崩溃》,把美国
　人的"太平洋战争史观"灌输给日本社会的各界民众。参见王希亮《解析"东京
　审判史观"及其实质》,《世界历史》,2008 年第 5 期。
② 其他重要影响包括:一、极力突出了美国在战争中的地位和"最大贡献",无视
　中国和亚洲抗日战场的存在,抹杀中国、朝鲜以及东南亚诸国反法西斯的历史
　贡献;二、忽略了日本对台湾、朝鲜的殖民统治问题。所以在后来的东京审判
　中没有追究日本的殖民统治责任;三、着意保护天皇和政界官僚、财阀等免受
　战争责任追究,更无意去清理酿就军国主义的社会基础和政治土壤。参见王
　希亮《评"一亿总忏悔"与"天皇退位论"》,《抗日战争研究》,2003 年第 1 期。

与战争、协力战争的普通国民及社会各界的战争责任意识。① 这种只追究"领导者的战争责任"的历史观显然是从美国的立场出发,具有强烈的目的性。② 其直接后果就是彻底消解了日本社会各界的战争责任意识,包括报界的战争责任、一般国民③的战争责任等被误导和淡化。

而在 GHQ 看来,近代日本报界的性质和功能还具有积极的一面——报纸等媒体是具有民主主义精神的媒介:

> 在战争期间日本的报纸和广播虽然成了军国主义的宣传工具,但那也是军部施行高压政策的结果。而且,甚至认为媒体是军国主义的受害者,并进而设法谋求从军国主义的桎梏中将其解放出来的政策。因此,美国就不可能再有追究媒体的责任和对其加以改革的设想。尽管这种对于媒体的认识没有在政策中以明确的文字阐述出来,但对以后的政策

① 关于"一亿总忏悔论"对追究日本各界战争责任的影响,参见王希亮《评"一亿总忏悔"与"天皇退位论"》,《抗日战争研究》,2003 年第 1 期。

② 关于 GHQ 有目的地对日本人战争观的"矫正"、太平洋战争史观的教育,参见[日]吉田裕著《日本人的战争观——历史与现实的纠葛》,北京:新华出版社,2000 年,第 31—36 页。

③ 按照家永三郎在《战争责任》一书中对"一般国民"的解读,"一般国民"是指当时处于被统治地位的日本国民,不包括那些身处国家机关地位且在策划、实行、推进战争方面拥有权力的人。民间的金融资本家或产业资本家虽然不属于国家权力机关之内,而实际权力与位居国家机关中的人的权力几乎接近,甚至时有过之;因此不能将他们同列于庶民。应该包括知识文化人、媒体工作者、宗教界人士、民间自然团体和人为组织、女性与少年儿童以及日本共产党和一般大众,"至少在道义上应该负有连带责任"。

的制定也产生了很大的影响。①

　　追究日本的战争责任,需要国际力量和日本国内结合、共同作用。外因是战胜国对战败国的占领,要求日本必须反省战争责任;内因是日本国内的民主运动,要求追究相关责任者的战争责任。② 但是由于东京审判的缺陷,如排除了对"反人道罪"的起诉,有目的地掩盖了重大战争犯罪、没有审判最大的战犯天皇等等,使得这一促使日本彻底反省战争责任的国际审判未能达到目的。日本对于战争责任的认识相当淡漠,从内部产生"追究战争责任的自觉",也是"一个相当困难和复杂的过程"。③

　　尤其是在冷战爆发后,美国迅速调整了对日政策,追究战争责任问题终于在 1946 年 3 月被 GHQ 全面禁止。相反,否定东京审判、批判"东京审判史观",以及持有自由主义史观的人开始刘

---

① 　[日]有山辉雄:《占领时期媒体史研究——自由与统治:1945 年》,东京:柏书房,1996 年,第 33 页。转引自诸葛蔚东《战后日本媒体传播倾向的形成》,《国际新闻界》,2004 年第 3 期。

② 　[日]石田雄:《50 年来战争责任论的变迁与今天的课题》,载石田雄《记忆和忘却的政治学——同化政策·战争责任·集合的记忆》,东京:明石书店,2000 年。转引自步平著《跨越战后:日本的战争责任认识》,北京:社会科学文献出版社,2011 年,《前言》第 51 页。

③ 　关于东京审判的缺陷,参见步平《跨越战后:日本的战争责任认识》,北京:社会科学文献出版社,2011 年,《前言》第 64—69 页。

反省战争责任展开批判。① 在此大背景下,追究报界的战争责任
问题陷入了困境。

在美国单独占领下,一直处于冷战前沿的日本对"战争责任"
的追究经历了日本战败到 20 世纪 50 年代、50 年代中期到 60 年
代中期,以及从 60 年代中期开始到 80 年代等几个不同的发展阶
段。② 在这几个阶段中,无论是提出"一亿总忏悔论",还是思考
"主体性战争责任论",以及开始展开"更具伦理自觉性的思考",
等等,日本关于历史认识问题的多元化,其实是与战后日本社会
的多元化发展同步而行。

二、现实困境——以《朝日新闻》与《读卖新闻》为例

(一)《朝日新闻》战争责任追究问题

战时充当政府和军部政治动员利器和宣传战武器的《朝
日新闻》,因为"不能把事实客观地传达给国民,已经不是报

---

① 以上观点,参见[日]涛川荣太《战后历史教育的大罪》,刊载于新历史教科书编
　纂会编《新日本的历史开始》,东京:幻冬社 1997 年,第 190 页。[日]佐藤和
　男:《东京审判和国际法》,刊载于历史检讨委员会编《大东亚战争的总括》,东
　京:展转社,1995 年,第 202 页。
② 中日共同历史研究中方委员会首席委员步平认为,自从 20 世纪 50 年代以来,
　追究战争责任可以分为四个发展阶段,分别出现了第"一亿总忏悔""悔恨的共
　同体""加害的责任"等概念,参见步平著《跨越战后:日本的战争责任认识》,北
　京:社会科学文献出版社,2011 年,《前言》第 5—6 页。

纸媒体"①,而是"政府和军部的传声筒,发挥着决战动员机关的作用"②。1945年8月15日下午,《朝日新闻》东京本社召开了编辑局部长会议,讨论确定战败后的《朝日新闻》编辑方针,编辑局长细川隆元认为:

工作还要照常进行吧。什么都不要动摇。此前在文章前面使用的一亿一心啦、一亿团结啦、玉碎啦、消灭仇敌啦这种传递给读者的极端语言,现在必须要彻底转变态度。

这件事只能如此,因为昨天的仇敌变成了今天的救世主,也不要表现得太肉麻。渐渐地转变。③

在战败后第一次编辑会议上,编辑局长细川隆元的"应对方针"得到了村山长举和其他人的响应——媒体主导者们"继续工作",并未提及战争责任问题。但是一些年轻的编辑记者们却已经注意到了"主导版面、协力战争的报纸编辑干部的战争责任和自己的责任问题"。如社会部记者武野武治认为:

① ［日］安田将三、石桥孝太郎:《朝日新闻的战争责任》,东京:太田出版,1995年,第219页。
② ［日］塚本三夫:《实录:侵略战争和报纸》,东京:新日本出版社,1986年,第262页。
③ ［日］今西光男:《占领期的朝日新闻与战争责任——村山长举与绪方竹虎》,东京:朝日新闻社,2008年,第95页。［日］安田将三、石桥孝太郎:《朝日新闻的战争责任》,东京:太田出版,1995年,第221—222页。

　　社员们应该全部辞职,只把活字和印刷机留给空空的办公楼,我们每个记者、报社全体人员都帮助进行了战争。应该由新时代的新闻人——被他人认可的人,进入这个空空的办公楼,来创造新的报纸。①

　　于是,作为报社普通社员的武野最终选择退出报社,也有一些社员因为疏散、归乡没有回到报社复职。1945 年 10 月 17 日,在 GHQ 民主化改革政策支持下,《朝日新闻》社部分干部集会,要求追究社长、会长、编辑局长、论说主干等人的战争责任,并要求以上人员集体辞职,此举也得到了东京、大阪各编辑部的积极响应。

　　东京本社编辑局部长会向社长提出要求书:

　　《朝日新闻》作为言论报道机关,对战争负有重要责任,必须采取措施对内外明确责任。我们编辑部长会向编辑总长、三位局长、两位论说主干和社长提出申请,一致同意现全体部长去职以承担责任。②

　　1945 年 11 月 7 日,围绕着追究战争责任问题,经过激烈的社内改革和绪方竹虎、美土路昌一的调停,村山长举、上野精一等报

---

① 　[日]今西光男:《占领期的朝日新闻与战争责任——村山长举与绪方竹虎》,东京:朝日新闻社,2008 年,第 96 页。
② 　[日]今西光男:《占领期的朝日新闻与战争责任——村山长举与绪方竹虎》,东京:朝日新闻社,2008 年,第 111 页。

社领导者离职。《朝日新闻》在"非常不显眼的位置"刊发了第一报道部次长森恭三起草的社论宣言《与国民站在一起》。社论称：

> 支那事变爆发以来，到大东亚战争终结，《朝日新闻》发挥了重要的作用。……但是由于诸多限制，没有充分发挥真实报道、严正批判的重责，没有发挥出打破媒体管制的力量。直至战败，使国民在对事态进展毫无所知的情况下陷入了今日之困境，为此向天下谢罪。
>
> 今后的《朝日新闻》要立足全体社员的总意来运作，经常与国民站在一起，以国民的声音为声音。目前正值狂澜怒涛之秋，应对日本民主主义确立路途上的诸多困难，《朝日新闻》要彻底成为国民的机关，特此宣言。①

战时《朝日新闻》的干部和朝日记者们煽动战争的报道态度，毫无疑问应该承担战争责任，但是在报社负责人被迫离职后，也没有追究战时在前线与士兵一起"奋勇作战"的《朝日》记者们的战争责任。② 随后，由于 GHQ 转变对日占领政策，一度清除的战时媒体责任人又回归报社重掌领导权，或回归政经界成为实力人物(参见下表)，致使追究报界战争责任问题失去了外部力量推动

---

① ［日］森恭三：《与国民站在一起》，载《朝日新闻》1945 年 11 月 7 日。转引自［日］朝日新闻取材班编《战后 50 年媒体的检证》，东京：三一书房，1996 年，第 19 页。

② ［日］安田将三、石桥孝太郎：《朝日新闻的战争责任》，东京：太田出版，1995 年，第 222—224 页。

和内部动力支持,长期陷入困境。

战时和战后《朝日新闻》责任者的任职、经历情况表①

姓名	战前社内地位	战后主要经历
村山长举	社长	《朝日新闻》会长(1951—1960) 《朝日新闻》社长(1960—1964)
上野精一	会长	《朝日新闻》社长(1951—1970) 《朝日新闻》会长(1960—1964)
绪方竹虎	副社长	众议院议员、自由党总裁、吉田内阁副总理
原田让二	董事长	贵族院敕选议员、大阪观光巴士社长
石井光次郎	董事长	众议院议员、通产大臣
铃木文四郎	常务董事	参议院议员、NHK 理事
美土路昌一	常务董事	全日空社长、《朝日新闻》社长(1964—1967)
小西作太郎	常务董事	日本高野连顾问
上野淳一	董事	《朝日新闻》董事 《朝日新闻》社主(上野元会长之子)
杉山胜美	整理部长	《朝日新闻》董事
长谷部忠	报道部长	《朝日新闻》会长(1947—1949) 《朝日新闻》社长(1949—1951)
高野信	报道部长	《朝日新闻》董事、テレビ朝日社长
荒垣秀雄	报道第二部长	《朝日新闻》论说委员
岛田撰	欧美部长	《朝日新闻》论说副主干
远山孝	写真部长	《朝日新闻》董事
饭岛保	联络部长	《朝日新闻》论说委员

---

① 参见 http://www.geocities.jp/tamacamat/sonota09.html(2013-7-6)。

在中日恢复邦交前夕,日本报界重新认识中国的序幕由《朝日新闻》社记者本多胜一①拉开,探讨战争责任问题被正式引入了传媒层面。1971年的6月中旬至7月下旬,本多胜一在中国各地采访、调查40多天,获得了大量的人证和物证。8月末至12月,《朝日新闻》连续刊载他以调查采访为基础的四篇报道:《平顶山》《万人坑》《南京》《三光政策》,并刊登照片,揭露了日军在中国的战争暴行,强烈冲击了战后一直以“受害者”身份自居的日本社会和国民。1972年《朝日新闻》社出版了本多胜一的《中国之旅》,至1997年该书已经再版22次。②

《朝日新闻》开启的“重新认识中国”“积极介绍中国”,成为《产经新闻》之外其他各大报纸一时的宣传方向。为了反击日本右翼“南京大屠杀是子虚乌有”的无耻谰言,本多胜一又三次来到中国(1983年、1984年和1987年),重新寻访当年日军的侵华路线,调查取证、采访当事人,回国后又发表了《审判南京大屠杀》《屠杀与报道》《笔下阴谋——驳山本七平的诈骗术》等文章,打击了右翼势力的嚣张气焰。本多胜一作为日本大报的著名记者,其对战争责任的追究与揭露意义深远,在日本报界占有重要的历史地位。

战后以来,《朝日新闻》以多种方式揭露战争真相。1984年7月27日和8月4日,《朝日新闻》报道了两个侵华日本士兵的日记:

①　本多胜一,1931年出生,1959年毕业于京都大学,供职于《朝日新闻》社,1968年任社编委,1969年因报道越南战争获皮恩国际记者奖,是日本著名的有正义感的记者。
②　[日]本多胜一:《中国之旅》,东京:朝日新闻社,1997年,第9—12、298—299页。

1937 年 12 月 14 日,晴。今天扫荡了城内难民区。中国士兵同 1000 多名难民集中在一间大屋子里。挑出 500 名士兵模样的人。用一个小队是杀不了的,于是从第一机枪中队借来两挺重机枪,又从本中队拿来六挺轻机枪,步枪手全部集合,然后把所有中国士兵集中到远处城墙下和山脚,轻重机枪一齐射击,中国人全部被射死,惨不忍睹。

1937 年 12 月 15 日。今天,碰到大约 2000 名无路可逃的中国人打着白旗排成长串儿投降。老幼掺杂,服装不一,没有携带任何武器。用各种不同方式把他们杀了。闲得无聊时,就拿中国人取乐。把中国人抓来,或活埋,或推入火中,或采用其他手段加以杀害。

12 月 12 日。今天,又把抓来的中国人推倒、猛打个半死,然后再推入壕沟,从头上点火,折磨死。为了消遣解闷,大家都这样取乐。这要在日本,将会成为大事件,但在这里简直同杀狗宰猫。①

报道侵华日军日记、回顾战时民众的生活和精神状态是《朝日新闻》反省战争的一种方式。1986 年 7 月 10 日,《朝日新闻》在"特刊版"推出"我在战争中的经历"系列,从 4000 封来信中选出并发表了 1100 封。所有来信都直接写出当事人的战争经历和对战争的看法,日本普通民众对战时报界的宣传动员仍然记忆犹

---

① 《朝日新闻》,1984 年 7 月 27 日、8 月 4 日。

新,如来信《大众传媒煽动军国主义》①写道:

　　满洲事变爆发后,某报社立即开始为陆军军用飞机募捐。用"小学生节省零花钱为飞机捐款"之类的"美谈"掀起国民的捐款热。捐献的飞机被命名为"爱国号",《少年娱乐部》杂志的附录有"爱国号"的模型,我也组装了一架,通过说明书不知不觉掌握了军事知识。

　　日中战争开始以后,又有某报社举行"有奖征集军歌"活动。入选歌词中的《行军歌》"手持膺惩的枪剑"、《露营歌》"不立军功死不休""视死如归"的歌词,后来在日本军队的行动中产生很大影响。与歌咏战争的悲惨和辛苦的明治时代军歌《战友》《雪中行军》等,恰成对照。

　　后来,报社有奖征歌还产生了《月之九进行曲》《送出征士兵》等歌曲。大东亚战争爆发,新生儿命名流行"出征""征服"的"征"字和"胜"字。这也是报纸宣传使然。

　　直到今天,我看到四十岁左右的人叫这种名字,总是心口作痛。要不是大众传媒、特别是报纸冲在军方前面,不用说广岛长崎的原子弹爆炸,就连轰炸东京和冲绳的悲剧,或者也不会发生吧。

吉田彰男　65 岁
日本电报电话公司退休职员　市川市

---

①　[美]弗兰克·吉伯尼编著:《战争:日本人记忆中的二战》,尚蔚、史禾译,北京:中央编译出版社,2003 年,第 24—26 页。

1986 年秋,《朝日新闻》大阪本社开设专栏"报纸和战争",《朝日新闻》社史编修顾问秦正流围绕"战争和报纸"接受了采访,正面回答了"自己的战争责任问题"。《朝日新闻》大阪版两次连载,加之刊登读者来信,时间达两个月以上。但遗憾的是,因为不是在东京,所以重要性没有被广泛知晓,《朝日新闻》东京本社也完全没有转载,各媒体都在极力回避"报界的战争责任"这个问题。①

在战时积极投身宣传战,全力报道"大东亚战争是正义的战争""大东亚的盟主是日本""我们的朋友是纳粹德国""天皇神格化"的《朝日新闻》,②"对自身战争报道的检证也是不完全的"。在检证自己的战争报道责任时更是设置重重障碍——1995 年日本记者安田将三、石桥孝太郎在出版《朝日新闻战时报道集》时,遭到《朝日新闻》社以著作权法为借口的阻挠,并要求作者刊登"谢罪广告"和赔偿,同时《朝日新闻》社长中江利忠也拒绝明确回答朝日战争责任问题。③ 实际上是把战时《朝日新闻》视为言论统制和法西斯专制的受害者,而不是从加害者的角度出发认识

---

① 关于本次朝日新闻与读者就战争责任问题的"火花碰撞",参见[日]前坂俊之著《兵是凶器:战争和新闻,1926—1935》,东京:社会思想社,1989 年,第 10—19 页。

② 这些报道可以突出表现战时《朝日新闻》的报道方向,也是《朝日新闻》在战时发挥战争动员作用、承担战争责任的历史证据。[日]早濑贯:《太平洋战争与朝日新闻——战争宣传报道的研究》,东京:新人物往来社,2001 年,第 440 页。

③ 《安田将三和石桥孝太郎的对谈:即使经过了 50 年,报纸的体质依然没有变》,参见[日]安田将三、石桥孝太郎著《朝日新闻的战争责任》,东京:太田出版,1995 年,第 255—256 页。

自己的战争责任,从而力图隐藏媒体参与侵略战争的罪恶。

在20世纪的70年代和80年代,《朝日新闻》等部分日本报纸从日中合作的角度出发,倡导"重新认识中国""正面积极介绍中国",产生了积极的影响,但未被日本的大多数主流媒体持续关注,更没有形成推动媒体反省战争责任的社会舆论。在此后的10余年中,日本报界着力强化本国民众的"厌中情绪",即"中国崩溃论"、"中国威胁论"和"对华政府开发援助问题"、"在日中国人犯罪问题"等。①

可见,日本的社会舆论与反省战争责任还相去甚远;追究报界的战争责任,仍然是一个相当遥远的话题。

(二)《读卖新闻》战争责任追究问题

《读卖新闻》1925年的销量就已经超过5万份,到1941年日美开战时达到170万份,是东京地区与《朝日新闻》《每日新闻》并列的三大媒体之一。②《读卖新闻》社长正力松太郎③在战败前夕

---

① 林晓光:《日本对华舆情变动的深层分析》,《世界经济与政治》,2006年第10期。

② [日]今西光男:《占领期的朝日新闻与战争责任——村山长举与绪方竹虎》,东京:朝日新闻社,2008年,第142页。

③ 正力松太郎原是内务省官僚,在难波大助狙击摄政王的"虎门事件"后引咎辞职,1924年12月,成为《读卖新闻》的经营者——社长。因为内务省掌握"报纸发禁的权限",是"镇压言论自由的仇敌",辞职官员却成为报纸的负责人,结果遭到编辑局长宫部敬治等人的辞职抗议。[日]三好彻:《绪方竹虎评传》,东京:岩波书店,1990年,第48页。

就已经预感到自己的命运:"万一战败的话,左翼那些人会发动暴动吧。遭到镇压的只能是警察出身的我。"①

日本战败后,《读卖新闻》社内部展开了由铃木东民为首的改革派领导的民主化运动。1945 年 9 月 13 日,改革派提出报社机构民主化、撤换主笔和编辑局长、改善待遇等要求;10 月 15 日,在社内组建了"民主主义研究会",向社长正力松太郎所提意见书遭到了激烈反对,正力松太郎表示:"不允许社员随意成立组织。对此不满者可以辞职。本报社是我的报社。不能随意行事。"②

正力松太郎的强硬和粗暴态度激起了社员的愤怒,由于他内务部警察出身,在战时内阁担任要职,崇拜纳粹德国、战犯嫌疑人等特殊背景,社员强烈要求明确其战争责任,要求社长、副社长及各编辑部长集体辞职。最后工会组织控制了报纸的制作,在《读卖新闻》上直接刊登了《对报纸的批判》(10 月 25 日)、《我们的主张》(10 月 27 日)等社论。甚至在正力松太郎被 GHQ 点名为战犯嫌疑人入狱后,还印发了号外《正力社长被关押在巢鸭监狱》,在社内到处张贴以扩大影响。经过激烈的社内斗争,报社改组为马场恒吾(也是由正力松太郎推荐)任社长,日共支持的铃木东民任编辑局长。

1947 年 9 月,GHQ 改变占领政策,正力松太郎被解除"公职追放"回归报社,左翼力量在"第二次工潮"后也迅速消退。此后

---

① [日]今西光男:《占领期的朝日新闻与战争责任——村山长举与绪方竹虎》,东京:朝日新闻社,2008 年,第 142 页。

② [日]今西光男:《占领期的朝日新闻与战争责任——村山长举与绪方竹虎》,东京:朝日新闻社,2008 年,第 143 页。

《读卖新闻》在正力松太郎领导下成为日本保守势力的重镇,其支持保守势力、鼓吹复兴民族主义,所谓追究战争责任问题已经无从谈起。甚至到日本战败 50 周年的前夕,《读卖新闻》还坚持主张修改日本和平宪法,并率先发表了"读卖版"的《宪法修正草案》,要求承认自卫队为合法军队。战后 60 余年来,《读卖新闻》与日本新民族主义势力抬头和政治右倾化、整体保守化共进退,扮演了极其重要的角色。

2005 年,日本报界的战争责任问题被《读卖新闻》提及,起因是被《纽约时报》称为"影子将军"、持保守和右派立场的《读卖新闻》集团总裁渡边恒雄开始"转向"①。渡边一反以往强硬立场,在报纸上呼吁日本应主动反省侵略战争,并从"日本社会内部"开始追究战争责任、重新认识日本近现代历史。渡边恒雄还发表社论《加紧建设国立追悼设施》,告诫小泉不应以首相身份参拜靖国神社;在报社内部组织"战争责任检证委员会",开始调查 1928—1945 年间的"战争责任"问题。其《调查报告》以"检证战争责任"为总题目,用一年的时间在《读卖新闻》连载;2006 年 7 月和 10 月,调查报告在日本结集出版,同年 12 月发行英文版,2007 年 7

---

① 《读卖新闻》从保守转为极右,原因之一是受到日本整体保守化的影响;其二是受到渡边恒雄个人政治思想的影响——渡边在学生时代厌恶战争,曾经于 1946 年加入日本共产党,但后来又遭日本共产党开除党籍;渡边个性武断,有"读卖独裁者"称号,使得《读卖新闻》带有强烈的渡边色彩和鲜明的保守主义倾向,是日本保守势力的代言人。在日本新闻界,公开主张修宪,承认自卫队为国家军事力量的大众传媒,只有两家,一个是《产经新闻》,另一个就是《读卖新闻》,其刊登的私家版《宪法修正草案》在日本传媒史上也是空前绝后。

月发行了中文版《检证战争责任》。①

《检证战争责任》是《读卖新闻》首次全面反省战争责任问题。该书从社会角色入手,对战争责任者进行了分析,如关于天皇的责任,东条英机、近卫文麿等指导层的责任,军队官僚的责任,追随军队与政府的议会的责任等。并对放弃报道使命、影响舆论的报纸媒体的责任和作用进行了反省:

> "满洲事变"以后,各家报纸都派出大批特派员,逐一报道军部的动向。在如此的煽动之下,老百姓也变得好战。可以说,正是通过报纸的报道形成了"满蒙是帝国的生命线,必须死守"的舆论……打出提高斗志的煽动性大标题,明知大本营发表的声明都是谎言,也照原样报道,也就是放弃了言

---

① 2005 年,为反省日本战争责任,发行量现已达到 1400 万份的《读卖新闻》社成立了由该社编辑、记者组成的战争责任检证委员会,围绕"日本侵略中国东北的'九一八事变'为何发展到了中日战争""日本为何根本没有取胜把握却敢与美国开战"等五个主题,用一年多时间进行检证。《检证战争责任》中文版约 35 万字,对从"九一八事变"到日本战败全过程进行了回顾和反省。全书共分为三部:第一部为背景分析,从日本当时社会的各个方面,如天皇、内阁、议会、军部、媒体等,讨论了战争的发生、发展过程;第二部为事实检证,对从 1928 年的"皇姑屯事件"到 1945 年日本战败投降的全过程,进行了叙述和分析;第三部对不同层面的相关责任者应承担的战争责任进行了具体分析。这是《读卖新闻》战后首次全面反省战争责任,公开反对日本首相参拜靖国神社,在日本社会引起强烈反响。参见[日]读卖新闻战争责任检证委员会撰《检证战争责任:从"九一八事变"到太平洋战争》,日本朋友舍公会、郑钧、范菲、赵军、伊藤鸿、林一二三译,竹内实、步平校译,北京:新华出版社,2007 年。

论、报道的使命。①

　　作为为数不多的参加过侵略战争且在世的报人，渡边对报界战争责任的定义是准确的。中国社会科学院近代史研究所所长、中日共同历史研究中方委员会首席委员步平认为，这是"渡边们"在战争责任问题上"深刻的内心斗争与矛盾"，以及在战争历史问题上的思考与努力。②

　　关于渡边"深刻的内心斗争与矛盾"，《纽约时报》也称："便是他，也无从左右时光的逻辑。"③对于渡边恒雄的"转向"，中国媒体和学者大都给以积极评价：称"《读卖新闻》反戈一击"检讨"侵略战争责任"具有"历史意义"；④认为渡边恒雄是"在真理面前折腰""顶歪风而立"的"勇者和智者"；⑤显示了"渡边作为新闻人的勇气，也标志着长期为保守势力代言的《读卖新闻》在历史认

①　[日]读卖新闻战争责任检证委员会撰：《检证战争责任：从"九一八事变"到太平洋战争》，日本朋友舍公会、郑钧、范菲、赵军、伊藤鸿、林一二三译，竹内实、步平校译，北京：新华出版社 2007 年，第 316—317 页。

②　步平：《我读〈检证战争责任〉》，见[日]读卖新闻战争责任检证委员会撰《检证战争责任：从"九一八事变"到太平洋战争》，日本朋友舍公会、郑钧、范菲、赵军、伊藤鸿、林一二三译，竹内实、步平校译，北京：新华出版社，2007 年，《序》第 20—21 页。

③　关于渡边"检证战争责任"的心态，参见金赢《读卖新闻总裁能否改变日本?》，http://news.sina.com.cn/w/pl/08459231046.shtml(2006-3-1)。

④　曹鹏程：《日本两大报纸主笔对谈，齐声批判愚蠢外交》，《人民日报》2006 年 1 月 14 日。

⑤　周溢潢：《为真理折腰是勇气》，《新民晚报》2006 年 2 月 18 日。

识问题上的重大转向"①。《读卖新闻》的此番检证"反映了日本社会大部分有良知的人对历史问题和战争责任问题的看法","对正确引导读者认识历史问题,促进中日关系健康发展,是非常有意义的"。② 当然,若就其积极意义而言,《读卖新闻》的"转向"的确是其在历史认识及战争责任认识方面发生了一些新的变化。《读卖新闻》开启了"检证战争责任"的大门,主张重新认识历史,用日本人自己的口、自己的手来揭露残暴的侵略战争,对于教育日本的年轻一代也无疑具有深远的意义。③

　　但是,也有学者认为《读卖新闻》的"检证战争责任"还存在单纯追究个人战争责任,以及重视微观实证研究而回避事件整体必然联系的"无构造历史观"等问题;渡边恒雄所要"检证"和"反省"的"战争责任",也并不是日本侵略战争受害国人民所能接受

① 全赢:《渡边恒雄转变的积极意义》,《人民日报》2006 年 2 月 27 日。
② 《中国学者谈〈检证战争责任〉》,《参考消息》2007 年 8 月 2 日。
③ 正如渡边恒雄在《检证战争责任》中文版序言中所说:占日本大部分人口的青少年已经不知晓那场战争。作为日本最大的报社,有责任向包括他们在内的多数国民告知那场残暴的战争是何人、何时、何地、用什么方法、出于什么动机发动的,并且为何直到多数城市变成焦土仍不能停止的原因。我们对这场战争的非人道性以及其责任的所在必须研究明白,只有本着日本人民自身的良心、获得正确的历史认知,才有可能与受害国家进行直率友好的对话。为了建立与亚洲、太平洋地区各国未来的友好关系及和平环境,检证战争责任势在必行。另外,我们还期待,将来在世界某地或许可能发生战争,分析领导人的错误判断和盲目自信如何成为战争的起因时,我们这次检证战争责任可供参考。参见[日]渡边恒雄《检证战争责任》,载[日]读卖新闻战争责任检证委员会撰《检证战争责任:从"九一八事变"到太平洋战争》,日本朋友舍公会、郑钧、范菲、赵军、伊藤鸿、林一二三译,竹内实、步平校译,北京:新华出版社 2007 年,《序》第 1—2 页。

的,甚至还构成了新的侮辱。① 而且,"检证媒体的战争责任"也不是《读卖新闻》"检证战争责任"的重要内容,对"报界战争责任的认识"还远非对战争责任的反省。

如果说《读卖新闻》第一次明确表述报界也有战争责任,那么其"检证战争责任"的意义则应在于"提供了重新反省思考的契机"。正如渡边恒雄在该书宣言中所说:

> 对新闻界曾经屈服于政府、军部的统制,而煽动那场战争的责任,这次检证提供了重新反省思考的契机。②

当然,这也仅仅是一个契机。作为一个远未结束的历史遗留问题,日本报界"检证战争责任"仍然不容乐观。如 2006 年 1 月渡边恒雄和《朝日新闻》总主笔若宫啓文在海外引起极大反

---

① 关于读卖新闻《检证战争责任》存在的单纯追究个人战争责任以及"无构造历史观"等问题,参见步平《我读〈检证战争责任〉》,载[日]读卖新闻战争责任检证委员会撰《检证战争责任:从"九一八事变"到太平洋战争》,日本朋友舍公会、郑钧、范菲、赵军、伊藤鸿、林一二三译,竹内实、步平校译,北京:新华出版社,2007 年,《序》第 14—17 页。关于《检证战争责任》中的"事实确认"、战争责任的概念等问题,参见刘建平《作为帝国主义政治学的"记忆"与"忘却"》,《中国读书评论》,2007 年第 11 期。
② [日]渡边恒雄:《检证战争责任》,载[日]读卖新闻战争责任检证委员会撰《检证战争责任:从"九一八事变"到太平洋战争》,日本朋友舍公会、郑钧、范菲、赵军、伊藤鸿、林一二三译,竹内实、步平校译,北京:新华出版社 2007 年,《序》第 2 页。

响的"对谈"①，在日本国内却并未带来太大冲击；2 月 11 日，渡边恒雄接受美国《纽约时报》访谈时呼吁日本人应该主动地反省侵略战争，并且公开反对首相参拜靖国神社。同月 22 日，他在《悉尼先驱晨报》的访谈中明确表示"靖国神社及其战争博物馆'游就馆'错误地讲述了二战和日本历史"。渡边恒雄的系列"转向"活动也并未引起日本报界的跟进报道，表明检证战争责任、进行历史反省的"渡边现象"在日本尚没有坚实的社会根基，也不是在与外部世界进行对话后产生的结果。②

　　在新闻记者保阪正康③与渡边恒雄的对谈中，渡边对"如何考虑报界战争责任"的回答同样耐人寻味：

　　　　对报社来说，战争是非常赚钱的。报纸经营者讴歌战争不能否定，但是也有被军政府控制的一面。绪方竹虎和下村宏都是朝日新闻社的副社长——成为情报局总裁，读卖新闻社社主正力松太郎是小矶内阁的顾问。（中略）大家都埋头在战争中啊，如果要证明每个人的战争责任，那要看各报社的社史，必须采访当事人吧。

---

① 2006 年 1 月，《朝日新闻》月刊《论座》约请《读卖新闻》社论主笔渡边恒雄和一直对首相参拜靖国神社表示反对的《朝日新闻》社论总主笔若宫启文对谈，讨论首相参拜靖国神社及与此相关的日本对亚洲的外交政策。关于对谈内容，参见张会芳、刘凤华译《渡边恒雄与若宫棨文对谈：靖国神社及日本外交诸问题》，《抗日战争研究》，2006 年第 2 期。

② 诸葛蔚东：《解读日本报业中的"渡边现象"》，《国际新闻界》，2007 年第 3 期。

③ 保阪正康，1939 年出生于北海道，新闻记者，著有《东条英机和天皇时代》《陆军省军务局和日美开战》《昭和的战争》等。

同时,他也不忘标明立场:"就我自己来说,包括正力松太郎,我不认为当时的报人是伟大的。(中略)看那个时候的《读卖新闻》感觉很羞耻。"①既有否定战时报人行为的一面,也有肯定报界商业优先的一面。在把战时报界狂热宣传战争、讴歌战争归结为政府控制后,还指出朝日的绪方竹虎和下村宏也是政府的情报局总裁,《读卖新闻》的正力松太郎是小矶内阁的顾问,在战时报界的政治动员方面,大家都是彼此彼此。显然,《读卖新闻》掌舵人渡边恒雄对报界的战争责任问题还持暧昧态度。《读卖新闻》此番"检证战争责任"的效果,尤其值得深思。报人"检证报界的战争责任",也更有相当长的一段路要走。

第二节　日本报界的历史认识问题②

一、缘起与发展

日本报界的历史认识与整个日本社会的历史认识密切相连。

---

① ［日］渡边恒雄、保阪正康:《"战争责任"是什么》。转引自［日］保阪正康、半藤一利等著《保阪正康对论集——昭和的战争》,东京:朝日新闻社,2007 年,第245—246 页。

② 中日历史问题,可以分为历史认识问题与历史遗留问题。前者主要指历史教科书问题、日本首相等人参拜靖国神社和对侵略战争的态度问题;后者则包括台湾问题、钓鱼岛问题和中国民间受害者的索赔问题等。

1945 年 8 月 15 日的"玉音放送"是历史认识问题的总根源,这个没有提及"战败"和"投降"的《终战诏书》是日本人关于历史认识的"伏笔"。①

　　这一天,日本各大报刊均刊载了天皇"战争终结"的宣言。《每日新闻》刊出《圣断——大东亚战争终结》《御赐诏敕——收拾时局》《接受四国宣言——为万世开太平》,在维护国体的社论中呼吁国民:"应发挥国体之精华,建设新日本。"《读卖报知》以《为万世开太平》全文刊登诏书,其社论《我们不能忘记大国民的矜持——诏敕在心中,全力护国体》仍然声称:"我们进行的战争是正义的战争,是自卫自存的战争。战争的目的是为了东亚的解放和十亿民众的福祉。"《朝日新闻》虽然承认:"日本国民今后面对的和平不是对等的,是单方面的战败。"但是也并未批判军队和政府的战争责任,丝毫未体现对侵略战争的认识。究其原因,是日本内阁情报局在 8 月 14 日向媒体下达了"大东亚战争终结交涉之际的舆论指导方针"。并在 16 日再次指示媒体:"可以刊登敌方的正式声明,但是将其中谈到战争责任者追究、军部责任以及影响国内局势的内容一律删除。""可以使用'日本投降'的概念,但是不得说'无条件'",必须宣传"拥戴天皇的圣明决断,维护国体和君臣亲和一体的体制、卧薪尝胆,迎接前所未有的困难"。②

① 　步平:《跨越战后——日本的战争责任认识》,北京:社会科学文献出版社,2011 年,第 4 页。
② 　转引自步平著《跨越战后——日本的战争责任认识》,北京:社会科学文献出版社,2011 年,第 5、6、10 页。

　　战后初期,日本报界在美国民主化改革政策下,根除军国主义,废除有碍新闻与传播自由的"恶法",报纸变成"传播自由主义思想"的工具。但是在 1946 年以后,美国迅速调整了对日改革政策,民主改革终止使得旧势力得以卷土重来。日本报界中也出现了"逆流",并在随后朝鲜战争爆发带来的军事"特需",以及由此而来的日本经济复兴等所导致的民族主义意识兴起中,这股"逆流"最终成为主流。①

　　不能否认的是,《朝日新闻》等日本报纸曾经在推动正确认识历史问题上起到过积极的作用。如 1986 年 7 月 10 日《朝日新闻》策划了专栏"我记忆中的第二次世界大战",很多民众积极参与:

　　　　"我在战争中的经历"系列本来计划出 3 个月,但由于这个题目本身所具有的特质,反响异乎寻常。在成功地抓住读者这一点上,大大超出了《朝日新闻》特刊版编辑原先的期望。这一系列一再延长,最后一直出到第二年的 8 月 29 日。来信总数达 4000 封,其中 1100 封获选发表。同年,配以适当的介绍,这些信又以一套两卷本的书籍《战争:血泪交织的证词》与读者见面。这书一上市,就入了畅销排行榜。②

---

① 关于战后美国对日本媒体的改革政策演变,以及对日政策调整后日本媒体传播倾向的改变问题,参见诸葛蔚东《战后日本媒体传播倾向的形成》,《国际新闻界》,2004 年第 3 期。

② [美]法兰克·吉伯尼编著:《战争——日本人记忆中的二战》,尚蔚、史禾编译,北京:中央编译出版社,2003 年,《英文版序》第 1 页。

但是,特刊版推出的"我在战争中的经历"系列却引起了许多正在"致力于忘掉过去"的日本人的不满。对此,《朝日新闻》编辑永泽道雄认为:

> 当人们回想自己私人往事的时候,自然而然地,都愿意将那不愉快的回忆尽量抹去。确实,作为个体,忘掉坏事确实属于某种具有自我净化作用的健康行为。但一个国家的历史就不同了。尽量掩盖过去的坏事,假装这类事根本没有发生过,难道对我们民族的良知没有损害么?
>
> 真正的勇敢是直面过去的错误。说到底,就算是我们能够忘记这些事,别人也不会忘记。在那些日子里,日本人——七千万都不止——正把自己的国家建成世界头号强国。他们怎么干的,都干了些什么,无论是好是坏,已经做出来了。这是加在我们肩头的重负。毫无畏惧地面对它,能使我们得到珍贵的教训——这教训将成为一只罗盘,一只肩负着指示日本未来的罗盘。①

毫无疑问,《朝日新闻》回顾历史的勇气是令人敬佩的。这些"给《朝日新闻》写信的日本人"直接写出了战争经历或对战争的看法——参战的士兵写出了自己亲历的战事、在行军帐篷里和战

---

① [美]法兰克·吉伯尼编著:《战争——日本人记忆中的二战》,尚蔚、史禾编译,北京:中央编译出版社,2003年,《英文版序》第2—3页。

俘营的经历;平民写出了在战时的生活,遭到轰炸的日本城市,无
学可上的孩子,在工厂做工的工人们,还有那些日本军人的妻子、
母亲、孩子的战争感受。《朝日新闻》全文刊登了这些"读者来
信",以此回顾战争给民众造成的苦难,表达对这段历史的惨痛
认识。

　　但遗憾的是,当"忘掉战争"的想法在日本政府和民众之间日
甚一日,当日渐繁荣的日本社会对战争的记忆日渐淡化,新的一
代对历史真相、对确切发生过的事件已经"所知甚微","年长的战
争幸存者,包括对这一时期应该有更多了解的政治领袖们,对当
时发生的事件一概持不认账的态度"。① 绝大多数报纸媒体极少
提及自己的战争责任问题,在历史认识问题上推三阻四。

　　在冷战后剧烈变动的国际形势中,日本报界开始转向为修改
宪法大造舆论,从反对"小选区制"②到向鼓吹实行"小选举区制"

① 　[美]法兰克·吉伯尼编著:《战争——日本人记忆中的二战》,尚蔚、史禾编译,
北京:中央编译出版社,2003 年,《英文版序》第4—5 页。

② 　关于日本选举制度之争。本泽二郎认为根据"中选区选举制度"选出的议员基
本反映民意,政府如果要修改《和平宪法》,将很难得到国会 2/3 的议员同意。
战后,负有战争责任的政治家岸信介、鸠山一郎等,最先提出要实行小选区制
度,一直遭到日本舆论的反对,日本在野党也一直主张"反对战争,反对军国主
义"。近年来,在泡沫经济崩溃后,日本社会中的国家主义不断抬升。但是,日
本宪法是一部否定战争、不允许国家主义复活的宪法。所以,宪法以及保护宪
法不受篡改的选举制度,也就成为财阀和国家主义者攻击的目标。《读卖新
闻》积极为推行小选区制、进而为修改宪法造势,在日本新闻界率先组织了"宪
法调查会",并积极为推行小选区制、进而为修改宪法造势,1994 年 11 月公布
了日本战后历史上第一份《宪法改正草案》,公然鼓吹修改宪法第九条,日本可
拥有自卫队等。引发了日本媒体的右倾保守化倾向,对日本社会的保守化发
挥了推波助澜的作用。

转变。本泽二郎①认为,在报界全力协助为修宪而成立的"引进小选举区制"审议会中,第一委员会的 14 名委员中,媒体人士就占了 7 名,审议会会长就是《读卖新闻》兼日本新闻协会会长,这是报界明确地要带头把日本引向修改宪法、实行国家主义的政治道路。② 在组建自卫队问题上,"战前充当日本军国主义走狗的舆论机构,今天仍作为防卫厅的帮凶再度起着同样的作用……而充当吹鼓手的新闻媒体的短视与不负责任也不容忽视"③。

二、现实困境

在《读卖新闻》《朝日新闻》《产经新闻》《每日新闻》《日本经济新闻》五大媒体中,以一般市民为对象、最具"群众性"和"庶民性"的《读卖新闻》因主张修改和平宪法,与代表财界右翼意见的综合性大报《产经新闻》一同被公认为具有右翼倾向。《读卖新闻》整个 2003 年的报道特点是"中国的负面内容比较多"。《产经新闻》的对华报道则"根本看不到任何双方需要合作的迹象,毅然对待中国是他们的立场所在。在这一点上他们与《读卖新闻》是

---

① 本泽二郎,1942 年出生于日本千叶县木更津市,1966 年毕业于日本中央大学法学系。任政治记者达 20 余年,长期担任《东京时报》政治部长。本泽先后访华40 余次,并跟随大平正芳、中曾根康弘二首相访华。本泽二郎著作颇丰,主要有《天皇的官僚》《中国的大警告》《中国的新领导人》等。
② [日]本泽二郎:《日本媒体右倾令人忧虑》,《环球时报》,2004 年 11 月 22 日。
③ [日]本泽二郎:《天皇的官僚:日本右派真相》,雷慧英等译,北京:中国社会科学出版社,1999 年,第 89 页。

相同的"①。《朝日新闻》和《每日新闻》的倾向是偏左,《日本经济新闻》居中。就是曾被认为"最亲华"的《朝日新闻》,在冷战后也是最代表日本政府的观点。②

(一)日本报界对东史郎诉讼案③、"九条会"的报道尽显历史认识之偏颇

日本报界对东史郎诉讼案的报道极其冷淡,报道诉讼结果后便不再关注,整个过程也没有形成由传媒主导的社会舆论。颇具象征意味的是,在东史郎败诉当日,东京最有影响并被公认为具进步倾向的《朝日新闻》也没有任何的相关报道,相反却刊登了讨论中国人权问题的文章。就连东史郎诉讼律师小组也极其遗憾地表示,东史郎一案在日本引不起关注,是日本社会现状的一大问题。④

---

① 刘林立:《日本大众媒体中的中国印象》,北京:中国传媒大学出版社,2007年,第167、195页。

② 殷燕军:《冷战后日本舆论界学术界对国际形势和中国的认识》,《日本学刊》,1999年第5期。

③ 东史郎,1912年4月27日出生于日本,1937年8月应召入伍,曾经参加攻占天津、上海、南京、徐州、武汉、襄东等战役。1939年9月因病回国,1944年3月再次应召侵华。日本战败后,1946年1月回国。《东史郎日记》是其第一次侵华时的部分战地日记,日本青木书店在1987年出版了该日记的一部分,名为《我们南京步兵队》。1993年,该记述中涉及的邮袋事件当事人桥本光治以损害名誉为由状告东史郎和青木书店以及《资料集》编辑人下里正树,一审、二审东史郎均败诉。

④ 孙歌:《中日传媒中的战争记忆》,载《主体弥散的空间——亚洲论述之两难》,南昌:江西教育出版社,2002年,第43页。

2004 年 6 月 10 日,井上厦、梅原猛、大江健三郎、小田实、奥平康弘、加藤周一、泽池久枝、鹤见俊辅、三木睦子共九人结成了"九条会",反对日本政府修改《日本国宪法》第九条(其明确规定日本永远放弃战争和武力、禁止国家保有一切军事力量、不承认国家的交战权),并于当天举行了新闻发布会,在日本社会引起了很大反响,但日本国内的几家大报却基本采取了尽量淡化的方式。虽然《朝日新闻》给予了附带图片的报道,但也并未作为重要新闻处理。对"九条会"的漠视实际上是日本报界历史问题"集体淡忘症"的表现。

(二)日本报界对历史教科书问题的报道凸显历史认识的变迁

在日本历史教科书中,对亚洲邻国侵略历史的表述,从战后初期的承认侵略历史并写上"侵略"字样,①到 1951 年 7 月文部省发表《改定学习指导要领》后,"侵略"一词只在中学使用,高等学

---

① 如 1946 年发行的中学生用《日本之历史》就把日本发动的对外战争明确记述为"这是基于极端的国家主义与军国主义的政治运动……同时对邻邦中华民国策划的侵略战争"。但应该说这种较为正确的历史观并不代表日本政府,这只是执笔教科书的有正义感、有良心的日本学者的历史观。东京大学的小西四郎教授,当时任职于文部省教科书局,也是中学历史教科书的执笔者。他回忆说:"为了创造民主主义的新日本,我认为教育应传达事实真相。全体执笔者也都抱着一股使命感。满洲事变(九一八事变)以来日本所推行的战争只能以侵略二字形容。我认为那是侵略,所以我就如此在教科书上写着"。[日]藤井志津枝:《日本历史教科书上的"侵略"与"进出"》。转引自陈景彦《中日之间的历史认识问题与日本政府的历史观》,《现代日本经济》,2005 年第 4 期。

校历史课本中改为"进出",1955 年 2 月开始中学历史教科书中的"侵略"也改为"进出"。此外,在 731 细菌部队、南京大屠杀、慰安妇问题等基本史实的表述上也一再粉饰、翻案。①

关于报界对历史教科书歪曲篡改历史的报道,以 1982 年《朝日新闻》《读卖新闻》《每日新闻》为例,三大报在保守论调的框架内批评了政府在教科书中美化战争的企图,大都表示日本必须正视历史,要重视发展中日关系。如 7 月 27 日《朝日新闻》社论认为:只有深刻反省侵略历史,才能建立与亚洲各国的友好关系。如果认为教科书问题是内政问题,就会引起亚洲国家的反感和批判;7 月 28 日《每日新闻》的社论《好好倾听来自邻国的批评》认为:日本首先要和亚洲国家和睦相处,才能在国际社会生存下去,所以必须尊重对方的历史观;7 月 28 日《读卖新闻》在社论《侵略历史不容篡改》中认为:亚洲人民永远无法忘记战争给他们带来的巨大痛苦,但是现在日本已超过 60% 的人没有战争经验,历史教科书在歪曲历史、颠倒黑白。

但是,在 2001 年 2 月的历史教科书问题的社论中,②三大报社论的主题表明对历史教科书问题有了"新的认识",《朝日新闻》社论的论点比较客观,与 1982 年的论调相比没有大的变化,

---

① 万峰:《战后日本应向何处去——关键在于对历史的深刻反省》,《战后日本五十年——国际学术研讨会论文集》,长春:东北师范大学出版社,1995 年,第 180—190 页。

② 2001 年 2 月,日本右翼学者编写的《新历史教科书》(扶桑社出版)引起了日本国内外的广泛关注,该书歪曲历史,漏洞百出,遭到各界的批评,虽然几经修改,但依然存在美化战争的倾向。

但"报道的数量"有所减少。《读卖新闻》的论点集中在"可以允许存在多样的历史观"和"不应再次修改已合格的扶桑社历史教科书"。《每日新闻》社论虽然强调"正视历史,在教科书中正确认识战争本质",但也指出"督促修改历史教科书是日本政府的责任","亚洲国家应该理解日本的历史教科书检查制度",同时认为"不应再次修改已合格的扶桑社历史教科书"。报界的历史认识实际上呈现了两极分化趋势:一种是主张正视日本侵略的历史,修改《新历史教科书》,不容美化侵略战争;一种是将亚洲各国的批判视为对日本内政的干涉,主张要容忍、允许发行《新历史教科书》。①

(三)日本右翼和右倾报纸的报道倾向与历史认识问题②

日本右翼和右倾报纸媒体不但否认日本的侵略历史,还公开煽动仇华情绪,恶意报道涉华事件。2005 年 3 月,具有偏右色彩

---

① 参见张宁《论日本三大报有关历史教科书问题的社论框架》,《国际新闻界》,2002 年第 4 期。
② 战后右翼的历史认识表现为"皇国史观"和国家主义思想,认为日本是战争受害国家,反对揭露战争罪行,反对"民族自虐史观"。20 世纪 90 年代后期,日本右翼学者组织的"历史研究委员会""新历史教科书编纂委员会"等团体编写出版的《大东亚战争的总结》、"2002 年度初中历史教科书",公开扬言要向日本年轻一代灌输美化日本侵略战争历史的"皇国史观",为日本军国主义侵略战争罪行翻案。在日本近代对外战争的性质、罪行以及"历史教科书"问题、靖国神社等问题上,战后右翼不断制造事端,已经成为中日关系和日本与亚洲其他国家关系发展的重大障碍。参见孙立祥著《战后日本右翼势力研究》,北京:中国社会科学出版社,2005 年。

的《读卖新闻》以"爱用有色眼镜、一心进行憎日教育的两个邻居"来形容中、韩两国;①同年 4 月,偏右媒体《产经新闻》公开将中国纪念抗战胜利六十周年活动定性为"反日活动",并预言到 9 月的抗日战争纪念日为止,中国的抗日纪念活动将接连不断,"'反日情绪'还将高涨"。②

右翼文人经常在报纸媒体上发表反华言论,这是日本报界右倾化过程中的突出现象。如小堀桂一郎(东京大学名誉教授)在《产经新闻》发表文章称"中国反对日本领导人参拜靖国神社是对日本的恫吓"③(2004 年 1 月 26 日);右翼反华文人古森义久(驻华盛顿评论员)在《产经新闻》刊登文章《中国民族主义的威胁》(2004 年 2 月 1 日)。这些反华言论在日本社会造成不良影响,破坏了中日关系的正常发展。

右翼媒体的历史认识中渗透、散发出的还是战前绝对天皇制,推崇天皇主义,绝对民族主义——强调"大和民族"的优秀和高贵,反对所谓"自虐史观",不承认、不反省历史上的战争错误和罪行。右翼媒体虽然不是主流,但是普遍言辞激烈,观点偏激,颇能吸引民众的注意力,故其影响力不可低估。其内容大都以反华为主,篡改历史、支持"台独"、宣扬皇国史观,为右翼作家、右翼学者们提供了舆论活动的舞台。

---

① 《读卖新闻》,2005 年 3 月 3 日。
② 《产经新闻》,2005 年 4 月 14 日。
③ 《日本有批右翼反华文人通过媒体散布反华言论》,http://news.sohu.com/2004/02/12/97/news219049714.shtml(2007-8-16)。

（四）日本报界的"8·15"社论凸显历史认识

8月15日是中国人民抗击日本帝国主义侵略的胜利日，是朝鲜半岛人民抗击日本殖民统治的光复日，是遭受日本帝国主义侵略的亚洲人民争取民族独立斗争的新起点，也是世界反法西斯战争胜利日。但是在日本，对"8·15"有两种称呼，一种是"终战日"或"战败日"，另一种是日本政府定义的"纪念战殁者，祈求和平日"。"8·15"实际上已经成为日本政党、政治团体和报界的舞台，上演着形形色色的战争认识和历史认识。

每年8月15日，靖国神社都会聚集大批右翼分子，其中不乏政府要员。① 1995年8月15日，日本四大报的社论突出表现了自己的历史认识——《战后五十年追求明天》（《朝日新闻》）、《21世纪应该做什么?》（《读卖新闻》）、《用自己的力量实现政治复权》（《每日新闻》）、《交给保守势力的重要职责》（《每日新闻》），而《产经新闻》所指的重要职责乃是"向明治宪法的回归"。

在遭受日本军国主义侵略的亚洲各国隆重纪念战争结束50

---

① 1952年日本政府主持追悼全国阵亡者仪式，天皇在战后首次参拜靖国神社。1975年8月15日，首相三木武夫首次参拜靖国神社，迫于日本进步力量的压力、国际影响，三木没有写明职务，未敢使用公车，时称"私人参拜"。1978年福田首相以同样方式参拜靖国神社，同年在政府默许下，甲级战犯东条英机等人的亡灵被移进靖国神社。1980、1981、1982年铃木首相均参拜了靖国神社，后两次是率全体阁僚共同参拜。1983年中曾根康宏首相在一年内4次以内阁总理大臣身份参拜靖国神社；到1985年，中曾根康宏不再遮掩，公开率阁僚正式参拜靖国神社，首开日本首相公开以公职身份参拜靖国神社的恶例。

周年的 1995 年 8 月 15 日，日本四大报社论故意回避历史认识、不提战争责任问题，向亚洲各国传递的信息是《读卖新闻》主张的"修宪论"和《产经新闻》的"回归明治宪法论"。实际上，这也正是日本报界的战争认识和世界认识。①

在 2002 年 8 月 15 日的参拜中，老右翼和日本老兵身着旧军装、扛枪吹军号、举日本军旗在靖国神社内游行、行军礼参拜；新右翼也身着黑色制服、理平头、戴墨镜在参拜之后向群众发表演讲，声称要维护民族传统思想，宣扬"大东亚战争不是侵略战争，是自存自卫的对美战争，是对亚洲国家的解放战争"，反对政府就历史问题向亚洲国家道歉。这一天，《读卖新闻》的社论对东京审判提出质疑，声称二战中日本没有侵略亚洲国家，除大战开始前的日中战争之外，日本攻占的是欧美国家的领土。并再次宣称日本的战争行为与纳粹德国的种族灭绝不同，还以纳粹也曾经强行征用"慰安妇"等为由，指责国内反省历史是"自虐史观"，等等。

（五）2005 年是检证日本报界历史认识的关键一年

2005 年是世界反法西斯战争和中国抗日战争胜利 60 周年，也是检证日本报界历史认识的关键一年。1 月 24 日，第 59 届联大召开特别会议纪念奥斯威辛集中营解放 60 周年。1 月 27 日，40 多个国家的领导人和集中营幸存者等数千人参加了在波兰奥

---

① 参见刘林立著《日本大众媒体中的中国印象》，北京：中国传媒大学出版社，2007 年，第 126—127 页。

斯威辛集中营旧址举行的纪念活动。对此,日本报界都刻意淡化
处理了这些具有重大意义的新闻事件或放在不显眼的版面或时
段。报道联大特别会议时,将重点放在阿拉伯国家领导人缺席会
议上。同时,日本也没有一家报纸媒体对照德国法西斯的残忍,
提及当年日本军国主义对中国等亚洲国家犯下的罪行。

与国际社会举行系列隆重的纪念活动不同,日本报界表现出
了回避历史、文过饰非、拒绝反省的姿态,不仅刻意淡化处理国际
社会的纪念活动,而且还把纪念 60 周年活动变成了纪念战后 60
年"受害史"活动:隆重纪念日本遭受原子弹轰炸 60 周年,从纪念
3 月 10 日的"东京大空袭"到纪念 6 月的冲绳之战,直到 8 月 6 日
和 9 日对广岛、长崎的原子弹爆炸纪念活动进入高潮(这一系列
的纪念活动极为隆重且数十年从未中断)。此外,日本报界还着
重报道了"纪念日俄战争胜利 100 周年"等活动。

早在 8 月 1 日,《读卖新闻》《产经新闻》就联合刊发整版要求
国民参拜靖国神社的宣传:"8 月 15 日终战 60 年,让我们集合在
靖国神社,举行 20 万人的参拜运动。"果然在 8 月 15 日当天,靖
国神社面前参拜队伍排出 200 米长队,参拜人数为历年来之
最——普通日本民众的数量也大大超过了往年,小泉内阁中的厚
生劳动大臣尾辻秀久和环境大臣小池百合子等人也参拜了靖国
神社。否认侵略历史、开脱战争罪责、拒不反省战争责任,这是纪
念"战后 60 年"日本报界的主旋律。

(六)日本报界对南京大屠杀人数的错误报道

2010 年 2 月,日本报纸大都报道了"肯定南京事件是历史事实"的《日中历史共同研究第一期报告》①,但是几乎都对报告内容持否定态度,尤其是对南京大屠杀人数的报道,围绕"日本主张2 万到 20 万,中国主张 30 万"展开,目的是突出强调两国在历史认识上的巨大差异。如《日中公布历史研究——南京大屠杀牺牲者人数上的鸿沟》(《朝日新闻》2010 年 2 月 1 日)、《南京大屠杀"2 万至 20 万人""30 万以上"历史认识上的日中差异》(《东京新闻》2010 年 2 月 1 日),《历史认识的突出差异》(《读卖新闻》2010年 2 月 2 日),等等。从这些文章可以看出,日本报纸仅仅是抓住南京大屠杀在人数上的表述,强调日中两国历史认识上的"鸿沟""差异"。其目的是要把国民视线从"肯定南京事件为历史事实"这一共同研究的成果上转移开来,并将原因全部归咎于中方,以降低中日历史共同研究的评价。②

冷战结束后,日本国民意识逐渐趋向保守化,批评和抵制"少

---

① 由日方执笔的近现代史部分,用 2 页篇幅介绍了南京大屠杀的原因、经过、屠杀的内容。对牺牲者人数,除介绍东京军事审判判决书中的 20 万人以上和南京军事审判判决书中的 30 万人以上两种数字,同时也指出虽然中国方面认为是30 万以上,但"日方的研究以 20 万以上为上限,其他还有 4 万人、2 万人等各种推算",肯定了南京事件是历史事实。

② 参见[日]笠原十九司《日中历史共同研究与南京大屠杀论争在日本的终结》,高莹莹译,《抗日战争研究》,2010 年第 4 期。

数右翼分子"在历史认识问题上错误言行的力量大为减弱。① 同时，随着中日两国经济、文化与人员往来与日俱增，面对中国经济起飞，善于炒作的日本报纸媒体通过舆论造势颠倒黑白，炒作所谓"中国威胁论"，不断刺激日本人的"民族意识"，并在历史问题上避重就轻、拒不反省。此类举动既影响了中日关系的正常发展，影响了日本国民对发展中的中国的正确认知，也使历史认识问题陷入了困境。

第三节　历史根源、外在动因与报界特质

　　日本报界的战争责任和历史认识问题，是战后日本社会各界战争责任和历史认识问题的一部分。由于战时日本社会各界包括教育界、新闻界、妇女界甚至宗教界、左翼力量等集体"转向"②，几乎全部投入支持对外侵略战争的狂潮中，并将战争与自身命运紧密相连，才使得在整个战争期间乃至战后半个多世纪以来，没有多少群体和个人对当年的错误思想、极端行为做出深刻反省。

---

① 关于日本媒体与社会舆论的右倾化问题，参见张广宇著《冷战后日本的新保守主义与政治右倾化》，北京：北京大学出版社，2005 年，第 81—92 页。

② 参见付启元《日本侵华战争的国民责任探析》，《学海》，2009 年第 4 期。

一、历史根源：未被彻底追究的战争责任和不彻底的
民主化改革

　　战后以联合国名义、实际由美国支配的 GHQ 操纵了日本的一切重建事务。GHQ 以"根绝日本的战争能力与军国主义""通过民主化使日本成为世界国家中的一员"为目的采取一系列措施，推行"战后日本民主改革"，如通过"公职驱逐"和解散旧政体来推动"民主化"进程，①颁布新宪法②以"消除日本对美国和世界和平与安全的威胁"，"最终建立尊重其他国家权利，并支持联合国宪章的理想和原则的、符合美国目标的日本政府"（《投降后初期美国对日方针》）；"而且要培养各种条件，使日本最终作为负责任的且是和平的一员参加国际社会"（《投降后初期对盟国最高司

---

① 1945 年 9 月，日本军队与其所属机关被"一卒不留"遣散；同月，逮捕甲级战犯东条英机。1946 年 1 月 4 日，GHQ 发出解散右翼团体及裁撤军国主义头目公职的指令，将所有战争"协助者"从政界、经济界、言论界驱逐，总人数约 12 万名。

② 1945 年 12 月 15 日，占领军指令神道与国家完全分离，禁止天皇的神格化。新宪法用法律形式，规定天皇不是神，没有实际的权利，只是国家统一的象征。12 月 31 日，禁止使用有关历史、地理与修身的教科书。新宪法"赋予国会最高权力，消除所有权利竞争的根源，或者使其明确的隶属于国会"，规定众议院选举首相，内阁对国会负责，选举产生的参议院取代贵族院。

令官占领及管理日本的基本指令》)。① 并进一步明确了日本在
新闻领域的改革目标,即排除一切障碍,恢复和加强民主主义,确
立言论、宗教、思想的自由及对基本人权的尊重。

1945 年 9 月到 10 月,GHQ 发布了 7 个日本新闻改革文件,
要求日本政府停止对报纸等大众媒介的审查。② 9 月 10 日,GHQ
首先发布了《关于言论和新闻自由的备忘录》,其内容如下:

　　1.日本政府应通过报纸、广播或者其他出版物,就制止与
事实不符或不利于公共安全的新闻之公布发出必要命令。
　　2.盟军最高司令官发布了旨在对言论自由应予以最小限

---

① 这些"非军事化""民主化"改革措施包括了废除军事法令及军事机构,日本军
队立即缴械并复员;逮捕和审判战犯;解散法西斯军国主义团体,剥夺军国主
义分子公职;废除法西斯军国主义的治安法令,释放政治犯和思想犯;废除法
西斯军国主义教育;政教分离;言论与新闻自由;开放工人运动等。更重要的
是,为保障非军事化、民主化改革的成功,制定了以主权在民、保障人权和放弃
武力为基本特征的新宪法。参见王新生《评日本战后初期的改革与"逆流"》,
《临沂师范学院学报》,2004 年第 5 期。张健:《试论日本战后改革的不彻底
性》,《日本学刊》,2004 年第 4 期。

② 其实早在 1945 年 6 月 11 日,美国国务院、陆军部和海军部协调委员会就制定
了《战后初期美国对日政策》(SWNCC150 号文件),与其他领域的改革意见向
日本政府发出不同,GHQ 对大众传媒采取了直接支配的方式,即强调"要注意
寻找一种方式,即通过每一种可能的渠道把再定位或再教育的概念输入每个
日本人的大脑"。为了达到这个目的,要利用一切传播媒介,如:图书、教材、期
刊杂志、电影、广播、报纸、讲座、办研讨班以及各类学校的讲台等。文件特别
强调,"必须认真地研究和考虑使用方法和恰当的材料。在具体操作过程中应
尽量使用说服的办法,避免使用说教,也要随时注意日本人的接受程度"。在
宣传媒介中,应当"间接"而不是直接地向日本人头脑中灌输美国式的政治民
主意识。

度的命令。盟军鼓励关于日本未来事宜的讨论,但这种讨论不能损害战败后日本为成为新的有资格与爱好世界和平国家为伍的国家而努力。

3.不得议论未经公开发表的有关盟军的行为、针对联合国的不真实的或者破坏性的批评和传说。

4.对于报道与事实不符或有害于公共安全的出版物或广播,最高司令官可令其禁止发行或停止运营。①

9月19日,GHQ又发布了《关于日本新闻规则的备忘录》,对报纸报道做出更严格的规定:

1.新闻应严格地忠实于事实,不得有编者的意见。

2.不得印刷直接或间接有可能不利于公共安全的出版物。

3.不得对联合国进行不真实或破坏性的批评;不得发表任何针对盟军的破坏性的批评或者有可能招致对盟军不信任或愤怒的事宜;已经公开发表的除外,不得就联合国的动态进行报道或评论。

4.不得出于宣传的目的对新闻进行加工或渲染,或为了需要而强调、突出并对细节进行过分夸张,或省略相关事实

---

① 其中还有一条单独针对"广播",即"广播在当前一个时期内应主要涉及新闻及音乐方面的娱乐性内容。新闻、解说以及信息的通报仅限于东京广播"。参见[日]高木教典、中野收、早川善治郎、北川隆吉编《图说现代大众传播》,东京:青木书店,1970年,第265—266页。

和细节。①

继 9 月 22 日发布《关于日本广播规则的备忘录》后,9 月 24 日,GHQ 发布了《关于将新闻界与政府分离的指令》,要求扶植日本的自由主义,使日本报纸媒体能够自由获取世界新闻。② 同日又颁布了管制新闻要点,即对新闻实施自由检查;废除新闻垄断,解散同盟社;政府与报纸分离等。

9 月 27 日,GHQ 根据上述指令,废除了日本政府涉及言论管制的 13 个法令,如报纸法、国家总动员法、新闻事业令、言论出版集会和结社等临时取缔法、战时刑事特别法、国防保安法、军机保护法、可疑文书取缔法等。

9 月 29 日,GHQ 颁布《报纸、言论自由新措施》,废除日本政府对新闻自由及通信自由的限制,取消了内阁情报局的媒体监控权。③ 10 月 4 日,GHQ 发布了《关于废除对政治自由、公民自由和宗教自由限制的备忘录》,迫使日本内阁情报局发出了"过去各种禁令无效的通告",基于以上的规则,日本政府不再直接控制报界,GHQ 也初步完成了对日本报界的自由化、民主化改造。

---

① 《关于日本新闻出版规则的备忘录》的总计 10 条,参见[日]今西光男著《占领期的朝日新闻与战争责任——村山长举与绪方竹虎》,东京:朝日新闻社,2008 年,第 100—101 页。

② [日]高木教典、中野收、早川善治郎、北川隆吉编:《图说现代大众传播》,东京:青木书店,1970 年,第 267 页。

③ [日]有山辉雄:《占领期媒体史研究——自由和统制(1945 年)》,东京:柏书房,1996 年,第 186 页。

毫无疑问,以上规则和备忘录的内容,既有"废除日本旧的新闻恶法""保护日本新闻自由"的一面,也有要求日本政府对 GHQ 的活动不容质疑、不得干预的一面,维护的是 GHQ 在日本的绝对统治地位。①

GHQ 还清除了新闻界的旧势力,颁布了战犯名单和开除战犯公职的指令。1945 年 12 月 2 日,公布的战犯名单中新闻界有古野伊之助(原同盟社长)、正力松太郎(《读卖新闻》社长)、德富猪一郎(《每日新闻》)、下村宏(原《朝日新闻》副社长、情报局总裁)等人。1946 年 1 月,GHQ 继续整顿日本报业机构,范围是 1937 年中日战争爆发后任报社社长、编辑局长等职务的人员,结果共有 351 人被开除公职。②

可以说,在战后初期,日本报界对侵略历史和战争责任的认识是清晰、清醒的。东京审判临近结束时,《每日新闻》(1948 年 11 月 13 日)就警告说,惩罚战争领导者,并不意味着日本人全体"洗清"了反和平的罪责;《日本经济新闻》(1948 年 11 月 13 日)呼吁"反省",并强调国民现在负有确保国家的领导者遵守和平与民主的原则的责任;《朝日新闻》(1948 年 11 月 5 日,13 日)对国

---

① 如 GHQ 对日本报界的检查,作为第一条被禁止的就是对最高司令官的批判,此外还包括不得批判军事法庭;不得批判最高司令部起草宪法;不得批判美国;不得批判苏联;不得拥护战争宣传;不得批判占领军;不得描写占领军官兵与日本人(男女)的亲密关系;不得夸张饥饿等等。参见[日]古川纯解说《GHQ 日本占领史・出版的自由》,东京:日本图书中心,1999 年,第 28—29 页。

② [日]山本文雄编著:《日本大众传媒史(增补版)》,诸葛蔚东译,桂林:广西师范大学出版社,2007 年,第 201 页。

民未能积极抵抗独裁统治表示遗憾,并对《朝日新闻》本身曾屈从军国主义者感到羞耻,现在的任务就是从过去的失败中学习,在这种自知之明的基础上决意"建设和平的民主国家";《日经联时报》(1948年12月25日)发表社论称,日本人必须信奉民主主义,切实理解"反和平罪"的意义,像积极爱好和平的国民那样生活。①

但是,在随后爆发的争夺报纸编辑权斗争以及新闻工会斗争中,左派力量不断地被扼杀,②报社内部追究媒体战争责任的运动终于未能深入开展下去。原因是随着世界冷战格局逐渐形成,以及日本国内局势的变化、新中国成立、朝鲜战争爆发,美国改变了对日占领政策——从最初希望通过"民主化"及"非军事化"的改革,转变为通过扶植日本恢复与发展经济,继而扶植日本,将其变成西方自由主义阵营在亚洲的军需工厂和反共防波堤。以此为背景,日本出现了反民主化的"逆流"。③ GHQ在感到"民主化"导致的"左派"力量强大后,迅速改变媒体政策,如撤换有左翼倾向的报纸负责人;宣布报纸编辑权从属于经营权,侵害编辑权者可不必经过工会同意即处以严厉惩罚;麦克阿瑟还直接下达指令终止了新闻工会决定参加的"二·一大罢工";等等。

① 参见[美]约翰·W·道尔著《拥抱战败——第二次世界大战后的日本》,胡博译,北京:生活·读书·新知三联书店,2008年,第491页。
② 关于战后《朝日新闻》的社内革命和《读卖新闻》内部争夺编辑权的斗争,参见[日]山本武利《战后媒体战争责任的视点》,载[日]佐藤秀夫、山本武利编著《日本的近现代史与历史教育》,东京:筑地书馆,1996版,第107—114页。
③ 参见王新生《评日本战后初期的改革与"逆流"》,《临沂师范学院学报》,2004年第5期。

以"二·一大罢工"为分界线，GHQ 大力清除左派力量，如镇压在东京召开的"为了全面媾和的人民大会"，解散日共中央委员会，整顿日共机关报《赤旗报》，等等。朝鲜战争爆发后，GHQ 开始大规模地从报界清共——麦克阿瑟认为"共产主义者把报道作为颠覆国家和使用暴力的手段"，而"为了维护公共的利益，就必须拒绝公共信息媒体的自由使用"，因此对《赤旗报》等共产党系统的报纸采取了无限期禁止发行的措施。① 全国 50 家报社总计被解雇 804 人，占报界从业人数的 2.1%，远远高于一般产业的 0.3%。被开除公职的战时报界负责人在战后又逐渐被撤除解职令返回了新闻界。②

美国远东政策确立后，开始纵容日本国内的保守势力——为战犯恢复名誉，东条英机等甲级战犯成了"因公殉职者"，遗属得到了抚恤金和养老金。作为甲级战犯被起诉的岸信介成为日本首相，甲级战犯重光葵担任了鸠山内阁的副首相、外务大臣，甲级战犯贺屋兴宣担任了池田内阁的法务大臣。在报界以《朝日新闻》为例，战前担任社长、会长、副社长、董事、总编辑、社论主笔以及各部部长如村山长举、上野精一、绪方竹虎、石井光次郎、原田让二等人，有的又回到了《朝日新闻》的领导岗位，有的甚至担任

① 关于 GHQ 在报界的"清共"措施及整顿的结果，参见诸葛蔚东著《战后日本舆论、学界与中国》，北京：中国社会科学出版社，2003 年，第 312—314 页。
② 关于报界的"清共"，参见［日］山本文雄编著《日本大众传媒史（增补版）》，诸葛蔚东译，桂林：广西师范大学出版社，2007 年，第 202—203 页。张国良：《现代日本大众传播史》，上海：学林出版社，1992 年，第 27—32 页。

了内阁副总理大臣(如绪方竹虎)、通产大臣(如石井光次郎)。①这些"政府行为"大大鼓舞了日本军国主义分子为侵略战争翻案的信心和决心,也直接导致了日本战后屡次出现否认侵略历史,不承认东京审判,为侵略战争辩护的现象。失去了严厉追究报界战争责任的外部环境,报纸右倾化开始长期占据主流地位,所谓追究报界战争责任问题自然也就不了了之。

对于占领军对日媒体政策的转变,山本武利认为:

GHQ 的占领方针在 1947 年至 1948 年之间,由对日本非军国主义化和民主化改革转换到与冷战结构相对应日本从属于美国的方向。其实媒体民主化改革早在 1946 年 6 月就已停止。也就是说,占领当初旨在追究大众传媒战争责任和推进民主化的改革,在 1946 年夏季之后变成为实现其占领目的的大众传媒改革。麦克阿瑟在当时所采取的方针已经明确,就是要把媒体作为推行 GHQ 政策的工具。②

有山辉雄也指出:"必须注意到的是,自由化政策也好,统制政策也好,都根本没有追究日本旧媒体与军国主义的牵联和对其旧体制进行改革的意图。"③而这种不追究日本报界战争责任的理

---

① [日]安田将三、石桥孝太郎:《朝日新闻的战争责任》,东京:太田出版,1995年,第 229 页。
② [日]山本武利:《占领期媒体分析》,东京:法政大学出版局,1996 年,第 4 页。
③ [日]有山辉雄:《占领期媒体史研究——自由和统制(1945 年)》,东京:柏书房,1996 年,第 37 页。

念,实际上早已根植于美国的日本问题专家头脑中。在"战后外
交政策咨询委员会"制定的日本报纸媒体政策中就有"民主主义
国家和理性的传播自由"的描述,即认为日本报界的"基本性格"
是好的,能够"追求自由和民主",只是发动侵略的军国主义分子
占了上风;只要清除军国主义,报界就能发挥应有的功能。有山
辉雄将此解读为:

　　　　这种对新闻的期望,来自将报纸等媒体看成是具有民主
　　主义精神的媒介的理念,在战争时期日本的报纸和广播虽然
　　成了军国主义的宣传工具,但那也是军部施行高压政策的结
　　果。而且,甚至认为媒体是军国主义的受害者,并进而设法
　　谋求从军国主义的桎梏中将其解放出来的政策。因此,美国
　　就不可能再有追究媒体的责任和对其加以改革的设想。①

　　由于有了这样的背景:美国主导的不彻底的民主化改革以及
对日政策的改变,使得日本的国家机关、组织形态得到部分保全,旧
官僚、旧政治组织的人脉仍然存续,加之东京审判的"免罪"问题,②

----

① 　[日]有山辉雄:《占领期媒体史研究——自由和统制(1945年)》,东京:柏书
　　房,1996年,第33页。
② 　在美国主导的东京审判中,出于利用天皇威信、GHQ"间接统治"日本的这一政
　　治目的,天皇及其元老、重臣、海军、外务省官僚等得以"免罪",仅把责任限定
　　在以陆军军人为主的一伙人身上,其结果是使东京审判失去了公正性,使日本
　　整个社会和国民失去了认罪、反省的机会,助长了日本的"被害"意识,造成了战
　　争责任认识上的心理障碍。参见[日]藤原彰著《日本近现代史》,第三卷,伊文
　　成、李树藩、南昌龙、赵春元译,邹有恒校,北京:商务印书馆,1983年,第329页。

使得在国际和国内都失去了追究日本战争责任的前提和动力。而随着正力松太郎等报界战犯嫌疑人重新回到报社继续掌握权力,在追究日本战争责任问题不了了之的同时,也强化了战后报界与战前报界的连续性。在这个具有"连续性"的历史进程中,没有被彻底清除的旧势力依然存在。

二、外在动因:日本政府以及一些政党、政治家历史观的影响

　　战后日本报界的历史认识与日本政府及一些政党、政治家、右翼组织的言行有直接关系。以同为二战元凶的德国为例,其对战争责任的承担、对历史问题的认识,却与日本有着迥然不同的理解:

　　　　首先,德国不仅承认侵略事实,承担战争罪责,并且认为纳粹政权和纳粹统治是导致战争和民族灾难的根源。而日本只承认"终战",回避侵略事实,掩盖歪曲二战历史,在战争根源问题上没有进行认真彻底的反省。

　　　　其次,德国的历史认识逐步深化、积极,从政府到民间都能够正确对待历史问题,正义力量占据主导地位。而日本在认识历史问题上几十年徘徊不前,主张彻底反省侵略历史并承担战争罪责的力量始终处于劣势和少数地位。

　　　　再次,绝大多数德国政治家,特别是国家领导人有政治

远见和政治责任感,在对二战历史问题的认识上表现得比较
深刻和超前。而日本政治家缺乏应有的政治素质,有勇气、
有远见的政治家为数极少。民间少数有识之士在这个问题
上的认识远比政府深刻。

　　最后从国际关系的大局出发,德国在处理二战历史问题
时,尊重被害国家和被害民族的民族感情,注意国际舆论的
监督,采取国际交流与合作的态度,取得了国际社会的信任。
日本在二战历史问题上顽固坚持原有立场,采取不合作和自
我孤立政策。①

　　对此,日本学者津田道夫在2000年7月28日的中日论坛中
日学者交流中指出:并不是日本人要回避正确的历史教育,而是
日本政府以及文部省要这样做。是由于战后日本一直受美国的
支配,也就是向美国一边倒,因此,对于战争责任一直模模糊糊,
敷衍了事地过来了。特别是最近自由主义史观、新历史教科书编
撰委员会,这样一股势力在民间流行,他们妄图修改历史教科书。
政府利用战败的日本处于百业萧条,人民处于饥饿的状态,强化
了日本人的受害意识,这就是在战后的三四十年中,日本人对战
争认识问题一直模模糊糊的原因之一。出生于1953年的大阪教
育大学教授山田正行也坦言,在学校里几乎没有学习到现代史的
知识,关于日中战争部分,也只是为了应付高考而死记硬背了一

---

① 李乐曾:《评德国和日本不同的二战史观》,《德国研究》,1997年第2期。

些个别词条,对于战争责任和战后责任,毫无觉悟与认识。①

因此,尽管远东国际军事法庭最终将东条英机等 7 名甲级战犯判处绞刑,荒木贞夫等 16 人判处终身监禁。但是曾经的战犯在战后又重掌政权,如甲级战犯岸信介,在 1957 年、1958 年两度组阁,担任过三年多的内阁总理大臣。与之形成鲜明对比的是德国:战犯嫌疑者不能掌权。1995 年 10 月 2 日,《朝日新闻》发表了德国哥廷根大学教授里思查·修塔鲁库和日本上智大学教授樋口阳一的公开对话:

> 德国在战后 50 年中推行了三项与过去决裂的措施,即开除纳粹时期官僚的公职;对受纳粹迫害而牺牲的人的家属给予补偿;追究战犯的刑事责任。②

战后 60 余年来,日本社会对东京审判的认识始终未有"共识",总是有政府内阁成员试图通过为甲级战犯翻案来"改写"侵略历史。中日恢复邦交后,从田中角荣到小泉纯一郎,公开承认日本发动了侵略战争的只有细川护熙和村山富市。就是细川护熙也在遭到日本政界一些人的反对之后将"侵略战争"改口为"有侵略行为";在日中恢复邦交中发挥了重要作用的田中角荣也只

---

① ［日］山田正行:《绪言:与"人的条件"之关联》,见［日］山田正行著《自我认同感与战争》,刘燕子、胡慧敏译,吴广义监译,北京:昆仑出版社,2004 年,第1页。

② ［日］本泽二郎:《天皇的官僚——日本右派真相》,雷慧英、曲志强、任建伟译,朱天顺校,北京:中国社会科学出版社,1999 年,第161页。

是在谈判中轻描淡写地说"那场战争"给中国人民"添了麻烦"。①

至于为侵略历史辩护而"屡屡失言"的政府阁员,则有铃木内阁的国土厅长官松野幸泰、中曾根内阁的文部大臣藤尾正行、竹下内阁的国土厅长官奥野诚亮、村山内阁的法务大臣永野茂门和环境厅长官樱井新,小渊内阁和森喜朗内阁外相的河野洋平、小渊内阁官房长官青木干雄等。

1993 年 8 月 10 日,就任首相后的细川护熙曾明确表示"我认识到上次的大战是侵略战争,是错误的战争",从而引起轰动。细川护熙是日本历任首相中明确断言那场战争是"错误战争"的第一人。但是,此后或许是慑于反响过于强烈,国会在 8 月 23 日的表态时竟然又改称为"侵略行为""殖民地统治"。② 尽管如此,自民党还是举行了抗议活动,成并立了"纠正被东京审判毒化的历史观,树立正确历史认识"的"历史研究委员会",众议院议员山中贞则任委员长,被远东国际军事法庭处以绞刑的甲级战犯板垣征四郎的儿子板垣正任事务局长。"历史研究委员会"极力美化"大东亚战争",把侵略战争说成是"自存自卫"的战争。1995 年 6 月,村山联合政权(自民党、社会党、新党联合组成)发起的"不战

---

① 参见张兵主编《别样风雨》,北京:新华出版社,2007 年,第 250 页。
② [日]江口圭一:《日本的侵略与日本人的战争观》,周启乾译,《抗日战争研究》,2000 年第 3 期。

决议"遭到自民党反对,也遭到日本遗族会和右翼团体的猛烈攻击,①终于变成了一个只字不提"侵略""反省""谢罪"的《以历史为教训　重申和平决心的决议》。②

　　这个措辞暧昧、责任含混的决议,把日本殖民地统治与欧美殖民地统治相联系,以"侵略行为"代替"侵略",用"超越对过去

---

① 战后右翼的历史认识表现为"皇国史观"和国家主义思想,认为日本是战争受害国家,反对揭露战争罪行,反对"民族自虐史观",具有不可小视的能量。多年来,右翼团体围绕历史认识问题制造了一系列为日本侵略战争翻案的谬论,特别是在 20 世纪 90 年代后期,日本右翼学者组织的"历史研究委员会""新历史教科书编纂委员会"等团体编写出版的《大东亚战争的总结》、"2002 年度初中历史教科书",公开扬言要向日本年轻一代灌输美化日本侵略战争历史的"皇国史观",为日本军国主义侵略战争罪行翻案。在关于日本对华战争及其向其他国家所发动战争的性质问题,关于日军在战争中所犯罪行,如南京大屠杀、细菌战、毒气战等的确认问题,关于"历史教科书"问题,关于靖国神社等等问题上,日本右翼势力,不顾中国人民和亚洲各国人民的反对,一意孤行,不断制造事端,已经成为中日关系和日本与亚洲其他国家关系发展的重大障碍。参见孙立祥著《战后日本右翼势力研究》,北京:中国社会科学出版社,2005 年。

② 在二战结束 50 周年之际,日本社会党原拟在国会促成通过一项写明日本对中国进行了侵略战争、对朝鲜进行了殖民统治并表示深刻反省和道歉的决议,但由于自民党、新进党等反对势力强大,社会党出于实践诺言与维持政权的考虑,不得不在决议内容上做出重大的、根本性的让步。即便如此,这个决议在众议院表决时,出席议员仅有 251 人,刚刚达到法定人数即当时实有议员 502人之半数(新进党议员全部缺席,执政 3 党议员约 70 人缺席),其中 14 名日本共产党议员因对决议的内容和措辞不满而投了反对票,可见其阻力之大。这种阻力,主要不是来自左的势力,而是来自右的势力,是以右翼势力否认日本进行过侵略战争、歌颂美化日本进行的侵略战争的错误言论(实际上应将其中许多言论称为反动言论)甚嚣尘上为背景的。关于《以历史为教训　重申和平决心的决议》反映出的日本政府的历史认识、日本的种种错误言论以及对其错误言论的分析与批判,参见蒋立峰《由"不战决议"谈日本对侵略战争的认识问题》,《日本学刊》,1995 年第 5 期。

战争认识的不同历史观"回避对历史的认识问题,将需要反省的历史问题模糊化,实际上这是几年前日本政府官员们对"解放亚洲历史观"的真实表露。① "与其说是同情过去的军国主义,莫如说是拥护、硬拖着战前体制不放。"因为决议内容暗含了日本只是被动地卷入了近代史上众多的殖民统治和侵略战争,而推卸战争责任、毫无反省之意,被世界各国舆论称之为"把过去的侵略和殖民地统治正当化的决议"。② 其恶劣影响正如《朝日新闻》6 月 23 日对此决议的评论:"令人羞愧的,令人难过的,令人难以忍受的。"

---

① 1982 年,松野幸泰在"教科书事件"时说:"日本在'进入'国外的当时,并没有使用'侵略'一词,如果把'进入'说成侵略就是歪曲事实。"藤尾正行则否认日本对中国的侵略,否认南京大屠杀的存在,"战争就要杀人,这从国际法来说不是杀人。所以,煞有介事地强调南京大屠杀是日本进行侵略的最典型最惨无人道的事件,从逻辑上讲是不妥当的。"永野茂门竟然在会见记者时公然声称南京大屠杀是"捏造出来的"。此后,国土厅长官奥野诚亮(1988 年 4 月)、法务省大臣永野茂门(1994 年 5 月)、环境省大臣樱井新(1994 年 8 月)、日本前副首相兼外相渡边美智雄(1995 年 6 月)、日本文部大臣岛村宣伸(1995 年 8 月)等先后发言为日本的侵略行为辩护。

② 日本历史上有两次战争决议,第一次是 1945 年 12 月 2 日众议院通过的《关于战争责任的决议》,明确了日本开战的责任和违反国际法实施残虐行为的责任。但是 1995 年 6 月 9 日的第二次众议院决议则模糊了日本的战争责任,尤其是其中"在对世界近代史上许许多多的殖民地统治和侵略行为进行回顾时,认识到我国过去的这种行为给他国人民特别是亚洲各国人民带来的痛苦,对此表示深深的反省。我们必须超越关于过去战争的不同的历史观,谦虚地吸取历史教训,并建立和平的国际社会"的表述,明显表达了日本政府不愿正视历史,不愿真诚反省的意图。参见[日]荒井信一《〈失去的十年〉与历史认识问题》,载船桥洋一编《现在,如何抓住历史问题》,东京:岩波书店,2001 年,第 40—41 页。

　　1995 年 8 月 15 日是日本战败 50 周年纪念日,"历史研究委员会"汇集了政界、学术界和新闻界 19 个主讲人的讲演内容,出版了颠倒黑白的《大东亚战争的总结》。① 同日,首相村山富市在"战后 50 年"讲话中明确表示:"日本曾经国策错误,使国民陷入存亡危机,殖民地统治和侵略给很多国家,特别是亚洲各国人民带来极大损害和痛苦。为将来不再犯错误而虔诚地接受这些无可怀疑的历史事实。在此再次表示沉痛反省、由衷歉意。"②村山首相的"8·15 讲话"得到了日本国内及世界舆论的好评。但是,同样是在 8 月 15 日这一天,9 名村山内阁成员参拜了靖国神社。

　　1996 年,自民党内又组成了"新历史教科书编纂会",并竭力使之成为"国民运动",此举得到了右翼组织"日本会议"在全国范围内的后援和一些大企业的资金支持。在此基础上,为防止产生所谓"自虐史观",而忽视、漠视对国民尤其是对中小学生的历史教育,甚至歪曲历史事实的历史教育,成为日本国民历史知识匮乏、历史认识模糊甚至根本错误的主要原因。对比东京书籍、大阪书籍、教育出版、日本书籍、帝国书院等出版社 1997 年历史教科书和 2002 年历史教科书的变化,可见其删除了"从军慰安

---

① 如在《大东亚战争的总结》一书中,称日本侵入东南亚是因为国际上形成了对日本的 A(美国)B(英国)C(中国)D(荷兰)包围圈;对中国的战争是因为日本的发展只能依赖于满蒙;南京人口只有 20 万,不可能杀了 30 万,东京审判战胜国以将中国拉入的形式进行复仇的结果,日本既然战败就不得不接受复仇的仪式等,该书堪称全面为日本侵华史翻案的"大合唱"。参见[日]历史研究委员会编《大东亚战争的总结》,东英译,北京:新华出版社,1997 年。

② 参见[日]荒井信一《〈失去的十年〉与历史认识问题》,载[日]船桥洋一编《现在,如何抓住历史问题》,东京:岩波书店,2001 年,第 42 页。

妇”“南京大屠杀”“三光作战”,以及“侵略”等词语。① 2005 年 4
月文部科学省审定的新版中学历史教科书则隐瞒加害事实,扩大
受害者意识,肯定日本发动的战争是自存自卫战争,宣扬侵略有
理,侵略有功。② 正是在日本政府掩盖侵略历史、推卸战争责任以
及右翼保守势力的推动下,近些年来才出现了历史教科书事件、
参拜靖国神社、修改“和平宪法”、对战争受害者不道歉不赔偿等
美化侵略战争、为侵略战争历史翻案等问题。这在客观上也为报
界在历史认识问题上的极端民族主义宣传提供了广泛的社会
基础。

　　二战结束以来,在一些日本政要、普通民众特别是右翼分子
之间,一直存在着“美英同罪史观”“自卫战争史观”“解放战争史
观”等错误的、狭隘的历史认识。③ 如关田寅氏(无职业,84 岁,埼
玉县秩父市人)在 1993 年 8 月 10 日细川首相讲话后致信《每日
新闻》表示“不能同意首相关于侵略战争的发言”(《每日新闻》
1993 年 8 月 18 日),表达了“美英共同责任论”,即对“美英同罪
史观”的认识:

---

① 　关于东京书籍、大阪书籍、教育出版、日本书籍、帝国书院等出版社 1997 年历史
　　教科书和 2002 年的具体删改变化,参见步平著《跨越战后:日本的战争责任认
　　识》,北京:社会科学文献出版社,2011 年,第 376—383 页。
② 　关于日本历史教科书问题,参见张海平、步平著《日本教科书问题评析》,北京:
　　社会科学文献出版社,2002 年,第 77 页。
③ 　关于“美英同罪史观”“自卫战争史观”“解放战争史观”等,参见孙立祥《日本
　　右翼势力的“美英同罪史观”辩正》,《东北师大学报》,2006 年第 3 期;[日]江
　　口圭一:《日本的侵略与日本人的战争观》,周启乾译,《抗日战争研究》,2000
　　年第 3 期。

回顾以往并做历史的考察时,问题并不只是在于日本单方面地进行了侵略。包括曾经君临七个海域的英国在内,美国、法国、荷兰等欧美各国都曾侵略世界各地,肆意掠夺、屠杀与破坏。虽然不能说是胜者王侯败者贼,但还是盛行着无论做了什么坏事都以强者(武力)为赢的逻辑……就这次大战而言,难道不能说是同英美等国负有共同责任吗?①

20 世纪 90 年代中期以来,日本政府大力推进"普通国家化"进程,其中强兵、改史与政治总体右倾化互相促进,共同发展,使得美化战争、否认侵略历史表现出了公开化、系统化、理论化和组织化、立法化等特点。② 如利用右翼媒体摇旗呐喊,不再使用政府官员"失言"等形式,而是成立了"日本遗族会""自由主义史观研究会""大家参拜靖国神社国会议员会""新历史教科书编撰会""历史研究委员会",有组织地积极推动,并最终在 1995 年完成其历史认识的"立法化"——《以历史为教训——重申和平决心的决议》,清晰地表明了日本政府在美化战争、否认侵略历史问题上的一贯性、顽固性,由此也深刻影响了日本报界的历史认识。

---

① [日]江口圭一:《日本的侵略与日本人的战争观》,周启乾译,《抗日战争研究》,2000 年第 3 期。

② 李建国:《冷战后的中日关系史》,北京:中国经济出版社,2007 年,第 122—124 页。

三、报界特质：以"国益"为中心的报道方向

追溯近代日本报业的发展历史,可以看到"国益"始终是日本报界不变的追求和使命;日本报界精英以最大化"国益"为己任的奋斗目标,远远超过客观、公正、真实、全面等新闻理念。不论是侵华战争时期报界上层认为只有占领满蒙,才符合日本的国家利益,因而积极充当侵略战争的急先锋;还是在中日建交前夕,报界精英认识到只有同中华人民共和国而不是同中国台湾建立正常的国家关系才符合日本的国家利益,因而报界"逆政府而动"成为促进两国恢复邦交的重要力量;或是近些年来日本报界宣扬的"中国威胁"、厌华情绪,也是因为精英阶层认为崛起的中国不符合日本的国家利益,延迟、阻滞乃至遏制中国的崛起才是日本的国家利益所在。① 报界为"国家利益"冲锋陷阵,经常冲在政府的前面。这在甲午战争、日俄战争、第一次世界大战,乃至于发动全面侵华战争的历史进程中均有惊人的表现。日本报界记录战争、深度介入战争,进而积极宣传战争、鼓动战争、参与战争,成为战争时期"总体战体制"中的强大战争力量。

从总动员的角度来看,"总体战体制"至今犹存,只是变换了高度经济增长和高度信息化的形式而已,即依然不缺乏并时时暴

---

① 参见金赢《浅析日本新闻媒体中的厌华情绪》,《日本学刊》,2005 年第 2 期。

露出"总体战体制"基因。① 冷战时期的日本受制于国际压力,还不能公开使用"国益"一词,因此在芦田均、岸信介、池田勇人首相的施政演说中也一次也没有出现过"国益"的表述。但是在日本成为世界经济大国之后,为迅速地变成"普通国家",日本政府领导人开始频繁使用"国益"一词。社会舆论中的"国益论"也迅速崛起。根据日本外务省官员小原博雅的研究,从 1985—2005 年,日本主要报纸《朝日新闻》《读卖新闻》《每日新闻》《日本经济新闻》《产经新闻》《东京新闻》的"国益"报道呈现增加趋势。其中 1992 年的相关报道比 1987 年增加了 1.5 倍,社论增加了 70%;1998—2003 年,以上 6 家报纸使用"国益"的总次数增加了 2 倍,社论增加了 2.2 倍。仅在冷战结束后的 1989—1990 年,增长率就达到了 65%,而社论则增加了 70%,1998—2003 年更是增加了 2.2 倍。② 大量的"国益"报道反映了记者与国民的关注点,也代表了报界的主张。

　　但是,如何才能实现国家利益?如何发挥报界的积极作用使得国家利益最大化?日本报界的做法颇值得商榷。有学者研究表明,在涉华问题报道上,20 世纪末至 21 世纪初的 10 年间,日本

---

① 按照佐藤卓己对"总体战体制"的解读,"所谓总体战体制是一个由国民总动员把人们的日常生活置于战争状态的自我组织体系"。在日本,正如人们指出"1940 年体制"至今犹存那样,在高度国防体制被建构起来之后,人们又被置于名为高度经济增长、高度信息化的"总体战"的状态之下。时至今日,"动员"还未解除。参见[日]佐藤卓己著《现代传媒史》,诸葛蔚东译,北京:北京大学出版社,2004 年,《序》第 3 页。

② [日]小原博雅:《日本走向何方》,加藤嘉一译,北京:中信出版社,2009 年,第 26—27 页。

报界呈现出高度趋同性的特点,经过报界张扬的"国益"本身除了具有很强的"亚洲盟主"色彩,还有一种基于本民族利益高度自觉上的排他性。① 如2003年对上海高铁的报道与侵华日军遗弃化学武器给中国民众造成伤亡的报道形成了鲜明对照,一方面是积极推销新干线技术,出专题,发特刊;一方面是偶有提及也只是轻描淡写,显示了日本报界在历史认识与现实利益之间的取舍。

不可否认,在中日建交前后,日本报界在改善中日关系方面起到了积极作用,既符合日本国家利益也符合中国国家利益的媒体报道曾经推动了中日两国的交流与合作;"重视亚洲的外交与历史问题",也曾经是1995年村山富市内阁得到国际社会普遍好评的政治主张和外交立场。但是,近年来日本报纸在教科书问题、历史问题、参拜靖国神社等方面,却常常罔顾历史事实,蓄意误导历史认识,并进而炒作"中国威胁论"。报纸媒体大量增加的情绪化、煽动式的涉华负面报道,不断地刺激着日本人的"民族意识",一向标榜"客观、公正"的日本报纸传媒已经距离历史事实和它所追求的"国益"越来越远。

对国家利益的追求是日本报界的精神特质,而且远比自由和公正等新闻传播的职业理念更加重要。② 诚然,报界追求国家利益的最大化本无可厚非,但是,什么才是真正的国家利益? 如何做才能长久维护国家利益? 在以主权国家为中心的近代世界,对

---

① 李新立、林晓光:《倾斜的新闻伦理与错位的职业操守——日本媒体涉华报道中的"群体失范"现象》,《当代传播》,2006年第6期。

② 诸葛蔚东:《战后日本舆论、学界与中国》,北京:中国社会科学出版社,2003年,第303页。

国家利益的追求必须立足于对国内和国际形势的综合考量,本国之国家利益与他国之国家利益密切相关,本国之国家利益的实现也往往是在与他国之互动中获得;无视历史、忽视历史认识的片面化、绝对化地强调本国利益,丧失自我判断,完全趋同、集中的宣传报道,甚至是一味地忽视、损害他国国家利益,必然会在国际社会中遭到抵制和惨败,并深刻影响真正的、长远的、可持续发展的国家利益的实现。

小　结

战时日本报界并非全部自愿或自始至终支持侵略战争。早在 1932 年"五一五事件"中,就有报纸媒体反抗内务省禁止传播有关"五一五事件",严厉批判军部。如《福冈日日新闻》《新爱知新闻》等报纸媒体,尤其是《福冈日日新闻》编辑局长菊竹淳亲自执笔撰写社论《枪毙杀害首相凶手》《勇敢行动促进国民觉悟》《骚扰事件和舆论》《当前的重大问题》等,反抗军部对报纸的控制、坚持批判军部的罪行。在 5 月 17 日的社论《勇敢行动促进国民觉悟》中,菊竹淳指出:

> 陆海军人闯进首相官邸,虐杀老首相简直是荒谬绝伦。(中略)任何人都不会满足于今日的议会、今日的政治、今日的选举、今日的政治家,这里面有很多的腐败、有缺陷、有不足是事实。无论如何我们也没有理由立刻回到独裁政治,没

有丝毫的根据能够证明独裁政治会给国民带来幸福,也没有任何根据让人们相信法西斯运动能够拯救日本。①

　　《福冈日日新闻》捍卫了报纸媒体作为言论机关的权威,却遭到了军部威胁,被政府禁止出版发行。此外还有地处偏远的《河北新报》《信浓每日新闻》等地方报纸也批评政府的政策。② 有影响力的大报如《东京朝日新闻》,其主笔池边三山也曾明确提出军人不应该干预经济财政的主张,③结果编辑部和印刷厂险些被"二·二六事件中"的叛乱部队捣毁;《福冈日日新闻》还发表过反对扩军、批判军国主义的内容,主张废除主力舰和航空母舰。甚至在日军发动"九一八事变"后给首相犬养毅致电希望政府采取特殊措施结束战争,结果报社遭到暴徒袭击,主笔菊竹淳收到了大量的匿名信和恐吓信,报社还被当地驻军持枪威胁,甚至派出飞机"在屋顶做威慑飞行"。④

---

① 　[日]菊竹淳:《勇敢行动促进国民觉悟》,《福冈日日新闻》1932 年 5 月 17 日社论。转引自[日]安田将三、石桥孝太郎著《朝日新闻的战争责任》,东京:太田出版,1995 年,第 244 页。
②　之所以如此,因为这些地方报距离东京比较远,与全国性报纸相比,受到干扰少,从社长到报社职员还没有丧失保卫言论自由的传统信念。[日]山本文雄、山田实、时野谷浩编:《日本大众传播工具史》,刘明华、郑超然译,西宁:青海人民出版社,1984 年,第 145 页。
③　[日]池边一郎等:《池边三山》,东京:みすず书房,1989 年,第 97 页。
④　[日]安田将三、石桥孝太郎:《朝日新闻的战争责任》,东京:太田出版,1995 年,第 243 页。[日]铃木健二:《战争和报纸》,东京:每日新闻社,1995 年,第 111 页。[日]塚本三夫:《实录侵略战争和报纸》,东京:新日本出版社,1986 年,第 173—178 页。

　　1933 年 8 月 11 日,《新爱知新闻》主笔桐生悠悠发表了讽刺军部"空袭火灾演习"的社论《可笑的关东防空大演习》,被军部大加训斥,勒令停刊;后来桐生悠悠又在《信浓每日新闻》再次批评军队的防空演习,遭军队干预、被迫辞职。① 1943 年 1 月 1 日,中野正刚在《朝日新闻》发表了《战时宰相论》,提出特殊时期日本首相的条件,批评东条独裁,结果被迫自杀。此外还有《每日新闻》记者新名丈夫,因在 1944 年 2 月 23 日刊载《胜利还是灭亡,竹枪无济于事》,而被首相东条英机强征入伍、派驻硫磺岛。②

　　在政府和军部的严格管制下,战时日本报界依然有极少数"不屈服""不转向"的报人和报纸,这在日本报史上是不争的历史事实。但战时日本报界绝大多数的报人和报纸屈服于政府和军法西斯统治,完全失去了报纸媒体批判的态度,也是最基本的历史事实。考察战时日本报界绝大多数报人的"转向",固然有政

---

① 桐生悠悠(1873—1941),原《信浓每日新闻》的主笔,1899 年毕业于东京帝国大学,曾任职《下野新闻》,1903 年进入《大阪每日新闻》,1907 年转入《大阪朝日新闻》,1910 年任《信浓每日新闻》主笔。1933 年 8 月 11 日,桐生悠悠撰写了社论《可笑的关东防空大演习》,预言遭到都市空袭的日本必将败北,遭到陆军强烈抨击,长野县在乡军人会也发起了拒买《信浓每日新闻》的抗议活动。桐生悠悠被迫退出报社,1934 年 6 月创办了一人负责的媒体《他山之石》,至 1941年 9 月发行了 177 期,刊载了许多反战、反军部独裁以及对"五一五事件"的评论等。参见[日]前坂俊之著《兵是凶器:战争和新闻,1926—1935》,东京:社会思想社,1989 年,第 172—188 页。[日]铃木健二:《战争和报纸》,东京:每日新闻社,1995 年,第 112 页。[日]塚本三夫:《实录侵略战争和报纸》,东京:新日本出版社,1986 年,第 179—183 页。
② [日]春原昭彦:《日本新闻通史》,东京:新泉社,1985 年,第 223—224 页。

府和军部残酷镇压的一面,①即"在国家权力之下发生了思想转变",但更重要的还是报人在认同了"国家主义"国策后的自觉自愿,即"转向"是为了切身利益才服从于主张军事扩张的天皇制国家利益,主动、积极地支持了侵略国策。在"转向"的三种类型——"政治转向"、"一般人志向的转向"和"精神转向"中,报人作为知识分子,其"转向"无疑属于"精神转向"一类,②即舍弃报界宗旨,从精神方面服从国策。如"七七事变"后,首相近卫召集报界代表44人开会,表明了政府要全面发动战争的"重大决意",希望得到报界的舆论支持,与会代表在权衡利弊后,均明确表示了支持侵略战争,随后各报社派出了数百名记者、摄影师奔赴战场。③

二战结束以来,日本报界对战争责任问题普遍缺乏深刻反省,对侵略历史往往持暧昧态度,这与整个国家和政府层面对战

---

① 如20世纪20年代后期,日本政府(特高课、思想警察)以《治安维持法》《新闻纸法》为依据,对思想犯、过激分子的搜查和逮捕,特别是"三一五事件"中,对无产者报社、东京记者联盟的搜查,以及其后以紧急敕令(129号)形式颁布的《改正治安维持法》,不仅规定了可判处死刑的问题,更有对"支持结社人员"的追诉问题,和30年代"制度化"的"思想犯保护观察法",对"反政府过激分子们"起到了巨大的震慑作用。参见リチャード・H・ミッチェル著《战前日本的思想统制》,奥平康弘、江桥崇译,东京:日本评论社,1980年,第81—96、155—160页。

② 其中,日共领导人佐野、锅山的"转向"则属于"政治转向",关于日共"转向"问题参见リチャード・H・ミッチェル著《战前日本的思想统制》,奥平康弘、江桥崇译,东京:日本评论社,1980年,第119—123、165—168页。

③ [日]塚本三夫:《实录侵略战争和报纸》,东京:新日本出版社,1986年,第207页。

争责任的暧昧、错误认识是一脉相承的。谈到战争责任,日本人往往将其推给昭和天皇和旧陆海军,但仅仅是天皇和军队还不能把日本引向战争,战争是各种社会势力、职能集团共同作用的结果,包括高度发达的日本报界。积极支持侵略战争、发挥战争动员作用是战时日本报界的普遍做法,反抗专制独裁、甚至反战的报纸和记者毕竟是极少数。战时日本报界已然成为一种军事力量,承担了战争动员甚至直接参与战争的全部过程,从军记者与士兵的"枪部队"并称为"笔部队",作为战争中的强大武器,没有报界的宣传鼓动与大力支持,日本对外侵略战争不可能持久。

　　日本报界历史认识问题已经成为影响中日关系正常发展的原因之一,尤其在当前日本政治右倾化已具有广泛社会基础的大背景下,"一方面是该国(日本——引者注)政府官员和媒体对国内的恐怖和暴力逐渐升级都未予重视或干脆视而不见,另一方面是国家施以限制和减少某些自由和批判性观点"①。因此在日本政府"沉默即同意"的社会氛围中,20 世纪 80 年代以来,日本报纸

---

① 如 1987 年《朝日新闻》记者被右翼组织杀害而凶犯至今逍遥法外;2004 年,三位反战人士因散发反对自卫队派遣的小册子而被政府逮捕,僧人荒川庸生因散发共产党的材料而被拘禁 23 天;2005 年 7 月,有人向中日友好 21 世纪委员会日方首席委员小林阳太郎家里扔燃烧瓶;2006 年,相继有教师因鼓励学生讨论战争责任问题而被学生家长告发,遭到校方解职,有市民因反对美军迁移军事基地并参与媒体讨论而受到谩骂和威胁,甚至东京大学教授高桥哲哉也不得不随时提防恐吓。2006 年 8 月 5 日,右翼分子火烧前自民党干事长加藤纮一的住宅,因其对靖国神社、冲绳美军基地等持有不同主张,等等。参见[澳]加文·麦考马克著《附庸国美国怀抱中的日本》,于占杰、许春山译,北京:社会科学文献出版社,2008 年,第 24—34 页。

上不断出现的美化侵略历史、宣扬"皇国"史观的右翼分子叫嚣，以及标榜"拯救日本沉没""恢复国家尊严""对中国说不"等"集中豪雨"式报道，其政治动员思维竟与战时"总体战体制下"的报界服从"国策"、大力维护"国益"的政治动员极为相似。

从这个意义上说，战后报界的"总体战体制"至今犹存。

结　语

关于近代日本报纸传媒史，一般将其分为"泾渭分明"的两个研究阶段。即以 1945 年 8 月 15 日为分界点，此前的 75 年，日本报界基本上是为军国主义服务；此后的 45 年，则是民主（其性质当然是资产阶级的）体制下，为资本主义的政治、经济、文化建设服务。① 本书把近代日本报史分成幕末明治初期、明治大正时期、昭和前期（1945 年 8 月 15 日前）至 1945 年战败以后三个阶段，突出其"总体战"和"贯战史"的特点。

以"公共领域"而论，报界是理想的"公共领域"。在幕末明治过渡时期，具有近代意义的日本报界也曾经被动地"短暂开放为公共领域"，但是并未取得"永久的合法地位"，这种基于幕府势力和明治新政府政治斗争间隙的"公共舆论自由空间"，迅速地在政治斗争结束后"土崩瓦解"。所以到明治大正时期，政党政治和喉舌党报风起云涌，"在具有政治功能的公共领域取得永久的合法地位之前，政治报纸的出现和生存，就和争取公共舆论的自由空间的斗争，争取公共性原则的斗争具有同等重要的意义"②。但

---

① 张国良：《现代日本大众传播史》，上海：学林出版社，1992 年，《绪言》第 1 页。
② ［德］哈贝马斯：《公共领域的结构转型》，曹卫东、王晓珏、刘北城、宋伟杰译，上海：学林出版社，1999 年，第 221 页。

是在日本，与通常意义上的"具有政治功能的公共领域构建模式"不同，由于明治维新只是以君主立宪之名行军事专制之实，在民族扩张主义思潮爆发后，"公共权力领域（政治）"不断侵入形成中的、尚未成熟的"公共领域（大众传媒）"，甚至直接将"私人领域"也一并纳入"公共权力领域（政治）"，并强制操控报纸媒体的政治参与、环境监测、政治社会化、政治稳定等功能，强力链接了"公共权力领域"和"私人领域"，最后在近代日本形成了整个国家和社会的"总体战体制"，并一直延续到战后。

以"总体战体制"而论，日本报界是政府"总体战体制"的重要一环。当拥有"高超专业素质和高度职业责任感"的报纸传媒遭遇专制政府的侵略扩张国策——"国家利益和民族存亡一致"，需要形成"命运共同体"的时候，政府必然要动员全社会的力量（包括报界），对社会和民众实施严格管控，并将报纸传媒作为政治动员和宣传战的有力武器。近代日本报纸自诞生之日起就与政治建立了密切联系，以其"高超的专业素质和高度的职业责任感"，或高扬反政府、追求民主政治的旗帜，向专制独裁开战，与近代日本政治共同成长。如幕末战争时期发动"佐幕"与"勤王"之争——在严守"旧制度"与发动"大革命"之间做殊死搏斗；明治初期介入政府内部斗争——甘作党报、充当政党喉舌；在自由民权运动、护宪运动和大正民主运动时期为追求民主政治、反对"藩阀专制"摇旗呐喊，甚至发出"白虹贯日"的警告；或在对外侵略战争时期，在政府和军部管制、暴力胁迫下，绝大多数日本报界自愿参与、服从或被动"转向"①,大力支持"国策",致力于维护"国益",积极参与了"总体战体制"的构建,走上了支持法西斯战争的道路。② 1945 年日本战败投降,GHQ 操纵了日本的民主化改革,由于改革的不彻底、战后国际冷战局势的形成以及东京审判的局限,战时"总体战体制"下的报界与战后"民主化改造"后的报界仍然有着不可分割的连续性,即报界的"总体战体制"并未止于日本战败的 1945 年——"总体战体制"至今犹存,报界的"政治动员"也从未停止。

以"贯战史"而论,这种至今犹存的"总体战体制",不仅体现在战时掌控报界、实施政治动员和宣传战的报界精英在战后继续

---

① "转向"是 20 世纪 30 年代日本社会的流行语,肇始于 1933 年 6 月 10 日,日共委员长佐野学、中央委员锅山贞亲在狱中起草的否定自己以往立场的声明,并迅速引发了狱中日共的转向浪潮,其后的一个月时间里,在狱中未判决的共产党人士的 30%(1730 人中的 415 人)、已判决的人中的 34%(393 人中的 133 人)改变了政治立场。在 3 年左右的时间里,已判决的人的 74%发表了转向声明(438 人中的 324 人)。坚持不转向立场者仅为 26%(438 人中的 114 人)。"转向"指在国家权力之下,思想发生变化,一种是国家使用强制手段,另一种是个人或集体迫于压力,以自己的选择做出决断。参见[日]鹤见俊辅著《战争时期日本人精神史》,高海宽、张义素译,长春:吉林人民出版社,1991 年,第 13—15 页。

② 传媒是调动"国民心情"的最好工具。正如日本历史学者林茂在《太平洋战争——总力战和国民生活》中指出:"近代总体战高度依赖国民协力战争心情的爆发",因为政府倡导的所谓"高度国防国家""近代国防国家"已经不仅仅局限于国防,而是要对国民生活的全部进行一元统制,对国力总动员是近代总体战的特点。所以战争已经没有前线和后方的差别,不论是国民的政治、经济、思想,还是个人生活,都已经被纳入战争中,全面战争特别强调要"灭私奉公",需要民心的协助,需要调动国民的心情。参见[日]林茂著《太平洋战争——总力战与国民生活》,东京:中央公论社,1974 年。

执掌报纸领导权，①以及报界的战争责任因 GHQ 转变占领政策、不彻底的民主化改革而没有被彻底追究——在战争责任、历史认识方面还存在诸多问题；同时更体现在日本报界始终不变的追求和使命——以"国益"为中心的报道方向。"国益"表现在在战争时期，为报界协力战争、鼓吹侵略扩张的合理性；在中日建交前后，为报界积极推动恢复邦交；就是近年来日本报界大力营造的"中国威胁论"和"厌华情绪"，也均为日本报界坚持追求"国益"的结果。

作为政治动员的强大武器，近代日本报界被政府严厉管控，在整个国家和社会层面逐渐形成了"总体战体制"，不断强化国家和民众的"命运共同体"意识：既参与"佐幕"与"勤王"之争，也大力宣传自由和民权；既反对军部独裁、争取宪政民主，也积极宣传对外扩张，服从"国益"，不遗余力地鼓动"万众一心"，充当战争帮凶。

报界与政府对政治动员功能的争夺具有必然性。在明治大正时期，即日本政治和社会走向近代化过程中，报界与政府既相互扶持、共同促进，又相互斗争、控制与反控制，这种既对抗又联合的关系，正是在社会剧烈变动时期近代报界发展的必经阶段。

---

① 在朝鲜战争爆发后，GHQ 从报纸、通讯和广播部门开始清共——在全国 50 家报社中共有 804 人被解雇，占到报界的从业人数的 2.1%，远远超过一般产业 0.3% 的比例。没有了对战争责任者的追究，被开除的舆论界首脑在 1950 年 10 月到 1951 年 8 月间又全部被撤除了解职令，逐渐返回了舆论界。参见［日］山本文雄编著《日本大众传媒史（增补版）》，诸葛蔚东译，桂林：广西师范大学出版社，2007 年，第 201、202—203 页。

当政府为推行侵略扩张国策,不断加强舆论控制后,报界无力对抗,终于放弃做政党和民众维持宪政民主、"参与政争的有力武器",而是"转向"沦为政府对内控制舆论、对外实施扩张政策的政治动员工具——通过狂热的宣传行动、细致的战胜报道、虚假的欺骗宣传,甚至直接组织战争动员活动,最大限度地支持了侵略战争及其长期化。对于近代日本历史上的侵略战争,因为政治动员,日本报界负有不可推卸的战争责任。此外,由于战后不彻底的民主化改造,战后报界也不同程度地继承了战前和战时的国家民族观念。

当然,报界自身也具有参与政治动员的主动性、自觉性和目的性。纵观近代日本报史,从追求民主政治到法西斯化,再到不彻底的"民主化改革",以及战后的右倾化,其本质均为永远不变的服从国策和追求"国益",配合政治需要、不遗余力地实施政治动员。

可以说,近代日本报史就是一部充满矛盾与斗争、血腥与残酷的"报界政治动员史"。因为不能承担战争责任、无法达成共同的历史认识,那场侵略战争还在不断地被日本报界提及、遗忘、否认、美化。跨越了战前和战中,不论是作为并未取得"永久合法地位"的公共领域,还是从未停止政治动员、至今犹存的"总体战体制",在这部报界"贯战史"中,日本"漫长的战后"仍将被继续。

参考文献

一、日文原始资料书类

1.[日]荻野富士夫编:《情报局关系极密资料》第1—8卷,东京:不二出版,2003年。

2.[日]武藤直夫编注:《那个时代的空气——明治·大正60年间的报纸报道》上、下,东京:ラ·テール出版局,2004年。

3.[日]日本图书中心:《明治大正国势史》第五卷,东京:日本图书中心,2004年。

4.[日]角家文雄:《昭和时代——15年战争资料集》,东京:学阳书房,1973年。

5.[日]臼井胜美、稻叶正夫编辑并解说:《日中战争2》,东京:みすず书房,1964年。

6.[日]高木教典、中野收、早川善治郎、北川隆吉编:《图说现代大众传播》,东京:青木书店,1970年。

7.[日]藤原彰:《资料日本现代史8　满洲事变和国民动员》,东京:大月书店,1983年。

二、日文原始资料报纸类

《太政官日志》《江湖新闻》《中外新闻》《日新真事志》《邮便报知新闻》《自由新闻》《万朝报》《平民新闻》《大阪每日新闻》《东京日日新闻》《朝野新闻》《国民新闻》《东洋自由新闻》《东京朝日新闻》《大阪朝日新闻》《时事新报》《东洋经济新报》《朝日新闻》《读卖新闻》《每日新闻》。

三、日文参考书目

1.[日]日本历史学研究会编:《满洲事变》,东京:东洋经济新报社,1954年。

2.[日]今西光男:《新闻资本与经营的昭和史——朝日新闻笔政·绪方竹虎的苦恼》,东京:朝日新闻社,2007年。

3.[日]安田将三、石桥孝太郎:《朝日新闻的战争责任》,东京:太田出版,1995年。

4.[日]兴津要:《明治新闻事之始——〈文明开化〉的宣传报道机关》,东京:大修馆书店,1997年。

5.[日]春原昭彦:《日本新闻通史》,东京:新泉社,1985年。

6.[日]桂敬一:《明治·大正的宣传报道机关》,东京:岩波书店,1992年。

7.[日]山中恒:《报纸美化战争吧!——战时国家情报机构史》,东京:小学馆,2001年。

8.[日]铃木健二:《国家主义和大众传媒——日本近代化过程中报纸的功罪》,东京:岩波书店,1997年。

9.[日]中园裕:《报纸审查制度运用论》,大阪:清文堂,

2006 年。

10.[日]塚本三夫:《实录侵略战争和报纸》,东京:新日本出版社,1986 年。

11.[日]池田一之:《报纸犯下的战争责任》,东京:经济往来社,1981 年。

12.[日]朝日新闻百年史编修委员会编:《朝日新闻社史·明治编》,东京:朝日新闻社,1990 年。

13.[日]安田将三、石桥孝太郎:《朝日新闻的战争责任》,东京:太田出版,1995 年。

14.[日]早濑贯:《太平洋战争和朝日新闻——战争宣传报道的研究》,东京:新人物往来社,2001 年。

15.[日]朝日新闻东京社会部 OB 会编辑:《战争和社会部记者》,东京:骚人社,1990 年。

16.[日]山本武利编:《"帝国"日本的学知》,东京:岩波讲座,2006 年。

17.[日]仓泽爱子等编:《动员·抵抗·翼赞》,东京:岩波书店,2006 年。

18.リチャード·H·ミッチェル:《战前日本的思想统制》,奥平康弘、江桥崇译,东京:日本评论社,1980 年。

19.[日]松尾尊允:《大正民主运动》,东京:岩波书店,1974 年。

20.[日]井上寿一:《日中战争下的日本》,东京:讲谈社,2007 年。

21.[日]小林英夫:《日中战争:从歼灭战到消耗战》,东京:讲谈社,2007年。

22.[日]奥武则:《大众新闻和国民国家——人气投票·慈善·丑闻》,东京:平凡社,2000年。

23.[日]栗田直树:《绪方竹虎》,东京:吉川弘文馆,2001年。

24.[日]嘉治隆一:《明治以后五大记者》,东京:朝日新闻社,1973年。

25.[日]绪方四十郎:《父亲绪方竹虎和我》,东京:朝日新闻出版社,2005年。

26.[日]今西光男:《报纸资本经营的昭和史》,东京:朝日新闻社,2007年。

27.[日]今西光男:《占领期的朝日新闻和战争责任》,东京:朝日新闻社,2008年。

28.[日]津田洋三:《江户的书店》,东京:日本广播出版协会,1977年。

29.[日]林茂:《太平洋战争——总力战与国民生活》,东京:中央公论社,1974年。

30.[英]R·P·多尔:《江户时代的教育》,松居弘道译,东京:岩波书店,1970年。

31.[日]柴山哲也:《日本式大众传媒体制的兴亡》,东京:ミネルヴァ书房,2006年。

32.[日]甘利璋八:《日本报纸的黎明》,东京:新人物往来社,1988年。

33.[日]佐佐木隆:《媒体和权力》,东京:中央公论新社,1999年。

34.［日］榛村专一:《新闻法制论》,东京:日本评论社,1933 年。

35.［日］铃木安藏:《日本宪法学的诞生与发展》,东京:丛文阁出版社,1934 年。

36.［日］山本四郎编:《日本近代国家的形成与展开》,东京:吉川弘文馆,1996 年。

37.［日］铃木健二:《战争和报纸》,东京:每日新闻社,1995 年。

38.［日］高坂正显:《明治文化史》第四卷,东京:原书房,1980 年。

39.［日］桂敬一著:《明治·大正的新闻媒体》,东京:岩波书店,1992 年。

40.［日］山本文雄:《日本新闻史》,东京:国际出版株式会社,1948 年。

41.［日］松尾尊允编集:《吉野作造集》,东京:筑摩书房,1976 年。

42.［日］江森泰吉编:《大隈伯百话》,东京:实业之日本社,1909 年。

43.［日］奥村梅皋:《大阪人物评论》,大阪:小谷书店,1903 年。

44.［日］正冈犹一:《新闻社之内幕》,东京:新声社,1901 年。

45.［日］三好彻:《绪方竹虎评传》,东京:岩波书店,1990 年。

46.［日］茶本繁正:《战争与记者》,东京:三一书房,1984 年。

47.［日］纐缬厚:《总体战体制研究:日本陆军的国家总动员

构想》,东京:三一书房,1981 年。

48.[美]路易斯·杨格:《帝国总动员:满洲和战时帝国主义文化》,[日]加藤阳子等译,东京:岩波书店,2001 年。

49.[日]大谷敬二郎:《昭和宪兵史》,东京:みすず书房,1966 年。

50.[日]小仓孝诚:《兆民和法国》,收入井田进也编《解析兆民》,东京:光芒社,2001 版。

51.[日]中江笃介著,嘉治隆一编校:《兆民选集》,东京:岩波书店,1936 年。

52.[日]德富苏峰:《德富苏峰集》,东京:改造社,1929 年。

53.[日]福泽谕吉:《西洋事情》,东京:庆应义塾出版局,1869 年。

54.[日]庆应义塾编:《福泽谕吉全集》第 7—10 卷,东京:岩波书店,1959 年。

55.[日]藤村道生:《日清战争》,东京:岩波书店,1973 年。

56.[日]石河干明:《福泽谕吉传》第三卷,东京:岩波书店,1932 年。

57.[日]下中邦彦:《日本史料集成》,东京:平凡社,1963 年。

58.[日]松泽弘阳:《近代日本思想史》,东京:放送大学教育振兴会,1993 年。

59.[日]片山庆隆:《日俄战争和报纸》,东京:讲谈社,2009 年。

60.[日]美士路昌一编:《明治大正史·言论篇》,东京:朝日新闻社,1930 年。

61.［日］内村鉴三：《内村鉴三全集》第三卷,东京:岩波书店,1982 年。

62.［日］大河内一男编:《社会主义》,东京:筑摩书房,1963 年。

63.［日］神崎清:《实录:幸德秋水》,东京:读卖新闻社,1971 年。

64.［日］中村谦三:《大阪每日新闻战时事业志》,大阪:大阪每日新闻社,1908 年。

65.［日］松本谦堂:《勋章从军记者佩用者心得》,京都:改进堂,1895 年。

66.［日］鹈泽聪明:《战时法令全书》,东京:一二三馆,1904 年。

67.［日］前坂俊之:《兵是凶器:战争和新闻,1926—1935》,东京:社会思想社,1989 年。

68.［日］内川芳美:《传媒法政策史研究》,东京:有斐阁,1989 年。

69.［日］吉见义明、横关至:《翼赞选举》,东京:大月书店,1981 年。

70.［日］辻泰明:《虚幻的大战果——大本营发表的真相》,东京:日本放送出版协会,2002 年。

71.［日］石射猪太郎:《外交官的一生——对中国外交的回想》,东京:太平出版社,1974 年。

72.［日］森恭三:《我的朝日新闻社史》,东京:田畑书店,1981 年。

73.[日]矢岛佑利、野村兼太郎编:《明治文化史·思想言论篇》,东京:原书房,1979年。

74.[日]太平洋战争研究会编,平塚柾绪著:《图说从军画家描绘的日俄战争》,东京:河出书房新社,2005年。

75.[日]铃木亮、吉村德藏编:《对和平的罪——第二次世界大战写真集》,东京:太平出版社,1989年。

76.[日]池田一之:《记者们的满洲事变——日本新闻宣传的旋转点》,东京:人间科学新社,2000年。

77.[日]绪方四十郎:《遥远的昭和:父亲绪方竹虎和我》,东京:朝日新闻社2005年。

78.[日]今井武夫:《支那事变之回想》,东京:みすず书房,1964年。

79.[日]清泽洌:《暗黑日记》,东京:东洋经济新报社,1954年。

80.[日]东久迩稔彦:《东久迩日记》,东京:德间书店,1968年。

81.[日]田村真作:《缪斌工作》,东京:三荣书房,1953年。

82.[日]田中彰:《小国主义》,东京:岩波新书,1999年。

83.[日]石桥湛山全集编纂委员会编:《石桥湛山全集》第一、四、六、十五卷,东京:东洋经济新报社,1971年。

84.[日]江口圭一:《日本帝国主义史论》,东京:青木书店,1975年。

85.[日]石桥湛山:《石桥湛山评论选集》,东京:东洋经济新报社,1990年版。

86.[日]松尾尊允:《大正德谟克拉西》,东京:岩波书店,1974 年。

87.[日]船桥洋一编著:《日本战略宣言——面向民生大国》,东京:讲谈社,1991 年。

88.[日]有山辉雄:《占领时期媒体史研究》,东京:柏书房,1996 年。

89.[日]本多胜一:《中国之旅》,东京:朝日新闻社,1997 年。

90.[日]佐藤秀夫、山本武力编著:《日本的近现代史与历史教育》,东京:筑地书馆,1996 年。

91.[日]山本武利:《占领期媒体分析》,东京:法政大学出版局,1996 年。

92.[日]船桥洋一编:《现在,如何抓住历史问题》,东京:岩波书店,2001 年。

四、中文译著

1.[日]稻叶三千男、新井直之主编:《日本的报业理论与实践》,张国成、叶伦、王晓民、冯朝阳译,叶卓如校,北京:新华出版社,1985 年。

2.[澳]加文·麦考马克:《附庸国美国怀抱中的日本》,于占杰、许春山译,北京:社会科学文献出版社,2008 年。

3.[德]埃里希·鲁登道夫:《总体战》,戴耀先译,北京:解放军出版社,2005 年。

4.[德]哈贝马斯:《公共领域的结构转型》,曹卫东、王晓珏、刘北城、宋伟杰译,上海:学林出版社,1999 年。

5.［德］克劳塞维茨:《战争论》,中国人民解放军军事科学院小组译,北京:商务印书馆,1982 年。

6.［加］哈罗德·伊尼斯:《帝国与传播》,何道宽译,北京:中国人民大学出版社,2003 年。

7.［加拿大］诺曼·赫伯特:《日本维新史》,姚曾廙译,北京:商务印书馆,1992 年。

8.［美］E·M·罗杰斯:《传播学史:一种传记式的方法》,殷晓蓉译,上海:上海译文出版社,2002 年。

9.［美］弗兰克·吉伯尼:《战争:日本人记忆中的二战》,尚尉、史禾译,北京:中央编译出版社,2003 年。

10.［美］哈罗德·D·拉斯韦尔:《世界大战中的宣传技巧》,张洁、田青译,北京:中国人民大学出版社,2003 年。

11.［美］康拉德·希诺考尔、大卫·劳瑞、苏珊·盖伊:《日本文明史》,袁德良译,北京:群言出版社,2008 年。

12.［苏］苏珊·L·卡拉瑟斯:《西方传媒与战争》,张毓强等译,北京:新华出版社,2002 年。

13.［美］鲁思·本迪尼克特:《菊与刀》,吕万和、熊达云、王智新译,北京:商务印书馆,1990 年。

14.［美］威尔伯·施拉姆、威廉·波特:《传播学概论》,何道宽译,北京:中国人民大学出版社,2010 年。

15.［美］沃尔特·李普曼:《公共舆论》,阎克文、江红译,上海:上海人民出版社 2002 年。

16.［美］沃纳·赛佛林、小詹姆斯·坦卡德:《传播理论:起源、方法与应用》,郭镇之、孟颖、赵丽芳、邓理峰、郑宇虹译,北京:

华夏出版社,2000年。

17.[美]约翰·W·道尔:《拥抱战败——第二次世界大战后的日本》,胡博译,北京:生活·读书·新知三联书店,2008年。

18.[日]本泽二郎:《天皇的官僚:日本右派真相》,雷慧英等译,北京:中国社会科学出版社,1999年。

19.[日]大隈重信等:《日本开国五十年史》,上海:商务印书馆,1929年。

20.[日]读卖新闻战争责任检证委员会撰:《检证战争责任:从"九一八事变"到太平洋战争》,日本朋友舍公会、郑钧、范菲、赵军、伊藤鸿、林一二三译,竹内实、步平校译,北京:新华出版社,2007年。

21.[日]福泽谕吉:《福泽谕吉自传》,马斌译,北京:商务印书馆,1995年。

22.[日]鹤见俊辅:《战争时期日本人精神史》,高海宽、张义素译,长春:吉林人民出版社,1991年。

23.[日]加藤周一:《日本文化的杂种性》,杨铁婴译,长春:吉林人民出版社,1991年。

24.[日]纐缬厚:《我们的战争责任——历史检讨与现实省思》,申荷丽译,黄大慧审校,北京:人民日报出版社,2011年。

25.[日]津田道夫:《南京大屠杀和日本人的精神构造》,程兆奇、刘燕译,北京:新星出版社,2005年。

26.[日]井上清:《日本军国主义》第三册,马黎明译,北京:商务印书馆,1985年。

27.[日]井上清:《日本军国主义》第二册,尚永清译,北京:商务印书馆,1985年。

28.[日]井上清:《日本历史》中册,天津市历史研究所译校,天津:天津人民出版社,1975年。

29.[日]井上晴树:《旅顺大屠杀》,朴龙根译,大连:大连出版社,2001年。

30.[日]堀幸雄:《战前日本国家主义运动史》,熊达云译,北京:社会科学文献出版社,2010年。

31.[日]笠原十九司:《难民区百日》,李广廉、王志君译,南京:南京师范大学出版社,2005年。

32.[日]内川芳美、新井直之:《日本新闻事业史》,张国良译,北京:新华出版社,1986年。

33.[日]新保博、斋藤修编:《日本经济史2 近代成长的胎动》,李瑞、淡建中、江帆译、经思平校,北京:生活·读书·新知三联书店,1997年。

34.[日]若宫棨文:《和解与民族主义》,吴寄南译,上海:上海译文出版社,2008年。

35.[日]山本文雄、山田实、时野谷浩编:《日本大众传播工具史》,刘明华译,西宁:青海人民出版社,1984年。

36.[日]山本文雄编著:《日本大众传媒史(增补版)》,诸葛蔚东译,桂林:广西师范大学出版社,2007年。

37.[日]山田正行:《自我认同感与战争》,刘燕子、胡慧敏译,吴广义监译,北京:昆仑出版社,2004年。

38.[日]神田孝一编著:《思想战与宣传战》,余仲瑶译,武汉:中华图书公司发行,1937年。

39.［日］田中正明:《"南京大屠杀"之虚构》,北京:世界知识出版社,1985 年

40.［日］小俣行男:《日本随军记者见闻录——太平洋战争》,周晓萌译,沈英甲校,北京:世界知识出版社,1988 年。

41.［日］小俣行男:《日本随军记者见闻录——南京大屠杀》,周晓萌译,张本华校,北京:世界知识出版社,1985 年。

42.［日］小原博雅:《日本走向何方》,加藤嘉一译,北京:中信出版社,2009 年。

43.［日］远山茂树:《日本近现代史》,邹有恒译,北京:商务印书馆,1983 年。

44.［日］中村正则:《日本战后史》,张英莉译,张谷校,北京:中国人民大学出版社,2008 年。

45.［日］中江兆民:《三醉人经纶问答》,滕颖译,北京:商务印书馆,1990 年。

46.［日］中江兆民:《一年有半　续一年有半》,吴藻溪译,北京:商务印书馆,1997 年。

47.［日］佐藤卓己:《现代传媒史》,诸葛蔚东译,北京:北京大学出版社,2004 年。

48.［美］埃德温·赖肖尔:《日本人》,孟胜德、刘文涛译,上海:上海译文出版社,1980 年。

五、中文著作

1.郭庆光:《传播学概论》,北京:中国人民大学出版社,1999 年。

2.邵培仁:《政治传播学》,南京:江苏人民出版社,1991年。

3.张宪文主编,张生编辑:《南京大屠杀史料集6　外国媒体报道与德国使馆的报告》,南京:江苏人民出版社、凤凰出版社,2005年。

4.王卫星编:《南京大屠杀史料集8　日军官兵日记》,南京:江苏人民出版社、凤凰出版社,2005年。

5.王卫星编:《南京大屠杀史料集10　日军官兵与随军记者回忆》,南京:江苏人民出版社、凤凰出版社,2006年。

6.张宪文主编,张生、曹大臣、雷国山编:《南京大屠杀史料集34　日本军国教育·百人斩与驻宁领馆史料》,雷国山、李斌等译,南京:江苏人民出版社、凤凰出版社,2007年。

7.王卫星编:《南京大屠杀史料集59　〈东京朝日新闻〉与〈读卖新闻〉报道》,王卫星、李斌等译,南京:江苏人民出版社,2011年。

8.张承钧主编:《强盗自白——来自日本随军记者的秘密照片》,北京:台海出版社,2000年。

9.张国良:《现代日本大众传播史(1945—1990)》,上海:学林出版社,1992年。

10.王向远:《"笔部队"和侵华战争:对日本侵华文学的研究与批判》,北京:昆仑出版社,2005年。

11.展江:《战时新闻传播诸论》,北京:经济管理出版社,1999年。

12.张昆:《大众媒介的政治社会化功能》,武汉:武汉大学出版社,2005年。

13.李宏、李民等:《传媒政治》,北京:中国传媒大学出版社,2006 年。

14.宁新:《日本报业简史》,北京:中国社会科学出版社,1981 年。

15.淳于淼泠:《宪政制衡与日本的官僚制民主化》,北京:商务印书馆,2007 年。

16.郑超然、程曼丽、王泰玄:《外国新闻传播史》,北京:中国人民大学出版社,2000 年。

17.吴廷璆主编:《日本近代化研究》,北京:商务印书馆,1997 年。

18.陶涵:《世界新闻史大事记》,北京:人民日报出版社,1985 年。

19.唐永亮:《中江兆民的国际政治思想——日本近代小国外交思想的源流》,北京:社会科学文献出版社,2010 年。

20.王向远:《日本对中国的文化侵略——学者、文化人的侵华战争》,北京:昆仑出版社,2005 年。

21.刘岳兵:《日本近现代思想史》,北京:世界知识出版社,2010 年。

22.诸葛蔚东:《战后日本舆论、学界与中国》,北京:中国社会科学出版社,2003 年。

23.诸葛蔚东:《媒介与社会变迁》,北京:北京大学出版社,2006 年。

24.经盛鸿:《恶魔的吹鼓手与辩护士——战时日本新闻传媒与南京大屠杀》,南京:南京出版社,2008 年。

25.周颂伦:《近代日本社会转型期研究》,长春:东北师范大学出版社,1998 年。

26.南京图书馆编:《侵华日军南京大屠杀史料》,南京:江苏古籍出版社,1997 年。

27.史桂芳:《近代日本人的中国观与中日关系》,北京:社会科学文献出版社,2009 年。

28.步平:《跨越战后——日本的战争责任认识》,北京:社会科学文献出版社,2011 年。

29.刘林立:《日本大众媒体中的中国印象》,北京:中国传媒大学出版社,2007 年。

30.张广宇:《冷战后日本的新保守主义与政治右倾化》,北京:北京大学出版社,2005 年。

31.李建国:《冷战后的中日关系史》,北京:中国经济出版社,2007 年。

32.陈水逢:《日本近代史》,台北:商务印书馆,1988 年。

33.[新加坡]卓南生:《日本的亚洲报道与亚洲外交》,北京:世界知识出版社,2008 年。

六、中文论文

1.雷戈:《史学与新闻》,《文史哲》,2004 年第 6 期。

2.甘惜分:《再论新闻学与历史学》,《新闻界》,1996 年第 2 期。

3.谢贵安:《从历史与新闻的关系看史学的传播和普及》,《郑州大学学报》,2011 年第 1 期。

4.周武军:《大众传媒的政治功能》,《社会科学战线》,2008年第10期。

5.张昆:《十五年战争与日本报纸》,《日本研究》,1991年第2期。

6.李玉:《中国的日本研究:回顾与展望》,《国际政治研究》,2000年第2期。

7.孙新:《改革开放以来的日本研究》,《社会科学管理与评论》,2009年第1期

8.陈力丹:《论日本媒体"二战"时的法西斯化》,《国际新闻界》,2001年12月。

9.刘颖:《"二战"时期日本媒体法西斯化初探》,《青年记者》,2006年第2期。

10.王晓露:《二战时期日本政府对舆论的调控》,《军事记者》,2008年第10期。

11.王晓岚:《军国主义新闻观的酝酿发育——日本二战前夕及战争期间的新闻理论》,《新闻与传播研究》,1995年第2期。

12.于淼:《总体战体制下的日本舆论动员机制分析——起源、构建与社会基础》,《新闻与传播研究》,2012年第1期。

13.冯玮、杨荷华:《"总体战体制论":当今日本史坛值得关注的理论》,《历史教学》,2004年第6期。

14.经盛鸿:《战时日本当局在国内是如何封锁南京大屠杀真相的?》,《江苏社会科学》,2008年第3期。

15.经盛鸿:《南京大屠杀期间日本随军记者、作家群体活动分析》,《民国档案》,2007年第2期。

16.陆艺、经盛鸿:《战时日本传媒泄露的南京大屠杀的蛛丝马迹》,《南京大屠杀研究》,2011 年第 2 期。

17.蔡文书:《日本政府不同时期新闻政策的分析》,《今传媒》,2006 年第 5 期。

18.周光明:《日本步入近代化过程中的政府与新闻媒体之关系》,《国际新闻界》,2001 年第 2 期。

19.孙宝印:《日本明治政府与报纸的关系》,《中国社会科学院研究生院学报》,2009 年第 6 期。

20.张国良:《日本新闻法制的历史和现状》上、下,《新闻大学》,1995 年春、夏。

21.屈亚娟:《国家利益:影响日本媒体对华报道的主要因素》,《解放军外国语学院学报》,2007 年第 3 期。

22.周颂伦:《福泽谕吉中国政策观的骤变——东洋盟主与脱亚入欧》,《东北师大学报》,2006 年第 5 期。

23.米彦军:《论德富苏峰的皇室中心主义思想》,《抗日战争研究》,2007 年第 1 期。

34.王润泽:《政治、外交与媒体:1919 年日本报纸关于五四运动的报道研究》,《安徽大学学报》,2011 年第 4 期。

25.苑崇利:《对石桥湛山"功利"外交思想的考察》,《日本学刊》,2008 年第 4 期。

26.刘江永:《日本媒体与中日关系》,《对外传播》,2009 年第 3 期。

27.金赢:《浅析日本新闻媒体中的厌华情绪》,《日本学刊》,2005 年第 2 期。

28.徐家驹:《日本大众媒体对中日关系的负面影响及其思考》,《国际关系学院学报》,2007 年第 2 期。

29.鲁义:《中日关系现状与两国媒体的作用》,《日本研究》,2006 年第 1 期。

30.诸葛蔚东:《解读日本报业中的"渡边现象"》,《国际新闻界》,2007 年第 3 期。

31.殷燕军:《冷战后日本舆论界学术界对国际形势和中国的认识》,《日本学刊》,1999 年第 5 期。

32.张宁:《论日本三大报有关历史教科书问题的社论框架》,《国际新闻界》,2002 年第 4 期。

33.魏晓阳:《日本新闻自由的百年历程》,《四川理工学院学报》,2007 年第 4 期。

34.李新立、林晓光:《倾斜的新闻伦理与错位的职业操守——日本媒体涉华报道中的"群体失范"现象》,《当代传播》,2006 年第 6 期。

35.孙宝印:《日本明治时期新闻政策研究》,北京:中国社会科学院博士学位论文,2010 年。

36.孙继强:《侵略战争时期的日本报界(1931—1945)》,上海:复旦大学博士学位论文,2008 年。

后　记①

一

　　我想要说的是，一直没有机会郑重地对养育我的父母、教育我的恩师和陪伴我的妻儿、朋友表达感激之情，也没有合适的时间和严肃的版面能够无比真诚、满怀深情地表白。

　　好在还有后记。

　　小时候，家里有很多书，以历史故事书居多，在又高又大的书柜里摆放得整整齐齐、干干净净，大书小书不论厚薄，一律包书皮。我是不能看的，那都是我父亲的宝贝儿。每次看书必先洗手，这是他自己的习惯。应该是遗传了父亲"好读书"的基因，自从那一次我偷偷地撬开他的高大书柜，蘸着口水贪婪地看完插图版的《封神演义》，我就爱上了这些古典故事书，从此一发不可收拾。那些年，我把在垃圾堆里捡废品卖的钱、上山采草药换的钱和马路边捡到的钱都买了花花绿绿的故事书，还经常有目的地出没于乡里的工厂、供销社和粮库的周边，偷偷地捡回一些废品收购站需要的东西，然后把那些皱巴巴、脏兮兮的纸币、硬币都换成

---

① 时间倏忽而过，再翻开当年的历史，点点滴滴，依然不胜唏嘘。经历是最好的成长，《后记》也是最好的成长史。此《后记》落款时间为本书完稿时间。

了故事书。当然,在 8 岁或是 10 岁以前,我热衷的那些书还都是一些小人书,以至于每次乡里的供销社来了新小人书,我都要激动好几天,也忙碌好几天——到处转悠,寻找废品卖。有时候我还骑着破自行车跑到邻村的供销社看看有没有不同的小人书。我是小伙伴里名副其实的"藏书大王",我的那些书,品相完好,不折角不缺页,都是一遍又一遍地看完后又整整齐齐地签名放好,概不外借,就这样一直保存到了现在。

我的父亲还能拉小提琴,一曲《梁祝》,如泣如诉,这在我们十里八村可不多见。其实,要不是在他高二那年,发生了"文革",我的"非农户"父亲一定能考上大学,大他一岁的表哥就在前一年考上大学,临近退休时已经是某报社长和总编辑。父亲教会我不管生活有多艰难,都不能放弃读书。

在早年艰苦的生活里,我的母亲高高壮壮,大脸庞、大手大脚,完全是中国劳动妇女的标准模样。在一幅东风照相馆签名"青春时代"的照片上,她还梳着两条长长的大辫子。母亲告诉我宁要身上受苦,也不让脸上发烧,做任何事情都不要怕苦怕累。她朴实勤劳,整天忙碌,里里外外地操持着一家的生活。在 20 世纪 70 年代,她还在建筑工地上参与盖房子,以至于学会了自己动手盖猪圈、垒院墙。当然,我的母亲从不看书写字——她没有读完小学,只能歪歪扭扭地写好自己的名字,所以里里外外的劳动就是她的全部。

我从村里的小学读起,镇里的初中,郊区的高中,城里的大学,20 年求学路上,一直是不辞劳苦的母亲陪伴我。母亲最初是在家里养了 100 只鸡供我上学,到我进入东北师范大学历史系,再到日本所研究生毕业，母亲已经从 100 只鸡养到了 1000 只鸡，因为只有这样才能维持家用和我的学业。毕业那年，母亲卖掉了所有的鸡笼和鸡舍，她不再为我的生活和前途担忧，在我离开家去远方工作的那个夏天，她终于从家里退休了。

二

毕业 10 年，我惴惴不安地要求考博，很是担心恩师发现我急于改变现状的功利。感谢恩师，宽厚地接纳了我这个 10 年来都少有联系的学生，一点也没有理会我的浅薄和愚笨、自私和懦弱——仍然无私地给予我热情鼓励和真诚期待。回想起 20 年前幸遇恩师，得以在门下求学，多少往事，温暖如昨——那些抑扬顿挫的课堂，一个又一个精彩的日本史故事，常常激发我的学术想象；有时候也拜读恩师的文章，文风新颖，遣词造句都引得细心揣摩、精心模仿……于是，这一次我很是希望能够在论文上下些功夫，写出一篇大部头的"呕心沥血"之作。由此我设计了一个宏大的结构，力图打造一部壮怀激烈的《近代日本大众传媒贯战史》，但是很快我就遇到了无法在短期内逾越的研究能力问题、资料收集问题，还有至关重要的理论功底问题，我的"工程进度"越来越慢，时间也越拖越久。面对这个混杂了众多领域的课题，我一直试图寻找新的突破，希望在一个较大的格局中，构筑一个"合情合理"的因果联系和逻辑关系，但是实际情况并不乐观。论文结构几经变动，当资料把握和所能达到的目标渐渐开始清晰时，终于，

"政治动员"这条贯穿全文的主线"脱颖而出"。在如何深入研究近代日本报界"政治公共领域"的构建以及进一步拓展"报界宣传战"等方面，恩师视野开阔、思维敏捷，提出了更深层次、更广范围的要求，增加了本文的深度和难度。为此我虽费了一番心思，也尽量开掘思路，但是终归才疏学浅，功力不够，未成体系，实在愧对恩师栽培。

回顾这几年的学习生活，我在内心常常充满深深感激。感谢李小白老师多年的关心与爱护、热情的支持与鼓励；也感谢潘德昌、吴占军、孙志鹏、刘景瑜、武向平、吴玲、陈阵等师兄师弟和师妹们在学习、生活上的帮扶，深情厚谊，都是我人生旅途中的宝贵财富。

在资料搜集和写作过程中，华文出版社李红强博士、国家图书馆张汉群老师和土广生老师、四川成都安仁镇建川博物馆常建伟先生、辽宁省图书馆卢丹主任、大连现代博物馆于孝东博士、长春工业大学金万锋博士都给予了大力支持和热情帮助，在此深表谢意。

三

我要感谢妻子梅与小儿邦。

与妻相识23年，结婚14年，她一直默默地支持我、鼓励我。读书期间，她承担了全部的家庭重担，让我可以全身心地投入到调研、学习、思考和论文写作中去。感谢她无私的宽容、耐心的陪伴与不能替代的爱——感激之情早已无法言表。关于小儿邦，一定是受到我经常读书的影响,他也非常喜欢读书。从 3 岁开始,他就对书产生了浓厚的兴趣,常常手不释卷,以至于我要经常地提醒他、限制他读书——担心他小小年纪就因长时间看书,眼睛会近视。终于,今年我不再担心此事,他和我同时戴上了眼镜。

小儿邦还是我学习的好帮手。记得那是 2008 年的夏天,我在国家图书馆查找资料,功夫不负有心人——资料复印件足有两米多高,为了节省托运费,我买了一个折叠购物车,走公交、进地铁、上出租、坐火车,我和小儿一路连推带拉,齐心合力运回了家。听复印社说,这些资料全部装订成册要近千元的费用,我和小儿决定自己买打孔机,自己动手装订。那个暑假,我白天忙完工作,晚上就和小儿钻进书房——一个负责检查资料,一个负责开动打孔机,边打孔,边装订,配合默契。整整一个假期的傍晚时光,我们父子二人同心协力,浸透着汗水和幸福的《日本传媒史资料集》,整整齐齐,拔地而起。在我那些"读书"的日子里,他的"读书"也一样地神情专注,一丝不苟,真的感谢小儿邦倾心相伴。

最后,我希望能够对母亲表达歉意。虽然相隔不远,但是每年我都很少回去看她,最近几年才增加了回家的次数和打电话的时间,只是每次回家都匆匆忙忙,每次通话我说的也不过三五句,母亲总是问我何时回来,带着妻儿回来吧……

我希望有一天,我们能够生活在一起,让她随时都能看到我,看到我的孩子,让她不再孤独、再没有牵挂。

安平

2013 年 10 月 9 日